이야기(Story)가 말씀(λόγος)으로 읽힌 Logostory

「소 등에 붙은 쇠파리」

이야기(Story)가 말씀(λόγος)으로 읽힌 Logostory

「소 등에 붙은 쇠파리」

지 은 이 · 박병문
펴 낸 이 · 성상건
편집디자인 · 자연DPS

펴 낸 날 · 2022년 11월 4일
2쇄 펴낸날 · 2022년 12월 2일
펴 낸 곳 · 도서출판 나눔사
주　　소 · (우) 10270 경기도 고양시 덕양구 푸른마을로 15
301동 1505호
전　　화 · 02)359-3429　팩스 02)355-3429
등록번호 · 2-489호(1988년 2월 16일)
이 메 일 · nanumsa@hanmail.net

ISBN 978-89-7027-928-2-03230

값 16,000원
잘못된 책은 바꾸어 드립니다.

「소 등에 붙은 쇠파리」

이야기(Story)가 말씀(λόγος)으로 읽힌 로고스토리(Logostory)

이 글을 읽다가 전혀 예상치 못한 곳에서
눈물이 난다면
당신은 행복한 사람이다.
마음의 거울보기
전혀 다르게 생각해보기

박병문 지음

나눔사

서문

그리스의 철학자 소크라테스는 자신을 '쇠파리'에 비유했다. 쇠파리는 소의 등에 붙어 편히 쉬고 싶어 하는 소의 피를 빨며 끊임없이 괴롭히는 존재다. 왜 이 위대한 철학자는 자신을 쇠파리라고 했을까? 그 이유는 쇠파리의 끊임없는 공격을 '질문하는 것'의 기능으로 파악을 했기 때문이다. 그래서 그는 사람들에게 끊임없이 질문을 했다. 질문은 성찰을 유도하고 자신이 아는 것이 없다는 것을 깨닫게 하는 가장 좋은 방법이라고 생각했기 때문이다.

그러나 진정한 성찰은 결국 자신에게 질문을 하는 것이다.

성찰[省察]에는 두 가지 뜻이 있다.

1. 자신의 일을 반성하며 깊이 살핌.

2. 자신에게 행하는 고해성사 전에 자세히 생각한다는 뜻이다.

고해성사(告解聖事)는 신자가 세례 뒤에 범한 죄에 대하여 사제에게 고백하여 용서를 받는 일인데, 이 자세가 바로 성찰의 출발이 된다.

독일어에 위버멘쉬(Übermensch)라는 단어가 있다. 우리말로 번역하기로 마땅한 단어가 없지만, 의미의 최대한 근접한 단어가 초인(超人)이라고 할 수 있다. 인간을 넘어선 어떤 존재를 지칭하는 말이다. 니체에 따르면 인간은 위버멘쉬와 짐승 사이의 존재라고 했다.

정신분석 창시자 프로이트는 사람의 성격을 이드(id/욕망), 에고(ego/자아), 슈퍼에고(superego/초자아)로 구분했다. 사도 바울은 사람의 지체 안에 두 개의 법이 있어 이 두 개체가 싸우고 있다고 했다.

이런 논리에 따라 인간을 정의해 보면, 인간은 위버멘쉬, 초인과 짐승 사이에서 갈등하며, 에고(자아)와 이드(욕망) 사이에서 방황하며, 두 개의 법이 끊임없이 싸우는 존재라고 정의할 수 있다.

문제는 이드와 짐승 사이에서 초인과 슈퍼에고(초자아)로 나아가는 방법이다. 그게 바로 성찰의 시작이라고 할 수 있다.

그 성찰의 방법 중 가장 탁월한 방법은 바로 마음의 거울을 보는 것이다. 바로 그 거울이 성경이다. 인간은 불행하게도 거울이 없이는 자신의 모습을 볼 수가 없다. 그래서 마음의 거울인 성경이 우리 곁에 있다.

이 성경이라는 거울을 가까이 두고 자신의 내면의 모습을 항상 살피고자 할 때 비로소 성찰이 시작되고, 인간다움의 길에 서게 되는 것이다.

이 짧은 글들은 지난 10년 동안 매주 목요일 아침 은평온누리교회 성도들과 지인들에게 문자 메시지로 보냈던 글들이다. 묵상하고 정리한 정수(精髓)의 말씀이다. 내 마음이 먼저 흔들리고 내가 먼저 눈물 흘리고 내가 먼저 깨달은 말씀의 흔적들을 다시 정리했다.

부디 이 짧고 부족한 글들이 성찰의 시작이 될 수 있기를 기대해본다.

그리고 이 글들이 쇠파리가 되어 끊임없이 당신의 삶에 질문하기를 소망한다.

2022. 9. 10. 나의 동굴에서….

추천사

이해되지 않는 삶 해석하기

류영모목사

한국교회총연합 대표회장
대한예수교장로회(통합) 106회기 총회장
CBS(기독교방송)재단이사장
현)호남신학대학교객원교수
현)한소망교회 위임목사

우리는 문명사적 대전환기에 위기가 아닌 것이 없는 위기 시대를 살아가고 있습니다.

위기 속에 이해되지 않는 삶의 이야기들이 너무 많습니다.

그런데 그 이해되지 않는 위기의 이야기가 때로는 우리에게 희망의 이야기가 됩니다.

바로 광야와 같은 그 자리에서 말씀하시는 하나님의 음성을 들을 때 비로소 인생의 이야기가 해석되기 시작합니다.

우리 삶의 모든 이야기가 말씀으로 해석되기 시작할 때 우리는 하나님을 바라보고 희망을 노래하게 됩니다.

박병문 목사님이 10년 동안 교우들과 나누었던 말씀의 은혜들을 묵상집으로 엮었습니다.

이 묵상집이 위기 시대를 살아가는 많은 다른 성도들에게도 위로가 되고, 희망이 되기를 기대합니다.

추천사

여행 중 홀로 바닷가 산책 하다가

김 석시인

1978년 〈현대문학〉으로 등단
동아대학교 문리대 국어국문학과 졸업
1995 기독교문학상
2004 크리스천 문학상

미완성의 삶으로 80 고갯길을 넘었다. 47년 지우 주원규 시인과 남산 문학의 집에서 육필 시와 서화 수석 인생 콜라보란 주제로 전시회를 열었다.

아침 일찍 남산으로 오르는 길목은 안개로 인해 한 치의 앞도 내다 볼 수 없었다. 우리가 걸어왔던 삶이었을까 그날 자리를 빛내주기 위해 찾아온 안병찬장로 그는 같은 길을 걸어온 따듯한 후배이며 평소 예의가 깍듯하여서 접근이 어려웠던 그는 전시장을 둘러본 후 미 완결된 책 한권을 건네어 주었다.

전시장 일을 끝내고 퇴근 시간 지하철 경로석에 겨우 앉아 소크라테스의 소 등에 붙은 쇠파리로 시작되는 서문, Chapter I 에서 XII까지 목차를 살펴보고 먼저 「금애야! 금애야!」라는 첫 글과 「어떤 놈은 호랑이 등을 타고」라는 마지막 글을 읽었다.

긴장되고 재미가 있었다. 무릎 보호대를 한 나의 앞에 흰머리 또래의 할머니며 문 앞에까지 마치 삶의 호랑이에게 쫓기며 업혀지는 사람들, 그래도 그들은 핸드폰에서 눈을 떼지 못하는 모습들이었다.

나는 집에 들어와 샤워를 하고 "말씀으로 읽힌다"는 말이, 왜 그는 능동사가 아닌 읽힌다라는 피동사를 썼을까? 피동사의 주체로 책을 읽고 있는 나를 생각하다가 내가 아닌 나에게 책을 읽히게 하는 다른 주체랄까 객체를 생각하며 글을 읽어 나갔다.

그가 직, 간접의 경험으로 만났던 사례들을 로고스와 결부, 로고스토리에 필자의 능숙한 글 솜씨에 마음이 붙잡혔다.

구성은 글 쓴 이가 예화나 비유 속에 자기의 마음을 들여다보는데서 시작하여 글의 지평을 독자들로 넓혀가는 방법을 사용하였다. 아울러 그리스도안의 삶의 가치로 매듭하고 있는 필자의 로고스토리가 다른 이들의 생각 속에 들어가 소 등에 붙은 쇠파리처럼 되기를 연상했다.

글 쓴 이의 해박함과 적절한 비유에 반하여 피곤했지만 밤이 깊은 줄을 모르고 삼분의 이를 읽고 머리말에 놓아두었다가 뒷 날 마저 읽었다 .

「소 등에 붙은 쇠파리」는 나를 잃고 나를 잘 아는 양 허둥거리는 현대인들에게 자성록, 참회록 같은 책이다.

마치 여행 중 홀로 바닷가를 산책하다가 만난 바다위에 별들과 파도소리, 파도를 잠재우고 바다를 깨우는 등댓불처럼 나에게 다가왔다.

나는 언어는 존재의 집이라 했던 독일의 철학자 하이데거가 언어의 무용론을 주장한 노자를 왜 그렇게 존경하였으며, 내 젊은 시절 솔로몬의 지혜를 읽다가 깨달은 진리의 칼은 쓰면 쓸수록 빛난다는 그런 모습을 박병문의 「소 등의 쇠파리」(부제:로고스토리)를 읽고 지혜를 만나면서 참으로 기뻤다.

온 세계가 팬데믹으로 몸살을 하는, 그러나 등화가친의 계절 이 가을에 지혜를 추적하고 있는 「이야기가 말씀으로 읽힌다.」라는 박병문의 로고스토리 「소 등의 쇠파리」 일독을 권한다.

추천사

행복한 사람

배정훈교수

장신대 기독교와사회대학원 원장
한국구약학회 회장 역임
현)한국성서학연구소 소장
현)장신대 구약학 교수

몇 년 전부터 목요일 아침이 되면 어김없이 휴대폰에 문자가 도달했다. 그것이 한 달도 아니고 1년도 아니고 몇 년이 지났는데도 매주 문자가 전달되었다. 그 정성이 갸륵해서 어느 날 문자를 주목하였다. 그 글을 읽다가 전혀 예상치 못한 곳에서 눈물이 났다. 나 같은 사람들이 많았는지, 저자는 이 책의 서문에서 그러한 사람을 행복한 사람이라고 말했다.

저자 되는 박병문 목사는 장신대 신대원에 동기로 입학하여 S-60 이라는 모임에서 만나 오랫동안 교제해온 친구이다. 이 책에서 박병문목사가 10년 동안 남겨 놓은 글들이 예사롭지 않다.

그에게 세상은 하나님의 사람들이 기적을 경험하는 현장이다. 세상에 살아가는 사람들의 일상적인 이야기가 하나님의 깊은 계시를 깨닫는 도구가 된다. 아이들을 사랑하고, 아내를 사랑하고, 성도를 사랑하며, 세상에서 만나는 사람들을 사랑하기에 그들의 이야기를 깊이 묵상하다가 계시를 건져 올려 그렇게 글로 담는다.

그는 눈에 보이는 스토리를 그냥 흘려보내는 법이 없다. 세상을 보고 예상치 못한 감동이 오면 묵상을 시작한다. 묵상 중에 하나님이 임재 하셔서 그에게 깨달음을 주신다. 그리고 그 묵상의 종착점은 말씀이다.

책의 제목이 「소 등에 붙은 쇠파리」라는 독특한 이름에 매력을 느꼈다. 부제로는 로고스토리(Logostory)이며, 이 책은 하나님이 거하시는 세상의 스토리를 통해서 로고스에 이르는 탐험이다.

스토리(Story)가 로고스(λόγος)가 되려면 깊은 묵상이 필요하다. 스토리가 그의 눈에 꽂히면 스토리는 로고스를 향한 여정을 떠난다. 매 순간 순간 하나님을 의식하며 진지하게 살기 때문에 가능한 일이다.

학교에서, 군대에서, 아이에게 일어난 이야기, 교인들 이야기, 길 가다가 만나는 평범한 사람들 이야기, 신문과 TV, 그리고 인터넷 익명의 다양하게 만나는 사람들 이야기, 그 모든 것이 하나님이 우리를 감동하게 하는 재료이다. 그는 세상의 작은 사건을 통해 하나님의 임재를 경험하고 눈 어두운 우리를 로고스로 인도한다. 사소해 보이는 작은 것 하나도 무시하지 않고 인간과 자연을 관찰하면서 진리에 도달하는 로고스토리(Logostory) 이야기이다.

스토리(Story)에서 로고스(λόγος)를 건지는 그의 능력은 어디에서 나온 것일까? 요새 보기 드문 네 아이를 키운 아빠로서, 언제 보아도 행복해 보이는 가정, 그리고 한 결 같이 성도들을 섬기는 목회의 자리가 눈에 뜨인다. 일상의 자리에서 잠을 설칠 정도로 원어까지 살피는 열심으로 하나님의 말씀을 묵상하며, 예수의 마음으로 세상을 측은히 여기는 따뜻한 마음으로 세상을 바라보기에 가능한 것이 아닐까!

독자들이 이 책을 통하여 예상치 못한 감동을 경험할 뿐 아니라, 삶의 구석구석 현장의 스토리를 통하여 하나님의 계시가 담긴 로고스에 이르는 법을 배우기를 바란다. 그리고 이런 이야기들이 소등에 맴도는 쇠파리처럼 우리들 마음 곁에 늘 맴 돌기를 기대해본다.

추천사

요단 강 바닥에 있던 12개의 돌

박기철목사

대한예수교장로회(통합)총회훈련원장
현)서울사랑의 동산 운영국장
현)분당제일교회위임목사

이스라엘 백성들이 요단강을 건널 때 모세는 명령했다. 12지파에서 한 사람씩 선발해서 요단강 건널 때 강바닥에 박혀 있는 돌 12개를 가져다 육지에 제단을 쌓으라고 했다. 민족이 강을 건넌 역사를 길이길이 기념하라는 것이다. 사람에게도 이런 가슴 밑 강바닥에 담겨 있는 이야기들이 있다. 그 돌이 바로 간증이요, 또한 인생 스토리가 된다.

목회자로 살아가며 10년 동안 꺼내 놓았던 글들을 모아 책으로 출간된다니 반가운 일이다. 함께 사랑의 동산을 섬기며 교제했던 그 열정과 섬김의 자세가 이 책을 통하여 증명되기를 기대한다.

추천사

한 사람이 온다는 것은...

정성진목사

거룩한빛광성교회 은퇴목사
현)크로스로드선교회 대표
현)쥬빌리통일구국기도회 상임대표
현)강남대학교 융복합대학원 석좌교수

정현종의 「방문객」이라는 시가 있다. '사람이 온다는 건 실로 어마어마한 일이다. 한 사람의 일생이 오기 때문이다.' 사람마다 어마어마한 이야기가 있다. 신앙인들은 간증이라고 하고, 일반인들은 자신의 스토리라고 한다. 많은 사람들 이야기가 감동을 주는 이유다.

같은 신학대학원 동문으로 함께 목회자의 길에서 교제하며 은혜를 나누다 책으로 빛을 보게 되었다. 글속에 담긴 의미와 짧은 글의 행간에 담겨 있는 더 큰 의미가 독자들에게도 전달되기를 소망해 본다.

마치 소등에 붙은 쇠파리처럼 다른 사람들의 이야기가 이 글을 읽은 독자들에게 끊임없는 질문이 되기를 기대하면서...

추천사

사랑할 힘과 질문하는 능력

김재남목사
서울대국문과졸업
세종대교수역임
문학평론가

메리 올리버는 「휘바람을 부는 사람」이라는 시에서 <이 우주가 우리에게 준 두 가지 선물은 사랑할 힘과 질문하는 능력이다.>라고 했다. 맞는 말이다. 그가 말하는 우주를 하나님으로 바꾸면 의미가 동일해 진다.

사람에게는 사랑하는 힘이 있고, 또한 질문하는 능력이 있다. 그 질문을 다른 사람에게도 하지만 가장 탁월한 질문은 자신에게 하는 것이 아닐까?

같은 목회자의 길을 가면서 자신에게 또는 다른 이들에게 귀한 「질문같은 글」을 써오신 박병문 목사님의 글이 우리 모두에게 복되고 유익한 것으로 믿어 의심치 않기에 일독을 권한다.

부디 이 글들이 자신에게 끊임없이 질문하는 그래서 답을 얻는 우리 모두의 길이 되기를 크게 기대해 본다.

내 백성을 위로하라

박호용목사

예능교회·소망교회 부목사
중국선교사(총회 파송)
대전신대 구약학 교수(신대원장)
현) 아자브(AJAB)회 대표

추천사를 써 달라고 보내주신 박병문 목사님의 원고를 받아드는 순간 난 제목 「소 등에 붙은 쇠파리」 그리고 부제로 <로고스토리>에 가슴이 뛰었다. 그 까닭은 두 가지 때문이다.

하나는 제목에 등장하는 「소 등에 붙은 쇠파리」는 소크라테스의 이야기였다. 예전 철학자들이 가졌던 수많은 질문을 많이 했다. 하지만 답은 부족했다. 하지만 그 모든 질문에 대한 답을 말씀에서 찾고, 그 말씀이 독자들의 등에 붙어 날카로운 질문으로 다가 오기를 기대한 것이다.

또 하나는 구약학 교수였던 난 구약성경을 포함한 신구약성경이 인류 최고의 고전이 될 수 있었던 데에는 이야기(story)가 갖는 힘에 있다는 사실을 잘 알고 있기 때문이다. 요한 복음서를 <천하제일지서>라고 생각하고 있는 나로서는 로고스 찬가(요1:1-18)에 나오는 로고스(1,14절), 즉 말씀으로서의 로고스와 로고스로서의 예수 그리스도가 갖는 힘에 있다는 사실을 잘 알고 있기 때문이다.

「소 등에 붙은 쇠파리」라는 제목이 독특한데, 살펴보니 Logostory(로고스토리)가 우리 삶에 영향을 주는, 끊임없이 질문하는 소리 없는 외침으로 들렸다. 그리고 "이야기(story)가 말씀(λόγος)으로 읽힌다."를 통해 이야기(Story)가 갖는 힘과 말씀(λόγος)이 갖는 힘을 결합시켜 폭발적인 감동을 자아내고 있기 때문이다.

저자의 말대로 이 책은 10년 동안 책을 읽거나 인터넷에 익명으로 올라온 진주 같은 글들을 저자가 알고 있거나 연구한 성경 말씀과 융합시켜 일정한 분량의 칼럼 형식으로 쓴 이야기이다.

이 책의 구성이 ChapterI-XII로 구성한 것은 마치 교회력에 따른 매일 묵상처럼, 1년 12달을 매일 하나씩 읽고 묵상하라는 암시로 들렸다.

또한 친절하게도 이 책은 12개의 주제와 부제, 가령 Chapter I은 주제가 <기쁨(Joy)>이고, "누군가에게 기쁨의 눈물을 흘리게 해 준다면 성공한 삶이다."라는 부제를 달아 놓았으며, Chapter XII는 주제가 <사명(Mission)>이고, "당신이 지금 하고 있는 일이 바로 로또다"라는 부제를 달아놓았다. 그뿐 아니라 이 책은 칼럼이 끝나는 맨 아래에 주옥같은 멘토를 달아놓아 자신을 돌아보는 성찰의 시간을 갖도록 배려했다.

바벨론 포로민들을 향해 "내 백성을 위로하라"(사40:1)고 외친 익명의 예언자의 말씀처럼, 오늘 우리들은 위로와 치유와 소망을 절실히 필요로 하고 있다. 또한 이러한 힘든 상황에서 우리들에게는 세상을 살아가는 지혜 또한 간절히 요청되고 있다. <잠언>과 <전도서>가 세상을 살아가는 지혜를 말하듯이, 박 목사님의 이 책은 말씀이라는 거울을 통해 오늘을 살아가는 모든 이들에게 위로와 치유와 소망 및 영적 지혜를 주는 또 하나의 <잠언>이자 <전도서>이다. 그런 점에서 늘 곁에 두고, 읽고 싶은 사랑스럽고 소중한 '한 권의 책'이다.

부디 이 책이 「소 등에 붙은 쇠파리」처럼 이 글을 읽는 모든 독자들에게 끊임없는 공격적인 질문을 통하여 새로운 삶의 기쁨과 행복이 깃들기를 소망해 본다.

차 례

| 일러두기 |

1. 10년 동안 매주 목요일 보냈던 1000자 메시지가 500여개 가 넘는다. 이 중에서 1년 365일 이듯, 365개를 선정 다시 정리했다.
2. 이 글의 기초는 책을 읽다가, 그리고 인터넷에 올라오는 익명의, 그리고 많은 사람이 사는 모습을 그린 SNS의 글을 보면 예상치 못한 진주 같은 글들이 있었다. 그 글들을 읽는 순간 말씀이 떠오르고 우리의 일상으로 연상이 됐다.
3. 그런 스토리(Story)가 말씀(Logos)을 만나면서 로고스토리(Logostory)가 되었다. 그리고 그 로고스토리가 「소 등에 붙은 쇠파리」처럼 내 생각에 달라붙어 묵상의 자리로 가게 했다. 그 지난한 과정의 정리가 이 책이다. 이 글을 읽는 독자들 모두에게도 생각에, 삶에, 감정과 이성에 붙어 「끊임없는 질문」이 이어지기를 소망한다.
4. 특별히 성경을 인용할 때는 「우리말 성경」을 사용했다. 우리말 성경은 서빙고에 있는 온누리교회에서 사용하는 번역본이다. 우리말 성경은 개역 개정판 성경에서 말하지 못하는 다른 의미를 발견할 수 있다. 개정판 성경은 한문성경을 보고 번역을 시작한 성경이라서 본문의 의미를 깨닫는 데 한계가 있다. 조금이나마 더 깨달을 수 있을까 싶어 우리말 성경을 사용했다.
5. 우리말 성경이나, 개정개역판 성경으로도 접근할 수 없는 뜻과 의미는 원어를 살펴야 했다. 원어가 주는 색다른 뜻을 발견할 때는 잠을 설칠 만큼 신비로웠다.
6. 이 짧은 글과 깊은 생각은 시차를 두고 읽기를 추천해 드린다.
7. 부족한 이 책을 읽고 아래 이메일 주소로 소감을 보내주시는 분들에게는 본 책에 수록된 것 같은 문자를 매주 목요일 계속 보내줄 계획이다.
   (phereiam@hanmail.net)

I. 기쁨

(Joy)

누군가에게 기쁨의 눈물을
흘리게 해 준다면 성공한 삶이다.

어느 딸이 쓴 글이다. 엄마는 고향인 완도에서 태어났는데 스무 살이 되자마자 서울로 와서 식당일을 비롯해 온갖 궂은일을 마다하지 않고 살면서 결혼까지 해서는 아들과 딸을 낳았다.

그러다 스마트폰이 생겼다. 카카오스토리로 고향 친구들하고 연락이 닿아 서로 연락을 주고받았다. 그리고 수십 년 만에 고향 완도를 다녀왔다.

그중에 초등학교 때부터 진짜 친한 친구가 있었는데, 이름만 기억하고 있었지 얼굴도 기억나지 않았다. 그렇게 기억 속에만 있던 친구가 2박 3일 여행 동안 식사와 이동, 숙소까지 다 챙겨주면서 계속 시간을 같이 보냈단다.

그런데 엄마 이름이 '금자'인데 그 친구는 엄마를 부를 때마다 '금애야, 금애야'라고 부르더란다. 그래서 엄마가 궁금해서 물었다.

"얘, 너는 왜 나를 금애라고 부르니?" 친구의 대답은 이랬다.

"너 기억 안 나? 너희 아버지가 꼭 너 부를 땐 금애라고 불렀잖아. 사랑하는 딸이라고 사랑 애(愛)자를 붙여서."

왈칵 눈물이 났다. 엄마 자신조차도 기억하지 못하던 그 이름, 살아생전 아버지가 부르시던 '금애'라는 애칭을 40년도 넘게 못 듣다가 기억 속에만 있던 친구가 불러줘서 너무 눈물이 났단다.

사람에게는 기쁨의 눈물과 슬픔의 눈물이 있다.

가장 좋은 것은 감동의 눈물이다. 엄마는 아버지의 사랑을 기억해 울고, 그걸 기억해서 불러준 친구가 있어 울고, 그래서 감동했을 것이다.

그런데 세상에는 감동보다는 슬픔의 눈물이 더 많다.

성경에도 이렇게 말씀하셨다.

「주께서 그들에게 눈물 젖은 빵을 먹이시고 많은 눈물을 마시게 하셨습니다.」(시편 80편 5절)

「내 눈물을 주의 병에 담으소서.」(시편 56편 8절),

「내가 재를 빵처럼 먹고 눈물을 물처럼 마십니다.」(시편 102편 9절)

눈물 젖은 빵을 먹고, 눈물을 물마시듯 사는 사람들이 주위에 너무나 많다. 기쁨보다 슬픔이 많은 세상이다.

천국을 묘사할 때도 이렇게 표현했다.

「하나님께서 그들의 눈에서 모든 눈물을 닦아 주실 것입니다.」(요한계시록 7장 17절)

그렇다면 눈물을 닦아주는 것은 천국을 선물하는 것이다. 누군가에게 기쁨의 눈물을 흐르게 하고, 슬픔의 눈물을 닦아 주는 것이 가장 복된 삶이다.
또한 누군가에게 기쁨의 눈물을 흘리게 해준다면 그것이 바로 성공한 삶이 되는 것이다.

빅터 프랭클의 <죽음의 수용소에서>라는 책을 감사와 눈물로 읽었다. 죽음과 맞닿아 있는 수용소에 갇힌 사람들이 가장 자주 꾸는 꿈이 무엇이었을까? 그것은 빵과 케이크와 담배, 그리고 따뜻한 물로 목욕하는 것이었다고 한다.

혹독하고도 상상할 수 없는 노동과 모욕감, 내일에 대한 소망이 없는 죽음의 그늘에서도 잠을 자는 동안만큼은 모든 것이 평온했을 것이다. 그런데 수용소 생활의 24시간 중 '가장 끔찍한 시간'은 언제였을까?

바로 '기상 시간'이었다고 한다.

잠자는 동안 가졌던 평온함이나 안전함에서 깨어 지상의 현실로 돌아오는 새벽녘의 기상 시간이 가장 끔찍했다고 한다.

성경에 이런 말씀이 있다.

「밤새 울었더라도 아침이면 기쁨이 찾아옵니다.」(시편 30편 5절)

밤새 울었더라도 아침이면 기쁨이 찾아오게 하시는 하나님의 역사를 언급하는 이 구절은 정말 신기하기만 하다.

책은 또한 죽음의 수용소에서는 사람들은 '문화적 동면'에 들어간다고 한다.

그런데 두 가지의 예외가 있었으니 그것은 바로 '정치와 종교'였다고 한다. 정치에 관한 이야기는 어디서나 시도 때도 없이 들을 수 있었다고 한다.

그리고 종교와 관련된 의식 중에서 가장 인상 깊었던 것은 막사 귀퉁이나 자물쇠가 채워진 컴컴한 가축 운반용 트럭 안에서 행해지는 '임시기도'나 '예배'였다.

넝마 같은 옷을 입은 채 멀리 떨어진 작업장에서 피곤하고 굶주리고 얼어붙은 몸을 이끌고 막사로 돌아가는 바로 그 트럭 안에서 즉석예배와 기도회가 이루어지곤 했다고 한다.

오늘도 아침에 일어나는 것이 가장 끔찍하고 힘에 겨워하는 사람들이 많다.

아침이면 기쁨이 찾아오게 되는 축복의 길은 무엇일까?

좋은 옷, 안락한 의자, 탁월한 음향, 조명, 겨울에 따뜻하고, 여름에는 에어컨 바람 가득한 예배당에서 드리는 기도나 예배가 일상이 되어버린 지금, 우리는 무엇을 더 바라고 원하는 것일까!

죽음과도 같은 삶의 환경에서도 예배와 기도를 잊지 않으면 아침에 깨어나는 것이 가장 기쁘고 행복한 날이 올 것이다.

지하철 안에서 여섯 살쯤 되어 보이는 한 남자아이가 이리 뛰고 저리 뛰어다니며 소란을 피우고 있었다. 아이의 보호자인 듯 한 할머니는 아랑곳하지 않고 아이를 내버려 두고 있었다. 소란이 5분 이상 계속되자 승객들은 한두 마디씩 불평을 쏟아 놓기 시작했다.

"요즘 할머니 밑에서 자라는 아이들은 버릇이 없어."

"할머니가 저러니 애가 그렇지."

"저렇게 버릇없는 거, 엄마 아빠는 알고 있을까?"

드디어 충고가 쏟아지기 시작했다.

"아이 좀 어떻게 해봐요."

"공중도덕은 어릴 때부터 가르쳐야죠."

"좀 조용히 좀 갑시다."

지하철 안이 불평과 불만과 짜증으로 가득할 때, 그 할머니의 조그만 목소리 한마디에 금세 쥐 죽은 듯 상황이 변해버렸다.

"이 아이 엄마 아빠가 교통사고로 죽어서 지금 장례를 치르고 오는 길입니다."

할머니의 한마디에 지하철 안에 있던 그 누구도 불평을 하거나 아이를 탓하는 사람이 없었다. 다만 그 아이가 뛰어다니고 소란을 피우는 것이 오히려 다행이라는 생각을 하는 듯 했다.

이런 상황을 '프레임(frame)의 법칙(theory)'이라고 한다. '똑같은 상황임에도 어떤 프레임을 통해 상황을 인식하느냐에 따라 사람들의 행동이 달라진다는 법칙'이다.

사건과 상황을 맞이했을 때 어떤 프레임을 적용해서 보느냐에 따라 행복과 삶의 질의 수준이 달라진다는 것이다.

성경에 보면 이런 말씀이 있다.

「여러 가지 시험을 만나거든 온전히 기쁘게 여기십시오.」(야고보서 1장 2절)

어떤 시험을 당하거든, 그 상황을 기쁘게, 때로는 유쾌하게, 은은한 기쁨으로 여기며 판단하고 생각하라는 것이다. 사건과 상황을 분석하지 말고 프레임을 바꾸어 생각하라는 것이다.

우리가 이해하지 못하는 상황도 하나님의 사랑일 수 있다. 그래서 누군가를 향해 불평과 비판과 원망과 비난을 쏟아 놓는 것은 하나님의 뜻이 아니다. 그것을 이해하고 기쁘게 여기는 것이 하나님의 뜻이다.

지금 불평불만이 있다면, 프레임을, 생각을 바꾸어, 다시 적용해 보라. 그러면 예기치 않는 마음의 평안과 기쁨이 물밀듯 다가올 것이다.

모든 일에 있어서도 이유 없이 그냥 기쁘게 생각하면 된다. 방법이 이미 있으니 무엇이 문제일까! 생각해 보라.

산소 같은 여자의 원조는 탤런트 이영애 씨다. TV 광고에 나와 '산소 같은 여자'라는 연기를 했다.

공기를 분석하여 비율별로 나열하면 이렇다고 한다. 질소(N_2)가 약 78%, 산소(O_2)가 약 21%, 아르곤 0.9%, 이산화탄소 0.03%, 미량의 네온, 헬륨, 크립톤, 크세논, 오존 등으로 구성되어 있다. 사람에게 꼭 필요로 하는 산소는 21%밖에 안 된다고 한다.

그런데 신기한 것은 우리 몸은 바로 21%밖에 안 되는 산소만 섭취하고, 나머지 요소들에는 영향을 받지 않는다. 산소 같은 여자란 바로 이런 분석으로 비유한 것이다.

질소는 사람이 마시면 죽는다. 사람의 몸은 기묘하게도 질소는 걸러내고 산소만 마시는 특별한 기술을 가지고 있다.

사람의 종류에는 두 가지가 있다. 산소 같은 사람! 질소 같은 사람!

성경에 보면 이런 말씀이 있다.

「그들은 나와 여러분의 영을 시원하게 해 주었습니다. 그러므로 여러분은 이런 사람들을 인정해 주십시오.」(고린도전서 16장 18절)

사도바울이 마음을 시원케 한 사람을 소개하는 구절이다.

세상에는 긍정의 요소와 부정의 요소가 있다. 절묘하게도 80% 정도는 부정적인 사람의 여건과 상황, 환경 등이 존재하고, 나머지 20%는 긍정의 요소, 믿음의 요소, 희망의 요소가 존재한다고 한다.

그런데 사람은 20%의 산소 같은 믿음의 요소보다 80%의 부정적인 요소를 더 선호하고 흡수하게 된다고 한다. 아이러니한 일이다.

믿음의 사람은 20%의 산소 같은 긍정의 믿음으로 승리할 수 있다. 당신은 20%의 산소를 마시는 긍정의 사람인가? 아니면 80%의 질소를 마시는 부정적인 사람인가?

곳곳에 산소같이 사람을 살리는 교회, 학교, 병원이 있고, 질소같이 사람을 죽이는 술집, 클럽, 호프집 등이 있다.

나의 소망은 참으로 단순하다. 당신도 '산소같은 사람' 이되어 사람들을 시원케하는 것이다.

타깃(A.W.Target)이라는 작가가 쓴 <창>이라는 단편소설의 내용이다.

폐암 말기 환자와 디스크 환자가 한 병실에 입원했다. 폐암 환자는 창 쪽에 침대가 있어 항상 창을 내다볼 수 있었다. 반면 디스크 환자는 꼼짝없이 누워만 있었다.

그런데 창밖을 보며 항상 기쁜 표정을 짓는 폐암 환자를 보며 밖의 상황이 궁금한 디스크 환자가 물었다. 폐암 환자는 바깥 풍경을 실감 나게 설명해 주었다.

"아름다운 호수, 보트, 백조, 산책하는 여인, 잔디밭에서 노는 어린아이들의 얼굴이 보입니다."

그때마다 디스크 환자는 얼굴이 일그러지며 불공평한 환경에 불만이 생겼다. 창 쪽에 내 침대가 있었다면 나도 볼 수 있었을 텐데.

그러던 어느 날 밤중에 폐암 환자가 기침을 하며 응급 벨을 누를 수 없게 되었을 때 디스크 환자는 아무런 조치도 취하지 않았다. 그는 아침에 싸늘한 주검으로 발견이 됐다.

디스크 환자는 병원 측에 부탁하여 자기가 그토록 바라던 창가의 빈 침대로 자리를 옮길 수 있었다. 자기도 창문 밖의 아름다운 환경을 볼 생각으로 얼른 밖을 내다보았다. 그런데 놀랍게도 창밖으로 보이는 것은 '회색의 콘크리트 담벼락' 뿐이었다.

기쁨은 환경이 아니라 마음의 상태라는 이야기이다.

성경은 말씀하신다.

「모든 것에는 시기가 있고 하늘 아래 모든 일에는 목적에 따라 때가 있으니….」(전도서 3장 1절)

70인 역에 보면 시기는 크로노스(χρονος), 때는 카이로스(καιρός)로 기록되어 있다. 그리고 2절부터는 계속 카이로스만 언급된다.

'크로노스'는 보통 연대기, 시간, 일별로 계속되는 시간을, '카이로스'는 하나님의 때, 하나님이 정해 놓은 시간을 말한다.

전도서에서는 인간은 크로노스, 즉 인간의 시간을 살지만, 하나님의 시간, 즉 카이로스를 잊지 말라고 한다. 이루지 못한 일들이 있어도 실망할 필요가 없다. 카이로스가 오지 않았을 뿐이다.

곧 하나님의 정하신 카이로스, 당신의 심장이 터질 것 같은 기쁨과 축복이 올 것이기 때문이다. 크로노스 속에서 카이로스, 하나님의 역사를 기대해야 할 이유다.
크로노스에서 카이로스를 볼 수 있는 능력이 진짜 실력이다.

Joy. 6 파리 지하철 시 공모전

파리 지하철 공사가 역에 써넣을 '시(詩)'를 공모했다. 8천여 편이 응모했는데 그 중 1등은 '오르텅스 블루'가 쓴 '사막'이라는 시(詩)였다.

그 사막에서
그는 너무 외로워
때로는 뒷걸음질로 걸었다.
자기 앞에 찍힌 발자국을 보려고

그렇다. 사람은 '그'든, '그녀'든 누구나 외롭다. 가슴 한구석에서 동의하고 싶은 느낌이 온다. 겉으로는 자신만만하지만, 자신도 모르게 내면에 가라앉아 있는 외로움은 가끔은, 때로는, 철 따라 샘물처럼 올라올 때가 있다.

실존주의 철학자들은 인간의 한계상황, 즉 인간이 절대 극복할 수 없는 다섯 가지를 말했다.

인간은 ① 죽는다. ② 고독하다. ③ 죄를 짓는다. ④ 전쟁터다. ⑤ 방황한다.

이 말들을 한 문장으로 정의하면, 인간은 태어나 삶의 전쟁을 치르다 죄를 짓고 지쳐 고독하여 방황하다 죽는다는 뜻이다.

그런데 실존주의 철학자들은 상황만 설명했지 답을 주지 않았다.

그러나 성경에는 이 다섯 가지에 정확한 답이 나와 있다. 이스라엘 백성들이 이집트에서 탈출하여 광야에서 40년간 살았다. 우리의 삶의 상황은 그 '광야의 사막'이나, 오늘날의 '서울'이나 별반 다르지 않다.

사막은 있어야 할 것은 없고, 없어야 할 것만 있는 곳이다. 외롭고 고독할 때 예수님은 기도하셨고, 모세도 광야에서 40년을 홀로 보내고 난 뒤 하나님을 호렙 산에서 만났다.

성경에 이런 기록이 있다.

「그분이 그 광야를 에덴처럼 만드시고 그 사막을 여호와의 동산처럼 만드셨으니 그곳에는 기쁨과 즐거움이 있고 감사의 노랫소리가 그곳에 울려 퍼질 것이다.」(이사야 51장 3절)

하나님은 광야를 에덴처럼, 사막을 에덴동산처럼 만들어 기쁨과 즐거움, 감사의 노랫소리가 울려 퍼지게 만드신다.

사막 같은 세상에서 하나님을 만나고 좋은 사람들과 동행하면 뒷걸음질을 할 필요가 없다.

뒤돌아보지 말고 앞만 보고 뛰어가야 한다.사람마다 과거에 얽히고설킨 흔적과 실패 때문에 미래를 놓칠 수 있다.
삶에서 외로우면 지는 것이다.

죽기 전에 나훈아를

SNS에 게재된 글이다. 한 손자가 제대를 하고나서 선물 한번 못해 드린 것이 늘 마음에 걸렸다고 한다. 열심히 일해 번 알바비로 뭘 해드릴까 생각하다 '나훈아 콘서트' 광고를 보고 그 어렵다는 티켓팅에 도전을 했다.

할아버지 할머니가 싫어하시면 그냥 팔아도 몇 배나 뛴다기에 그렇게 도전한 것이다. 2장 성공. 부모님께 전달해 드리려고 생각하다, 바로 옆 동네에 사시는, 자전거를 타고 바로 할아버지 댁으로 갔다. 저녁을 들고 계셨다.

생신 선물 미리 드린다고 하며 공연 티켓을 드렸다. 그런데 티켓을 보더니 할머니가 기절하셨다. 진짜 기절하셨다. 구급차를 부르고 난리가 났다.

할아버지도 무뚝뚝해서 이런 거 좋아할까 싶었는데 평생소원이셨다고, '내가 죽기 전에 나훈아를 다 보는구나!' 하시면서 눈물마저 흘리셨다고 한다.

아빠 엄마도 깜짝 놀랐다며 어깨를 두드려 주었다. 사실 너무 죄송스럽고, 가까이 계실 때 효도 좀 할 걸, 그렇게 생각했다.

눈물은 기뻐도 흐르고, 슬퍼도 흐르는 마법과 같은 존재다.

성경은 일러 주신다.

「내가 재(災)를 빵처럼 먹고 눈물을 물처럼 마십니다.」(시편 102편 9절)

세상은 '기쁨의 눈물'보다 '고통의 눈물'이 더 많다.

그래서 굳이 누군가에게 고통의 눈물을 흘리게 할 필요는 없다. 반대로 기쁨의 눈물을 흘리게 만드는 일은 큰 축복이다.

살면서 고통의 눈물을 흘렸는지에 초점을 맞추지 않고, 누군가의 눈에서 기쁨의 눈물을 흘리게 한 적이 있는지 생각해 본다.

살아가는 중에 부모의 눈에서, 자녀의 눈에서, 남편과 아내의 눈에서, 성도의 눈에서, 목사의 눈에서, 지도자는 백성들의 눈에서 기쁨의 눈물이 흐르도록 기도해보자.

어느 의사의 고백의 글이다.

오늘 투석하는 할아버지 한 분을 보내드렸다. CPR을 멈추면 사망 선언을 해야 한다. 그렇게 고민하는 내 옆에서 할머니가 할아버지의 귓가에 대고 고백을 했다.

'나랑 결혼해줘서 고마워요. 내 자식들의 아버지가 되어줘서 고마워요. 사랑해요.'

이런 고백, 죽는 순간에 하지 말고 늘 살아가는 오늘도 해 보자.

킬러 문항

해마다 11월이면 대학 수능시험이 있다. 학생들에게는 자기 인생이 걸린 중차대한 행사다 보니 여간 중요한 일이 아니다.

학생들만의 문제가 아니다. 문제를 만드는 출제위원들은 35일간 격리되어 감옥과 같은 곳에서 지내며 문제를 만든다. 그 문제를 내는 첫 번째로 고려해야 할 조건으로 학생들의 실력을 가늠할 수 있는 변별력이다. 변별력은 쉬운 문제를 풀라고 해서는 가려낼 수가 없다.

출제위원들이 문제를 내면서 학생들이 쉽게 풀기 어려운 문제를 이른바 '킬러 문항'이라고 한다. 킬러 문항의 유래는 킬러, 살인자라는 뜻인데, 이것은 문제를 어떻게든 틀리게 하려는 의도가 다분하여 응시생들의 점수와 정신을 '죽인다(kill죽인다)'는 뜻이다. 살벌한 용어가 아닐 수 없다.

보통 학생들은 최고난도의 문제를 가리키며 대다수가 이렇게 말한다. "맞히라고 낸 문제가 아닌 것 같다."

이러한 공감대가 형성되면 그 문제는 킬러 문제로 인정이 된다. 그 문제는 주로 대학 수능시험에서 '수학 영역'에서 차용되었는데, 이후로 로스쿨, 공무원 시험, TOEIC, TEPS, 인·적성 등의 다른 시험에서도 적용되는 용어가 되었다.

수능에서 킬러 문항이 있다면, 우리에게도 인생 각자의 킬러 문항이 있다. 쉬운 문제는 누구나 다 푼다. 쉬운 문제는 누구나 해답을 찾을 수 있고 해결할 수 있다.

그렇듯 하나님은 우리에게 쉬운 문제도 주시지만 때로는 풀기 어려운 킬러 문항을 주실 때가 있다. 그 킬러 문항을 잘 풀어야 성숙한 인생의 복을 경험할 수 있다. 그런데 그 어려운 킬러 문항을 잘 푸는 방법, 그 힌트가 성경에 있다.

「여러 가지 시험을 만나거든 온전히 기쁘게 여기십시오.」(야고보서 1장 2절)

말씀의 요체는 문제의 킬러 문항을 만나거든 온전히 모든 것을 '기쁘게 생각'하라는 것이다.

기쁨은 '카라(χαρα)'가 어원이다. 그 뜻은 '기쁨의 원인'이다. 어려운 시험이 기쁨의 원인이 된다? 킬러 문항이, 풀기 어려운 시험이 왜 기쁨의 원인일까? 결론은 간단하다. 그 문제를 풀면 그 '대가와 보상'이 크기 때문이다. 킬러 문항과 보상은 같은 단어이다. 그래서 기쁨의 원인이 되는 것이다.

사법시험은 자체가 킬러 문항들이다. 그것을 풀고 나서 주어지는 보상은 우리가 익히 잘 알고 있다.

나에게 다가오는 킬러 문항들이 있다면 기쁨으로 영접하라.
그 문제를 풀면 보상은 상상을 초월할 것이다.

중격핵

미국 스탠퍼드대학교 브라이언 넛슨 교수 연구팀은 31명의 청년에게서 최고의 '의욕'을 끌어내는 방법을 찾아냈다.

의욕은 '중격핵'이라는 뇌 부위에서 발생한다고 한다. 즉 중격핵의 활동이 활발해지면 저절로 의욕이 솟아난다는 사실을 포착했다. 곧장 실험에 착수했다. 그들은 MRI로 중격핵을 측정해 그 활동수준을 막대그래프로 표시를 했다.

참가자들로 하여금 자신의 중격핵이 지금 어느 정도로 활동하고 있는가를 실시간으로 볼 수 있게 했다. 그 상태에서 참가자에게 '그래프 수치를 높이라'고 지시를 한다. 쉽게 말해 중격핵이 활발하게 움직이도록 스스로의 의지로 조절하라는 의미였다.

중격핵이 활발하게 움직이자 바로 설문을 실시했더니 이렇게 대답했다.

"긍정적이고 진취적인 기분이 들며 의욕이 솟아났다".

흥미로운 현상으로는 '능숙하게 활동량을 조절할 수 있는 참여자일수록 상대적으로 강한 의욕을 느꼈다'라는 응답이 돌아왔다. 그래서 다시 물었다.

"어떻게 중격핵을 조절시킬 수 있었나?"

참가자들은 하나같이 이렇게 대답했다.

"즐거운 일을 상상했다!"

그렇다. '즐거운 일'을 하는 상상하는 것만으로도 의욕이 생긴 것이다.

성경에 유독 '즐거워하라'는 단어가 많다. 최고의 부와 명예, 권력을 가졌던 솔로몬은 이렇게 충고한다.

「그러므로 나는 인생을 즐거워하라고 권한다. 사람이 먹고 마시고 즐거워하는 것보다 태양 아래에서는 더 좋은 것이 없기 때문이다.」(전도서 8장 15절)

'즐거워하라는 것은 기뻐하라'는 말이다. 즐거워하고 기뻐하면 무슨 일이든 의욕이 생기고 긍정적이고 진취적으로 된다는 말이다.

혹자들은 말한다. 세상에 즐거운 일이 있어야지!

하지만 성경은 단서를 달지 않는다. 이유가 없다. 그냥 모든 것이 즐거운 일이라 여기면 된다. 성경도 즐거워하라고 하지 않는가!

기분 나쁜 일, 복수할 일, 짜증나는 일, 부정적인 생각, 쓸데없는 걱정, 미래에 대한 불안, 이 모든 것을 극복하고 모든 일에 즐거워하면 의욕도 생긴다.

솔로몬이라고 걱정이 없었겠는가. 그리고 세상 별 건가!
오늘 하루 살아 있으면 복된 것이다.

Joy. 10 커뮤니케이션

제2차 세계대전 후 정신과 전문의 르네 스피츠 박사는 한 보육원을 상대로 본격적인 연구에 착수했다. 조사 결과는 참담했다. 그는 보육원의 영·유아 91명 중 35명이 만 2세가 되기도 전에 사망했다는 사실을 밝혀냈다.

스피츠 박사는 처음에는 정확한 원인을 알 수 없었다. 당시에는 이미 영양과 위생의 중요성에 대한 인식이 싹트고 있었고, 그런 분위기에서 그 보육원도 부족하나마 아이들에게 충분한 식사와 청결한 환경을 제공하려고 최선을 다했기 때문이다. 영양 부족이 사망원인은 아니었다. 전염병이 돈 것도 아니었다.

연구 결과 유일하게 부족한 부분은 '커뮤니케이션communication'이었다.

보육원에는 수많은 아동이 모여 살았지만, 만성적인 인력 부족으로 모든 아이에게 골고루 돌봄의 손길이 닿지 못할 형편이었다.

결론은 소통과 대화의 결여가 사망원인이었다. 영아들 역시 말을 하지 못할 뿐 소통까지 못하는 것은 아니었다. 개인적으로 따뜻한 손길, 대화, 스킨십, 소통의 부재가 아이들로 하여금 사망에 이르게 했던 것이다.

아이뿐만 아니다. 인간은 사회적 동물이라서 소통이 부재하면 어른이나 아이나 사망에 이르게 된다. 더욱이 코로나 시대의 도달로 우리의 손길이 미치지 못하는 곳에서는 사망의 음침한 골짜기가 형성되고 있다.

성경에도 이런 표현이 있다.

「기뻐하는 사람들과 함께 기뻐하고, 우는 사람들과 함께 우십시오.」(로마서 12장 15절)

여기서 중요한 것은 '함께'라는 말이다. '함께' 기뻐하고, '함께' 우는 것이 가장 기본적인 소통의 시작이다.

그런데 한 가지 궁금한 것이 있다. 사람들은 함께 기뻐하는 것이 어려울까? 함께 우는 것이 어려울까? 사촌이 땅을 사면 배가 아프다는 속담이 있듯이 '함께 기뻐하는 것'이 참으로 어려운 것 같다. 요즘은 형제가 땅을 사도 배탈이 난다고 한다. 그만큼 소통이 어렵다는 뜻이다.

그렇다고 '함께 우는 것'은 쉬울까? 그렇지도 않다. 이것 역시 어렵다.

누군가 울 일이 생기면 속으로는 기뻐할 수도 있다. 앞에서 언급한 '샤덴프로이데'를 떠올려보라.

그래서 기뻐하는 사람들과 함께 기뻐하고 우는 사람들과 함께 울라는 말씀이 등장한 것이다. 이 두 가지를 잘하는 사람과 함께 하면 참으로 복 받은 사람이다.그러나 그런 사람을 기대하지 말고 당신이 그렇게 행동하면 더욱 좋은 일이다.

Joy. 11 여대생이 폰을 바꾸고

어느 여대생이 휴대폰을 새로 바꾸면서 기존에 쓰던 것을 엄마의 가계용으로 사용하게 되었다. 그 휴대폰의 녹음 파일 중에 자기 수업의 교수님 수업을 녹음해 놓은 것이 있었다. 그런데 엄마가 밤잠을 설치다가 딸이 학교에서 무슨 공부하나 궁금한 마음에 그 강의를 들어봤는데, 진짜 언제 잠이 든지 모르게 정신없이 꿀잠을 자버렸다고 한다.

엄마가 원래 불면증이 있어서 불교방송을 틀어 놓고 있다가 잠들곤 했는데, 신기하게도 이 녹음 파일 하나로 10분 만에 잠이 들었다고 너무너무 고마워하셨다. 여대생이 신이 나서 말했다.

"우리 가족의 ASMR이셔요. 교수님!"

'ASMR'이라는 말은 요즈음 통용이 되는 신조어로, '자율 감각 쾌락 반응(Autonomous Sensory Meridian Response)'의 약자를 일컫는다. '특정 자극을 통해 심리적 안정이나 쾌감을 느끼는 감각적 경험을 가리키는 말이다.' 스트레스를 줄이고 불면증에 도움이 된다고 알려져 있다. 이를테면 백색소음 같은 것이다.

이 글을 보고 나 역시 설교자인데 혹여 내 설교가 ASMR이 되면 어떻게 하나 하는 고민이 생겼다. 그리고 반대로 생각하니 성도들이 꿀잠은 잘 수도 있겠구나 하는 생각이 들었다.

성경에도 꿀잠을 자는 방법을 알려주고 있다.

「여호와께서는 사랑하시는 사람들에게 잠을 주시기 때문이다.」(시편 127편 2절)

여기서 잠을 주시는 이유는, '당신이 잠들어 있는 동안 하나님께서 당신이 걱정하고 염려하는 것에 대해 해결책을 세우시고, 당신이 걱정하는 문제를 풀고 계시니 편안하게 잠을 자도록 하신다'는 것이다.

하나님은 우리가 잠을 자는 것까지 신경을 쓰신다.

현대인들은 잠과의 전쟁을 하면서 산다. 수면제 판매액이 날로 늘어간다고 한다. 죄짓느라 잠을 못 자고, 걱정하느라 잠들지 못하고, 평안함이 없어 잠들지 못하는 사람들에게 하나님은 잠을 주신다.

우리의 삶에는 걱정과 염려라는 수학 문제를 뛰어넘는 수많은 난제가 도사리고 있다. 그러나 모든 짐을 하나님께 맡기고 푹 자고 나면, 하나님께서 모든 문제를 잘 풀어 당신이 깨어나는 아침에 완벽한 답과 해결책을 내놓을 것이다. 그러니 '이 모든 문제 하나님께 맡깁니다'라고 기도하고 믿으며 꿀잠을 주무시길.

Joy. 12 불빛이 꺼지자

낚시꾼들을 가득 싫은 배가 바다 한가운데서 고장이 났다. 날은 어두워오고 칠흑 같은 밤이 되자 비상등을 찾아 불을 밝혔다. 수동으로 작동하는 노를 찾았으나 이번엔 도무지 방향을 알 수가 없어 절망할 수밖에 없었다.

그때 어떤 사람이 등불을 끄자고 했다. 불을 꺼야만 마을 쪽의 빛을 볼 수 있다고 한 것이다.

반대의견은 불빛을 보고 구조대가 찾을 수 있으므로 계속 불을 켜자고 했다.

갑론을박하다 얼마 지나지 않아 그 등불은 연료가 부족해 스스로 꺼지고 말았다. 배 안에는 절망의 그림자로 가득 차고 오직 적막만이 흐르고 있었다. 순간! 한사람이 소리쳤다.

"불빛이 보인다! 육지의 불빛이 보인다. 우리는 살았다."

그렇다. 배 안의 불빛이 꺼지자 육지의 불빛이 비로소 보인 것이다.

서울 하늘 아래에서는 별빛을 볼 수가 없다. 별빛이 보이지 않는 이유는 곁에 있는 여러 종류의 불빛 때문이다. 그 불빛을 끄면 멀리 별빛이 보인다.

소란한 곳에서 이어폰으로 음악을 듣게 되면 밖의 다른 소리가 전혀 들리지 않는다. 아무리 밖의 소리가 요란해도 이어폰을 통해서 들려오는 아름다운 음악 소리만 들을 수 있다.

내 안의 불빛이 너무 많으면 밖의 불빛이 보이지 않고, 내 안의 소리가 너무 크면 밖의 소리, 심지어 하나님의 음성도 들리지 않는다.

성경에 이런 사실을 날카롭게 지적한다.

「온갖 좋은 선물과 온전한 은사는 위로부터 오며, 빛들의 아버지께로부터 내려옵니다. 그분에게는 변함도, 회전하는 그림자도 없으십니다.」(야고보서 1장 17절)

좋은 은사, 온전한 선물을 위로부터, 밖으로부터 온다는 것이다.

문제는 내 안의 불을 꺼야 한다. 오직 위로부터, 밖으로부터 오는 소리에 귀를 기울여야 한다.

사람마다 내 안의 불빛, 내 안의 소리가 너무 크다.

그 불빛이 지속적으로 유지되도록 하는 나쁜 기름을 공급하지 말아야 한다. 그 기름은 바로 욕심, 명예, 돈, 그밖에 수 없이 많은 것들이다.

내 안의 소리, 그 잡음을 제거하면 진짜 하늘의 소리, 하나님의 음성이 들려 올 것이다.

섭리 사관

어느 남자와 여자가 썸을 타는 중이었다. 여자는 남자의 마음을 쉽게 받아주지 않았다. 어느 날 길바닥에 굴러다니는 천 원짜리 지폐를 여자가 주워 지갑에 넣었다. 그때 남자가 자기의 돈이라고 주장하기 시작했다. 여자가 발끈했다.

"굴러다니던 건데 어떻게 당신 거라고 말할 수 있으며 그것을 어떻게 증명할 수 있어요?"

남자가 다짜고짜로 항의를 해대기 시작했다.

"굴러다니는 것은 다 네 것이냐?"

여자가 태연하게 대답했다.

"그래요."

그러자 남자가 길바닥에 벌러덩 눕더니 막무가내로 앞으로, 뒤로 막 굴러다니다가 벌떡 일어서며 이렇게 말했다.

"그럼 이제 나도 니 꺼다."

이렇게 썸은 종결되었고 두 사람은 결혼하여 행복하게 살았다고 한다. 남자가 지혜로웠다. 용기도 있었다.

그런데 그렇게 행동을 했다고 여자가 순순히 받아줬을까? 아니다. 여자도 남자를 좋아했던 것이다. 이런 걸 두고 천생연분이라고 한다.

이런 것을 운명, 기독교에서 말하는 섭리라고 한다.

성경에 보면 이런 이야기가 있다.

「아람 왕의 군사령관인 나아만은 주인에게 대단한 신임을 받고 있었습니다. 그를 통해 여호와께서 아람에 승리를 안겨 주셨기 때문입니다. 나아만은 이렇게 용맹스러운 사람이기는 했지만, 나병 환자였습니다.」[열왕기하 5장 1절]

더 이상한 구절은, 나아만은 아람 왕, 이방인, 하나님을 모르는 사람이었는데, '그를 통해 여호와께서 아람에 승리를 안겨 주셨기 때문입니다'라는 구절이다. 왜 하나님이 나아만을 통하여 아람을 구원하게 하셨을까? 그것은 하나님의 계획이시다.

이런 것을 섭리사관이라고 한다.

나아만이 나병에 걸린 것, 어린 소녀를 만나는 것, 엘리사를 만나는 것, 그리고 그 병이 낫는 것 모두가 하나님의 섭리 안에, 하나님의 영광을 드러내기 위한 섭리였다고 믿는다.

하나님의 사람들은 하나님의 섭리, 계획을 믿는다. 어떻게 증명될까?

모든 것은 사건, 일, 계획 속에 내재되어 있다. 오늘도 하나님은 그 영광을 드러내기 위한 당신을 향한 계획이 있다.

그것이 얼른 이해가 되지 않는다 해도 잠시만 기다려보라. 하나님의 영광이 드러나고, 당신도 행복하고, 모두가 기쁘게 되는 시간이 반드시 올 것이다.
하나님은 당신을 향해 크고 놀라운 복된 섭리를 세우고 계신다.

Joy. 14 조율-튜닝

사람들은 오케스트라의 아름다운 연주를 듣기 위해 콘서트홀에 가서 순서를 기다리며 입장을 한다. 그리고 보통의 사람들은 지휘자가 들어와 곧바로 곡을 연주하는 줄 알고 있다. 그러나 지휘자가 들어와서 하는 일을 보면 이해가 안 될 때가 있다.

사람들은 모든 악기와 연주자가 하나같이 불협화음을 내는 시끄러운 광경을 먼저 목격하게 된다. 그렇게 하는 이유가 있다. 연주 전 모든 악기가 음을 맞추는 조율 튜닝 과정이기 때문이다.

오보에라는 악기가 기본음인 A 음, 즉 '라'를 내면 모든 목관악기와 현악기가 그 소리에 맞게 조율을 한다. 그리고 그 음을 중심으로 자신의 악기의 모든 현과 음을 조율하는 것이다. 그렇게 전체를 조율하고 나서야 아름다운 곡을 연주하게 된다.

그 A음을 상징적으로 비유하면, '라'음은 바로 예수님, 믿음, 성령, 진리라고도 할 수 있다. 오케스트라의 튜닝처럼 우리의 믿음과 생각, 그리고 삶의 모든 부분을 예수님께 합당하게 맞추기 전에는 우리 삶이 제대로 아름답게 연주될 수가 없다.

A(라) 음에 맞게 조율되지 않은 연주는 시끄러운 소리가 된다. 내 삶에 예수님이라는 A(라) 음에 맞게 조율하지 않은 채 생활한다면 그 삶은 뒤틀어지는 것은 물론 가는 곳마다 시끄러운 소리, 망가지는 소리가 나게 마련이다.

성경은 이렇게 말씀하신다.

「누구든지 나를 믿는 사람마다 성경의 말씀대로 생수의 강이 그의 배에서 흘러나올 것이다.」[요한복음 7장 38절]

예수를 믿는 자는, 예수님(A)에게 맞추는 자는, 그 배에서 생수의 강이 흘러나온다고 했다.

유대인에게 '배'는 여자의 '자궁'을 의미하는데, 즉 사람의 '마음'을 상징한다. 유대인들은 마음은 자궁이 있는 곳, 배에 있다고 생각한다. 그래서 예수님에게 잘 조율된 사람들의 마음에서는 생수가 흘러나온다고 하신 것이다.

여기서 생수는 '성령'이라고 예수님이 말씀하셨다.

자! 오늘 저와 여러분은 가장 먼저 예수님과 A 음으로 조율하고 성령이 충만하셔서 당신의 배와 마음에서 생수가, 성령이 항상 흘러나와 주변의 많은 사람들이 마시게 해야 한다.

더러운 물이 흘러나오면 그 물을 마시는 사람까지 오염이 되어 살 수가 없다.
당신의 배와 마음에서 생수의 강이 흘러넘치시기를 소원한다.

노부부가 있었다. 어느 날 할머니가 날이 갈수록 귀가 어두워 잘 못 알아듣는 듯 하여 걱정하던 영감님이 시험을 해보기로 했다. 할머니를 뒤돌려 앉혀 놓고 10m 뒤에 가서 큰 소리로 외쳤다.

"할멈! 오늘 저녁 메뉴가 뭐야?"

대답이 없이 조용했다. 다시 5m 가까이 다가가서 물었다. 그래도 아무런 반응이 없었다. 더 바짝 다가서서 1m쯤 거리를 두고 물었다.

"오늘 저녁 메뉴가 뭐냐니까?"

그래도 요지부동이다. 영감은 불쌍하다는 듯 바짝 다가가서 귀에 대고 짜증 섞인 말투로 다시 외쳤다. 그랬더니 할머니가 큰 소리로 대답을 하는 것이었다.

"야, 이 영감탱이야, 세 번이나 저녁 메뉴는 수제비라고 했잖아!"

문제는 할머니는 정상인데 할아버지의 귀가 문제가 있었다. 본인의 귀가 들리지 않는 것을 할머니 탓으로 돌린 것이었다.

성경에 이런 말씀이 있다.

「그런데 그대는 왜 그대의 형제를 판단합니까? 왜 그대의 형제를 업신여깁니까? 우리가 모두 하나님의 심판대 앞에 설 텐데 말입니다.」(로마서 14장 10절)

현대인들의 가장 큰 약점은 바로 남을 비판하고 판단하는 함정에 빠져있다는 것이다. 그리고 업신여긴다. 상대방의 의견을 무시한다. 그리고 자기의 생각이 틀릴 리가 없다고 생각한다. 무서운 확증편향에 빠져 있는 것이다.

악성 댓글, 정치적 공세, 남의 허물을 들춰내서 남을 짓밟고 올라서고, 남의 눈물을 봐야 직성이 풀리는 악한 심성에 젖어 있는 것은 아닐까!

영감님처럼 자기 귀가 문제가 있다고 생각하는 사람이 날로 줄어가고 있다. 예수님의 처음 공생애의 선포가 이러했다. 회개하라, 천국이 가까웠다고 하셨다. 회개는 바로 자신을 먼저 살피라는 것이다. 죄를 묻어 두거나 외면하거나 관용하라는 말이 아니다. 죄는 자기가 고백해야 효과가 있다. 이것이 기독교 정신의 시작이다.

성인 아우구스티누스의 '고백록', 톨스토이의 '참회록', 루소의 '고백록'이 기독교 고전 3대 참회록이다.

자신을 먼저 살피고 남을 볼 수 있는 혜안을 소유하는 것이 바로 천국으로 가는 지름길이다. 자기 귀를 먼저 점검할 일이다.
이제 4대 참회록은 바로 자신이 쓰는 것이어야 한다.

Joy. 16 세상에서 가장 힘든 일

세상에서 가장 힘든 일 두 가지가 있다.

① 내 머릿속 생각을 다른 사람 머리에 넣은 것
② 남의 주머니에 있는 돈을 내 주머니로 옮기는 것

① 번을 잘하는 사람을 '선생님'이라 하고, ② 번을 잘하는 사람을 '사장님'이라 부른다. 이 ① ② 번을 다 잘하는 사람이 있다. 우리는 그 사람을 '마누라'라고 부른다.

그런데 이보다 더 어려운 일이 있다.

③ 내 신앙, 믿음, 복음을 다른 사람들 마음과 머리로 옮기는 일
④ 내 주머니에 있는 돈을 남의 주머니로 옮겨 놓는 일

③ ④번은 신앙인이어야 할 수 있고, 믿음이 좋은 사람이어야 가능하다.

성경에 이런 말씀이 있다.

「하나님은 여러분에게 모든 은혜를 넘치게 하실 수 있는 분이십니다. 이는 여러분으로 하여금 모든 일에 항상 넉넉해서 모든 선한 일을 넘치도록 하게 하시려는 것입니다.」(고린도후서 9장 8절)

'넉넉하게'라는 말은, 아우타르케이아(αὐτάρκεια)인데, '더할 것이나 필요해서 보충할 것이 없는 완전한 상태', '생필품의 충분함', '운명에 만족하는 마음의 평온'을 말한다. 넉넉하게 하심은 모든 삶의 영역에 감당할 수 있게 하는 복의 개념이다. 모든 은혜를 이렇게 넘치게 하시는 이유가 있다.

그 이유는 모든 일에 항상 넉넉해서 모든 '선한 일을 넘치게 하시기 위해서'다. 그렇다. 하나님이 나에게 넘치게 채워주시면, 다른 사람들에게 넘치게 나눠주는 것을 말씀하시고 있다.

그러면 어떻게 하는 것이 가장 행복한 삶일까? 답은 명확하다.

① 번 잘해서 현명하고 똑똑하고 능력 있는 사람이 되시고,

② 번을 잘해서 돈도 많이 벌고 부자 되시고,

③ 번 잘해서 복음 전도하여 하나님께 칭찬받으시고,

④ 번 잘해서 하나님과 사람에게 칭찬받는 사람이 되는 것이 가장 축복이다.

모든 사람이 항상 넉넉하여 풍성한 삶이 되기를 소망해 본다.

외국산 앵무새와 국산 앵무새

새를 좋아하는 형이 앵무새 암수 한 쌍을 사 왔다. 그러던 어느 날 아버지가 형에게 물었다.

"아들, 어째서 수놈만 다리에 고리가 걸려 있어?"

형이 대답했다.

"새를 파는 사장님이 그랬는데요. 다리에 고리가 걸려 있는 것은 외국산이래요. 생년월일 표시된 것 차고 있는 거니까 걱정하지 마세요."

그러자 아버지는 한참을 곰곰이 생각하시더니 다시 물으셨다.

"왜 한 마리는 국산을 사 오고 한 마리는 수입산 사 왔어? 둘 다 국산 사 와야지."

형이 다시 대답했다.

'뭐, 먹을 것도 아닌데 수입산이면 어떻고 국산이면 어때요?"

이 말을 들은 아버지는 역시 고개를 갸우뚱하며 말했다.

"외국산이랑 국산이랑 서로 말이 안 통할 거 같은데!"

그들은 통한다. 같은 종은 걱정할 필요가 없다.

성경에 보면 이런 말씀이 나온다.

「그래서 그곳의 이름이 바벨이라 불리는 것입니다. 그곳에서 여호와께서는 온 세상의 언어를 혼란하게 하셨기 때문입니다. 그곳에서 여호와께서는 그들을 온 땅에 흩으셨습니다.」(창세기 11장 9절)

바벨(בָּבֶל)은 히브리어를 그대로 옮긴 말인데, '혼란'이란 뜻이다.

인간들이 교만으로 탑을 쌓아 하나님의 권위에 도전하려 했을 때 하나님은 형벌로 언어를 통하지 않게 하셨다.

'혼잡게' 하셨다는 말은 '뒤죽박죽으로 만들었다, 혼란시키다'라는 뜻이다. 하나님이 인간에게 주신 형벌 가운데 가장 강력한 것이 대화가 통하지 않게 한 것이다. 바로 말이 통하지 않는 곳이 바로 지옥이요, 혼란이요, 저주다. 하나님의 형벌의 종류가 참으로 다양하다.

저주하는 삶의 중심에는 말이, 대화가 통하지 않는다. 가정, 교회, 회사, 국가 모두가 이에 해당한다. 반면 대화, 말이 통하는 바로 그곳이 천국이요, 에덴이다.

같은 공간에서 영어, 독일어, 일본어, 중국어로 각자 말하고 서로 못 알아듣는다고 상상해 보라. 끔찍하고 답답할 일이다.
누군가 통역을 해주면서 대화가 원활해지면 그곳이 천국이 될 것이다.

평범한 가정에서 늘 그렇듯이 남매가 사소한 일로 다투었다. 당연히 큰 소리가 났다. 엄마가 듣고 달려와서 중재에 나섰다.

"둘이 왜 싸우니?"

딸이 울먹이며 말했다.

'오빠가 먼저 싸움을 걸었어요."

이에 질세라 오빠가 씩씩거리며 말했다.

'뭐라는 거야! 네가 먼저 잘못했잖아?"

둘은 엄마 앞에서 서로 잘했다고 소리쳤다. 이때 아주 현명하고 슬기로운 엄마가 둘의 손을 잡고 이렇게 말했다.

"누가 먼저 싸움을 걸었는지는 중요하지 않아. 그리고 무슨 문제로 싸웠는지도 중요하지 않지. 중요한 것은 누가 먼저 싸움을 그만둘 것인가가 중요해. 누가 먼저 그만둘래? 그게 이기는 사람이야!"

싸움은 시작하기는 쉬워도 멈추기는 달리는 기차만큼 어렵다.

성경에 이런 말씀이 있다.

「분별력이 있으면 화를 참고 허물을 덮어 주는 것은 그의 영광이 된다.」(잠언 19장 11절)

성경에서 말하는 가장 나쁜 단어 중 하나는 '정죄'라는 단어다.

정죄라는 말은 '카타크리노(κατακρίνω)'인데, '선고하다', '처벌할 만하다', '판결한다'라는 뜻이다. 즉 내 판단으로 누군가를 '죄가 있다고 선고'하는 것이다.

정죄하는 문화, 정죄하는 습관이 모든 싸움의(부부싸움, 친구와의 싸움 같은) 시작이다.

반대어는 물론 용서라는 말이다. 누군가가 분별력 있게 화를 참고, 정죄하지 말고 허물을 덮어 주면 언젠가는 그것이 자기의 영광이 된다고 한다.

여기서 영광은 '장식'이라는 뜻이다. 그것도 아름답고 화려한 장식품 말이다. 먼저 용서하면 내 몸에 화려한 장식품 하나를 다는 것과 같다. 여자들이 좋아하는 가장 아름다운 액세서리(accessory)가 되는 것이다.

값비싼 장식품을 많은 돈을 주고 살줄은 알면서도 용서의 장식품, 용서의 액세서리는 갖출 생각은 하지 않는다.

지금 용서할 사람이 곁에 있는가! 먼저 용서하고, 값을 주고 살 수 없이 가치가 있는 그 장식품 하나를 당신의 가슴에 달기를 바란다.
백화점이나 다이소에 가서 용서라는 화려한 액세서리 하나 구입해 보자.

Joy. 19 안양 교도소입니다

한 여성단체에서 '미스터 모범남성'을 선정하기로 했다. 수많은 추천서가 접수됐는데 그중 정말 눈에 '확' 들어오는 편지 한 장이 있었다. 그것은 '자신이 자신을 추천'한 것이었는데 편지의 내용은 다음과 같다.

'저는 술이나 담배를 전혀 하지 않으며, 연애도 하지 않습니다. 물론 여성을 구타하는 법이 없으며, 매일 규칙적인 생활을 몸에 익혀 영화나 비디오로 시간을 축내는 법이 없으며, 일요일에는 한 번도 빠짐없이 교회에 나가 예배를 봅니다. 이런 생활을 벌써 7년째 계속해오고 있습니다.'

편지의 내용이 사실이라면 그 남자야말로 가장 유력한 후보자라고 결론을 내린 여성단체는 확인을 위해 기록된 연락처로 전화를 걸었다.

잠시 후 통화 저편에서 이런 소리가 들렸다.

'네~안양교도소입니다.'

편지의 주인공은 교도소에서 강제로 모범적 삶을 사는 어떤 남자였다.

하지만 기독교인으로서 우리는 세상 속에서 산다.

출애굽의 역사를 말하지만, 여전히 이집트 속에서 산다. 살다 보면 부득불 죄를 짓고, 불의와 거짓에 속수무책으로 당하며 산다. 차라리 속되게 사는 것보다 어쩔 수 없는 상태로 되는 것이 좋지 않을까 싶을 때도 있다.

그리고 살다 보면 예기치 않는 어려움, 고생, 근심이 삶을 송두리째 휘저어 놓을 때가 있다. 국가, 교회, 가정, 직장, 개인 할 것 없이 말이다.

성경에 이런 말씀이 있다.

「이는 주께서 사람의 자녀들에게 고난이나 슬픔을 주시기를 즐겨하지 않으시기 때문이다.」(예레미야애가 3장 33절)

이 말씀이 참으로 위로가 된다. 지금 우리가 하는 고생, 근심은 하나님의 마음이 아니다. 더 좋은 계획을 세우고 계신 하나님의 의도가 있다는 말씀이다.

하나님은 이렇게 말씀하셨다.

「내가 그들의 애곡을 즐거움으로 바꿀 것이고, 그들을 위로하고 슬픔 대신에 기쁨을 줄 것이다.」(예레미야 31장 13절)

애곡을 즐거움으로, 슬픔 대신 기쁨으로 바뀔 날들이 반드시 올 것이다.
홍해가 갈라져 바닷물이 좌우로 벽이 되었듯이 지금 당신의 슬픔의 한 모퉁이에서 기쁨이 자라고 있다.

초중고를 같이 다니며 거의 전교 1등을 다투던 두 남녀가 있었다. 학교를 다닐 때도 한 번도 부모님 속을 썩이지 않고 착하고 바르게 자랐다. 훗날 여자는 서울대 수학과를 나와 판사가 되었고, 남자는 연세대를 나와 의사가 되었다.

두 사람은 한동네에 살면서 사랑을 키워왔고 결혼 적령기가 되어갈 무렵 이 사실을 알렸다. 부모는 결사적으로 반대했다. 이유는 동성동본. 그래도 두 남녀는 부모를 설득하며 두 남녀가 똑같이 이렇게 말했다,

"내가 이제까지 엄마 아빠 실망하게 한 적 있어?"

이 대사를 듣는 순간 나도 모르게 눈물이 났다. 성실하고 곧고 바르게 부모 속 썩이지 않고 곱게 성장했기에, 이 말 한마디에 양쪽 부모 모두 아무 말도 하지 못했다. 그래서 내 삶이 더욱 아프고 마음이 무너졌다. 얼마나 무서운 말인가!

TV 드라마 '응답하라 1988'에 나오는 이야기다.

'발걸음은 언제나'라는 가스펠송에 보면 '불순종한 내 모습은 생각하지 않고서 괴로울 땐 세상만을 원망하며 살았네.'

세상만을 원망했겠는가? 이웃을, 아내와 남편을, 자식을, 부모를, 심지어 하나님까지 원망하며 살아왔다. 오로지 남 탓만을 했기에 부끄러울 지경이다.

성경에는 이런 말씀이 있다.

「만약 그들이 순종하고 그분을 섬기면 그날들 동안은 번영하고 그 연수만큼 즐겁게 살겠으나 만약 순종하지 않으면 칼에 쓰러지고 아무 것도 모르는 채 죽을 것입니다.」(욥기 36장 11~12절)

성경은 이미 우리에게 답을 줬는데 여전히 우리가 헤매고 있지는 않은지 생각해 볼 일이다. 3절 가사가 큰 깨달음을 준다.

'눈을 감고 조용히 생각해 보니 지금까지 살아온 길 주님이 인도했네. 외면하지 않으시는 우리 주님 때문에 눈물로 살아온 길 웃음으로 변했네.'

'외면하지 않으시는' 이 구절이 참 마음에 든다.

여전히 불순종하고, 죄 가운데 거하며, 하나님 속을 여전히 썩이고 있음에도 불구하고, 외면하지 않으시고 '눈물을 웃음으로' 바꾸어 인도하시는 하나님!

'이제껏 하나님 말씀에 순종했으니 이제는 하나님께서 제 소원 들어주실 때입니다'라고 당당하게 기도할 수 있기를 소망해 본다.

냉동차 온도는 영상 16도

닉(Nick)은 미국 철도 선로작업반에서 일하는 건장한 사람이었다. 이 사람은 늘 좋지 않은 상황을 가정하며 걱정을 끌어안고 사는 단점이 있었다. 어느 날 실수를 하는 바람에 빈터에 수리하려고 세워 놓았던 냉동차 안에 갇히고 말았다.

겁이 많은 닉은 문을 마구 두드리며 소리를 질렀으나 아무 소용이 없었다. 하도 세게 두드리다보니 주먹에서는 피까지 흘렀다.

'내가 여기를 나가지 못하면 얼어 죽겠구나.'

안절부절 못하다가 바지 주머니를 뒤져 메모지를 찾아 두 손 벌벌 떨면서 부인과 가족에게 간신히 이렇게 적었다.

'너무 추워 몸이 감각을 잃기 시작했어. 이대로 잠이 들면 이 말이 마지막 인사가 될 거요.'

다음날 직원들이 육중한 냉동차 문을 열었더니 닉은 싸늘한 시체로 발견됐다.

부검 결과 사인은 동사(凍死)였다. 하지만 그 차의 냉동기능은 고장이 나서 냉동차 안의 온도는 영상 16도였다.

사람은 생각하는 대로 느낀다. 잘못된 부정적인 암시가 얼마나 큰 영향력을 가지는지 알려주는 실례다.

성경은 지적한다.

「그리하면 모든 생각을 뛰어넘는 하나님의 평강이 그리스도 예수 안에서 여러분의 마음과 생각을 지켜 주실 것입니다.」(빌립보서 4장 7절)

생각과 이성을 뛰어넘는 '하나님의 평강'은 '마음과 생각'을 '지켜 주셔야!' 가능하다는 것이다.

'지키다'라는 말은 프흐루레오(φρουρέω)인데, '척후병으로 나서다', '파수병으로 보초를 서다', '군병들로 보호하다'라는 뜻이다.

하나님이 척후병이 되어 보초를 서주셔서 마음과 생각에 부정적으로 입력되려는 온갖 나쁜 것들이 들어오지 못하도록 막아 주신다는 것이다. 사람은 그런 나쁜 생각들이 들어오는 것을 막아낼 힘이나 방법이 없다. 부정적으로 미래를 상상하는 악한 생각은 어쩌면 우리 스스로 감당키 어렵다. 하나님이 지켜 주셔야 가능하다. 필터로 공기도 정화하고 물도 깨끗하게 거르듯 하나님의 평강이라는 필터로 외부의 부정적인 것들을 걸러내야 한다.

당신의 생각과 마음에 하나님의 평강으로 보초를 세워라.

깨진 유리창 이론

심리학 용어에 '깨진 유리창 이론'(Broken Window Theory)이라는 것이 있다. '깨진 유리창 하나를 방치해 두면 그 지점을 중심으로 범죄가 확산하기 시작한다는 이론'이다. 즉, 사소한 무질서를 방치했다가 나중엔 지역 전체로 확산할 가능성이 크다는 것이다.

예를 들어, 길을 가다가 주변이 깨끗하게 정돈되고 쓰레기가 버려져도 바로 청소하는 공간이라면 지나가는 사람들도 무의식적으로 쓰레기를 버리지 않게 된다.

하지만 쓰레기통이 없더라도 쓰레기를 방치했다면 사람들이 하나둘 이곳은 쓰레기를 버려도 되는 곳인가라고 생각하여 너도나도 쓰레기를 버리게 되어 그곳이 오염된다는 것이다.

당장 문제가 드러나지 않더라도 한번 임계점을 돌파하기 시작하면(유리가 깨진 상태) 그 이후로는 돌이킬 수 없는 사태가 일어날 수 있다는 것이다.

이 이론은 개인에게도 적용된다.

자기 삶의 어느 한부분이 무너지면 모든 것이 무너지는 원리와 같다.

성경에 이런 말씀이 있다.

「무엇보다도 네 마음을 지켜라. 네 마음에서 생명의 샘이 흘러나오기 때문이다.」(잠언 4장 23절)

마음이 깨진 유리창이 되면 모든 것이 무너진다. 그래서 마음이 무너지지 않도록 어떤 위기나 문제 앞에서 마음을 올곧게 지켜야 한다. 나아가 개인이든, 가정이든, 공동체든, 바로 그 위치에서 '나'라는 존재가 깨진 유리창이 되지 말아야 한다.

개인은 개인이 망하면 되지만 가정과 공동체는 또 다른 문제다. 그런데 문제는 '나는 깨진 유리창이 아니다'라고 모두가 그렇게 생각한다는 것이다. 나의 반대편의 입장에 서서 통렬하게 반성해 본다. 다행스럽게 깨진 유리창을 수리하는 방법이 성경에 이미 기록이 되어 있다.

「그리하면 모든 생각을 뛰어넘는 하나님의 평강이 그리스도 예수 안에서 여러분의 마음과 생각을 지켜 주실 것입니다.」(빌립보서 4장 7절)

얼마나 다행인가! 하나님의 평강이 바로 수리의 방법이다. 어떤 경우에도 이 평강이 당신을 지배하기를 기도한다.
그래서 마음이 깨지는 것은 절대로 하나님의 뜻이 아니다.

1절 부르면 달걀이 반숙

시골 목사님이 서울 동생네 집에서 하루를 묵었다. 다음 날 아침, 노랫소리에 잠을 깼다. 알고 보니 제수씨가 찬송가 부르는 소리였다.

'아! 우리 제수씨는 아침을 찬송가로 시작하는구나!'

목사님은 마음이 흐뭇해졌다. 아침상을 받으면서 목사님은 제수씨를 칭찬했다.

"제수씨! 얼마나 좋습니까? 아침을 찬송가로 시작하니 이 집은 축복받은 집입니다."

칭찬받은 제수는 좀 쑥스러운 듯 말했다.

"목사님! 제가 찬송가를 부르는 이유는 다름 아니고요. 1절을 부르면 달걀이 반숙이 되고, 2절까지 하면 완숙이 되기 때문이에요. 그걸 조절하느라고요. 호 호 호!"

아무렴 어떤가! 그래도 하나님은 그 찬양을 받으신다. 사실 우리 몸은 악(惡)의 도구가 될 때가 많다. 아니, 몸은 악을 추구한다. 몸이 원하는 대로 하면 모두가 죄다. 몸이 원하는 것에 늘 반대로 하면 그것이 선(善)이다.

요즘은 예배당에 가지 않고 방송이나 인터넷으로 예배를 드리고, 헌금도 인터넷 뱅킹이나 폰뱅킹으로 보낸다. 몸을 움직이기 싫은 것이 그 이유다. 그래서 성경은 말씀하신다.

「그러므로 형제들이여, 내가 하나님의 자비하심으로 여러분에게 권합니다. 여러분의 몸(body)을 하나님께서 기뻐하시는 거룩한 산 제물로 드리십시오. 이것이 여러분이 드릴 영적 예배입니다.」(로마서 12장 1절)"

예배는 몸을 산 제물로 드려야 한다는 말씀이다. 몸이 예배의 장소에 있을 때 가장 영적이 된다는 것이다.

모세가 출애굽을 해서 제일 먼저 만난 적이 아말렉 족속이다. 이 민족은 에서의 후손이다. 배고픔, 몸이 원하는 것을 따라가다 에서는 장자의 축복을 넘겨줬다. 몸이 원하는 것을 이기지 못했다. 참으로 상징적이다.

신앙생활이란 내 몸과의 싸움이다. 몸은 늘 좀 더 눕자, 좀 더 자자, 좀 더 먹고 놀자, 편하기를 바란다. 몸이 원하는 것과 반대로 행동하면 놀라운 축복의 문이 열린다.

사도바울도 핵심을 간파했다. 마음은 원이로되 육신이 약하다. 내 몸이 오늘 무엇을 원할까? 그렇게 하다가 마음까지 병들까 걱정이다.

Joy. 24 로젠탈 효과

'로젠탈 효과'는 1968년 하버드대학교 심리학과 로버트 로젠탈(Robert Rosenthal) 교수가 발표한 이론이다.

① 한 초등학교 전체 학생들의 지능지수를 검사한다.
② 지능지수 결과와 상관없이 무작위로 20%의 학생을 뽑는다.
③ 20%의 명단을 교사에게 전달하면서, 이 아이들은 지능지수가 높은 학생들이라고 믿게 한다.
④ 교사는 아이들에게 칭찬과 격려를 통한 긍정적 영향을 끼친다.
⑤ 8개월 후 아이들의 지능지수를 재검사하니 무작위로 뽑았던 20%의 아이들의 지능지수 및 성적이 높게 나왔다.

이 실험은 실제로 교육자에게 칭찬과 기대가 학생들에게 어떠한 영향을 끼치는지를 바로 보여주는 실증적인 예라고 할 수 있다. 선생님의 칭찬, 기대심리는 학생들의 부응심리와 맞물려 엄청난 시너지 효과를 일으킨다. 반대로 아이들에게 부정적인 메시지를 전달하고, 꾸중과 책망만 늘어놓게 되면 아이들의 정서에 부정적인 영향을 끼치게 된다는 것이다.

이 이론은 학생들에게만 적용되는 것이 아니다. 오늘 현재 너와 나의 공동체 안의 관계 안에서 일상적으로 나타나는 것이다.

성경에 이런 말씀이 있다.

「주 여호와께서 내게 가르치는 혀를 주시고, 어떻게 하면 지친 사람을 말로 되살릴 수 있는지 알게 하신다. 아침마다 내 귀를 깨워 주셔서 마치 제자를 대하듯 들려주신다.」(이사야 50장 4절)

하나님께서는 '가르치는 혀'를 주셔서 '지친 사람을 말로 되살릴 방법'을 알게 하신다. 말로 사람을 살릴 수 있다는 것이다. 입만 열면 상처를 주는 이들이 있다. 앞뒤를 전혀 생각하지 않고 내뱉는 말 한마디가 두고두고 아픔이 되는 경우가 많다.

시편 기자는 이렇게 번역을 했다.

「내 혀는 글 솜씨가 뛰어난 서기관의 붓끝과 같도다.」(시편 45편 1절)

우리말 성경은, '내 혀는 능숙한 작가의 붓입니다.'라고 번역했다.

나의 입술을 통해 나오는 말이 아름답고, 사람을 살리고, 공동체를 살리는 것이라면 얼마나 좋을까!
가식과 체면과 거짓이 아닌 진심이 담긴 혀가 절대로 필요한 시기다.

Joy. 25 환골탈태

하늘의 제왕 솔개는 모습이 마치 연을 날리는 것과 같다 하여 일명 '검은 연(Black kite)'이라고도 한다. 솔개의 수명은 약 40년인데 환골탈태를 통해 70년까지도 살 수 있다고 한다.

환골탈태는 환골(換骨), 뼈를 갈아 끼우고, 탈태(奪胎), 태(胎)를 벗긴다는 말 그대로 죽음의 고통이다.

40년 쓴 발톱은 닳아서 더 먹이를 채지 못하고 부리도 구부러져 쓰지 못하게 된다. 이때 그냥 죽을 것인가, 죽음의 고통을 견디고 다시 태어나야 할 것인가를 선택해야만 한다.

먼저 적의 눈에 띄지 않는 높은 절벽에 둥지를 틀고 안전하게 숨는다. 그다음 못쓰게 된 부리를 바위에 쪼아 뽑아낸다. 이때 부리가 뽑히도록 바위를 쪼면서 흘린 피로 바위가 붉게 물든다고 한다.

그리고 서너 달이 지나면 새로운 부리가 나온다. 새로 난 부리로 발톱을 쪼아서 뽑아낸다. 그러면 그 발톱도 새로 돋아난다. 부리와 발톱이 돋아날 때까지 대략 6개월이 걸린다. 그리고 30년을 더 산다.

사람도 거듭 태어나기 위해서는 초주검의 경지에 이를 정도의 노력이 필요하다.

예수님께서도 이렇게 말씀하셨다.

「누구든지 '다시' 태어나지 않으면 하나님 나라를 볼 수 없다.」(요한복음 3장 3절)

여기 '다시'라는 말은 '아노덴(ἄνωθεν)'이란 단어인데, '위로부터', '처음부터'라는 뜻이다. '위로부터'라 함은 하늘의 뜻으로부터라는 뜻이요, '처음부터'라는 것은 그 '하늘의 뜻으로 새롭게 다시 시작하라'는 것이다.

일회성으로 끝나는 문제가 아니다. 거듭남(born again)은 일회성으로 구원의 자격은 얻지만, 그것이 지속적으로도 유지돼야 한다는 말이다. 개인이든 교회든 나라든, 못쓰게 된 부리를 쪼아 피를 흘려 새로운 부리를 만들어서 스스로 낡은 발톱도 뽑아내야 한다. 문제는 스스로다. 스스로 자각하여 시도하지 않으면 모든 것이 멈춘다. 모든 것을 포기하고 죽음 앞에 서기엔 너무 안타깝지 않은가! 길이 있는데 포기한다면 더더욱 그렇다.

내게서 뽑아내야 할 부리와 발톱이 무엇인가 스스로 자문해보자. 발견하면 즉시 뽑아버려야 한다.
그러면 새로운 길이 열린다.

Joy. 26 라파마이신(Rapamycin)

'라파마이신(Rapamycin)'이라는 약이 장수의 비약으로 세간의 주목을 받고 있다. 라파마이신은 방사균(세균과 곰팡이의 중간적 형태를 가진 미생물)이 생산하는, 말하자면 항생물질이다.

50여 년 전에 라파누이(Rapa Nui)에 서식하는 미생물에서 발견되었다. 라파누이는 태평양에 자리한 작고 외로운 섬, 모아이상으로 유명한 이스터 섬이라고 알려져 있다.

라파마이신은 2009년 발표된 잭슨 연구소 데이비드 해리슨 박사의 연구로 신약 세계의 화려한 무대 위에 올라 집중적인 조명을 받게 되었다.

실험결과는 놀라웠다. 늙은 쥐에게 연일 라파마이신을 투여하자 수컷은 28%, 암컷은 38% 평균수명이 늘어났다. 충격적인 결과였다. 실험실 쥐가 38%라고 하면 현재 사람의 평균수명이 단숨에 100세까지 늘어나는 셈이다. 하지만 여러 가지 실험 결과 분명한 단정을 짓지 못하고 있다고 한다.

과연 라파마이신은 인류가 몇 천 년 동안 찾아 헤매던 불로불사로 가는 첫걸음일까? 아니다. 인간의 수명은 제한되어 있다.

본래 사람들은 '영생'에 대한 소망이 있다. 죽기 싫다는 것이다. 그러나 코로나로 인해 요즘 젖먹이부터 100세 어르신까지 모두 마스크를 쓰고 다닌다. 죽음의 골짜기를 매일 지나고 있다. 죽음의 바이러스가 내 몸 안으로 들어오지 못하도록, 혹여 내 안에 있는 죽음의 바이러스가 다른 사람에게 옮겨가지 않도록 몸부림을 치고 있다.

인간은 죽음의 골짜기에서 절대로 빠져나올 수 없다.

그래서 성경은 정확하게 지적하고 있다.

「영생은 오직 한 분이신 참 하나님 아버지와 아버지께서 보내신 예수 그리스도를 아는 것입니다.」[요한복음 17장 3절]

영생의 길은 한가지다. 실존주의 철학자들도 인간이 극복할 수 없는 한계상황을

① 죽음 ② 고독 ③ 방황 ④ 투쟁 ⑤ 죄라고 했다.

인간은 태어나서 선과 악 사이에서 투쟁하며 죄를 짓고 고독하게 방황하다 죽음을 맞이하는 존재다. 이 상황에서 탈출하는 길은 유일하다.

하나님과 예수 그리스도를 진실로 아는 것이다.
그러니 이제부터는 영생의 마스크도 쓰자.

Joy. 27 내가 차를 잘못 탔네

고속버스 기사가 도착 방송을 했다.

"잠시 후 이 차는 목적지인 부산에 도착합니다."

안내 방송을 들은 승객들은 모두 자리에서 일어나며 한바탕 소동을 벌였다.

"광주로 갈 차가 왜 부산으로 온 거요? 도대체 어찌 된 일입니까?"

당황한 운전사가 차에서 내려 앞에 붙은 목적지를 보고 말했다.

"휴게소에서 내가(기사) 차를 잘못 탔네."

만들어 낸 이야기일까? 아니면 실제일까? 실제라면 승객들은 모두 방향을 모르고 침묵하고 있었던 것일까? 가상이든 실제이든 이것은 실제로 언제나 발생할 수 있는 일이다.

승객이 처음 목적지로 출발할 때는 잘못 타는 경우가 그렇게 많지 않다. 하지만 휴게소에서 잠시 쉬고 버스를 탈 때는 방심하여 종종 잘못 타는 경우가 있다.

어쨌든 이 이야기를 읽는 순간 섬뜩했다. 승객들이 안전하게 목적지에 도착해야 할 공동체가 지도자의 잘못으로 목적지를 바꾸면 모두가 혼란에 빠질 수밖에 없다. 기사는 목적지를 잘못 탄 승객들을 구별하여 정확하게 목적지를 안내할 책임이 있다. 하지만 기사가 버스를 잘못 타서 목적지를 바꿨다면 승객들은 속수무책이다. 그냥 일방적으로 피해를 보는 것이다.

인도할 사람이 잘못되면 가정, 교회, 기업, 어느 공동체이든 피해를 볼 수밖에 없다. 삶이 그렇듯이 우리의 영혼도 마찬가지다.

그래서 성경에서 예수님은 이렇게 말했다.

「나는 길이요, 진리요, 생명이니 나를 통하지 않고서는 아버지께로 올 사람이 없다.」(요한복음 14장 6절)

길은 말 그대로 사람들이 다니는 길이요, 또한 은유적으로는 행동의 과정, 사고방식을 말한다. 진리는 객관적인 사실과 주관이 내포된 경험적인 진실이다.

생명은 살아있는 상태다. 나를 인도하시는 분은 이렇게 완벽하신 분이어야 한다. 그리고 승객인 나는 예수님이 운전하시는 버스에 타기만 하면 예수님은 휴게소에서 버스를 바꿔 타시지도 않고, 우리가 가야 할 목적지를 바꾸시지도 않는다.

삶의 버스, 영혼의 버스, 어느 것이든 올바른 운전사를 만나야 한다. 그리고 더 큰 고민은 이것이다.
나는 어떤 운전사일까?

Joy. 28 드뷔시

경험하신 사람들의 경험에 의하면 아파트 층간 소음은 지옥과 같다고 한다. 어느 아파트에서 발생한 층간 소음에 관련된 이야기다.

저희 집에서 피아노 소리가 그대로 들리거든요. 하아!

누군지 모르겠지만 대부분 클래식을 치는데 너무 좋네요. 이건 뭐 너무 잘 치니까. 귀가 매일 같이 호강입니다. 하아! 그래서 아파트 주민 아무도 피아노 소리 시끄럽다고 뭐라 안 하나 봐요. 너무 좋습니다.

피아노 언제 치나 기다릴 정도. 드뷔시 치실 때는…. 정말 사랑합니다. 소리가 멀리서 조그맣게 들리는데도 이어폰이나 이런 거로 듣는 거랑 느낌이 완전 다르네요. 공기가 울려서 전달되는 촉감이….

클래식 공연장 찾아가 직접 듣는 사람들의 심리가 이런 걸까요. 하여튼 호강입니다. 오늘은 무슨 날인지 지금 각 잡고 치고 있는데(아! 기분 좋은 토요일이구나) 뜬금없이 클래식 마니아 되기 일보 직전. 층간 소음 X. 층간 콘서트 O.

드뷔시를 안다면 음악을 아는 사람인 듯싶다. 들을 귀가 있는 사람들이다.

소리에는 소음과 음악이 있다. 첼로 연주 듣고 울고, 넬라 판타지아 오보에 소리에 소름 돋고 펑펑 울 수도 있다. 제대로 된 연주를 들으면 영혼을 살균하면서 세탁하는 느낌으로 춤을 출 수도 있다.

세상에는 온갖 소리가 존재한다. 그중에서 어떤 소리에 어떻게 반응하느냐가 중요하다. 시끄러운 록 음악을 듣고 기분 좋을 수도 있고, 클래식 음악이 소음으로 들릴 수도 있다.

언어 역시 소리의 한 종류이다.

성경은 말한다.

「세상에는 수많은 종류의 말소리가 있으나 뜻이 없는 말은 하나도 없습니다.」(고린도 전서 14장 10절).

개역 성경에는 '말소리'와 '말'을 '소리'로 번역했다. 즉, 말도 소리다. 우리가 하는 모든 말에 뜻이 있듯이 모든 소리에도 뜻이 숨어 있다.

물소리, 바람 소리, 자연의 모든 소리에 뜻이 있다. 모차르트는 물소리가 음계로 들린다 했다. 그 모든 소리가 뜻있게 들리면 마음이 편안해진다.

반면 원망의 소리는 하나님에게도 가장 큰 소음이 된다.
하나님을 부르는 소리는 드뷔시의 연주곡 같다.

Joy. 29 짊어진 황금은 모두 네 것이다

세계를 정복한 알렉산더 대왕 시절 이야기다. 먼 나라를 정복했다. 전리품으로 얻은 금(金)을 마차에 가득 싣고 본국으로 돌아오고 있었다. 마차는 나귀가 끌고 있었고, 마부가 나귀를 몰고 있었다. 워낙 먼 거리라 마부도 나귀도 지쳐 있었다. 쓰러질 것 같았다.

그때 마부는 마차에서 금덩어리 몇 개를 꺼내더니 자기가 메고 나귀를 몰았다. 한참 후 이 모습을 본 알렉산더 대왕이 이상히 여겨 물었다.

"왜 금덩이를 짊어지고 걷는가?" 마부가 말했다.

"나귀가 너무나 힘들어하여 짐을 덜어주고 있습니다."

이 말에 감동한 알렉산더 대왕은 즉시 마부에게 이렇게 말했다.

"짊어진 황금은 모두 네 것이다." 대왕답다.

자기가 짊어진 황금을 상으로 받게 된 것이다.

사람들은 짐은 지지 않고 상을 받고 싶어 한다. 하나님은 짐을 무겁게 지는 사람들을 더 크게 축복하신다. 가정과 교회, 그리고 그 어떤 공동체든 누군가 짐을 지는 사람이 있어야 유지된다. 그 짐만큼 다른 사람은 더 행복해 질 수 있다.

그래서 성경에도, 「누구든지 나를 따르려거든 자기를 부인하고 자기 십자가를 「지고」 따라야 한다.」(막8:34)고 하셨다.

「지고」는 αἴρω(아이로) '들다, 책임지다, 발생된 것을 옮기다'는 뜻이다. 짐은 책임감과 같은 말이기도 하다.

십자가가 무거울수록 상급도 크다. 등에 진 짐의 무게만큼 보상도 크다.

무거운 십자가를 지면, 「내가 생명의 면류관을 네게 줄 것이다.」(요한계시록 2장 10절) 라고도 하셨다.

그리고 공동체(가정·교회·직장·국가)의 짐을 진 사람이 진짜 주인이다. 무거운 짐을 크게 진 사람일수록 큰 사람이요, 큰 일꾼이다.

짐의 무게만큼 큰 사람이라는 말이다. 지금 당신의 등에 말할 수 없는 큰 짐의 무게를 느끼고 있다면 곧 황금으로 바뀌게 될 것이다. 너무 무겁다고 탓하지 마라. 누군가 보고 있다.

그 짐을 내려놓는 순간 몸은 편해도 마음은 불편하다. 등에 진 짐이 가볍다면 상급도 가벼워진다. 숨이 멎을 만큼 무거운 짐을 등에 있다면 숨이 멎을 만큼의 상급이 기다리고 있다.

Ⅱ. 사랑

(Love)

아버지의 뒷모습을 보고
아버지의 사랑이 보이면 철이 든 거다.

어떤 남자가 전날 만취하여 잠들었다. 술이 덜 깬 채 아침에 눈을 떴다. 어렴풋이 어젯밤에 진상을 부린 기억이 떠올랐다. 겁이 났다.

주위를 둘러보았다. 침대 옆 탁자에 물 한잔과 아스피린 두 알이 놓여 있고, 의자에는 잘 다림질된 옷이 놓여 있었다. 집안은 깨끗이 청소되어 있었고, 주방에는 이런 쪽지가 놓여 있었다.

"여보, 가게로 출근해요. 아침 식사는 오븐 안에, 신문은 식탁에 있어요."

그때 아들이 들어오자 아버지는 지난밤에 무슨 일이 있었는지를 물었다.

"아빠가 잔뜩 취해서 새벽 3시쯤 들어오셨어요. 층계에서 비틀거리다가 엄마가 제일 좋아하는 꽃병을 깨뜨렸어요. 그다음에 카펫에 다 토하시더니 닫힌 문으로 달려가 꽝 부딪혔어요. 그래서 아빠 얼굴에 멍이 든 거예요."

아들의 말을 듣고 보니 더욱 이해가 되지 않았다.

"아니, 그런데 어떻게 집안이 이렇게 깨끗하고 네 엄마는 왜 전혀 화를 내지 않는 거냐?"

"엄마가 아빠를 침대로 끌고 가서 바지를 벗겨 드리려고 애쓰는데 아빠가 이렇게 말씀하셨어요. '마담, 이러지 마세요. 난 유부남입니다! 절대로 여기서 잘 수 없습니다.'"

아! 질투의 여자, 아내는 남편의 마지막 말에 감동한 것이다.

술에 만취하든, 꽃병을 깨뜨리든, 비싼 카펫에 먹은 것을 다 토해 놓아도 남편이 다른 여자로부터 자신을 지켰다는 것에 감동한 것이다.

신앙도 마찬가지다. 비기독교인들은 기독교인들이 다른 종교를 인정하지 않는 것에 못마땅해 한다.

성경에 이런 말씀이 있다.

「다른 어떤 신에게도 경배하지 말라. 여호와, 내 이름은 질투니 나는 질투의 하나님이다.」(출애굽기 34장 14절)

하나님도 질투하신다. 남자든, 여자든, 하나님조차 질투하신다.

사랑은 하나다. 둘이 될 수 없다. 나누어 쓸 수 있는 사랑이 있고, 나누어 쓰면 절대 안 되는 것이 있다. 어떤 사랑이든 유일한 사랑일 때 그 가치는 더욱 존귀하다.
금기의 사랑을 나누어 쓰기 시작할 때부터 세상은 혼탁해지는 것이다.

어떤 아들이 부모님을 모시고 건강검진을 받으러 갔다. 이런저런 검사를 하다가 아버지가 수면 내시경을 할 때 갑자기 의사 선생님이 어머니에게 말을 건네는 것이었다.

"사모님! 남편분이 비상금을 모아놨는지 알아봐 드릴까요?"

의사 선생님의 말에 따르면 수면 내시경을 할 때 질문을 하면 사실대로 말한다는 것이었다.

"네, 딱히 궁금하진 않지만 알아봐 주세요."

의사 선생님이 질문을 시작했다.

"아빠, 저번에 모아뒀던 비상금 어디에다 뒀었죠?"

그러자 아버지가 어눌하긴 하지만 이렇게 대답 했다.

"아 그거…. 그거 있어. 모아놨어. 내가 잘 모아뒀어."

의사가 다시 물었다.

"아빠, 근데 그거 왜 모으는 거예요?'"

아들과 엄마는 빙긋이 웃으며 보고 있는데 그 질문에 답한 아빠의 말에 엄마는 그 자리에서 10분이 넘도록 눈물을 흘리셨다. 아버지의 말씀은 이랬다.

"그거…. 우리 여보가 나 때문에 너무 고생을 많이 해서 맛있는 거 사줘야 해. 나 하나도 안 쓰고 3년 동안 모았어! 맛있는 거 사줘야 해."

아들은 생각했다.

"나는 정말 아버지 같은 사람이 될 거다."

참 복된 가정이다. 사람은 겉모습만 봐서는 진짜 모습이 보이지 않는다. 그리고 사람의 생각은 아무도 모른다. 그 깊은 생각 속에 놀라운 비밀과 마음이 담겨 있기 때문이다. 그래서 사람은 평소에 무엇을 '생각'하고 있느냐가 중요하다.

성경에 이런 말씀이 있다.

「위에 있는 것들을 생각하고 땅에 있는 것들을 생각하지 마십시오.」(골로새서 3장 2절)

'생각'이라는 말은 '프흐로네오(φρονέω)'라는 말인데, 원래는 '심적인 훈련을 한다', '흥미를 가지다', '애정을 둔다', '관심을 기울이다'라는 뜻이 있다.

아버지의 생각 속에는 항상 어머니가 자리 잡고 있었다. 이런 것들이 위에 있는 것들이다. 하나님도 여기에 해당되고 형이상학적인 것들이 '위의 것'들이다. 이런 것을 생각하는 이들에게는 진짜 복과 행복이 보장되어 있다. 땅의 것만 생각하면 언젠가 끝이 좋지 않을 수 있다.

눈에 보이는 땅에 있는 것들, 썩어 없어질 것, 소멸할 것들을 생각하지 말고, 눈에 보이지 않는 위에 있는 것들을 깊이 생각해 보자.
생각은 행동으로 나타난다

세브란스 영안실

2018년 성탄절, 예배와 축하 행사를 마치고 잠시 소파에 앉아 TV를 보다 피곤했던지 잠깐을 깜박 졸았다.

그 사이 고3이 되는 막내아들이 조용히 밖으로 나가는 소리를 어렴풋이 들었다. 약 한 시간 후에 사무실에 갔더니 문이 잠겨 있었다.

가끔 자기 방보다 조용한 사무실에 가서 공부를 하곤 했는데, 성탄절 오후에 무슨 공부할 것이 있나 의문을 가지고 노크를 해도 반응이 없었다.

몇 번을 두드리자 키가 182cm 이나 되는 아들이 문을 열고 나오는데 울고 있었다. 휴지로 눈가를 닦으며 나오는데 눈이 퉁퉁 부어 있었다.

순간 가슴이 덜컹 내려앉았다. 그 짧은 순간 온갖 생각들이 스쳤다.

그러더니 쓰러지듯 내 품에 안겨 흐느꼈다. 가슴이 더 철렁했다. 이게 무슨 상황인가! 도대체 무엇이 남자애를 이토록 울게 했을까! 무섭고도 흥분되는 마음을 가라앉히고 이유를 물었다. 그리고 한참을 품에 안겨 울더니 이렇게 말했다.

"중학교 때부터의 절친이 오늘 알바로 오토바이 타고 배달하다 교통사고로 죽었어."

아! 18세 남자아이인데. 아이는 신촌 세브란스병원 영안실에 있단다.

초등학교 4학년 때인 12월, 할아버지가 돌아가셨을 때도 영정 옆에서 혼자 울고 있어 온 가족의 눈물샘을 자극했던 아들이었는데, 마음이 아팠다. 마음이 따뜻한 아이구나 생각했다. 위로할 말이 떠오르지 않았다.

한동안 품에 안고 흐느끼는 울음소리가 멈출 때까지 한참을 그렇게 있었다. 그리고 말했다.

"그래, 친구가 천국 가서 슬프겠지만 그보다 그 애의 부모 마음은 어떻겠니? 가서 부모님들 위로하고 오너라."

세상에는 위로받아야 할 사람들이 많다. 그래서 성경은 말씀하신다.

「그러므로 여러분은 이 말씀들로 서로 위로하십시오.」(데살로니가전서 4장 18절)

'서로'라는 말이 놀랍다. 어느 한쪽이 아닌 모두를 지칭하는 말이다.

아들을 위로할 수 있어 슬프고도 행복했다. 언젠가 아들이 커서 나를 위로해 줄 날이 오겠지.

나는 아버지가 8년 전 소천 하셔서 이제는 그 품에 안길 수가 없다.
또한, 아버지를 따뜻하게 위로해 본 적도 없는 불효자였다.
참으로 심란한 하루였다

목회자가 갈 수 있는 곳은 매우 한정되어 있다. 의외로 예외가 있는데 그곳은 바로 서점이다. 가끔 하는 서점 나들이는 참 느낌이 좋다. 글의 향기가 넘쳐나기 때문이다.

지난 주 교보문고 서점 계단을 내려가는데 엄마와 아들이 가위, 바위, 보로 계단 내려가기 게임을 하고 있었다. 엄마랑 아들이 가위, 바위, 보를 해서 이기는 사람이 한 칸씩 내려가는 게임이었다.

그런데 아들이 연속으로 다섯 번이나 이겼다. 신기해서 가만히 지켜보니 아들이 이길 수밖에 없었다. 이유는 아들이 가위를 내려면 이미 가위를 손으로 만들어 엄마에게 내미는 것이었다. 그걸 보고 엄마는 보를 내서 일부러 져주기 때문이었다. 게임 순간 이미 아들은 주먹을, 보를, 가위를 만들어 내니 엄마는 그걸 보고 지는 쪽을 선택하는 것이었다.

그런데 아들을 그걸 모르고 자기가 이겼다고 마냥 즐거워하며 계단을 내려가고, 엄마는 지면서도 마냥 웃으며 아들이 내려가는 것을 지켜보고 있었다.

하나님은 엄마와 같으시다. 사람들은 이기려고만 한다. 지려고 하지 않는다. 나아가 하나님조차 이겨보려고 떼쓰는 신앙인들이 많다.

그런데 하나님의 본질은 인간에게 지는 게임을 제안하셨다. 더 큰 사랑을 하는 사람이 진다. 하나님은 인간을 영원히 짝사랑만 하는 것이 아닌가 싶다. 하나님은 이미 모든 패를 다 보여주셨다.

자신을 사랑하는 이들에게 약하신 분이다. 하나님은 무엇을 바라고 인간을 사랑하시는 것이 아니다. 그분을 사랑하는 이들이 잘 사는 것을 보고 기뻐하시는 분이시다.

그래서 성경은, 「우리는 우리를 위한 하나님의 사랑을 알고 또한 믿었습니다. 하나님은 사랑이십니다.」(요한일서 4장 16절)라고 하셨다.

여기서 사랑은 아가페다. 아가페는 무엇을 바라고 하는 사랑이 아니다. 그냥 전적으로 희생하는 사랑이다. 우리는 그 큰 사랑을 알기만 하면 된다.

> 아이가 언젠가 엄마가 자기한테 져주기 게임을 했다는 것을 아는 순간 철이 드는 것이다.
> 신앙의 순간도 마찬가지다.
> 나는 비록 부족하지만, 하나님은 나를 복 주고 돌보고 계신다는 것을 아는 것이다.

열 바다

설교 중 목사님이 이렇게 말했다.

"세상에서 가장 차가운 바다는 '썰렁해'입니다. 그럼 세상에서 가장 따뜻한 바다는 어디일까요?" 그곳은 '사랑해'입니다. 우리 모두의 마음이 항상 따뜻한 바다와 같이 사랑하는 마음이길 원합니다."

평소 무뚝뚝한 남편으로부터 '사랑해'라는 소리를 듣고 싶던 아내가 집에 와서 남편에게 애교 섞인 말투로 똑같은 질문을 했다.

'세상에서 가장 차가운 바다는 '썰렁해'. '그럼 세상에서 가장 뜨거운 바다는 어디일까요?' 남편이 머뭇거리자 갖은 애교로 떨면서 말했다.

"힌트를 줄게요. 당신이 나에게 늘 해주고 싶은 말이 있잖아."

그러자 남편이 의미심장한 표정을 지으며 자신 있게 말했다.

"열 바다?"

유머지만 슬프다. 웃픈 이야기다.

사람들은 받기를 원한다.

언어학자들은 '바다'라는 낱말이 '받아들인다'에서 비롯된 것으로 추정한다. 육지의 물과 온갖 것들을 받아들이는 곳. 그래서 모든 것을 수용하는 것의 대표적인 말이 바다이다.

사랑은 수용성, 포용성이다. 상대방의 아픔이나 있는 그대로의 모습을 '받아들임'이 사랑이다.

메시아 등장을 예고하는 이사야 53장에 보면 이런 장면이 나온다.

'그는 멸시를 받아 사람들에게 버림받았으며(3절)' '그는 징벌을 받아'(4절) '그가 징계를 받으므로(5절)'.

메시아는 멸시, 버림, 징벌, 징계를 받으셨다. 이 땅에 오신 예수님 역시 실제 사역에서 고스란히 이런 대우를 받으셨다.

예수님처럼 누군가를 대신하여 이런 고난을 받는 것이 사랑이다. 받으신 고난 때문에 '우리는 나음을 받았도다(5절), 예수님은 고난, 버림을 받으시고, 우리는 나음, 구원, 생명을 받았다'.

성탄은 예수님이 고난 '받으시려고' 오신 날이다. 우리의 성탄은 '선물 받는 날'로 기억되고 있다. 예수님은 당당하게 「내가 너희를 사랑한 것 같이 너희도 서로 사랑하라.」(요한복음 15장 12절)라고 말씀하셨다.

내가 누군가를 위해서 고통과 고난을 받는 것이 진짜 사랑이다. 이번 성탄절은 '선물 받는 날'이 아닌 누군가를 위해 '고난 받는 날'이 되기를 소망해 본다.
그리고 당신이 바다가 되면 모두가 행복해질 것이다.

Love. 6 붕어빵 먹고 싶어

아주 친한 여자 친구 둘이 있었다.
한 친구에게 묻는다.
"뭐 먹을래?"
"별로"
"어디 갈래?"
"모르겠어!"

언제나 대답은 무덤덤하기만 했다. 이런 무심한 반응에도 친구는 너무너무 그녀를 좋아해서 그냥 그렇게 문제없어 지내왔다.

그런데 어느 겨울 그 친구가 밤중에 이렇게 카톡을 했다.

"나 붕어빵 먹고 싶다. 동네 장사 닫았다. ㅠㅠ."

그녀는 친구가 자기한테 그냥 뭘 먹고 싶다고 먼저 말을 건넨 게 너무 감격스러웠다.

그 친구 집은 버스로 50분 정도 되는 거리에 있었다. 그녀는 무슨 정신인지 모르게 머리를 말리다가 그대로 뛰쳐나가 집 앞 붕어빵을 파는 데서 5천 원 어치를 사서는 택시를 타고 친구네 집으로 갔다. 택시비가 더 많이 나온, 배보다 배꼽이 더 큰 일이었다.

그 친구는 믿을 수 없다는 표정을 지으며 그녀를 맞이했다. 그리고는 그녀를 보며 펑펑 울었다고 한다. 붕어빵은 다 식어서 차갑고 눅눅했는데도 그렇게 울면서 다 먹어 치웠다고 한다. 그녀는 머리카락이 다 얼고 옷도 얇게 입고 나와 독감까지 걸렸는데 그냥 기분이 괜찮았다고 했다. 6년은 더 된 이야기이다.

덕분에 친구는 우울증 다 나아서 회사도 잘 다니고, 두 사람은 맛 집 친구로 지금도 잘 지내고 있다고 한다.

친구는 붕어빵을 먹은 것이 아니고 사랑을 먹은 거다. 친구는 붕어빵을 전해 준 것이 아니고 사랑을 준 거다.

눈물을 흘리는 사람들이 많았던 1년이었다. 감격의 눈물보다 고통의 눈물이 더 많았다. 그 고통의 눈물을 감격의 눈물로 바꿀 수 있는 사람이 된다면 얼마나 좋을까 싶다.

성경에 이런 말씀이 있다.

「네 목소리를 삼가서 울지 말며, 네 눈을 삼가서 눈물을 흘리지 마라. 이는 네 일이 보상받을 것이기 때문이다. 여호와의 말이다.」(예레미야 31장 16절)

하나님도 세상에는 눈물을 흘리는 사람이 많다는 것을 알고 계신다. 그런데 하나님은 그 눈물을 직접 닦아주시지 않고 사람을 보내신다.

당신이 누군가의 눈에서 흘리는 눈물을 감격의 눈물로 바꾸어 주었다면 올 한해는 절대적으로 성공한 삶이다.
눈물에는 반드시 보상이 있다.
이제 눈물을 거두고 누군가에게 감격의 눈물을 흘리게 해보자.

'위대한 중국은 없다'라는 책에 나오는 이야기다.

일본에서 '국민작가'로 불리는 '시바 료타로(司馬遼太郎)'는 이순신 장군에 대하여 다음과 같이 평했다.

"이순신 장군은 '도요토미 히데요시(豊臣秀吉)'가 조선을 침공했을 때 이를 멋지게 무찌른 조선의 명장이다. 일본에서도 이순신 장군을 존경해서 일본해군이 창설될 당시 그의 전술을 연구했다."

'시바 료타로'는 또 하나의 이야기를 전한다. 일본의 도고 헤이하치로(東鄕平八郎)가 이끄는 '도고 함대'가 러시아의 '발틱 함대'를 물리치자 도고 제독에게 부하가 아부를 하며 이렇게 말했다.

"제독께서는 넬슨 제독과 이순신 장군을 능가합니다."

이에 도고 제독은 이렇게 말했다.

"넬슨 제독은 군신(軍神)이 아니다. 세계 해군 역사에서 군신은 이순신 장군 딱 한 사람뿐이다. 이순신 장군과 비교하면 나는 부사관도 못 된다."

임진왜란 때 이순신 장군은 왜적에게 23전 23패의 치욕을 안겨주었다. 이순신 장군은 그들에게 불구대천의 적장이다. 하지만 일본 해군 장교교육에서 이순신 장군의 학익진(鶴翼陣)을 가르친다고 한다.

<경제전쟁 시대 이순신을 만나다>를 쓴 지용희 교수에 의하면, 일본 해군예산서에 '이순신 장군 사당 참배'에 관련한 예산 항목이 있다고 한다. 아무리 적장(敵將)일지라도 '배울 점은 배우고 존경하겠다.'라는 자세다.

지금 우리에게 필요한 마음이다.

성경에 이런 말씀이 있다.

「형제의 사랑으로 서로 사랑하고 서로 먼저 존경하며.」(로마서 12장 10절)

여기서 '먼저'라는 헬라어 단어는 '프로에게오마이(προηγέομαι)'인데, 심오한 뜻을 내포하고 있다. '앞서 가서 길을 보여 준다', '앞서서 인도하다', '지도자로서 앞에 서다'라는 뜻이다. '앞서'라는 뜻이 '먼저'다. 서로 사랑함은 기본이고 누가 '먼저' 하느냐가 중요하다는 뜻이다.

앞서 가서 길을 보여주고, 앞서 인도하고, 먼저 존경하는 사람, 그가 바로 진짜 지도자다. 누군가의 뒷모습이 보이면 사랑이 시작된다고 한다.

누군가에게 내 뒷모습을 보이면서 나를 사랑하도록 시도해 보자.
먼저 시도하는 사람이 승자요, 진정한 지도자다.

엘리자베스 퀴블러 로스의 <인생 수업>이라는 책에 나오는 '우리가 진정 누구인지 아는 것도 매우 중요하다'라는 이야기다.

건강이 몹시 안 좋아 죽음을 앞둔 70대 후반의 할머니를 보내기 아쉽다고 말하는 손자에게 이런 이야기를 들려준다.

"내 삶은 멋지고 완벽했어. 더 이상 내 모습이 생기로 가득 차보이지 않는다는 건 알지만, 난 이미 이 여행에서 많은 것을 누렸단다. 삶이란 마치 파이와 같지. 부모님께 한 조각, 사랑하는 사람에게 한 조각, 아이들에게 한 조각, 일에 한 조각. 그렇게 한 조각씩 떼어주다 보면 삶이 끝날 때쯤엔 자신을 위한 파이를 한 조각도 남겨 두지 못한 걸 깨닫는 사람도 있단다.

그리고 처음에는 자신이 어떤 파이였는지조차 모르지. 난 내가 어떤 파이였는지 알고 있단다. 그것은 우리 각자가 알아내야 할 몫이지. 난 이제 내가 누구인지 알면서 이 생을 떠날 수 있단다."

손자는 대답했다.

"내가 죽을 때쯤엔 나도 할머니처럼 나 자신이 누구인지 알게 되기를 바랄게요."

그러자 할머니는 마치 중요한 비밀이라도 말하려는 듯 얼굴을 숙이며 이렇게 말했다.

"네가 어떤 파이인지 알기 위해 죽을 때까지 기다릴 필요는 없단다."

자기가 누구인지 알려면 자기 파이가 있어야 한다는 말이다.

남에게 삶의 모든 파이를 나눠주고 기진맥진하여 남을 탓하는 삶을 살지 말라는 조언이다.

성경에 이런 말씀이 있다.

「네 이웃을 네 몸처럼 사랑하여라.」(마태복음 22장 39절)

여기서의 사랑은 최상급의 아가페, 신적(神的) 사랑이다.

문제는 이웃을 사랑하기 전 먼저 자기 자신을 먼저 사랑해야 한다.

자기 사랑 없이 남과 이웃을 사랑하라는 말이 아니다. 자신의 파이를 남겨놓아야 진짜 이웃을 사랑할 수 있다.

가끔 신앙인들이 오해한다. 무조건 자기 파이를 다 내어주는 것이 진짜 신앙인이라고 생각한다. 진짜 사랑은 자신을 사랑해야 이웃과 누군가에게 파이를 나눠줄 수 있다.
이런 깨달음을 죽기 전에 얻을 일이 아니라 지금 이 순간 바로 자기의 파이를 점검해 보아야 한다

전남대 의대 정신의학부 이무석 교수는 어린아이의 속성을 4가지로 요약했다.
① 이기심 : 세상 사람들이 모두 나를 위해 존재해 주기를 바라는 마음.
② 권력욕 : 높은 자리, 힘 있는 자리에 앉으려는 욕심
③ 열등감 : 스스로 부족하다는 강박.
④ 버릇 : 쉽게 토라지는 것.

살아가다 보면 어른이 되어서도 여전히 아이의 속성을 누구나 소유하고 있다. 그래서 나이를 불문하고 남자는 '6살짜리 아이'라는 말도 있다. 여자들이 명심해야 할 문구다.

성경에 이런 말씀이 있다.

「내가 어린아이였을 때는 어린아이같이 말하고 어린아이같이 이해하고 어린아이같이 생각했습니다. 그러나 어른이 돼서는 어린아이의 일들을 버렸습니다.」(고린도전서 13장 11절)

어린아이는 네피오스(νήπιος)라는 말에서 유래를 찾을 수 있다. 이는 '말 못하는 유아'다. '단순한 마음의 소유자' 또는 '미성숙한 그리스도인'을 말한다.

버렸다는 말은 카타르게오(καταργέω)인데, 이는 '완전히 쓸모없게 하다', '폐지하다, 멀리한다.'라는 뜻이 있다.

'어린아이의 속성을 완전히 버려 쓸모없게 해야' 어른이 되는 것이다. 어른이 되는 필수조건이다.

신앙도 마찬가지다. 신앙도 아이의 신앙이 있을 수 있다.

"당신은 일생 마음만 연구하셨고, 여러 곳에서 학회장도 했고, 의과대학 정신과 교수로 30년이나 일했고, 논문도 100편 이상 썼는데 그렇다면 마음의 건강을 위해서 가장 필요한 키워드는 무엇인가요? 하나만 말해 줄 수 있습니까?"

이 질문에 이무석 교수님은 이렇게 대답했다.

"그것은 자존감입니다."

자존감(self-esteem)은, '있는 그대로의 나를 존중하는 마음'이다.

결론은 어린아이의 속성 4가지는 버리고, 한 가지 자존감, '있는 그대로 나를 존중하는 마음'을 갖는 것이 영적 건강을 유지하는 것이다.

자존감을 극대화할 수 있는 것은, 바로 '하나님은 어떤 상황에서도 나를 사랑하고 계신다'라는 신뢰다.
나 스스로 영적 건강을 유지해야 자신도 이웃도 행복해진다.
하나님은 당신을 사랑하시고, 있는 그대로의 당신을 사랑하신다.

Love. 10 샤덴프로이데(Schadenfreude)

어느 교회에서 가족찬양대회가 열렸다.

한 집사님 가정이 찬송가를 부르다가 그만 가사가 틀렸다. 교인들은 깔깔대고 웃었고, 당사자인 집사님은 얼굴이 홍당무가 되어 자리에 돌아와 고개를 들지 못했다. 바로 이어 담임목사님의 가정 차례였다. 그런데 목사님도 어떤 부분에서 역시 틀리고 말았다.

교인들은 다시 깔깔대고 웃었고, 사모님과 자녀들은 '왜 틀렸느냐?'고 핀잔을 주듯 목사님을 힐끗 째려보았다.

그리고 세월이 지나 목사님이 과로로 쓰러졌고, 온 성도들이 장례를 마치고 목사님 사무실을 정리하게 되었다. 유품들을 정리하시던 한 장로님이 목사님의 일기를 발견하였다.

너무나 궁금해서 한두 장을 넘기시던 장로님은 그만 바닥에 주저앉아 울고 말았다. 그 일기장에 있던 이런 내용 때문이었다.

"7월 14일, 교회 가족찬양대회가 있었다. 김 집사가 찬송가 부르다 틀려서 교인들이 다 웃었는데, 김 집사가 너무 무안해했다. 분위기가 이상해지는 것 같아 그다음 차례로 우리 가정이었는데 나도 일부러 틀려주었다. 다시 교인들은 깔깔대며 웃었다. 그때 슬쩍 김 집사를 보니 '목사님도 가사를 틀릴 수 있구나!'라고 생각하고 안도하는 것 같았다. 오늘도 작은 일로 한 영혼을 위로할 수 있어서 기쁜 하루였다."

독일어로 '샤덴프로이데(Schadenfreude)'라는 심리학 용어가 있다.

쇼펜하우어도 자주 언급한, '남의 불행이나 고통을 보면서 느끼는 기쁨'을 말한다. 사람들은 모두 남의 불행을 보고 기뻐한다. 아니, 불행의 웅덩이에 일부러 밀어 넣고 기뻐한다.

세상이 온통 샤덴프로이데 잔치다. 예수님도 이렇게 말씀하신 적이 있다.

「우리가 너희를 위해 피리를 불어도 너희는 춤추지 않았고, 우리가 애도하는 노래를 불러도 너희는 슬피 울지 않았다.」(마태복음 11장 17절)

남들은 울고 있는데 나는 웃고 있다. 비극이 따로 없다. 이웃의 기쁨에 진심으로 기뻐해 주고, 슬플 때 함께 울어줄 사람들이 많았으면 좋겠다.
과연 나도 먼 훗날 이런 일기를 남길 수 있을까?

Love. 11 1위 어머니(mother)

2020년 QS 세계대학평가 순위 중 1위는 단연 미국의 MIT다. 2위는 스탠퍼드. 3위는 하버드다. 서울대는 37위, 일본의 최고 명문대 도쿄 대학은 24위다.

그 도쿄 대학을 지망하는 재수생 아들을 격려하기 위해 함께 수험공부를 시작한 50대 엄마가 1년 만에 도쿄 대학에 합격을 했다. 아들은 두 번째 도전에서도 떨어졌다. 어떻게 이런 말도 안 되는 결과가 나왔을까?

아마도 엄마가 아들을 향한 간절함이 이런 기적을 만들지 않았을까 생각이 된다.

영국문화원에서 창립 70주년 기념으로 비영어권 102개국 4만 명에게 가장 아름다운 영어 단어를 골라 달라고 설문을 했다. 1위 어머니(mother), 2위 열정(passion), 3위 미소(smile)였다. 이 결과는 말한다. 어머니는 위대하다는 것이다.

이 기사를 읽다가 성경의 한 구절이 떠올랐다.

「무리가 이 말씀을 듣고 예수의 가르침에 놀랐습니다.」(마태복음 22장 33절)

'무리'는 헬라어로 오클로스(ὄχλος), 군중들이다. 그들은 예수님의 가르침과 모습과 모든 것을 공유했음에도 불구하고 예수님을 십자가에 못 박아 죽이라고 소리를 지른 사람들이다. 무리는 예수님의 가르침에 놀라기만 했지 삶의 현장에서 적용하거나 그 가르침에 대한 열매는 없었던 사람들이다.

가르치는 자의 행복은 본인보다 더 훌륭하고 더 잘되는 것이다. 도쿄 대학에 합격한 엄마는 아들이 떨어졌는데 기뻤을까, 슬펐을까!

2020년은 참으로 기나긴 시간의 연속이었다. 나의 가정에도 역시 많은 변화가 있었다. 지난 3월 10일 막내 정훈이 입대 했고, 12월 7일에는 큰아들 정현이 논산훈련소에 의무병으로 입소 했다.

큰 아들은 전날 매형이 좋은 중식당에서 밥 한 끼 사주고, 누나들은 격려금을 보탰다.

그리고 아들은 그동안 키워주셔서 감사하다고 백합꽃 한 다발을 엄마 품에 안겨줬다.

전혀 예상치 못한 꽃다발을 받고 웃어야 하는데 눈물에 가려 꽃을 제대로 바라볼 수가 없었다.

부모보다 성숙한 아들을 보는 것은 가장 기쁜 일이다.
그리고 웃으며 KTX를 타고 논산으로 갔다.
그 백합꽃은 거실에서 울고 있다

Love. 12 너 술 마셨니?

외국에서 유학을 하는 아들은 어머니와는 매일 전화로 소식을 주고받았다. 그런데 아버지와는 늘 무심하게 지내는 편이었다.

어느 날 아들은 이런 생각을 했다.

'아버지가 열심히 일해서 내가 이렇게 유학까지 왔는데, 아버지께 제대로 감사해본 적이 없다. 어머니만 부모 같았지, 아버지는 손님처럼 여겼구나.'

그렇게 크게 후회를 하면서 오늘은 아버지께 위로와 감사의 말씀을 전해야겠다며 전화기를 들었다. 마침 아버지가 받았다. 그러나 대답은 엉뚱했다.

"엄마 바꿔 줄게."

밤낮 교환수 노릇만 해온 아버지의 자연스러운 대응이었다. 아들은 다급하게 아버지를 말렸다.

"아니요. 오늘은 아버지하고 이야기를 좀 하려고요." 그러자 아버지는 이렇게 말했다.

"왜, 돈 떨어졌냐?"

아버지는 아들에게 있어 '돈 주는 사람'에 불과했던 존재였다. 아들은 정중하게 말했다.

"아버지께 큰 은혜를 받고 살면서도 너무 불효한 것 같아서 오늘은 아버지와 이런 저런 말씀을 나누고 싶어요." 아들의 고백에 아버지의 대답이 걸작이었다.

"너, 술 마셨니?"

이 시대의 지성이자 노년에 예수님을 믿고 기독교인이 된 이어령 교수의 '의문은 지성을 낳고 믿음은 영성을 낳는다.'에 나오는 이야기다.

지난 3월 10일 입대한 막내아들, 훈련소에서 만발한 벚꽃과 더없이 푸른 하늘을 배경으로 찍은 사진이 '더 캠프'라는 앱에 올라왔다.

보내는 관계자가 글도 올렸다. 훈련병들한테 '푸른 하늘을 보니 누가 생각납니까?' 라고 물었더니 이구동성으로 '어머니'요 하더란다. 아버지들은 가만히 있는데 의문의 1패를 당한 꼴이다.

보통 아버지는 의무, 정의, 옳고 그름, 어머니는 사랑과 희생을 상징한다. 그런데 성경은 하나님을 아버지라 부르고, 하나님은 사랑이라 하신다.

「아버지께서 나를 사랑하신 것처럼 나도 너희를 사랑했다. 너희는 내 사랑 안에 머물러 있으라.」(요한복음 15장 9절)

사실 아버지의 부재가 가져오는 삶의 고통은 어머니의 부재가 가져오는 삶의 곤고함과는 비교가 되지 않는다. 아버지의 사랑은 마음 깊은 곳, 저 밑 언저리에 묵직한 납덩이처럼 가라앉아 있어 우리가 느끼질 못할 뿐이다.
그래서 아버지의 뒷모습을 보고 아버지의 사랑이 보이면 철이 든 거다.

Love. 13 강아지 반장

심리학자 스탠리 샥터는 감각차단이라는 실험을 했다. 5명의 지원자는 모든 조건이 같은 다섯 개의 방에 각각 외부세계와 격리되어 하루를 버티면 일정의 보수를 받기로 했다.

실험결과 외부와 격리되어 가장 짧게 견딘 사람은 20분, 가장 오래 견딘 사람은 8일이었다. 8일 동안 격리된 실험자는 그 기간 내내 외로움을 느꼈고 긴장했으며 히스테리 증상까지 보였다고 한다.

실험을 통해 인간이 다른 사람의 관심과 배려가 있어야 하는 것은 타고난 본능임을 알 수 있다는 결론에 도달했다. 인간은 집단을 이루어 모여 사는 것을 좋아하는데, 가정을 이루고 사회적 관계를 맺는 것이 이를 증명한다. 사회적 동물이라는 말이 바로 그것이다.

집단에서 소외가 되면 인간은 격리되고 버려졌다고 느낀다. 그 기간이 오래 진행이 되면 인간의 마음에 변화가 생기고 행동과 정신에 문제가 생긴다. 인간의 숙명이다. 예수님도 혼자 고독했다. 그런데 그 고독을 이렇게 해결했다.

「너희는 나를 버려두고 모두 떠나갈 것이다. 그러나 나는 혼자 있는 게 아니다. 아버지께서 나와 함께 계시기 때문이다.」(요한복음 16장 32절)

인간은 누구나 절대고독 속에서 산다. 그 절대고독을 해결할 수 있는 것은 사람으로는 한계가 있다. 하나님이 필요한 이유다. 지금은 정말 고독한 시대다. 사회적 거리두기가 모든 사람을 고독 환자로 몰아가고 있다.

SNS에 올라온 글이다.

'큰 올케가 아는 사람이 강아지를 한 달 60만 원 하는 강아지 유치원에 보냈는데, 1교시 체육, 2교시 음악 감상, 3교시 자율 학습 등 시간표가 짜져있단다. 누가 자기 강아지 잘 봐주라고 선생님께 봉투를 줬더니 다음날 강아지가 '반장'이라고 적힌 목걸이를 차고 왔다'

왜 사람들은 강아지에 애정을 쏟고 좋아할까! 인간의 고독을 해결해 주는, 사람보다 배신과 아픔을 주지 않아서 그런 것이 아닐까!

그런 강아지도 줬던 먹이를 빼앗으면 바로 으르렁거리며 이빨을 드러내고 주인에게 대든다.

인간의 절대고독을 해결할 방법은 사실상 없다.
그러므로 당신 옆에 있는 사람이 최선의 상대라는 것을 명심할 필요가 있다. 후회할 때는 이미 때가 늦었다.

Love. 14 저 고아원 데려다주세요

요즘은 눈으로 보고 귀로 듣는 텔레비전이 미디어의 중심이지만 귀로만 듣는 라디오도 많은 장점이 있다. 어느 라디오 프로그램에서 들은 재미있는 이야기다.

6살짜리 여자아이가 있었다. 여자아이임에도 불구하고 보통의 아이들과는 달리 어지간히 부모의 속을 아프게 했단다. 하루는 이 아이가 또 사고를 쳤다. 아이는 그날도 크게 혼날 것이라 예상하였는데, 그날은 엄마가 좋은 옷에, 좋은 신발을 신기고, 좋은 음식을 먹으라고 하더란다. 그래 놓고 하는 말이 이랬다.

"이제 엄마 아빠는 너를 이제는 키울 수가 없다. 너를 밖에다 버리려고 한다."

그리고 아빠가 아이를 차에 태워 한참을 가다가 넓은 공원에 아이를 내려놓으면서 '어디 가서든지 잘 살아라.' 하고는 차를 몰고 가 버리려는 척 그렇게 계획을 세웠다는 것이다. 물론 아이가 울면서 잘못을 인정하고 빌면 데려오려는 작전이었다.

이동을 하는 중에도 아이와 아빠의 기 싸움은 진행되고 있었다.

그런데 그 아이는 여전히 울지도 않을 뿐더러 잘못을 빌지도 않았다고 한다. 오히려 딸을 공원에 내려놓고 떠나려는 자기 아빠를 불러 세우더니 이렇게 조용하게 말했다는 것이다.

"아저씨! 미안하지만 저 고아원에 데려다주시면 안 돼요?"

자신을 버린 아빠를 아저씨로 부른 딸의 기발한 발상이 탁월했다. 딸의 압승이었다. 아빠는 아무 말도 못하고 아이를 도로 집으로 데려왔다. 아무리 겁박을 주려 했지만 어찌 자기 딸을 버릴 수 있겠는가?

성경에 이런 말씀이 있다.

「여호와께서 그 백성들을 모른 척 하지 않으시고 그 택하신 민족을 결코 버리지 않으실 것입니다.」(시편 94편 14절)

사람들은 자신이 조금만 잘못하면 하나님이 벌을 주시고, 버리고, 때리실 것으로 생각한다. 그러나 결코 그렇지 않다. 우리는 여섯 살짜리 여자아이처럼 당당하고, 확고하게 신뢰해야 한다.

하나님은 자기 백성을 버리지 않으시고, 자기의 소유인 당신을 외면하지 않으실 것이다. 그러나 하나님은 우리가 당신 앞에 무릎 꿇고 순종하면 더 기뻐하신다.

하나님과 밀당 할 필요가 없다. 그냥 순종하면 하나님은 말로 다 할 수 없는 복을 준비해 놓고 계신다.
밀당 그렇게 한다면 자기만 손해다. 그럴 필요가 있겠는가!

Love. 15 '혼밥'하고 있는 게 너냐?

어느 대학생이 학교 식당에서 혼자 밥을 먹고 있었다.

그런데 저 멀리 맞은편에서 아빠와 닮은 사람이 밥을 먹고 있는 모습을 보았다. 자신의 아빠가 학교 식당에서 밥을 먹고 있을 확률은 벼락을 세 번 맞고도 살아날 만한 일이어서 그냥 닮은 사람이라고 생각했다. 그래도 너무 닮아서 힐끔거렸는데 그 사람도 자신을 쳐다보는 것이었다. 서로 눈이 마주쳤는데 고개를 갸우뚱하시기에 바로 시선을 피했다.

바로 그때 아빠한테 전화가 왔다.

'잘 됐다. 아빠한테 이 얘기해 주면 좋겠다.' 이렇게 생각하며 전화를 받았다.

아빠는 이렇게 말했다.

"아들, 혹시 식당에서 밥 먹고 있는 사람, 너야?"

역시 아빠였다. 아들은 식판을 들고 가서 서로 만나 한참을 웃었다고 한다.

까닭은 이랬다. 할머니 집 가는 길에 아들 얼굴이나 보자고 학교에 잠깐 들렀다고 한다. 온김에 자식이 어떤 밥을 먹나 싶어 사람들한테 물어 식당을 찾아서 식사를 하신 것이었다. 친구들이랑 밥 먹는데 눈치 없이 방해하는 게 아닌가 싶기도 해서 조용히 밥을 먹고는 얼굴만 보고 용돈이나 주려고 하셨단다.

이것이 아버지의 마음이다. 일부러 나서서 호들갑 떨지 않고 멀리 혼자서 바라보는 그 마음.

자식들은 어머니 사랑이 먼저다. 그런데 성경에서 사랑을 이야기하면서 하나님을 아버지라고 했을까?

「사랑하지 않는 사람은 하나님을 알지 못합니다. 하나님은 사랑이시기 때문입니다.」(요한일서 4장 8절)

어머니의 사랑도 넓고 깊지만 아버지의 사랑이 더 크다는 것을 보여주는 말씀이다. 아버지의 사랑은 말의 의미를 넘어 행동으로 나타난다.

2년 전 코로나가 시작되어 모든 국민을 근심에 빠트렸을 때에 군에 입대하여 전역한 막내가 엊그제 포항 한동대 기숙사로 들어갔다. 문자를 남겼다.

"훈아! 기차 잘 탔니? 2년 만에 포항 가서 마음이 설레고 부담스럽기도 하겠다. 아빠 나이가 되고 보니 훈이가 엄청 부럽다. 다시 대학 생활을 시작하고 싶다. 힘든 군 생활도 잘 버티고 견디고 복학했으니 최선을 다해서 대학 생활을 해라. 아빠가 늘 기도할게. 기숙사 도착하면 문자 해."

바로 답장이 왔다.
"네, 아빠도 아픈 곳 없이 잘 지내세요."
눈물이 났다. 나이가 들어서인가보다.
나도 몰래 막내의 학교 식당에 혼밥하러 가야겠다.

Love. 16 쓰레기 청소

어느 해 월요일이었다. 새벽기도회를 끝내고 오전 6시쯤 사택에 들어와 대학 3학년인 큰아들이 잠자는 방을 무심코 봤더니 아들이 없었다. 같이 잠들어 있는 막내를 깨워 물어봤더니 5시 30분쯤 나갔다고 했다.

아침 일찍 어디를 갔을까? 놀러 갔나? 확인해보니 아르바이트를 하려고 나갔다는 것이다. 무슨 일을 하러 갔을까? 그렇게 고민하며 오전을 보냈다.

언젠가 KT에서 제공하는 멤버십 포인트를 사용하라고 바코드를 캡처해서 보낸 적이 있었다. 점심 무렵 그걸 편의점에서 3,500포인트 사용했다는 문자가 왔다. 카톡을 했다.

'정현아, 아르바이트하러 갔니? 점심에 편의점에서 도시락으로 때우면 어떻게 하니? 잘 먹어야지. 그 멤버십에 65,000점 이상 있다. 마음껏 먹어. 일할 때 조심하고.'

그리고 물었다.

'무슨 일 하니? 이 더운 날씨에?'

간단하게 답이 날아왔다.

'건설 현장 쓰레기 청소'

문자를 보는 순간 갑자기 가슴이 먹먹해졌다. 이 더운 날씨에도 불구하고 힘든 현장 쓰레기 청소를 하러 아침 일찍 나가다니! 순간 아들을 그래도 잘 키웠구나, 하는 생각이 들었으나 그건 생각의 사치였다.

이런 생각이 들었다. 아버지인 내가 부자였다면, 쓰레기를 청소하지도 않고 영어학원이나 여행, 편히 쉴 수 있었을 텐데, 이런 자괴감이 밀려왔다.

그걸 수요 기도회 시간에 신도들에게 말했더니 아내는 예배 시간 내내 흐르는 눈물을 닦느라 찬송가를 제대로 부르지 못했다. 아들에게 미안한 마음 때문이었을 것이다.

억지로라도 위로 받고 싶은 말씀이 떠올랐다.

「가난해도 올바르게 사는 사람이 추악하게 사는 부자보다 낫다.」(잠언 28장 6절)

왜 가난하며 성실해야 할까! 부유하면서 추악하게 행동할까! 부유하면서 성실한 사람은 없을까? 아들에게 이렇게 말하고 싶었다.

앞으로 성실하게 잘 자라서 부유한 삶을 살아라. 너의 아들에게는 더 좋은 세상과 삶을 주거라.

그 아들이 오늘 새벽에도 일찍 나갔다.
요즘 내내 아들의 얼굴을 똑바로 볼 수가 없다.

Love. 17 남자친구를 창밖으로 바라보며

21살 여자, 27살 남자가 사랑을 시작했다. 데이트 후에는 비가 오나 눈이 오나 항상 1시간 거리에 있는 여자를 집에 데려다줬다. 여자 친구의 집이 경사가 가파른 언덕이었다. 여자 혼자 밤에 다니기에는 불안하고 무서웠기 때문이었다.

21살, 철딱서니 없어 그것이 당연하다고 생각했는데 연애한 지 5년이 지났다. 어느 눈 오는 겨울, 데려다주고 돌아가는 남자 친구를 창밖으로 보면서 문득 눈물이 났다. 희끗한 가로등 불빛에도 불구하고 남자 친구의 입김이 보였다. 그날은 정말 너무 추운 날, 돌아가는 그 발길이 얼마나 춥고, 혼자서 외로울까, 그렇게 생각하며 그날 정말 많이 울었다고 한다.

결국, 조금은 이기적이었던 여자는 그 남자 친구와 결혼해서 4개월 된 딸을 키우고 있다. 신랑에게 5년 동안 나를 데려다주는 거 힘들지 않았냐고 물어보니, 밤늦은 시간에 혼자 보내는 게 더 힘들 것 같아서 그랬다고 했다.

여자는, 이게 사랑이라고 생각했다고 고백했다.

사람이 사람을 감동시키게 하는 것은 말이 아닌 행동으로 가능하다. 사랑은 명사가 아니라 동사일 때 가능하다. 사랑은 정의나 이론이 아니라 행동이다. 감동을 주려면 입력이 있어야 출력이 되듯이 내가 먼저 감동을 받아야 한다.

성경은 말한다.

「나는 주의 날에 성령께 사로잡혀 있었는데」(요한계시록 1장 10절)

성경에서의 감동은 '인간의 능력을 초월한 영적 존재로부터 받는 자극'이다.

누군가를 감동하게 하려면, 먼저 내가 영적 존재로부터 자극을 받아야만 가능하다. 이 강력한 자극이 성령에 의해 감동되는 것이다. 성령이 감동하려면 그것은 당연히 '말씀과 기도'다.

사람들은 TV, 드라마, 영화, 술, 쾌락에 감동했기 때문에 내 안에서 다시 감동이 출력되지 않는다.

당신은 지금 어떤 것으로부터 강력한 자극을 받고 있는가! 어쩌면 지금 시간을 가장 많이 투자하는 것이 그것이다.

신앙인의 감동과 출발은 말씀과 기도로 시작된다. 그러면 마음에 감동의 핵연료가 쌓인다. 그리고 핵연료에 불을 붙이는 것은 바로 당신의 결단이다.

한 가지 소원

헤르만 헤세의 작품 중에서 '한 가지 소원'이라는 글을 빌린다.

한 아이가 태어났을 때 어떤 노인이 나타나서 아기 엄마에게 아기를 위한 서원을 물었을 때, 아기의 엄마는 이렇게 대답했다.

"이 아이가 자라면서 세상 모든 사람에게 사랑받는 사람이 되게 해주십시오."

그렇게 그 아이는 자라나면서 정말로 모든 사람에게 사랑을 받으며 성장을 했다. 그러나 그 아이는 사랑을 받을 줄만 알았지, 다른 사람을 사랑할 줄 몰랐고 결국 점점 교만한 사람이 되어버렸다. 자기밖에 모르는 사람으로 성장한 것이다.

어느 날 우연히 노인을 다시 만난 어머니는 간곡히 소원을 말했다.

"제게 한 가지 소원이 있습니다, 제발 부탁합니다. 제 아이가 사랑받기보다는 사랑을 줄줄 아는 사람이 되게 하여 주십시오."

성경은 이렇게 일러준다.

「이처럼 내가 모든 일에 모범을 보였으니 여러분도 약한 사람들을 도우며 '주는 것이 받는 것보다 복이 있다'라고 하신 주 예수의 말씀을 기억해야 합니다.」(사도행전 20장 35절)

내가 가진 모든 것, 사랑이든, 재물이든, 주는 것이 복되다는 것이다.

방송에서 재혼하고 싶다는 어르신들에게 물었다. 이유는 이렇다.

"내가 아플 때 머리에 물수건 얹어주고 밥이라도 얻어먹고 싶다."

그런데 이런 마음의 자세가 참 고약하다. 자신을 위한 것뿐이다.

나이를 많이 먹었다고 어른이 되는 것은 아닌가 보다. 그렇게 나이를 먹었으면 인생을 알만도 한데 그 순간까지도 자기밖에 모른다.

내가 누구를 위해 무언가를 해줄 생각을 하지 않고 받을 생각만 한다.

평생 인생을 살았으면서도 철들지 않고 노인이 돼서도 일상의 진리를 깨닫지 못하고 받으려고만 하는 모습에 가슴이 먹먹해진다.

그런 어른은 어른의 자격이 없다.

자! 오늘 당신이 누군가에게 줄 수 있는 것이 무엇일까? 나에게 필요한 것보다 다른 사람에게 필요한 것이 무엇인지 고민하고 찾는 것이 행복의 시작이다. 재능기부라는 것도 있다. 희생과 봉사는 거창한 것이 아니다. 예수님처럼 주는 인생이 될 수 있도록, 그리고 주는 인생이 되면 가장 복된 것임을 명심할 필요가 있다.

아직 젊다면 기억하라. 언제든 내가 누구에게든 줄 수 있는 상황을 만드는 것이 중요하다. 비록 사소한 껌 한 통이라도.

영상통화 신청하세요

큰아들은 군대에 가 있다. 일반적인 얘기지만 요즘 군대는 옛날보다 좋아졌다고 한다. 그중 하나가 핸드폰 지급이다. 일과 후 통화나 문자가 자유롭다. 그러나 훈련 중이거나 특이한 일이 발생하면 금지가 된다. 군에서 사병들을 관리하는 상급자가 부모들을 위해 개설한 밴드도 있다. 그 밴드에 설날이 돼서 올라온 글이 있다.

> 안녕하십니까? 포대장입니다. 즐겁고 행복한 설 연휴 보내고 계십니까?
> 대대에서 병사들은 편안한 휴식을 취하며 심신을 달래고 있습니다.
> 또한, 설 당일 오후에 영상통화를 계획하고 있는데, 병사들이 부끄럼을 타는 것인지 참여율이 저조한 것 같습니다. 이런 점을 부모님들께서는 참고하시고 먼저 아들과 연락을 해보시는 것도 좋을 거 같습니다.
> 남은 연휴 잘 보내시고, 설 새해 복 많이 받으시면 좋겠습니다.

요점은 군에 보낸 자식들 잘 있고, 본래 영상통화는 금지돼 있지만, 설을 맞이하여 부모와 영상통화를 허락했는데 신청하는 사람이 없다는 것이 설명의 요지이다.

오히려 부모님들의 댓글이 더욱 간절하다.

'아들 보고 싶은데, 왜 신청을 안 했을까요?'

'우리 애는 내성적이라 그냥 허락해 주세요.'

한목소리로 하는 말이 아들의 얼굴을 보고 싶은데 왜 신청을 안 했느냐는 아쉬움을 토로했다. 사내아이들은 늘 그렇다는 생각이 든다. 나름 '뻘줌'하기 때문이다.

아들은 부모 얼굴을 보고 싶지 않은 게 아닌데, 표현을 못할 뿐이다. 그러나 부모들은 모두가 간절하게 아들 얼굴 한번 보고 싶다는 것이다. 부모들은 꿈에서라도 아들 얼굴을 보고 싶지만, 반면 아들들은 부모만큼은 아닌가 보다. 그러나 섭섭해 할 필요는 없다. 성정의 차이일 뿐, 마음은 그런 것이 아님을 알아야 한다. 보름달을 보며 누구보다도 부모님을 생각한다고 한다.

성경은 증언하고 있다.

「손자는 노인의 면류관이요, 부모는 그 자녀의 영광이다.」(잠언 17장 6절)

손자 있는 어르신들은 휴대전화에 온통 손자 사진뿐이다. 손자는 어르신의 왕관이다. 그 다음 구절이 의미심장하다. 이런 논리라면 '자녀는 부모의 영광'이 돼야 한다. 그런데 현실은 반대다.

'부모가 자녀의 영광'이라는 것이다. 자식들이 이걸 깨닫고 생각하고 인정하면 철이 든 것이다. 부모가 자식들에게는 무한한 영광이 되는 것이다. 그 영광스러운 부모를 찾아뵙는 것이 정석이다.
그런데 내 아들 정현이는 영상통화를 신청했을까?

교사가 없을 때

사람들은 교사가 없는 상황에서 누구를 의지해 정보를 얻을까? 네덜란드 흐로닝언 대학교 루카스 몰먼 교수가 논문을 발표했다. '무엇을 참고하여 의사 결정을 내리는가?'를 실험했다. 그 결과 크게 세 가지 유형의 사람이 있다는 것을 밝혀냈다.

① 독학유형-타인의 의견을 참고하지 않고 혼자 시행착오를 거듭하며 가장 나은 해결책을 찾는다.
② 성공한 사람을 모방하는 유형
③ 대세에 따르는 사람으로 주위의 평균적인 의견에 따르는 유형이다.

그래서 사람마다 지식과 사고방식이 다르다. 나는 어떤 유형인가!

이 세 가지 중에서 무엇이 가장 자신에게 유리하게 작용하는지는 상황에 따라 달라진다. 즉, 어느 유형이 최선이라는 결론은 내릴 수 없다.

그런데 연구팀은 어떤 유형에 속하든지 사람마다 '일관성'이 있고 어떤 상황에서도 거의 변함없이 '자신의 유형을 밀고 나간다.'라는 사실도 알아냈다.

나아가 습득한 행동규범의 기준이 그 사람의 사고 습관으로 굳어지게 된다고 유추했다. 문제는 어떤 방법을 통해 자신의 가치와 기준, 사고방식을 가졌느냐가 아니다. 연구팀의 결론은 어떤 방식이 좋고, 어떤 방식이 나쁘다기보다 여러 유형의 사람이 모여 같은 집단에 소속되어 생기는 '다양성'이 '결과적으로 사회 전체의 적응력을 높인다.'라는 것이다.

이런 다양성을 인정하는 사회가 건전한 사회다. 우리는 흑백논리에 빠져있다. 내 편 아니면 적이다. 내 생각과 다르면 원수가 된다. 내 사고 방식과 다르면 견딜 수 없는 분노가 치밀어 오르는 세상이 돼 버렸다. 다양성을 인정하지 않는다.

그래서 성경에서는 이렇게 지적했다.

「내가 너희에게 명하는 것은 이것이다. 너희는 서로 사랑하라.」(요한복음 15장 17절)

서로라는 말은 '서로 상호 간에'라는 말이다. 서로 다른 방식으로 지식과 삶의 사고방식을 터득했기에 자신과 다른 사람을 사랑하는 것은 힘들다.

어쩌면, 원수를 사랑하라는 말보다 더 무서운 말이 서로 사랑하라는 말이다.
왜냐하면, 원수는 많지 않아도 나와 생각이 다른 사람은 많기 때문이다.
다름은 틀림이 아니다.

Love. 21 이제 본전 했다

하나님이 나에게 가장 귀한 선물로 주신 막내아들이 지난 2020년 3월 10일 오후 2시 23사단에 입대했다. 철의 도시 포항에서 태어났을 때 아버지에게 전화했더니, 손자가 둘이 되어(아버지의 자녀 2남 2여), '이제 본전' 했다고 할아버지가 좋아했던 손자 아들.

시간만 나면 바닷가에 가서 조개, 게, 물고기 잡으러 다니고, 가까이에 있던 한동대 옆의 산으로 매미를 잡으러 다녔던 막내. 지금 키가 184cm인데, 초등학교 4학년 때까지 내 무릎이 의자인 줄 알고, 양반다리 비집고 앉기를 좋아했던 막내.

자라면서 한 번도 마음 아프게 하지 않았고, 성실하게 학교생활을 하고, 사춘기가 무엇인지 모르고 지나버린, 순하고 순하게 자랐던 막내.

할아버지가 돌아가셔서 새벽같이 장례식장에 내려갔을 때, 도착해서 이 일 저일 살피다가 막내가 없어 한참을 찾고 보니, 할아버지 영정 뒤에서 할아버지가 보고 싶다고 혼자 울고 있던 막내. 수학을 좋아해서 고등학교 3학년 때 모두 100점을 맞았기에 신기해서 물어보니 수학이 제일 쉽다고 대답해 놀라게 했던 아들.

그러더니 자기가 여섯 살 때 매미 잡고 놀던 한동대에 입학을 했다. 그리고 1년을 다닌 후에 군대에 간다고 스스로 결정했다. 그리고 영장이 나오던 날 그럭저럭 무덤덤했는데, 그 시간이 다가올수록 가슴이 먹먹해졌다. 새벽같이 입영 장소로 가는 동안 내내 말을 할 수가 없었다.

기도만 혼자 하고, 코로나바이러스 때문에 입소식도 못 하고, 정문 앞에서 조용히 헤어질 때, 핸드폰은 놓고 내리라고 했다. 마지막 남아 있던 연결고리가 끊어질 때였다. 왜 대중가요 중 이별가가 제일 많은지 제대로 이해가 되었다.

다시 볼 수 있기에 희망은 있지만, 마음이 너무 아렸다. 돌아오는 길은 어떻게 왔는지 모르겠다.

다음 날, 새벽 5시에 깨어 막내가 늘 자던 방문을 열었을 때, 예기치 않던 눈물이 났다. 그리고 교회에 나와 아이가 예배드렸던 그 자리에서 한 시간 동안 앉아 이 말씀을 묵상하며 기도했다.

「광야에 있을 때 그분께서 황무하고 짐승의 소리가 들리는 데서 야곱을 발견하셨다. 그분이 야곱을 방어해 주시고 그를 보살펴 주셨다. 여호와께서 그를 그분의 눈동자처럼 지키셨다.」(신명기 32장 10절)

외람되지만, 딸만 낳은 사람이 잠시 부러웠다.

Love. 22 엄마 나도 보고 싶어요

아들 둘이 군에 입대했다. 막내는 제1차 코로나의 정점인 2020년 3월에 입대했고, 큰 애는 제2차 코로나가 정점이던 12월에 입대를 했다. 두 아들 모두 훈련소에 들어갈 때 따뜻한 포옹도 없이 헤어진 터라 자식들을 그냥 나라에 빼앗긴 것 같은 느낌이 들었다.

막내는 딱 한 번 휴가를 나오더니 지금까지 소식이 없다. 외박도 면회도 불가능하다. 다만 휴대전화를 사용할 수 있어서 매일 5시부터 9시까지 문자는 가능하다. 그것도 훈련을 나가거나 지원을 나가면 문자도 쉽게 하지 못한다.

하지만 매일 아들에게 문자를 보내 놓고 그걸 보면 즉시 답을 하긴 하는데, 막내아들은 아쉽게도 살갑지가 않다. 긴 문자에 늘 단답형이다. 아무리 길게 문자를 남겨도 겨우 '고맙습니다'라고 보통 다섯 자를 넘기지 않는다. 그래도 온전하게 살아 있고, 어디선가 같은 하늘 아래서 숨 쉬고 있음에 감사하다.

이런 상황에 엄마는 아들 생각에 사랑을 담아 늘 긴 문자를 담아 '보고 싶다'라는 말을 남긴다.

그런데 어느 날 저녁을 먹고 있는데 문자가 왔다. 얼른 가서 문자를 확인하더니 밥을 먹다 말고 눈시울을 붉힌다.

마음이 덜컹. 왜? 막내 훈이가 아픈가? 그러더니 문자를 읽지 못하고 핸드폰을 보여줬다. 막내한테 장문의 답장 문자가 왔다.

'엄마, 나도 보고 싶어'

딱 여덟 자다.

생각이 복잡해졌다.

엄마가 보고 싶다는 것은 군 생활이 힘든가 하는 생각에 밥을 먹다 가슴이 먹먹해 소리 없이 수저만 들고 있었다.

사람은 누구를 보고 싶은가에 그 사람의 삶이 보인다. 보고 싶다, 사랑한다, 말할 수 있는 대상이 있는 사람은 정말 행복한 사람이다.

다윗은 이렇게 고백을 했다.

「내 힘이 되신 여호와여, 내가 주를 사랑합니다.」(시편 18편 1절)

수많은 사람이 하나님께 '나를 사랑해 주세요' 요구한다.

그러나 다윗은 하나님을 사랑한다고 고백한다. 차원이 높다. 엄마는 늘 아들을 보고 싶어 하고 사랑한다. 아들이 엄마를 보고 싶은 것은 철이 들어가고 있다는 것이 아닐까?

하나님과 예수님은 부자지간이지요?

교회학교 초보 교육전도사님이 초등부 어린이들에게 말씀을 전하고 있었다. 한 아이가 손을 번쩍 들고 질문했다.

"전도사님! 하나님하고 예수님하고 부자지간(父子之間) 맞지요?"

"응, 그렇지."

"그런데 하나님은 '하' 씨고, 예수님은 '예' 씨인데, 성이 다른데 어떻게 부자지간이 돼요?"

갑작스러운 질문에 초보 전도사님이 답을 찾느라 뜸을 들이고 있는데, 그때 뒤에 앉아 있던 한 살 많은 형이 끼어들며 이렇게 말했다.

'야! 인마, 서양 사람의 성은 뒤에 붙잖아, 그러니까 '님'자가 성씨니까, 부자지간이지 인마, 영어 더 배우면 알아!'

그때 질문을 한 아이는 알았다는 듯이 이렇게 중얼거렸다.

'아, 그래서 목사님, 전도사님, 장로님, 권사님, 집사님, 성도님, 다 하나님과 부자지간이구나!'

성경에 이런 말씀이 있다.

「우리가 알다시피 우리는 죽음에서 생명으로 옮겨졌습니다. 이것을 아는 것은 우리가 형제를 사랑하기 때문입니다. 사랑하지 않는 사람은 죽음에 머물러 있는 사람입니다.」(요한일서 3장 14절)

여기서 형제라는 말은 아델포스(ἀδελφός)인데, 이 말은 '델푸스', '자궁'이라는 뜻에서 왔다. 즉, 형제라는 말은 하나의 자궁, 하나의 어머니에서 태에서 난 자녀들을 말한다. 이처럼 신앙인들은 모두가 형제다.

그 형제를 사랑함으로써 사망에서 생명으로 들어갔다. 그 지경을 넓혀 교회에서, 가정에서, 직장에서, 내 삶의 터전에서 사랑함으로 생명이 탄생하는 것이다.

사랑하지 않으면 우리는 사망에 여전히 머물러 있는 것이다.

아빠가 여섯 살짜리 딸아이에게 물었다.

"우리 딸은 엄마가 좋아? 아빠가 좋아?"

아이는 이렇게 대답했다. "아빠"

아빠가 흐뭇한 표정을 짓자, 옆에서 엄마가 질투 어린 표정을 지으며 말했다.

"우리 딸! 아빠가 얼마만큼 좋아?"

그러자 아이가 엄마 품에 안기면 말했다.
"엄마만큼!"
이런 현명한 딸이 나는 2명이나 있다.

Love. 24 멈MUM효과

사회적 생활이나 인간관계에서 보이지 않는 강압적인 힘이 작용할 때가 있다. 권력의 서열에서도 그렇겠지만 회사나 가족 간에도 그런 힘이 반드시 작용을 한다.

그 암묵적인 힘 앞에서 사람은 어쩔 수 없이 따르게 마련이지만 그것은 어디까지나 겉으로만 드러나는 일이다. 마음속에는 반발, 불만, 그런 감정들이 내포되어 있다. 본심을 드러내기는 어려운 법이다.

그래서 사람들에게는 자신에게 힘을 행사하는 사람에 대해 정보를 있는 그대로 전달하기보다는 그가 좋아하고 기분 좋은 말만 골라서 이야기하는 경향이 있다.

윗사람의 기분을 거스르는 비판이나 충고, 자신을 평가 절하시킬 수 있는 내용은 제대로 전달되지 않는다. 이것을 '멈 효과'(MUM:침묵하고 있는)라고 한다.

잘못이 발생했음에도 불구하고 상사의 강제적인 힘을 두려워한 나머지 '멈'에 빠지게 되면 상사 역시 정확한 정보를 알지 못하게 된다.

결국, 잘못이 있어도 즉시 해결되지 못한 채 그대로 진행되므로 이후에 커다란 실패를 자초하게 된다. 문제는 힘이 있는 사람, 상사, 어른들은 쉽게 누가 충고해 주거나 잘못을 지적해 주지 않기 때문에 스스로 깨닫는 방법 이외에는 없다는 것이다.

깨닫는 것에는 두 가지의 길이 있다.

하나는 스스로 깨닫거나, 연단과 어려움을 통해서 스스로 깨닫게 되는 길이다.

그래서 성경은 이렇게 말한다.

「많은 사람이 깨끗하고 하얗게 단련될 것이다. 그러나 악한 사람은 계속 악을 행할 것이다. 악한 사람은 알아듣지 못하겠지만 지혜로운 사람은 알게 될 것이다.」(다니엘 12장 10절)

가장 좋은 방법은 연단 받지 않고, 어려움을 겪지 않고 스스로 깨닫고 스스로 자신의 허물과 약점을 파악하는 것이 최상의 방법이라고 할 수 있다.

가능하면 아무리 힘이 있고 어른이 돼도 누군가 충고하는 것을 겸허히 받아들이고 수용하는 사람은 정말 위대한 사람이다.

성경은 말한다.

「어리석은 사람을 100번 때리느니 지혜로운 사람을 한 번 꾸짖는 게 더 깊이 박힌다.」(잠언 17장 10절)

어리석은 사람은 100대를 맞아도 안 된다니 사람답게 산다는 것 참으로 어려운 일이다.
스스로 깨닫는 방법 외에는 왕도가 없다.

다브다(DABDA) 모델

스위스 출신의 엘리자베스 퀴블러 로스(1926-2004)라는 의사는 <죽음과 죽어감'(On Death and Dying)>이란 책을 썼다. 수백 명의 말기 암 환자를 대상으로 임상연구를 한 결과, 사람이 죽음과 같은 극단적인 슬픔이나 고통을 맞이하게 될 때 그것에 대하여 어떤 식으로 반응하게 되는가를 연구하여 정리했다.

바로 '퀴블러 로스 5단계 이론'이다. 흔히들 영문 단어 첫 자를 따서 '다브다(DABDA) 모델'이라고도 불린다. 죽음을 통고받고 나면 사람들은 이렇게 반응한다.

① 단계 반응은 '부정(Denial)'이다. '내게 이런 일이 일어날 리가 없어'
② 단계는 '분노(Anger)'로 이어진다. '도대체 왜 내게 이런 일이 일어나게 되었나?'
③ 단계는 자기 스스로 자기와 '대화와 타협(Dialogue&Bargaining)'을 하게 된다.
④ 단계, '우울(Depression)'에 빠지게 된다.
⑤ 단계, 마침내 자기가 당한 현실을 '인정(Acceptance)'하게 된다는 것이다.

부정-분노-대화와 타협-우울-인정, 이러한 5단계를 거치면서 죽음이든 죽음과 같은 삶의 문제든 최종 단계를 인정하게 된다는 것이다.

출생부터 이 죽음의 문제에 관하여 염두에 두고 사셨던 분이 계신다. 누구나 그 언젠가 죽음을 향해 가고 있지만, 그분은 애초 숙명적인 죽음을 껴안고 짧은 생애를 사셨다. 그러나 죽음 앞에 인간들이 겪는 5단계를 뛰어넘어 인정하신 분, 바로 예수님이시다. 고난 주간 막바지에서 예수님은 죽음 앞에서 이렇게 하셨다.

「아버지여! 아버지께는 모든 것이 가능하오니 이 잔을 내게서 옮기시옵소서! 그러나 나의 원대로 마시옵고 아버지의 원대로 하옵소서!」(마가복음 14장 36절)

「예수께서는 고뇌 속에서 더욱 간절하게 기도하셨습니다. 그러자 땀이 핏방울같이 돼 땅 위에 떨어졌습니다.」(누가복음 22장 44절)

예수께서는 인류를 구원하시기 위한 죽음을 아버지의 뜻으로 받아들이고 인정하셨다. 사실 우리 인간의 삶에서 죽음만 넘어설 수 있다면 무엇이 문제이겠는가?

죽음이 아무리 두렵고 무서워도 부활의 소망이 있기에 죽음이든, 어떤 문제이든 일단 인정을 해야 한다.
인정해야만 길이 있다.

Love. 26 데자뷰? 뷰자데?

사람이 일하는 데에는 두 가지 방식이 있다. 기존의 검증된 방식을 답습하는 것과 도전적인 방식으로 새로운 접근을 시도하는 것이다.

기존의 검증된 방법은 어느 정도의 성공이 보장되는 안전한 방식이다. 하지만 단기적으로는 안정적이지만 장기적으로는 성장이 약하다.

반면 실험적인 방식은 단기적으로 실패할 확률이 높지만, 장기적으로 보면 혁신으로 이어질 가능성 매우 높다. 이러한 일하는 방식에서 '뷰자데'라는 이상한 용어가 생겨났다.

뷰자데는 '데자뷰(De ja vu)'를 거꾸로 쓴 조어(造語)이다.

데자뷰란 '처음 접하지만 낯설지 않은 느낌'을 가리키는 심리학 용어다. '기시감'이 정확한 표현이다. 처음 만나는 사람, 처음 접하는 상황이지만 언젠가 만났던 사람, 접했던 상황으로 느껴진다는 것이다.

이를 반대로 뒤집은 '뷰자데'는 늘 접하는 익숙한 상황이지만 처음 접하는 것처럼 낯설게 보는 것이다. 여기서 아이디어가 나오는 것이다.

'낯설게 하기'는 원래 문학, 예술 이론으로 출발하여 지금 여러 분야로 확산되고 있는 '신사고 이론'이다. 러시아 형식주의 문학이론의 하나이기도 하다.

신앙도 뷰자데 자세로 해야 한다. 지금 내가 가고 있는 길을 낯설게 보고, 늘 점검하고, 고치거나 수정할 것이 없는지를 살피는 것이다.

반대로 데자뷰 방식으로 신앙생활이나 삶을 산다면 모든 것이 업그레이드 되는 일이 없다. 그렇다면 일상생활도 신앙생활도 발전이 없다.

그러나 이런 상황도 뷰자데 방식으로 바라보면 길이 보인다. 삶이 어렵고 힘들어도 이 말씀을 기억하면 큰 도움이 된다.

「내가 너희를 위해 갖고 있는 계획들을 내가 알고 있으니 그것은 평안을 위한 계획이지 재앙을 위한 것이 아니며, 너희에게 미래와 소망을 주기 위한 것이다.」(예레미야 29장 11절)

지금 당장 겪는 모든 일이 힘들고 고통스럽겠지만, 이 사실을 뷰자데 방식으로 보면 하나님의 계획을 알 수 있다. 당신의 백성들을 고통스럽게 그냥 보고만 있지 않을 것이다.

일상생활도 낯설게, 힘든 상황도 낯설게 보는 시각을 가지면 전혀 예상치 않는 복된 길이 보일 것이다.

Love. 27 경로 의존의 법칙

자연과학에서 인용하는 '관성의 법칙'이 있다. 외부로부터 힘이 작용하지 않으면 물체의 운동 상태는 변하지 않는다는 법칙이다. 그런데 '사람이 하는 일'에도 관성의 법칙이 있다.

어떤 일을 할 때 한번 길들여진 방식을 그대로 고수하는 것이다. 사람들이 다니기 시작하여 일단 길이 만들어지면 지름길이 생겨나도 이전의 비효율적인 방식을 고수한다. 이런 현상을 '경로 의존(Path Dependency)법칙'이라고 한다. 새로 생긴 지름길보다 익숙해진 옛날 길로 다니는 것이다. 성공한 사람들은 성공하는 습관을 지니고 있고, 실패한 사람들은 실패하는 습관을 지니고 있다고 한다.

문제는 어떤 습관이냐가 중요하다.

성경에 이런 말씀이 있다.

「네가 평안할 때 내가 네게 말했지만 너는 '내가 듣지 않겠다!'라고 말했다. 이것이 어릴 적부터 네 습관이 됐다. 너는 내 목소리에 순종하지 않았다.」(예레미야 22장 21절)

이 말은 어릴 때부터 하나님의 음성을 거부하는 습관을 지녔다는 것을 지적한 말씀이다. 우리 속담에도 '3살 적 버릇이 80까지 간다'는 말이 있다. 신앙생활도 마찬가지다.

처음부터 어떤 습관으로 시작했느냐가 중요하다. 그리고 건강한 삶도 마찬가지다. 국내 한 건강 의학 프로그램에서 뇌를 빨리 늙게 만드는 다섯 가지 방법을 소개했다.

① 밤 9시 이후에 야식하는 습관 ② 남을 험담하는 것 ③ 항상 같은 생활 패턴 ④ 운동 부족과 수면 부족 ⑤ 과도한 스마트폰 사용.

이런 습관을 반복하면 뇌가 빨리 늙는다고 한다.

반면 많은 뇌 과학자가 추천하는 뇌를 젊게 만드는 다섯 가지 습관도 있다.

① 새로운 악기를 배우거나 연주를 꾸준히 한다. ② 머리를 사용하는 퍼즐이나 게임을 한다. ③ 충분한 수면과 휴식으로 뇌가 쉴 시간을 준다. ④ 정보를 얻을 수 있는 어떤 행동이든 한다. (독서) ⑤ 새로운 언어를 배운다.

이렇게 알려줘도 예전 습관을 버리지 못하고 경로 의존에 빠져있다면 신앙생활이든 건강생활이든 구제할 방법이 없다.

다 같이 천국의 문 앞까지 젊은 뇌와 정신을 가지고 살려는 노력이 필요하다.
깨어있는 사람은 늙지 않는다.

Love. 28 화장과 화장실

남녀공학인 어느 학교에 한 여학생이 전학을 왔다.

여학생의 미모에 남학생들이 '와….' 함성을 지르며 구경하며 난리가 났다.

여러 남학생이 그 여학생이 있는 반에 갔을 때 갑자기 그 전학 온 여학생이 화장실로 가는 것이었다. 아이들은 장난삼아 화장실까지 따라갔다. 그런데 한참을 기다려도 문제의 여학생이 나오지 않더란다.

그런데 아주 못생긴 한 여학생이 나오는데 남학생들끼리 갑론을박으로 이어졌다.

"야, 쟤 맞느냐?"

"아니야, 저렇게 못생긴 애 아니야."

기다리다 지친 남학생들이 돌아서 나오는데 여학생들끼리 수군거리는 소리가 들려 왔다.

"오늘 전학 온 애 말이야! 화장을 너무 진하게 해서 담임한테 걸렸대"

그렇다. 화장실에서 화장을 지우고 나왔기 때문에 그 여학생을 못 알아본 것이다.

요즘 아이들은 여고생, 심지어는 여중생까지도 화장을 한다. 그것을 나무랄 일이 아니다. 시대의 대세를 거스를 수는 없다

화장이란? 화할 화(化)자에 단장할 장(粧)을 써서, '화장품을 써서 얼굴에 바르고 곱게 꾸미다.'는 뜻이다.

그런데 신기한 것은 '대소변을 배설하고 손을 씻는 곳' 화장실(化粧室)과 한문이 똑같다. 얼굴을 곱게 꾸미는 것과 배설하는 것이 같다는 의미다.

성경에 이런 말씀이 있다.

「내가 참으로 모든 것을 해로 여기는 것은 내 주 그리스도 예수를 아는 지식이 가장 고상하기 때문입니다. 그분으로 인해 내가 모든 것을 잃어버리고 심지어 배설물로 여기는 것은, 내가 그리스도를 얻고 그 안에서 발견되기 위한 것입니다.」(빌립보서 3장 8~9절)

진정한 화장은 예수님을 아는 지식을 위하여, 나의 모든 것을 버리고, 배설물로 여기는 것이다. 얼굴에 좋은 화장품을 바른다고 아름다워지는 것은 아니니 말이다.

진정한 아름다움, 참된 크리스천, 참된 인간은 무엇을 버려야 할 것을 알고, 그것을 버려야 가장 아름다운 모습이 되는 것이 아닐까!

바르고 얻어서 아름다워지는 것이 아니라, 내 삶에서 배설물 같은 것을 버려야 진정한 화장이 되는 것이다.

오늘 내가 버려야 할 것이 무엇인가!
먼저 그것을 알아야 진짜 화장이 된다.
그래서 화장의 마침은 지우는 것이라고 하지 않는가!

Love. 29 로마제국 쇠망사

1788년, 영국의 역사학자 에드워드 기번(Edward Gibbon)은 '로마제국쇠망사'라는 책에서 로마제국의 멸망 원인을 다섯 가지로 정리해서 날카롭게 지적했다.

① 가정의 파괴 ② 높아지는 세율과 계획성 없는 재정지출 ③ 비정상적 쾌락추구
④ 군비확장과 인구감소 ⑤ 종교의 부패.

어느 국가든 이 다섯 가지의 함정에 빠지면 패망할 수밖에 없다. 그것은 패망하는 길로 가는 지름길이다. 그 옛날 찬란했던 로마가 망했다면 현재 우리의 모습과 비교하면 무슨 차이가 있을까! 섬뜩하기만 하다.

현재의 우리의 모습과 이 다섯 가지가 일치하는 경향이 있다. 이 다섯 가지를 개인에게 적용해도 무리가 없다. 사람마다 망하는 길에 들어서는 모습을 보면 우연치고는 너무도 일치하는 경향이 있다.

가정은 무너지고, 계획성 없이 돈을 쓰고, 비정상적인 쾌락, 술과 마약과 동성애, 인구감소, 그리고 가장 최악인 종교가 부패하면 그야말로 답이 없다. 최후의 보루인 종교라도 살아있으면 희망이 보이는데 아득하기만 하다.

종교는 마지막 보루다. 기독교는 최후의 보루다. 그 주인공인 우리 각자가 뼈를 깎는 마음으로 자신을 살펴야 한다.

성경은 말한다.

「나는 내가 사랑하는 사람들마다 책망하고 징계한다. 그러므로 너는 열성을 내고 회개하여라.」(요한계시록 3장 19절)

우리 자신의 모습을 보고 마음을 바꾸고, 뉘우치고, 진심으로 혐오스러운 과거의 죄를 고치면 처음 초대교회의 모습으로 돌아갈 수 있다.

로마는 하루아침에 이루어지지 않았다는 말이 있다.

그렇다. 망하는 것도 하루아침에 망하지 않았다. 서서히 눈치 채지 못한 어느 순간에 쇠망의 길로 들어선 것이다. 그래서 성경은 이렇게 경고했다.

「항상 기도에 힘쓰고, 기도 가운데 감사함으로 깨어 있으십시오.」(골로새서 4장 2절)
이 말은 신앙인에게만 적용되는 것이 아니다.

'깨어'있으라는 말은, 그레고류오(γρηγορεύω)인데, '정신 차리다.', '엄하게 정성을 기울이다'는 뜻이다. 자기가 망하는 길로 진입했는지 살필 일도 중요하지만 성공의 길로 진입했는데 자만하지 말고 집중하여 엄하게 정성을 기울이며 살피라는 뜻이다.

역사는 과거와의 대화라고 했다. 로마가 패망하는 모습과 대화하면 내일의 우리의 모습이 달라지지 않을까 기대해 본다.

Love. 30 좁쌀 권력

윤흥길 선생의 소설 <완장>에서 주인공 '종술'은 마을의 애물단지로 그냥 그렇게 무위도식을 하다가 벼락출세라 할 수 있는 저수지 감시원이 된다. 쥐꼬리만한 월급에도 그가 그 일을 맡은 것은 감시원 완장으로 상징되는 욕심 때문이었다.

도둑 낚시를 하던 초등학교 동창 부자(父子)를 적발해 두들겨 팬 그는 '좁쌀 권력'에 취해 자신을 고용한 사장에게까지 행패를 부린다. 문제가 커져 해고된 뒤에도 그는 완장을 차고 매일 저수지에 나간다. 종술은 무슨 짓을 해도 나는 옳고 선하다는 망상에서 벗어나지 못한다. 권력의 힘은 마약과 같다.

인간은 때론 구제불능일 경우가 많다. 판단력도 없고, 어느 것이 선인지 악인지도 구분하지 못한다. 그런데도 사람마다 모두 완장을 차고 싶어 한다.

누구나 가정에서, 직장에서, 교회에서, 내가 있는 곳에서는 자신만의 완장을 차고 싶어 한다. 두려운 것은 그 완장을 차고 한치의 부끄러움 없이 자기 몫을 감당하느냐이다.

성경에 이런 무서운 경고의 말씀이 있다.

「거룩한 것을 개에게 주지 말고, 너희 진주를 돼지에게 던지지 말라. 그렇지 않으면 그것들이 발로 그것을 짓밟고 뒤돌아서서 너희를 물어뜯을지 모른다.」(마태복음 7장 6절)

시간은 거룩하고 진주 같은 것이다. 하늘은 거룩하고 진주 같은 시간을 주셨다.

하나님께서는 늘 시간을 선물로 맡기신다. 나는 그것이 두렵다. 시간이 갈수록 그것을 감당할 수 있을까 고민하게 된다. 표현하기 민망하지만, 거룩하고 진주 같은 시간을 개, 돼지 같은 나에게 주신 것은 아닌지!

마침 2019년을 황금 돼지해라고 한다.

'돼지보다 나아야지'라는 칼럼도 읽었다. 그렇다. 돼지보다는 나아야지.

다시 주어진 새로운 한해 벽두에 여느 때와 다르게 시간이 두렵게 다가온다. 살아온 시간보다 남아 있는 시간이 적은 것에 실감이 난다. 완장을 차고 있다고 우쭐대거나 자만하고 있을 때가 아니다.

두렵고 떨리는 마음으로 한해를 선물로 받고 훌륭하게 감당할 수 있을까 경건한 마음으로 묵상해 본다..

당신의 완장 덕분에 누군가에게 힘이 되는 것은 물론 가정도, 교회도, 기쁨과 행복이 될 수 있는 한해가 될 수 있기를 소망해 본다

III. 겸손

(Humility)

처음부터 내 것이 아니었다.

Humility. 1 점심 데이트

'The Lunch Date'(점심 데이트)라는 9분짜리 단편영화가 있다.

백인 귀부인이 붐비는 기차역에서 흑인과 부딪혀 쇼핑백을 떨어뜨린다. 물건을 주워 담느라 기차를 놓치고 하는 수 없이 음식점에 가서 샐러드 한 접시를 주문하고 자리를 잡았다. 그런데 포크를 가지고 오지 않아서 가지고 오니 걸인처럼 보이는 흑인이 자신의 의자에 앉아 그 음식을 먹고 있는 것이 아닌가!

귀부인은 화가 나서 포크를 들고 샐러드를 같이 먹었다. 다 먹고 나서 흑인은 커피를 두 잔 가져와 귀부인에게 건넸고, 귀부인은 미안해서 그러겠거니 하고 같이 커피를 마셨다.

그리고 기차를 타러 갔다. 그런데 쇼핑백을 놓고 온 것이 생각나 부리나케 음식점에 가보니 흑인도 쇼핑백도 보이지 않았다.

순간 몹시 당황한 귀부인은 음식점 여기저기를 살펴보는데, 좀 전에 앉았던 옆 테이블에 자신이 가져온 온전한 샐러드 접시와 의자 위에는 쇼핑백이 놓여있었다.

귀부인은 완전히 착각을 한 것이었다. 더군다나 흑인의 음식을 자신이 빼앗아 먹기까지 한 것이다. 그런데도 흑인은 화를 내기는커녕 커피까지 대접했다.

귀부인은 내내 자기 것을 빼앗겼다고 생각했다. 자기가 남의 것을 빼앗았다는 생각은 꿈에도 하지 못 했다.

세상 사람들은 모두 내 것을 누군가 빼앗아 간다고 생각한다. 아울러 사람들은 내가 타인에게 베풀었다고만 생각한다. 받은 것은 기억하지 못하고 준 것만 생각한다. 심지어 하나님을 향해서도 그렇다. 그래서 우리에겐 이런 고백이 필요하다.

「모든 것은 주께로부터 나온 것이니 우리가 주의 손에서 받은 것을 드린 것일 뿐입니다.」(역대상 29장 14절)

우리는 모두 타인에게서 무엇인가를 빼앗으며 산다. 그것도 그것이 당연한 것처럼.

하나님에게서도 무엇인가 빼앗아야 하는 것처럼, 아니 빼앗으려고 신앙 생활하는 것처럼 보일 때가 있다. 그런데 더 신기한 것은 하나님은 흑인처럼 빼앗기면서 좋아하시는 분이시다. 문제는 그걸 깨닫고 아는 것만으로 하나님은 기뻐하신다. 그러니 내 것을 누군가 빼앗아 갔다 해도 서러워하지 말자.
처음부터 내 것이 아니었다.

Humility. 2 5만 원짜리 10장

어떤 사원이 회사에서 승진을 했다. 일반회사의 조직문화가 보통 그렇듯 한턱내라고들 아우성이었다.

"당연히 쏴야죠! 뭐 먹으러 갈까요?"

그러자 직원들이 이구동성으로 외친다.

"소! 소! 소!"

승진을 하긴 했지만 그 직원은 아직 한참이나 긴축재정으로 살 수밖에 없는 형편이었지만 어쩔 수 없이 소고기를 먹으러 갔다. 팀장이 소개한 곳으로 가보았더니 가격이 만만치 않은 곳이었다. 겉으로는 맘껏 드시라고 했지만, 속은 까맣게 타들어 갔다. 한술 더 떠서 팀장은 많이 시켜먹으라면서 추가 주문까지 하더란다.

무엇을 어떻게 먹었는지, 정신없이 식사를 마치고 계산대에 섰는데, 아니나 다를까 총 94만 원이 나왔다. 식은땀을 흘리며 카드로 3개월 분할로 결제를 했다.

회식을 마치고 다들 잘 먹었다고 인사를 하며 헤어지려는 중이었다. 대리기사가 먼저 와서 출발을 하려는데 팀장이 다가와 대리비를 하라고 주머니에 돈을 넣어 주는 것이었다. 괜찮다면서 정중히 거절을 하려는데 팀장은 막무가내로 주머니에 구겨 넣어 주었다. 받아 집에 와서 확인해보니 5만 원짜리 10장이 들어있었다. 식당에서 팀장이 추가 주문을 엄청나게 할 때는 속으로 엄청 욕을 했는데…. 죄송한 마음에 마음이 무거워졌다.

상대방의 본심을 모를 때는 오해하기가 쉽다. 그리고 섣부른 판단은 절대 금물이다. 오해는 시간이 지나가면 풀리기 마련이다. 그러니 당장 불편하다고 속상해할 필요가 없다. 사람은 자기 생각의, 판단의 함정에 빠져 허우적거릴 때가 의외로 많다.

이런 것을 두고 성경에서는 이렇게 표현했다,

「그가 땅을 파서 웅덩이를 만들더니 자기가 만든 구덩이에 자기가 빠졌도다.」(시편 7편 15절)

왜 이런 현상이 일어날까? 그 이유는 자기 생각만 하기 때문이다.

자기의 이기심과 이익만을 생각하다 보면 더 큰 세상과 만나지 못하고 더 큰 생각을 못하게 된다. 당장 불편하고 힘들고 이해가 되지 않아도 조금만 더 기다리고 참다 보면 다른 세상이 열린다.

이런 함정에 빠지면 현실과 삶이 고통스럽고 즐거울 수가 없다. 어차피 받아 놓은 밥상이라면 잘 먹고, 즐기고, 행복해 하는 것이 좋다. 그래서 '항상 기뻐하라'라고 하지 않았던가!

마이너스 94만 원 인생이 플러스(+)50만 원이 되어 44만 원만 지출하는 인생이 되는 것이 세상사 이치다.
그 마이너스(-) 44만 원도 곧 회복이 된다. 기다림만 남았다.

Humility. 3 동방순례 레오

헤르만 헤세는 1877년 독일에서 선교사의 아들로 태어난 위대한 작가다. 그가 쓴 <동방순례>라는 독특한 걸작이 있다. 1백 쪽도 안 되는 짧은 소설이다. '결맹'이라는 비밀결사대에 가입해 동방으로 떠난 순례자들의 이야기다.

여정에 함께 한 하인 중에 '레오'라는 사람이 있었다. 순례단에서 묵묵히 단원들을 따르며 그들을 위해 성가신 허드렛일을 도맡아 했다. 단원들이 지치고 절망할 때면 노래와 휘파람으로 마음을 달래주던 레오가 어느 날 소리 없이 사라진다.

그리고 중요한 서류가 분실되면서 순례단 내부에 갈등과 혼란이 빚어지고, 결국 순례단 자체가 어이없이 와해될 때까지도 단원들은 레오가 사라졌다는 사실조차 의식하지 못했다. 결국 순례자들은 여행을 포기하고 뿔뿔이 흩어졌다. 그제서야 단원들은 사라진 레오의 소중함을 깨닫게 되었다.

오랜 시간이 흐른 다음, 주인공은 순례를 후원하는 본부를 찾아갔다. 그리고 그곳에서 순례자들을 섬기던 하인 레오를 만났다. 그런데, 그가 바로 본부의 최고 책임자였다.

미국의 경영학자 '로버트 그린 리프'는 이 이야기에서 영감을 받아 <섬김의 리더십(Servant Leadership)>이라는 개념을 제안하며 이 책을 썼다.

리더는 '구성원 위에 군림하는 것'이 아니라, '그들을 위하여 봉사하고 헌신하면서 자신을 따르게 하는 사람'이어야 한다는 것이다.

현실적으로나 정신적으로 레오와 같은 사람이 필요한 시대다.

2천 년 전 섬김의 리더십을 보여주신 레오는 바로 예수님이셨다.

「주이며 선생님인 내가 너희 발을 씻겨 주었으니 너희도 서로 남의 발을 씻겨 주어야 한다.」(요한복음 13장 14절)

자기 발도 씻기 어려운데 하물며 남의 발을 씻어 준다고 하는 것은 '남에게 무릎을 꿇지 않으면 씻길 수 없는 행위'를 상징적으로 표현한다.

섬김은 식탁이나 다른 천한 일에 '시중드는 사람'이라는 뜻이다.

가정에도, 교회에도, 회사에도, 국가에도 레오의 존재가 필요하다.

그런데 이런 행위를 통해 모멸감, 무시당함, 자존심이 무너진다고 느끼면 그 사람은 진정한 레오가 될 수 없다.
그런데 레오는 소리 없이 사라져야만 알 수 있으니 이 일을 어찌 감당해야 하는가!

희대의 사기꾼이 예수를 믿게 되었다.

그런데 이 사기꾼은 올바른 신자가 되기 위해 노력하기는 고사하고 늘 엉뚱한 생각만 하고 있었다. 그는 이렇게 생각했다. 자신은 사람에게도 능숙하게 사기를 치는데 하나님께도 사기를 칠 수 있다고 생각한 것이다. 어느 날 하나님과 대화를 나누게 되었다.

"하나님! 인간에게 10억 년이 하나님에게는 1초라면서요?"

"물론이지!"

"그럼 인간의 10억 원이 하나님에게는 1원이겠네요?"

"당연하지."

사기꾼이 교활하기 웃으며 말했다.

"그러면 하나님, 저에게 1원만 적선해 주실래요?"

하나님이 선뜻 '그래, 알았다.'라고 했다. '하나님도 별 수 없는구먼!'

사기꾼이 앗싸, 하고 쾌재를 부르는 순간 하나님이 조용히 한마디 말씀을 더 하셨다.

"1초만 기다려라!"

예수를 믿는다고 하루아침에 성자가 되지 않는다.

동네에서 바둑 좀 열심히 둔다고 다 이세돌이 되지 않는다. 동네에서 테니스 좀 친다고 페더러나 조코비치가 되는 것도 아니다. 동네에서 피아노 좀 친다고 쇼팽이 되지 않는다. 일기 열심히 쓴다고 헤밍웨이나 괴테가 되는 것도 아니다. 동네에서 노래 좀 한다고 모두 플라시도 도밍고가 되는 것도 아니다.

마찬가지로 교회에서 신앙생활 좀 했다고 치자. 목사, 장로, 권사의 직분을 가졌다고 모두 다 올바른 신앙생활을 하는 것도 아니다. 약간의 신앙생활로 더군다나 예수님의 형상과 본질의 근처에도 갈 수 없음은 명확한 사실이다.

성경에 이런 말씀이 있다. 「여러분도 성령 안에서 하나님께서 거하실 처소가 되기 위해 그리스도 안에서 함께 세워져 가고 있습니다.」(에베소서 2장 22절)

중요한 것은 '함께 세워져 가고 있습니다'라는 의미를 이해하는 것이다.

'함께 건축하다. 함께 세우다'라는 뜻의 라틴어는 '쉬노이코도메오(συνοικοδομέω)'이다. 한글로는 4단어인데, 원어는 1개의 단어다.

더 깊은 뜻도 포함되어 있다. '다른 기독교인들과 함께 건설하다.'라는 뜻이다.

부족함이 있는 성도들과 함께, 그리고 성령 안에서, 그리스도 안에서, 더불어 세워져 가는 중에 있다는 말이다. 목적지까지 다 온 것이 아니고 가는 중, 세워가는 중이라는 깊은 뜻이 포함되어 있다.

그러니 모두 겸손하게 손잡고 같이 가보자. '같이'의 '가치'를 생각한다.

닐리리 닐리리야 니나노

어느 시골교회의 담임목사가 신자들에게 예배시간만큼은 핸드폰을 가져오지 말라고 늘 당부를 했다. 그러나 도시에 나가 있는 아들이 홀로 계신 어머니가 걱정되어 어디를 가든지 핸드폰은 가지고 다니시라고 부탁한 것이 그날의 화근이었다.

주일날 그 어머니는 깜빡 잊고서 핸드폰을 챙겨 교회로 갔다. 목사님의 설교가 절정에 도달했을 때 어디선가 요란하게 벨소리가 튀어나왔다,

'날 좀 보고 날 좀 보소~~~'

설교를 듣고 있던 교인들이 배꼽을 잡고 웃었다.

목사님은 역정을 냈다. 예배당의 분위기는 싸늘해졌고 어머니 성도는 죄송해서 고개를 들지 못했다. 그때 다시 벨이 울렸다.

'닐리리 닐리리야 니나노~~~'

이번엔 누굴까 웅성대는데 벨소리가 울린 곳은 강대상, 바로 목사님의 주머니에서였다. 그러자 목사님은 눈 하나 깜짝하지 않고 얼른 전화를 받더니 이렇게 말했다.

"예, 예. 하나님! 말씀하시지요. 예, 예, 제가 잘못했습니다."

목사님은 그렇게 통화를 하며 즉시 자기의 잘못을 시인했다. 목사님의 임기응변도 칭찬할만하다.

성경에 이런 말씀이 있다.

「그런데 그대는 왜 그대의 형제를 판단합니까? 왜 그대의 형제를 업신여깁니까? 우리가 모두 하나님의 심판대 앞에 설 텐데 말입니다.」(로마서 14장 10절)

오직 하나님만이 우리를 비판, 판단, 정죄할 수 있다. 세상의 모든 분쟁과 다툼의 중심에는 상대를 향한 비판, 판단, 정죄 때문에 발생한다. 비판, 정죄는 오로지 말을 통해 발생한다. 말을 줄이면 행복 시작, 축복 시작이 된다.

미국 타임스지를 창간한 H.R..루스가 창간한 경제 전문지 포천(Fortune) 지에서 '비즈니스맨이 성공하는 비법'이라는 칼럼이 실린 적이 있다. 그 비결을 한 줄로 표현하면 이렇다.

'누구를 만나든지 먼저 자신의 이야기를 절대로 하지 말고 상대의 이야기를 경청하라.'

나아가 '3.2.1 법칙'이 있다. '3분은 귀를 열어 듣고, 2분은 공감하고, 그리고 나머지 1분에 할 말을 하라'는 것이다.

나보다 남을 낫게 여기면 경청할 수 있다. 이 말은 단순하지만 진리다. 말을 많이 했는지, 경청했는지. 그 결과가 오늘부터 시작된다.

자신의 핸드폰 벨 소리를 살펴야 한다.
내면의 소리에는 더욱 귀를 기울여야 한다.

넌 돼지 머리야

한 남자가 있었다. 그는 현재의 자기 삶에 대해 만족하지 못하고 늘 불평을 해댔다. 그러면서 그는 밤낮 없이 이렇게 생각했다.

'전생에 나는 뭐였을까?'

불평하는 사람들은 항상 과거에 갇혀 산다. 궁금하던 차에 잠깐 잠이 들어 꿈을 꾸었다. 많은 사람이 자기에게 절을 하는 꿈이었다. 사람들은 남에게 절 받는 꿈은 나쁘다고 하는데……. 그는 꿈속에서조차 그렇게 생각했다.

'역시 나는 지금은 이래도 전생에는 아마 왕이었을 거야.'

그렇게 단정해 버리고 나니 너무나 기분이 좋았다. 그런데 어떤 사람이 나타나 질문을 했다.

'이제 네가 전생에 무엇이었는지 알았느냐?' 남자는 기분 좋게 말했다.

'나는 왕이었습니다. 많은 사람이 나에게 절을 했습니다.'

꿈에 나타난 그 사람이 크게 웃으면서 말했다.

'너는 돼지머리였단다, 이놈아!'

자기 삶에 만족하지 못하면 이런 개꿈을 꾼다.

성경에 이런 말씀이 있다. 「사람이 낮추어질 때 네가 높여지게 되리라고 하지 않는가? 그분은 겸손한 사람을 구원하신다네.」(욥기 22장 29절)

'낮추어질 때'를 표현하는 히브리어는, 솨펠(שָׁפֵל)인데, '밑으로 내려간다'라는 말이다.

스스로 밑으로 내려가면 높아진다는 원리다. 그러나 말처럼 쉽지 않은 원리다.

그런데 더 큰 문제가 도사리고 있다. 사람들은 모두 자기는 교만하지 않고 겸손하다고 생각한다. 그렇지 않다. 사람들은 모두 예외 없이 교만하다. 남을 자기보다 낮게 여긴다. 남들을 자기보다 우위로 생각하는 사람들은 거의 없다.

새로 부임한 목사님이 교회 앞에 있는 가게에 들렀는데 주인이 반갑게 인사하면서 이렇게 말했다.

"동네 사람들이 이 교회 교인들을 향하여 다 '이쁜이'라고 말한답니다." 목사님은 마음속으로 은근히 기뻐하면서 다시 물었다. "왜요?"

그러자 주인은 손가락으로 입을 가리키며 이렇게 말했다.

"다 '입' 뿐이래요."

입으로 떡을 하면 조선 사람이 다 먹고도 열두 광주리가 남는다고 한다. 낮추고 겸손해지는 것을 '입'으로만 하면 진짜 재수가 없다.

'마음'과 '행동'으로 결과를 보여주면 정말 사람들이 우리를 우러러본다.

Humility. 7 배추는 5번 죽어야 김장이

한국인의 대표 음식인 김치가 제대로 맛을 내려면 배추가 5번 죽어야 한다고 한다.

① 땅에서 뽑힐 때, ② 배가 갈라지면서, ③ 소금에 절여지면서,
④ 매운 고춧가루와 짠 젓갈에 범벅이 되면서, ⑤ 장독에 담겨 땅에 묻혀 죽는다.
이렇게 되면 비로소 제대로 된 김치 맛을 낸다는 것이다.

변화는 죽는 것으로부터 시작된다는 것인데, 인생도 크리스천도 마찬가지다. 크리스천은 이래야 한다고 나는 생각한다.

① 배추가 땅에서 뽑히듯 세상과 단절할 때 한번,
② 회개의 눈물로 자아를 부정할 때 한번,
③ 공식적으로 예수를 믿는 이로 인정받는 세례 받을 때 한번,
④ 성령 충만 받아 사탄의 영을 쫓아낼 때 한번,
⑤ 그리고 임직을 받아 주님의 종으로 거듭날 때 마지막 한 번 더 죽는 것이다.
모두 죽음의 터널을 경험하듯 통과해야 할 과정들이다.

사도 바울은 이렇게 말했다.

「형제들이여, 내가 그리스도 예수 우리 주 안에서 가진 내 자랑인 여러분을 두고 단언합니다만, 나는 날마다 죽습니다.(I die daily.)」(고린도전서 15장 31절)

사도 바울이 죽을 일이 무엇이 있겠는가! 그가 날마다 죽으면 나는 분, 초마다 죽어야 한다.

천주교 신부가 서품을 받는 것을 본 적이 있다. 제단 앞에 팔을 벌려 십자 형태로 만든 뒤 엎드리고는 코를 땅에 대고 열십자(†)로 부복한다.

순명의 자세다. 나는 죽음으로까지 복종한다는 자세다.

우리 모두는 아직도 살아 있어 괴롭다. 감정, 나만의 정의, 진실, 경험, 자아, 고집이 살아 있어 괴롭다. 세상은 모두 살아 있다. 소리치는 메아리만 들리지, 나는 죽겠다고 하는 이들이 없다. 예수님은 그 비밀을 이미 알아 죽어 부활하시지 않았는가! 죽어야 부활한다.

그래서 사도 바울은 이렇게 선언했다.

「우리는 살아도 주를 위해 살고 죽어도 주를 위해 죽습니다. 그러므로 죽든지 살든지 우리는 주의 것입니다.」(로마서 14장 8절)

죽고자 하면 산다.
김치만큼도 죽지 못하면서 크리스천이라고 할 수 있을까?

오빠 나 화장 안 했어

어느 남녀의 데이트가 있는 날이다. 여자가 또 늦게 도착할 모양이었다. 남자는 조금 열을 받긴 했지만 예쁜 그녀의 얼굴을 곧 볼 수 있다는 기쁨에 화가 났던 마음은 금방 눈이 녹듯 했다. 그때 전화가 왔다.

"나 약속 건물에 도착했는데 올라갈 수가 없을 거 같아."

"왜? 내가 내려갈까?"

"아니, 안 돼! 절대로 내려와선 안 돼!"

"이유가 뭐야? 답답해. 무슨 일이기에 이러는 거야, 속 시원히 말해봐" 남자는 어르고 달랬다.

"나, 정말 심각해!"

"그래, 사랑하니까 믿고 말해봐' "미안해 오빠, 흑흑"

"울지 말고 다 말해봐, 건물 앞까지 와서 왜 그래, 우리 사이에 왜 그래?"

그때 여자가 결심한 듯 말했다.

"오빠, 나 오늘 화장 안 했어, 흑흑"

이유가 그랬다. 여자는 급하게 오느라 화장도 하지 않은 '쌩얼'로 온 것이다.

요즘 여자의 화장은 화장이 아니라 변장에 가깝다고들 한다. 화장한 여자는 '쌩얼' 보다 아름다울 수 있다. 그렇지만 그것이 도를 지나쳐 우리 모두는 변장에 가까운 화장의 얼굴로 다닌다.

남자든 여자든 화장한 채로 다녀서는 자신의 진짜 개인적인 인격, 성숙도, 믿음의 수준을 가늠하기가 어렵다. 화장을 넘어 가면에 가까운 '쌩얼'을 숨긴 채 연극을 하며 사는 것 같기도 하다. 화장한 얼굴 뒤에 감춰진 진짜 얼굴을 볼 수가 없다. 하나님은 진짜 얼굴을 원하신다. 그대로의 모습이 아름다워야 진짜 미인이다.

성경은 이렇게 지적하신다.

「가르침의 내용은, 거짓된 욕망을 따라 옛 습성을 좇아 썩고 있는 옛사람을 버리고, 심령으로 새롭게 되어 하나님을 따라 의와 진리의 거룩함으로 지으심을 받은 새사람을 입으라는 것입니다. 그러므로 여러분은 거짓을 버리고 각자 자기 이웃과 더불어 진실을 말하십시오.」(에베소서 4장 22~25절)

겉모습은 믿음이 있는 것 같은데 화장을 한 것일 수도 있다.

화장한 모습만 보아온 우리는 그래서 속을 수 있다. 집안(교회)에서의 얼굴과 밖(세상)에서의 얼굴이 동일하게 보이는 신앙의 진짜 얼굴을 보고 싶다. 아니, 집안에서도 진짜 본래의 모습을 보고 싶다.
남의 일이 아니다. 나는 언제 화장을 지울 수나 있을까!

의사도 아프면 병원에

SNS에서 본 글이다.

① 요즘 축농증 때문에 병원에 다니는데 선생님은 내가 의사인 걸 모른다. 오늘은 약이 다 떨어졌을 텐데도 안 왔다고 혼났다. 끝까지 비밀로 해야지.

② 요즘 필라테스 개인 레슨을 받고 있는데 선생님은 내가 필라테스 강사인 걸 모르신다. 오늘 마사지 볼이랑, 리커버링 사용법을 알려주면서 집에 이런 거 있냐고 하시길래 내가 집에 웬만한 소도구 다 있다고 하니까, 있는데 왜 안 하냐고 혼났다. 끝까지 비밀로 해야지….

이 글을 읽고 첫 번째의 느낌은 사람이 겸손해야겠구나 하는 생각이었다. 치료해주는 상대가 의사인 줄 모르고 함부로 충고하면 안 되기 때문이다. 의사라고 해도 너무 잘난 척하면 안 된다. 겸손하면 세상의 모든 사람이 존경한다.

두 번째 생각은 의사도 아프면 병원에 가야 한다는 것이었다. 상담사도 상담을 받을 때가 있다. 정형외과 의사도 자기가 수술을 받아야 할 때가 있다. 중이 제 머리 못 깎는다는 말이 있다. 아무리 훌륭한 의사나 상담사도 자기의 문제를 제대로 해결할 수 없는 한계가 있다는 것이다.

그래서 대(大) 사도바울도 이렇게 말했다.

「아, 나는 비참(곤고)한 사람입니다! 이 사망의 몸에서 누가 나를 구해 내겠습니까?」(로마서 7장 24절)

신약성경의 1/3을 쓰고, 세 차례의 전도여행까지 하며 그 많은 사람을 전도하고 교회를 세우고 목회했던 사도 바울도 '나는 곤고한, 비참한 사람'이라고 고백한다. 사도 바울이 이 정도라면 과연 우리는 어떻게 하라는 말인가!

곤고함이란 단어는 '탈라이포로스(ταλαίπωρος)인데, '영속적인 시련', '고역과 고통을 견디는'이란 뜻이다.

그 비참함은 '사망'이라는 단어와 관련이 있다.

사망은, 싸나토스(θάνατος)인데, '죄로 인해 야기된 모든 비참함을 포함하는 죽음'이라는 뜻이다. 즉, 죄 때문이다.

사도 바울도 죄에 감염이 된 사망의 고통 때문에 비참한 것이다. 바울도 스스로 해결할 수 없었다. 의사도 아프면 병원에 가듯 스스로 해결할 수는 없다.

누군가의 도움을 받아야 한다.
그 해답을 알고 있는 사람은 참으로 복되다.

Humility. 10 당신 두고 봅시다

교회에서 목사님이 설교 전 옆 사람과 이렇게 인사를 하라고 권했다.

"당신은 두고 보기에 너무 아깝습니다."

그때 어느 집사님이 마침 자기 옆에 앉은 성도가 평소에 사이가 안 좋은 사람이었다. 그는 자기도 모르게 이렇게 말하고 말았다.

"당신, 두고 봅시다."

그 집사님은 교회는 열심히 다니는데 여전히 세상 사람들과 다름이 없었다. 사람들은 모두 자신이 옳다는 의협심(義)이 마음속에 자리를 잡고 있다. 그리고 모든 것이 자기중심으로 세상이 움직인다고 생각한다.

그런데 성경은 그렇지 않다고 지적한다.

「오직 너희는 먼저 그 나라와 그 의를 구하라.」(마태복음 6장 33절)

그 나라와 그의 의는 물론 하나님의 나라와 하나님의 속성을 추구하라는 말씀이다. 이 말씀을 넓게 적용해 보면 이런 결론이 나온다. 나의 나라와 나의 의, 내 생각, 나의 계획을 구하는 것보다 타인에게 관심을 두고 신경을 쓰라는 말도 포함되어 있음을 알 수 있다.

여기서 '의'는 공정, 특히 기독교인의 '칭의'를 말한다. 과연 의롭다는 말이 무엇인가? 한글로 번역된 의(義)는 한자다. 이 글자는 옳을 의(義) 자인데 이 글자 속에는 양(羊)과 나(我)라는 한자가 포함되어 있다. 양(羊)이라는 동물은 성경에서는 예수님을 상징한다. 그 양자 밑에 나(我)가 들어가 있다.

칭의, '의로움이란 나의 모든 것을 포기하고 예수님 밑으로 들어가는 것'을 말한다. 내 뜻, 내 생각, 내 계획, 내 판단을 모두 내려놓고 예수님의 뜻, 하나님의 뜻을 추구하는 것이다.

그런데 여기서 더 중요한 것이 있다.

나 我(아)자에는 창(戈/과)이라는 글자가 들어있다. 즉, 내 속에는 사람을 찌르는 '창'이라는 무서운 무기가 들어있다. 내 안에 창이 있다.

나는 항상 창으로 상대방을 찌를 가능성을 가지고 있는 무서운 존재다. 이 창이라는 무기를 내려놓는 것이 의롭게 되는 것이다.

아직도 '당신 두고 봅시다' 이러고 있으면 안 된다. 적어도 내 안에 있는 창을 의식하고, 그 창을 내려놓으면 내 삶의 자리가 바로 천국이 된다.

내 안의 창 때문에 하나님도 옆 사람도 고통스러워하는 것이다.
당신이 품고 있는 창인 나(我)는 양(羊)의 밑으로 들어가 무릎 꿇어라.

Humility. 11 칵테일 파티 효과

어느 날 한 기자가 아인슈타인과 함께 산책을 하러 나갔다. 그는 아인슈타인에게 몇 가지 궁금한 점을 물었다. 기자는 나중에 또 다른 궁금한 점이 있으면 물어보려고 그에게 전화번호를 알려달라고 했다. 아인슈타인은 흔쾌히 승낙했다.

산책을 마친 뒤 아인슈타인은 수첩에서 자신의 번호를 찾은 뒤 기자에게 적으라며 하나하나 읽어주었다. 그러나 기자는 아인슈타인이 자신의 전화번호를 기억하지 못하고 수첩에서 찾는 것을 이해할 수 없었다. 기자의 마음을 읽은 천재는 이렇게 말했다.

"전화번호부에 이미 적혀 있는데 굳이 머릿속에서까지 기억할 필요가 있겠소?"

이런 상황을 두고 심리학에서는 듣고 싶은 것만 듣는 '칵테일 파티 효과'라고 한다.

파티장에서는 웃음소리, 발걸음 소리, 술잔을 부딪치는 소리, 음악 소리, 사람들의 말소리 등 온갖 다양한 소리로 떠들썩하지만, 그런 주변 소리가 아무리 커도 곁에 있는 친구의 말을 듣는 데는 전혀 문제가 없다. '칵테일 파티 효과'는 본래 심리학자들이 인간의 청각을 설명하기 위해 만든 개념이다.

사람들은 자기가 듣고 싶은 소리만 듣는다. 소리만 그런 것이 아니고 내용도 마찬가지다. 자기에게 유리한 음성과 내용만 듣는다.

성경에 이런 내용이 있다.

「내 양들은 내 음성을 알아듣는다. 나는 내 양들을 알고 내 양들은 나를 따른다.」(요한복음 10장 27절)

심리적인 것이나 신(神)적인 소리도 마찬가지다.

신앙인은 하나님의 음성에 민감하다. 보통의 사람들은 그 하나님의 음성이 아무리 커도 듣지 못한다. 아니, 듣는 귀가 없고 듣기를 거부하고 나아가 들을 수가 없다. 그래서 더 큰 비극이다.

아인슈타인이 자기 전화번호를 기억 못 하는, 아니 기억하지 않는 것도 마찬가지다. 음성뿐만 아니라 사람들은 선택적으로 기억하고 듣는다. 그것은 내가 무엇을 듣고 기억하고자 하는 마음의 문제다.

소리를 듣는 청각과 마음의 청각을 모두 열어놓을 필요가 있다.
당신에게 지금 들려오는 소리가 바로 당신의 존재 가치를 설명해 준다.

Humility. 12 감옥 실험

1971년의 일이다. 미국의 심리학자 필립 짐바르도는 환경조작에 따른 사람들의 심리변화를 연구하기 위해 '감옥실험'이란 독특한 실험을 수행했다.

24명의 대학생을 선발하여 모든 실험사항을 수행하고 일당으로 15달러를 받기로 했다. 24명은 2조로 나누어 간수와 죄수의 역할을 맡았다.

스탠퍼드대학 지하실을 개조하여 실제 감옥처럼 만들었다. 죄수들에게는 수감번호, 무거운 체인, 삭발 대신 나일론 스타킹을 쓰게 하고, 간수들의 말에 복종하게 했다.

간수 역할에는 간수복, 호루라기, 경찰봉, 선글라스와 감옥의 규칙을 마음대로 정할 수 있게 했다.

실제로 실험이 시작되자 학생들은 자신의 역할에 금방 몰입하기 시작했고 실제 감옥에서 일어나는 일들이 그대로 일어났다. 죄수와 간수 사이에 충돌하고, 죄수들은 수감번호를 찢고, 머리에 쓴 스타킹을 벗어 던지고, 간수들이 감방 안으로 들어오지 못하도록 침대로 문을 막았다.

간수들도 강경하기는 마찬가지였다. 달려드는 죄수에게 소화기를 분사했고 옷을 벗으라고 명령하고 모욕했다. 실험 죄수들의 행동을 통제하자 이상행동도 보이기 시작했다. 불안과 망상에 빠지고 고함을 지르거나 마구잡이로 화내고, 히스테리 증상을 보였다.

그 실험은 2주로 계획이 되었으나 6일 만에 종료가 됐다. 그런데 간수 역할을 맡은 대부분의 학생들은 실험이 종료되자 무척 아쉬워했다고 한다.

짐바르도의 실험은 '무엇이 선량한 사람을 악하게 만드는지' 그 원인을 명확하게 밝혀주었다. 무엇으로 하여금 평범한 학생이 단지 며칠 만에 무자비한 간수가 될 수 있는가.

결론은 의외로 단순했다. 모든 평범한 사람들의 마음 깊은 곳에서는 사악하고 어두운 면이 감춰져 있다가 전쟁이나 감옥 같은 극단적인 상황에 맞닥뜨리면 '누구나 악해질 수 있다'라는 것이다.

사도 바울은 이렇게 말했다.

「곧 선을 행하기 원하는 나에게 악이 함께 있다는 것입니다.」(로마서 7장 21절)

선한 사람, 악한 사람이 따로 없다. 누구랄 것도 없이 이 선과 악을 오가며 행동하는 것이 인간이다. 그래서 겸손해야 하고 늘 자신을 돌아볼 수 있는 눈을 가지고 있어야 한다. 어쩌면 선한 척하는 것이 가장 큰 악이다.
그런데 내 안에 정말 선이 있을까?

Humility. 13 아빠는 구급차 타야 돼

어느 한 가정에서 이제 말을 막 배우기 시작한 네 살 된 아들을 차에 태워 어디론가 가고 있었다. 부모가 맞벌이를 해서 아들을 장모님 손에 맡기고 있는 형편이었다. 오랜만에 밖에 나온 아들이 밖에 많은 차가 지나가자 흥분해 하면서 소리쳤다.

"난 할머니한테 소방차 태워줄 거야!"

"왜?" "제일 멋지니까."

그때 엄마가 자기는 무슨 차를 태워줄 거냐고 물었다.

"엄마는 경찰차." 엄마는 무슨 큰 의미가 담겨 있나 싶어 다시 물었다.

"엄마는 사고를 많이 치잖아, 경찰서 좀 들어가 봐야 해."

엄마는 말문이 막혔다. 그때 아빠가 자랑스러운 표정으로 아들에게 물었다.

"아들이 사랑하는 아빠는 무슨 차 태워줄 거야?"

그랬더니 아들은 망설임 없이 '구급차'라고 대답했다 전혀 예상 밖의 답변에 아빠는 되물었다. 그랬더니 아들이 무심하게 이렇게 말하더란다.

"아빠는 맨날 술 먹고 널브러져 있어서 병원에 실려 가봐야 해."

이 가정, 무척 수상하다.

아이는 비록 어린 나이였지만 부모의 삶을 누구보다 자세히 들여다보고 있었다.

성경에 이런 말씀이 있다.

「여호와의 눈은 어디든지 있어 악인과 선인을 지켜보신다.」(잠언 15장 3절)

왜 하나님은 감찰하고 보고 계실까?

감찰의 사전적 의미는 '공무상의 비위(非違)나 비행(非行)에 대하여 조사 또는 감독하는 일'이다. 하나님의 공무상 직책은 감찰하는 일이다. 이유는 악인은 감찰하여 벌을주시고, 의인은 감찰하여 상을 주기 위함이다.

깨끗할수록, 의인일수록, 잘못이 없는 사람일수록 감찰은 복되고 기대되는 일이다. 죄가 없는 사람은 경찰과 친구가 된다.

빨강 신호등 무시하고 가던 중 교통법규 위반 단속하고는 상관없이 따라오는 경찰차를 보고 식겁한 일 없는가! 그러나 안심해라. 하나님은 나에게 상을 주시려고 공무집행을 성실하게 실행하고 계신다. 그런데 감찰은 하나님만 하시는 것이 아니더라는 사실도 알게 되었다. 주변 모든 사람이 감찰을 한다. 자녀도 한다. 사원도 한다.

하나님은 상을 주시려고 감찰하시고, 사람들은 벌을 주려고, 당신을 해하려고 감찰을 한다.
당신은 오늘도 그렇게 감찰을 당하고 있다.
그런데 정작 누구의 감찰이 필요한가!

Humility. 14 사막을 건너는 6가지 방법

스티브 도나휴의 <사막을 건너는 6가지 방법>이란 책에 나오는 이야기다.

말리도마 소메는 사하라 사막 이남의 내륙국가인 '부르키나파소'에서 태어났다. 그는 작가이기도 하지만 미국에서 박사 학위를 두 개나 받은 강연가였다. 그 나라에는 '다가라'는 종족이 있다고 하는데 말리도마 역시 그 종족의 소속이었다. 인생의 중요한 단계인 40대 초반에 이르러서는 원로로 들어서는 의식을 치른다고 한다. 말리도마도 40대 초반이 되자 북미 지역에 있던 집을 떠나 자기 고향으로 돌아왔다. 원로가 되는 방법은 이렇다.

말리도마는 수많은 초가집으로 둘러싸인 구역의 한가운데에 이틀 동안 앉아 있으라는 지시를 받게 된다. 이틀 동안 마을 사람들은 때때로 그에게 와서 모욕적인 말을 한다고 한다. 사람들은 그가 살아오면서 실수했거나 잘못했던 부분을 들추어내어 그 일 때문에 다른 사람들이 얼마나 실망했었는지를 상기시킨다. 종족들은 그를 비난하고, 꾸짖고, 평가절하를 한다. 이러한 비난에 대해 심판을 받는 사람은 아무런 대꾸도 못 하게 되어 있다. 다가라족은 한껏 부풀어 오른 자아를 단번에 처치할 필요가 있다고 믿었다.

이것이 바로 아프리카 판 '너는 아무짝에도 쓸모없어'라는 방법이었다. 한마디로 자아의 뿌리를 뽑아내는 것이다. 그들은 리더로서, 어른으로서 책임을 맡기 전에 먼저 겸허해져야 한다고 생각했다. 우리 문화권과 사회는 거만한 자아를 건설적인 방법으로 해체하는 방법을 모르기 때문에 우리는 '스스로' 겸허해지도록 노력해야만 한다.

성경에도 이런 지적이 뒤따른다.

「사람의 마음이 교만하면 파멸이 뒤따르지만 겸손하면 영광이 뒤따른다.」(잠언 18장 12절)

현대인들은 욕을 먹거나 자기 생각과 다르면 내면의 자아가 불을 뿜는다. 정신을 못 차리고 맹렬하게 상대방에 복수를 한다.

다가라 족의 자아를 뽑아내는 방법처럼, 욕을 먹고 실수와 실패를 지적당해도 아무런 말을 하지 않아야 진짜 원로, 어른이 되는 것이다.

겸손도 그렇다. 누군가가 나를 향해 말로 할 수 없는 욕을 해도 대응하지 않음이 진짜 겸손이다.
누군가 이유 없이 나를 바늘로 찔러도 웃어야만 비로소 자아가 뽑힌 것이다.

Humility. 15 너 빤스만 입고 다닌다고

SNS에서 읽은 글이다. 어떤 아는 형이 트렁크 팬티 길이가 꽤 길고 디자인도 반바지 같아서 그걸 그대로 입고 슈퍼에 갔다고 한다.

그런데 슈퍼 아줌마가 눈치를 못 채더란다. 이에 그 형은 용기를 얻어 당구장도 갔다가 술도 한잔하고 밤늦게 집에 왔더니 엄마가 이렇게 말하는 것이었다.

"너 빤스만 입고 다닌다고 슈퍼 아줌마가 걱정하더라."

신기한 일이다. 남들은 다 아는데 자기만 모른다. 남들은 자기의 허물과 부족함을 모를 것이라 생각한다. 그리고 스스로 자기가 최고라고 생각한다.

성경은 말한다.

「그들은 스스로 깨끗하다고 생각하지만, 그들은 아직 더러움을 씻어 내지 않았다.」 (잠언 30장 12절)

'스스로'라는 히브리어 단어는 '아인(עַיִן)인데, 원뜻은 '자신의 눈'이다. 영어 성경은 ' 자신의 눈(own eyes)로 번역했다. '더러움'이라는 단어는 '오물, 배설물'이다. 이 말씀은 '사람들은 자기 눈으로 자신을 보면 똥물을 뒤집어쓰고 있는데도 깨끗하다고 생각한다'는 것이다.

자신을 관찰하고 보는 눈은 항상 주관적이어서 제3자의 눈으로 자신을 보기가 힘들다. '자신의 눈'이 아닌 '타인의 눈'으로 자신을 볼 수만 있다면 우리 모두는 진정으로 행복할 수 있다.

자신의 눈으로 자신을 보는 것에는 한계가 있다. 사각팬티를 종일 입고 다니면서도 부끄러움을 못 느끼듯 스스로 깨닫는 것 역시 정말 힘들다. 그러니 엄마가 사실을 말해주듯, 옆에서 당신의 허물을 고하는 이들을 귀하게 여겨야 한다. 자기 눈에 들보가 있는데 남의 눈에 있는 티끌을 본다는 것도 기억해야 한다.

그래서 우리는 자신의 몸에 오물이 항상 묻어 있다고 생각하고, 매일 씻고 목욕하는 태도를 가져야 한다. 그리고 별다른 생각도 없이 남을 비판하거나 오물이 묻었다고 지적하는 것만 멈추어도 천국은 시작된다. 설령 지적을 당해도 화내거나 불평할 필요 역시 없다.

왜냐하면 여전히 나는 하나님 앞에서나 여러 사람 앞에서 똥물을 뒤집어쓰고 있는 죄인이 아닌가!

「스스로 지혜롭다 생각하지 말고 여호와를 두려워하며 섬기고 악에서 떠나거라.」 (잠언 3장 7절)

여기, '스스로'도 '자기 눈(own eyes)'이다.

Humility. 16 결혼작사 이혼 작곡

'결혼작사 이혼 작곡'이라는 TV 드라마가 있다.

극중 인물 중 명예병원장인 70대 후반의 아버지는 부인과 사별하고 19세 연하의 간호사와 재혼을 했다. 19세 연하의 부인은 나이 많은 남편을 극진히 보살피고 사랑한다. 남들 보기에도 더없이 다정하고 사랑하는 부부다.

그 부인이 어느 날 TV에서 건강 상식 방송을 보게 되었다. 건강에 좋은 음식섭취의 방법도 알려주었지만 나쁘게 하는 방법도 알려주는 것이었다. 부인의 눈빛이 달라지고 있었다. 이후로 심장이 안 좋은 남편의 건강을 좋게 하는 음식이 아니라 나쁘게 하는 음식을 일부러 선택하여 먹이기 시작한다. 먹으면 문제가 생기는 피자, 콜라, 밀가루 음식이 바로 그것이다.

어느 날 남편과 아내가 영화관을 찾아 코믹 영화를 보던 중 남편에게 갑자기 심장마비가 온다. 그런데 부인이 초를 다투는 시간임에도 불구하고 119에 신고하지 않고, 그렇게 남편이 골든타임을 놓쳐 사망하도록 내버려 둔다. 그렇다. 이 부인은 남편이 죽기를 시시때때로 바라고 있었다. 꿈에 수영장에서 남편이 죽었는데 오열을 하는 듯하다가도 금방 파안대소하는 장면에서는 소름이 돋았다. 겉과 속이 다른 인간의 적나라한 속성을 보는듯하여 무척이나 불편했다. 남편을 죽일 계획을 갖고서도 겉으로는 사랑하는 척, 좋은 관계인 척, 많은 사람에게 리얼한 연기를 한 것이다.

드라마뿐이겠는가! 사람마다 마음속에는 불편한 진실이 자리를 잡고 있다.

그래서 성경은 날카롭게 지적을 한다.

「너희는 드러나지 않는 무덤 같아서 사람들이 밟고 다니나 무덤인 줄 모른다.」(누가복음 11장 44절)

겉은 하얗게 칠한 무덤인데 무덤 속에는 죽은 사람의 뼈와 온갖 더러운 것들로 가득 차 있다. 겉을 봐서는 모른다. 우리는 남의 겉을 볼 것이 아니라 나 자신의 속을 봐야 한다. 내 마음이 하얀색으로 덧칠한 무덤인지를 정확하게 살펴야 한다.

사람의 눈은 두 개인데 모두 밖으로 향해 있다. 그래서 거울이 없이는 자신의 모습을 잘 볼 수 없다. 그러나 내면의 눈은 단 한 개라도 자신을 향해 있으면 훌륭한 일이다. 그 눈이 많을수록 세상은 온전해진다.

육신의 눈이 밖을 향해 있는 것보다 내면의 눈이 밖을 향해 있는 것이 우리에게는 가장 큰 불행이다.

Humility. 17 방금 배달 나가셨습니다

한 장로님이 오랫 동안 신앙생활을 잘 하시다가 천국으로 갔단다. 식사 때가 되어 식당에 앉아 종업원이 오기를 마냥 기다렸다. 한참을 기다려도 오지 않자 지나가는 종업원을 붙잡고 호통을 쳤다.

"왜 서비스가 이래요?"

종업원이 간단하게 대답했다.

"여기는 셀프서비스입니다."

"그런데 왜 저쪽은 친절하게 서비스를 합니까?"

그러자 종업원이 말했다.

"저쪽 사람들은 집사, 성도, 권사 등 평신도들인데 지상에서 본래 잘 섬기고 충성하고 봉사하다 오신 분들이라 천국에서는 극진한 서비스를 받는 것입니다."

그러자 한 가지 생각나는 듯 장로님은 궁금해 하며 물었다.

"그럼 우리 교회 목사님은 어디 계십니까? 안 보이시는데요"

"아! 그 목사님요, 지금 막 배달 나가셨습니다."

유머이긴 하지만 뼈아픈 비유이다. 그래도 다행인 것은 모두가 천국에서 만났으니 얼마나 좋은가!

성경에 예수님께서 직접 하신 말씀이 있다.

「인자가 온 것은 섬김을 받으려 함이 아니라 도리어 섬기려 하고 자기 목숨을 많은 사람의 대속물로 주려 함이니라.」(마태복음 20장 28절)

예수님의 사역의 가장 중심은 '섬김'에 있다는 것이다.

섬김은 '디아코네오(διακονέω)'다. '종이 되다', '수행원이 된다'는 뜻이다.

요즘 '서번트 리더십'이라는 말이 유행한다, 섬김의 리더십, 즉 예수님의 리더십이다. 가정에서부터 직장까지 어디든 섬김의 자세로 임하면 그곳이 바로 놀라운 축복의 장소가 될 수 있다.

예수님은 이 땅에 오신 목적이 바로 대속물, 영어로는 랜섬이다. 랜섬(ransom)은 '포로·노예·유괴된 사람·노획품 등의 금품을 주고 풀려나오게 하기'라는 뜻이다. 영화 제목에도 있다.

대가를 지불하라는 것이다. 자기만이 최선이고, 자기가 신이라고 주장하는 시대에 사는 우리가 새롭게 본받아야 할 모습이다. 누군가의 성실한 수행원이 되는 것이다. 그러면 천국에 가서도 배달하지 않는다.

배달하더라도 천국만 가면 좋겠다.

Humility. 18 늙은 죄수의 사랑

'늙은 죄수의 사랑'(피에르 로티)이란 제목의 이야기다.

평생 교도소를 제집처럼 드나드는 한 늙은 장기수가 있었다. 교도소 가는 것이 일상인 그에게 가족들은 처음에는 동정했으나 그 일이 반복될수록 서로가 발길을 끊었다. 장기수는 고독과 외로움이 친구가 됐다.

그러던 어느 날 교도소 창살에 참새 한 마리가 날아들었다. 빵부스러기나 먹이를 주면서 정이 들었다. 참새는 늙은 장기수와 대화하는 듯 노래하며 같이 놀았다.

그런 행복도 잠깐, 장기수가 외딴섬에 있는 교도소로 이동하게 되었다. 섬에 가면 더 외로울 것 같아 죄수는 참새를 잡아, 응급으로 만든 조롱 속에 넣어 가져가기로 했다. 조롱을 가슴에 품고 섬으로 가는 뱃길에서 죄수들이 서로 밀고 당기는 혼잡 속에서 조롱이 망가져 참새는 그 틈에 날아가 버렸다.

그러나 참새는 얼마 날지 못하고 바다에 빠져 죽었다. 나는 새가 날지 못하고 죽은 것이다. 이유는 노인 장기수가 참새가 날아갈까 봐 날개의 뒷 꽁지를 잘라 버렸기 때문이었다.

사람들은 자신의 사랑을 이루고 목적을 달성하기 위해서 다른 사람들의 날개를 잘라 낸다.

성경에 보면 이런 말씀이 있다.

「내가 너희에게 새 계명을 준다. 서로 사랑하라. 내가 너희를 사랑한 것같이 너희도 서로 사랑하라.」(요한복음 13장 34절)

진짜 사랑은 용서라는데 그것이 쉽지 않다. 오히려 용서보다는 정죄하고, 죽이고, 사랑하는 사람들이 누리는 것을 제거해야 직성이 풀리는 것이 현대인들의 삶이다.

우리는 얼마나 사랑하며 살았을까! 미워하며 살았을까! 이 말씀 앞에 진솔하게 반성해 본다. 나도 모르게 누군가의 날개를 잘라 버렸다면 그나마 용서가 될 것이다. 하지만 고의로, 일부러, 계획적으로 누군가의 날개를 잘랐다면 백번 더 용서를 빌어야 할 것이다.

나를 위해서, 내 행복을 위해서 다른 이들의 날개를 잘라 내는 어리석음은 범하지 않았으면 하는 겸손한 마음으로 한해를 정리한다.
혹여 내가 여러분의 날개를 잘랐다면 참회와 더불어 용서를 빌어본다.

Humility. 19 잔소리 메뉴

농담 반 진담 반의 이야기다. 경로당에 가서 자식 자랑 하려면 만 원을 내놓고 하라는 말이 있다. 식당에 가면 메뉴가 있다. 마찬가지로 잔소리 메뉴도 있다.

① 대학 어디 가려고 생각 중이니?-5만 원.
② 살은 언제 뺄래?-5만 원
③ 군대는 언제 가?-10만 원
④ 취업준비는 잘 되고 있니?-10만 원
⑤ 연봉은 얼마나 되니?-10만 원
⑥ 모아 둔 돈은 좀 있니?-20만 원.
⑦ 슬슬 결혼해야 하지 않겠니?-25만 원
⑧ 애는 언제 낳을 거니?-50만 원
⑨ 둘은 낳아야 외롭지 않지?-50만 원
⑩ 결혼해서 애 둘을 낳으라고 하면 125만 원.

시대가 이상해졌다. 현대인들은 충고를 싫어한다. 조언도 싫어한다. 좋은 말이든, 싫은 말이든 듣기를 싫어한다. '나 혼자서도 잘해요'를 외치고 산다. 성경에서 말하는 지혜로운 사람은 충고와 조언을 잘 듣는 사람이다.

성경은 이렇게 충고한다.

「어리석은 사람을 100번 때리느니 지혜로운 사람을 한 번 꾸짖는 게 더 깊이 박힌다.」(잠언 17장 10절)

어리석은 사람은 100번 맞고, 100번 충고를 듣고, 100번 조언을 들어도 개의치 않는다. 하지만 지혜로운 사람은 단 한 번의 꾸짖음으로도 더 깊이 마음에 새긴다. 그리고 이런 말씀도 있다.

「지혜로운 아들은 아버지의 훈계를 듣지만 거만한 사람은 그 꾸지람을 듣지 않는다.」(잠언 13장 1절)

지혜로운 아들은 꾸지람을 나를 이롭게 하는 것으로 생각한다. 사실 꾸지람, 충고, 조언은 나의 부족함을 지적하는 것일 때가 많다. 사실 기분 나쁜 일이다. 조언과 충고도 기분을 나쁘게 하는 경우도 많다. 하지만 이 꾸지람이 아름다운 음악과 노래로 들리는 사람은 행복한 사람이고 지혜로운 사람이다.

현대인들의 귀에는 이어폰이 박혀 있어 다른 소리를 듣지 못하는 질병에 노출되어 있다.

이어폰을 빼야 한다. 이어폰을 끼고 있으면 귀도 상하고, 마음도 상하고, 삶도 망가진다. 듣는 귀가 열리면 인생의 대로가 열린다.

Humility. 20 연탄 두 장

오래전 이야기다.

서울에서 의정부까지 흑인 병사 두 사람이 택시를 탔다. 한참을 가다가 신호등에 걸려 차가 서 있는데 옆 다른 차선에도 같은 회사 택시가 서 있었단다.

그때 창문이 열리더니 서로 아는 기사들끼리 대화를 했다.

"손님 몇 명이나 태웠어?"

그때 옆 차선 기사가 말했다.

"응, 연탄 두 장."

흑인을 두고 말할 때 기사들끼리는 그렇게 말한다고 한다. 드디어 의정부까지 도착하여 택시에서 내린 흑인 병사에게 기사가 미터기를 보고 '1만 원이 나왔습니다.' 했다.

그러자 흑인 병사는 400원만 냈다. 운전기사는 의아해하면서 물었다.

"아니 손님, 1만 원이라니까요."

그때 흑인 병사가 말했다.

"연탄 두 장 값만 주면 되는 것 아닙니까?"

사람은 조금이라도 우월하거나 가진 것이 있다고 생각되면 소위 갑질을 한다. 사람은 고매한 인격이 있고, 만물의 영장이며, 이루어 놓은 문명의 발전 상황을 보면 정말 대단한 존재다. 하지만 성경은 인간의 모습을 이렇게 표현했다.

「그들의 목구멍은 열려 있는 무덤이고, 혀로는 거짓말만 일삼으며, 그들의 입술에는 독사의 독이 있고, 그들의 입에는 저주와 독설이 가득하다. 그들의 발은 피 흘리는 데 민첩하며, 그들의 길에는 파멸과 참담함이 있어 그들은 평강의 길을 알지 못했다. 그들의 눈에는 하나님을 두려워함이 없다고 한 것과 같습니다.」(로마서 3장 13~18절)

의인, 제대로 된 인간은 없다고 선포한 것이다. 원인은 하나님을 두려워함이 없기 때문이다. 하나님 앞에서는 모두가 평등하고 모두 존귀한 존재라는 것을 잊어서는 안 된다. 예수님도 이렇게 말씀하시지 않았는가!

「너희가 만일 내 계명을 지키면 너희는 내 친구다.」(요한복음 15장 14절)

예수님도 우리를 친구라 하셨다. 하나님이 인간으로 오신 예수님조차 친구라 하셨는데 연탄 두 장이라는 것은 해도 너무 심했다.

그래서 남을 나보다 높게 여기면 바로 당신은 예수님과 친구이며 성인이다.
흑인이 연탄으로 보이는 수준에 머물러 있으면 인간으로서의 존엄 그 자체를 잊고 사는 것이다.

달걀판 돈

전도사님 한 분이 결혼을 했다.

성대하게 식을 마치고 집으로 왔다. 그런데 사모의 짐 가운데에 조그만 통이 하나 보였다. 궁금해서 물었다.

"다른 것은 몰라도 앞으로 이것만은 절대 열어보시면 안 돼요."

사모는 그렇게 간곡하게 부탁하는 것이었다. 전도사님은 무척이나 궁금했지만 워낙 간곡하게 부탁하기에 그렇게 약속을 했단다. 전도사님은 목사님이 되었다. 그리고 까맣게 잊고 어느덧 목회 20년의 세월이 흘렀다.

어느 날 이사를 하게 되어 짐을 정리하다가 20년 전의 그 통을 우연히 발견하게 되었다. 이제 20년이 지났는데 괜찮겠지, 하고 통을 열어보니 그 안에는 '달걀 세 개와 현금 200만 원'이 들어 있었다. 도대체 이게 뭐지? 목사님은 약속을 깬 것에 대해 양해를 구하고 물었더니 사모는 포기한 듯 이렇게 말했다.

"당신이 저와 결혼 후에 교회에서 설교하실 때 제가 졸음이 오면 그때마다 달걀을 한 개씩 모았어요."

그 말을 들은 목사님은 매우 기분이 좋았다.

'아! 그래요. 20년 동안 세 번밖에 졸리는 설교를 하지 않았다는 말이지!'

그런데 한 가지 궁금한 게 더 있었다.

"그런데 200만 원은 뭐예요?"

그러자 사모님이 아주 난처한 듯 머뭇거리면서 말했다.

"달걀판 돈이에요."

목사님은 자기가 설교를 잘한다고 생각했다. 그러나 어디 그 목사님만 그렇겠는가! 성경에 보면 이런 말씀이 있다.

「사람의 행위가 자기 눈에는 다 깨끗해 보여도 여호와께서는 그 마음을 꿰뚫어 보신다.」(잠언 16장 2절)

사람들은 모두 '자기 눈'을 가지고 있다. 자기 눈에만 의지하면 사실 시각장애인과 같다. '다른 눈'을 의식하고 사는 것이 신앙인의 가장 기본이다.

신앙인이 아니더라도 사람은 '자기 눈'과 '남의 눈' 두 개의 눈을 갖고 있다. 훌륭한 사람은 두 개의 눈 중에서 '남의 눈'에 더 가치를 둔 사람이다.

「사람의 행위가 다 자기 눈에는 옳게 보이지만 그 마음은 여호와께서 살펴보신다.」(잠언 21장 2절)

그중 가장 신경 써야 할 '남의 눈'은 '여호와의 눈'이다.
그분의 눈을 통과하면 사람의 눈은 자동으로 통과할 수 있다.

Humility. 22 기저귀 제일 빨리 떼는 나라

'하기스'라는 기저귀를 만드는 다국적 기업이 있다.

오래 전 그 회사에서 99개국의 국가들을 대상으로 기저귀를 제일 빨리 떼는 나라가 어디인지를 조사를 해 봤다고 한다. 영업 차원에서 조사한 것이다. 그 99개 국가 중에 기저귀를 제일 먼저 떼는 나라 1등은 우리나라였다.

아이가 기저귀를 얼마나 빨리 떼는가를 두고 우리 아이의 영재성을 확인하려는 부모들의 경쟁심리가 내재되어 있었다는 것이다. 아이들을 향한 부모의 경쟁심과 조바심이 그러한 결과로 나타난 것이다. 한마디로 조급하게 서두르는 국민성의 속성을 보는 것 같아 씁쓸했다.

일상생활에서 보통 한국 고유의 요리를 준비하려면 최소한 1~2시간이 걸린다. 시장을 보는 것부터 시작하면 더 오래 걸릴 수도 있다. 하지만 먹는 시간은 길어야 20분 내외다. 그것도 한 상에 차려놓고 누가 쫓아오듯 빨리 먹는다. 코스 요리를 내놓는 식당에 가보면 나오는 대로 그냥 먹어치우고 다음 순서를 기다린다. 제대로 된 대화도 못 나누고, 오로지 먹는 것에만 신경을 쓰면서 조급해한다. 조금이라도 늦게 나오면 종업원을 닦달한다.

성경은 이런 부분에 대해 두 가지로 지적을 한다.

「부지런한 사람의 생각은 풍성한 결과에 이르지만, 마음만 급한 사람은 궁핍함에 이를 뿐이다.」(잠언 21장 5절)

「조급하게 화를 내지 않는 사람은 큰 명철이 있지만, 성질이 급한 사람은 어리석음을 드러낸다.」(잠언 14장 29절)

조급함은 불안의 징조다. 사람은 급하지만, 하나님은 급하지 않으시다.

홍해가 가로막아도, 요단강이 가로막아도, 여리고 성이 등장해도, 아말렉 군대가 기다려도 하나님은 급하지 않으셨다. 다만 백성들은 조급해하고 불안에 떨다가 스스로 함정에 빠졌다.

신앙인은 하나님의 능력과 섭리와 방법을 믿고 조급하지 않으며, 기다림 속에서 자유와 행복을 누리며 살아가며, 그렇게 버티는 힘이 있어야 한다. 식당에서 회식하고 성질 급한 사람이 지갑을 연다고 한다.
우리는 하나님이 지갑을 열도록 기다려보자.

Humility. 23 독일전 승리 경품

2018년 여름에 러시아 월드컵이 열렸다. 당연히 우리나라도 본선에 진출 했었다. 그때 어느 치킨집 사장이 월드컵 16강을 가기 위한 응원하는 마음과 더불어 영업 차원에서 경품을 내걸었다.

우리나라는 독일과 한 조로 편성이 되었는데, 우리의 실력으로는 도저히 독일은 넘을 수 없는 벽이라고 느꼈는지 경품을 아주 책정했다.

이기자! 16강 가자. 대박 이벤트!

① 한국 1골만 넣어도 소주 공짜
② 무승부 시 소주, 맥주, 안주 공짜
③ 한국 승리 시 소주, 맥주, 안주 공짜, 1인당 현금 1만 원 지급,
테이블당 최고 30만 원까지 지급

사장은 독일은 도저히 이길 수 없다는 결론을 예상한 것이다. 그러나 우리나라는 2:0으로 이겼다. 어느 손님이 SNS에 이런 글을 올렸다.

치킨집에서 축구 봤는데 사장님 눈물 흘리시더라. 지금은 밖에서 담배 피우고 계심

월드컵 특수를 이용해서 영업수익을 올리려다 큰 문제가 생긴 것이다.

성경에 이런 말씀이 있다.

「너는 하나님 앞에서 함부로 입을 열지 말며 급한 마음으로 말을 내지 말라. 하나님은 하늘에 계시고 너는 땅에 있음이니라. 그런즉 마땅히 말을 적게 할 것이라.」(전도서 5장 2절)

하나님 앞에서든지, 사람 앞에서든지 조급하고 자만하여 함부로 말하는 것에 대한 경고의 말씀이다. 이 말은 결과를 쉽게 말하지 말라는 것이다.

결론, 결과는 하나님만이 아시는 것이다.

사람들은 자신이 하나님이나 되는 것처럼 결과를 말하는 경우가 많다. 더 큰 문제는 부정적인 결과를 말하는 것이다. 차라리 긍정적인 결과는 믿음의 사람들이 하는 것이기에 다행스럽다. 하나님의 사람들은 긍정적인 결과를 말하고, 악한 사람들은 부정적인 결과를 말할 뿐이다. 어느 말에 동의할지는 자신에게 달려있다. 그래서 잠언은 이렇게 말한다.

「내일 일을 자랑하지 마라. 네가 하루 동안에 무슨 일이 일어날지 알 수 없기 때문이다.」(잠언 27장 1절)

지금 말하는 내용에는 신앙과 믿음의 수준이 담겨 있다.
지금부터 하는 당신의 말이 인생을 끌고 갈 것이다.

Humility. 24 흑조(Black Swan)

17세기 말까지 유럽인들은 모든 백조는 희다고 믿었다.

그런데 네덜란드의 한 탐험가가 호주에서 '흑조(Black Swan)"를 발견한 후 유럽인들은 이제까지의 통념이 산산이 부서지는 충격을 받았다고 한다. 이 사건에서 유래하여 '과거의 경험으로는 아무리 분석하더라도 미래를 예측할 수 없을 때'를 지칭하는 것을 심리학 용어로 '블랙스완 효과(Black swan effect)'라고 한다.

사람들은 자기 경험을 좌표로 삼는 경향이 많다. 자기 경험이 진리라고까지 믿는다. 그래서 자기의 경험 이외에는 어느 것도 수용하기가 힘들다. 그러나 세상에는 '백조'만 있는 것이 아니고 '흑조'도 있다는 것을 인정해야 한다.

성경은 이렇게 말한다.

「내가 어린아이였을 때는 어린아이같이 말하고, 어린아이같이 이해하고, 어린아이같이 생각했습니다. 그러나 어른이 돼서는 어린아이의 일들을 버렸습니다.」(고린도전서 13장 11절)

어른이 되어서는 어린아이의 방법을 버리라고 한다. 과거의 경험이 중요하긴 하지만, 그 과거의 것 때문에 미래가 불확실해서는 안 된다. 과거를 돌아봄으로서 해야 할 일은 회개밖에는 없다. 그것이 아니라면 과거의 경험은 내려놓을 필요가 있다. 과거로 인하여 발목이 잡힌다면 그것은 하나님이 원하시는 것이 아니다. 그래서 성경은 말씀하신다.

「옛것은 지나갔으니, 보십시오. 새것이 됐습니다.」(고린도후서 5장 17절)

지나간 것은 잊어라. 기억하지도 말라. 실패한 과거, 잘못된 흔적은 생각지도 말라. '그러므로 누구든지 그리스도 안에 있으면 새로운 피조물입니다.' 라고 하셨다.

당신의 인생에도 블랙스완은 존재한다. 과거의 사건이나 경험에 생각이나 방법이 묶여 있다면 미래를 여는 문은 닫힐 수밖에 없다. 새로운 피조물은 새로운 창조물이라는 말이다.

과거의 것은 폐기하고, 새로운 것으로 만들어짐을 인정하라. 그러면 새로운 세상, 미래의 불확실한 문도 열릴 것이다.
'그리스도 안에' 있을 때만 천지개벽의 역사가 진행된다.

Humility. 25 휴가 왔어?

어떤 직장인이 아침에 출근했는데 팀장이 뜬금없이 묻는다.

"휴가 왔어?"

아! 이 양반이 아침부터 심기가 불편한가 싶어 속으로 '쯧쯧쯧'하고 혀를 차며 자리에 앉았다. 그리고 컴퓨터를 켰더니 팀장의 메시지가 보인다. "잘 보여?"

웬 시비인가 하며 그때까지도 팀장을 탓하며 이상한 사람으로 취급을 했다.

그 순간 갑자기 팀장이 그렇게 말한 이유를 알아차렸다. 아침에 선글라스 쓰고 운전해서 출근했는데 그대로 사무실로 들어간 거였다. 편광이 들어간 안경이라서 실내에서도 잘 보여 자기 스스로 몰랐다. 더 웃기는 건 사무실로 들어가면서 '사무실이 왜 이리 어두워'라고 했단다.

사람들은 각자 색이 다른 안경을 쓰고 다닌다. 그래서 세상을 같은 색으로 볼 수 없어 다툼이 끊이질 않고, 급기야 영적인 눈까지 멀어 버리게 된다. 그래서 성경은 직설적으로 충고한다.

「네가 보고 싶으면 안약을 사서 네 눈에 발라라.」(요한계시록 3장 18절)

이 말씀은 라오디게아 교회에 쓴 글 중 일부다. 이곳은 중요한 상업 중심지로 모직물 제조, 분말, 연고 의약품 등의 생산지였다. 의약품 발달로 라오디게아는 의학교로도 유명했다.

이 도시는 풍토 때문에 눈병이 많아 안약이 유명했다. 여기에 착안하여 안약을 사서 바르라는 이유는 '죄가 심령의 눈을 가리게 해서, 외적으로 부자라고는 해도, 내적으로 빈곤하여 진리를 보는 눈에 문제가 있기 때문이라는 것'이다.

육신의 눈이 문제가 아니라, 영적인 눈이 병을 앓고 있어서 성령의 안약을 사서 눈에 발라야 진리를 볼 수 있고, 심령의 헐벗음을 볼 수 있다는 것을 말하는 것이다. 즉 영적인 눈, 심령의 눈의 시력을 회복하라는 뜻이다.

많은 사람이 시력도 나빠졌는데 선글라스까지 쓰고 있으니 문제다. 한 가지 색을 보는데 만 가지 색안경을 쓰고 보니 같은 색으로 보이겠는가! 각자의 안경을 벗는 것, 그것이 바로 신앙생활의 기본이다. 시력교정도 해야 영안도 열리는 것이다.

영적 시력을 측정해 보고, 안약 파는 곳을 찾아라. 약국(교회)은 가까운 곳에 있다.

Humility. 26 거짓말하는 869가지 방법

소설가 마크 트웨인은 <얼간이 윌슨의 캘린더>에서 거짓말하는 방법에는 869가지가 있다고 말했다. 그중에서도 유일하게 단호히 금지되어야 할 것은 '이웃에게 거짓 증거를 하지 말라'는 것이었다.

그리고 유명한 심리학자 로버트 펠드먼은 우리는 모두 양치기 소년의 후예라며, '인간은 10분에 3번꼴로 거짓말을 한다'고 말했다.

또 다른 심리학자 폴에그먼은 '사람은 의식하건 의식하지 않건 하루에 약 200번의 거짓말을 한다'고 말했고, 정신과 의사 제럴드 젤리슨 역시 '사람은 8분에 한 번씩 거짓말을 한다'는 연구 결과를 발표했다.

종합해 보면 사람은 온통 거짓말로 산다는 것이다. 사탄의 시작도 거짓말이었다. 아담을 선악과를 먹으라고 종용할 때 거짓말로 유혹했다. 야곱도 거짓말로 형과 아버지를 속였다. 라반도 야곱을 속였다. 다윗도 우리아를 속였다. 거짓말로 살면서 인간은 거룩한 척을 한다. 그 이유를 성경은 이렇게 설명한다.

「너희는 너희 아비인 마귀에게 속해 있고, 너희는 너희 아비가 원하는 것을 하고자 한다. 그는 처음부터 살인자였다. 또 그 안에 진리가 없기 때문에 진리 안에 서지 못한다. 그는 거짓말을 할 때마다 자기 본성을 드러낸다. 이는 그가 거짓말쟁이이며 거짓의 아비이기 때문이다.」(요한복음 8장 44절)

사람은 본의 아니게 마귀의 영향력 아래에서 산다. 이 영역에서 벗어나 하나님의 영역으로 옮겨야 하는데 쉽지가 않다. 진실을 말하면 버릇이 없다 하고, 참을 말해도 거짓에 익숙한 사람들의 귀에는 거짓으로 들린다. 하나님의 속성을 말할 때 성경은 이렇게 말씀하신다.

「하나님은 사람이 아니시니 거짓말을 하지 않으시고」(민수기 23장 19절)

그렇다. 우리말 성경은 '하나님은 사람이 아니시니 변덕스럽지 않으시고'라고 번역했다.

거짓말을 하지 않으시는 분은 하나님밖에 없으시다. 문제는 속세를 인정하고 계속 나도 거짓말을 입에 달고 살아야 하는가!

사람은 숨 쉬는 것 빼고는 다 거짓인데…. 이 비극을 치유할 방법이 없을까!
그래서 해학적으로 만우절을 만들었나 보다.

정·正-반·反-합·合 이론

세상 만물의 변화 이치를 철학적 측면에서 규명하려고 한 사람은 독일의 헤겔이었다. 헤겔은 사유(思惟)의 변화과정을 '변증법'이라는 도식으로 설명했다.

하나의 논제(Theses 정·正)가 성숙하면 반대의 논제(Antithese 반·反)가 나타나 대립한다. 이 둘의 갈등을 통해 새로운 논제(Synthese 합·合)가 된다.

이른바 정(正)-반(反)-합(合) 이론이다.

처음 하나의 관념이나 사상이 형성되어 성장하는 단계가 정(正)이다. 이 단계에서도 이미 모순이 내포되어 있으나 밖으로 표출되지 않는다. 그러다가 좀 더 성숙해지면 밖으로 모순이 드러나면서 반(反)의 단계가 형성된다. 정과 반이 갈등을 빚으면서 정의 요소와 반의 모순이 함께 살아나는 새로운 합(合)으로 이행된다는 것이다.

문제는 이 합이 생기는 순간 합이 정이 되는 순간, 바로 또 다른 반이 등장한다. 이것이 시간을 두고 계속 반복하여 인간의 사고가 형성되고 좀 더 나은 방향으로 성숙해져 가는 것이다. 중요한 것은 정에 대한 반의 반응이다.

어쩌면 신앙도 비슷하다. 내가 생각하고 사유하고 믿음의 길이라고 믿고 있는 정은 항상 옳은 것이 아니다. 그 안에도 모순되는 생각의 찌꺼기들이 많다. 그래서 그 찌꺼기들을 다 제거했다고 완전해지는 것이 아니다. 합, 성숙해졌다고 생각하는 순간 또 다른 세상의 것들에 의해 오염이 된다.

그래서 사도 바울은 말했다.

「나는 이미 얻었거나 이미 온전해진 것이 아닙니다. 나는 그것을 붙잡으려고 좇아갑니다. 이는 나도 그리스도 예수께 붙잡혔기 때문입니다.」(빌립보서 3장 12절)

영원한 정(正)도, 영원한 반(反)도, 영원한 합(合)도 없다. 언제든 내가 사유하는 모든 것이 정이라고 우길 필요도 없고, 반이라고 자랑할 것도 없고, 합이라고 자만할 필요도 없다. 이런 과정을 사도 바울처럼 끊임없이 반복하며 예수님께서 이루신 것들로 가까이 가는 과정으로 알고 겸손하게 나갈 뿐이다.

그래서 사도 바울은 이렇게 충고한다.
「그러므로 선 줄로 생각하는 사람은 넘어지지 않도록 조심하십시오.」(고린도전서 10장 12절)

제노비스 신드롬

1964년 미국 뉴욕의 한 주택가에서 키티 제노비스라는 여성이 30여 분 동안 칼에 찔려 무참하게 살해당했다. 그런데 그 장면을 자기 집 창문으로 지켜본 주민이 38명에 이르는데도 누구 한사람 경찰에 신고하지 않았다. 당시 사회에 적잖은 충격을 던진 이 사건은 이후 '제노비스 신드롬'으로 명명됐다. 정확한 의미는 이렇다.

'목격자가 많을수록 책임감이 분산돼 개인이 느끼는 책임 의식이 약해져 위험에 처한 대상을 방관하게 되는 심리 현상을 의미한다.'

현대인들은 가정과 사회에서 책임감의 무게에 많은 부담을 느끼고 있다. 그런데 크리스천들은 한걸음 더 나아가 교회라는 공동체 안에 머물며 신앙생활을 한다. 이들에겐 책임, 즉 십자가가 있다.

예수님은 말씀하실 때 대상을 세 종류로 구분하여 말씀하셨다.

① 무리, 군중들만 있을 때
② 무리, 군중들과 제자들이 함께 있을 때
③ 제자들만 있을 때

그중 신약성경에서도 가장 탁월하고 수준 높은 말씀인 산상수훈은 '제자들만' 있을 때 하신 말씀이다. 또한 무리와 제자들이 함께 있을 때 하신 말씀이 있다.

「그리고 예수께서 제자들과 그분을 따르는 사람들을 다 불러 놓고 말씀하셨다. 누구든지 나를 따르려거든 자기를 부인하고 자기 십자가를 지고 따라야 한다.」(마가복음 8장 34절)

같은 말씀인 누가복음에는 '제자들은' 빠져있다. 이 말씀은 제자들이나, 군중, 무리들 모두 자기 십자가가 있다는 것이다.

모든 신앙인에게 해당하는 말씀이다. 이 말씀에서 '부인'과 '십자가'가 충돌한다. 부인(否認)은 '자신이 생각하고 주장하는 사실이나 말을 인정하지 않다는 뜻'이다. 그리고 '자기 책임, 십자가 지는 것은 인정'하라는 것이다.

십자가는 상징적으로 '죽음의 위협에 노출됨'이란 뜻이 있다. 하나님의 나라는 '죽음의 위협에 노출된다고 하더라도 자기를 부인하고 십자가를 지라는 것'이다.

복된 소식은 그렇다고 죽는 것이 아니다. 십자가를 지는 이들에게는 확실한 보상과 상급을 약속하셨다.
그런데 세상은 자신이 아닌, 남들에게 십자가를 지라고 소리치고 있다.

목사님! 도대체 무슨 짓을

허구한 날 술만 마시고 욕먹을 짓만 골라 하는 한 청년이 있었다.

말을 함부로 하는 것은 물론 행동에 도움이 될 만한 진지한 충고의 말은 그냥 웃어 넘기는 청년이었다. 아무도 상대하지 않고 마주하기를 거절하는, 그래서 모든 사람이 '사람 되긴 틀렸다'고 하는 청년이었다. 그 청년을 한 목사님이 불러서 조심스럽게 훈계를 했다.

인생과 삶에 대한 진지한 이야기를 나누며 분위기를 만드신 목사님이 청년에게 진심으로 안타까운 심정을 마음을 담아 말했다.

"난 우리가 천국에서 서로 못 만나게 될까 봐 몹시 두렵네."

목사님의 진지한 표정과 말을 듣자 청년의 표정도 생전 처음으로 진지해졌다. 청년은 진심 어린 목소리로 목사님을 걱정스럽게 바라보면서 이렇게 말했다.

'목사님! 대체 무슨 짓을 저지르셨기에 그러세요? 제가 뭘 도와 드릴까요?'

Oh my God.

현기증 나는 말이다.

사람들은 자기가 다 옳은 줄 안다. 자신은 정직하고, 옳고, 바르다고 생각한다, 자신의 생각이 최고이자 최상이라고 생각한다. 그리고 남들은 다 그릇되며 틀리기 때문에 자신의 말에 귀를 기울여야 할 대상으로 여긴다.

그래서 성경은 말씀하신다.

「하나님께서는 교만한 사람을 물리치고 겸손한 사람에게 은혜를 주신다.」(야고보서 4장 6절)

사람됨의 가장 큰 덕목은 겸손이다. 성경에서 겸손(Humility)이란 '하나님 앞에서 자기의 죄를 자각하여, 스스로 자랑하는 마음을 버리고, 낮은데 처하는 마음가짐'을 말한다.

성경의 가장 큰 주제는 죄와 회개다. 그래서 죄를 자각하고 회개하는 것이 신앙인의 기초이며 그 출발선이다.

신앙의 연수가 많을수록, 나이가 많을수록, 어른일수록, 직분에 상관없이 자신이 얼마나 큰 죄인인지 깨닫고 있느냐를 질문해야 한다. 함부로 충고하고, 거침없이 자기 생각을 말하고, 고집과 편견으로 생각과 삶이 굳어져 가는 것이 아닌지, 그래서 요즘은 사는 것이 무척이나 두렵다.

모든 선(善)이 밖에 있는 것 같다. 내가 알고 있는 것이 오답일까 두렵다. 만약 오답이라면 누가 깨우쳐 줄까!
죽기 전에 깨달을 수는 있을까!

Humility. 30 어느 타이어가 펑크 났느냐?

어느 대학생 네 명이 술 마시고 밤새도록 노느라 기말고사 시험시간에 그만 늦었다.

네 명은 서로 공모하여 교수님을 속이기로 작정을 했다. 멀리 일이 있어서 갔다 오다가 차의 타이어에 펑크가 나서 늦었으니 '다시 한번 기회를 주십시오'라고 했다.

교수님이 즉시 허락했다. 대신 재시험을 제안했다. 그리고 단서를 달았다.

만약 60점 이하면 모두 F 학점이라고 했다. 시간 관계상 시험문제는 단 두 문제였다. 100점 만점에 5점짜리와 95점짜리였다.

1번 5점짜리 문제는 아주 쉬웠다. 간단히 통과했다. 그런데 2번 95점 자리 문제를 보고 대학생 네 명은 경악을 했다. 문제는 이랬다.

'자동차 타이어 네 개 중 어느 타이어가 펑크가 났는가?'

타이어 네 개 중 어느 타이어인지, 그것까지 공모를 못 한 네 명은 공평하게 F 학점을 받았다. '세상에는 뛰는 놈 위에 나는 놈'이 있다는 진리를 터득하는 순간이었다.

성경은 말씀하신다.

「하늘이 땅보다 높은 것처럼 내 길은 너희 길보다 높고 내 생각은 너희의 생각보다 높다.」(이사야 55장 9절)

세상에는 나보다 높고, 탁월하고, 도저히 범접할 수 없는 생각을 소유한 사람들이 정말 많다. 하물며 하나님의 생각과 계획은 상상할 수도 없다. 그래서 잠언에서 주로 하는 말씀이 '네 명철'을 버리라고 하신다.

문제를 해결할 때 사람들은 자기 경험이나 지식, 얕은 생각으로 풀려는 마음이 있다. 따라서 그 생각들을 버리지 않으면 다른 사람들의 지혜나 하나님의 생각이 들어올 틈이 없다.

유대인 발명왕 에디슨은 99%의 노력과 1%의 영감이 있어야 한다고 말했을 때, 그 말의 중심은 노력이 아니다. 1%의 영감, 위로부터 오는 지혜가 필요하다는 것을 강조했다. 삶의 지혜, 방법, 문제 해결의 열쇠는 하나님으로부터 와야 한다.

하나님의 생각, 판단, 성경이 말씀하고 있는 지혜, 우리의 명철을 버리고 하나님께 지혜를 구해보자. 그러면 상상할 수 없는 놀라운 기적과 수많은 길들이 열릴 것이다. 하나님의 계획은 이미 준비되어 있다.

내 생각, 내 계획을 버리는 일이 제일 어렵다.

대중의 어리석음

<세상을 움직이는 100가지 법칙(이영직)>에 나오는 이야기다.

찰스 다윈의 사촌이자 우생학의 창시자인 영국의 학자 프랜시스 콜턴은 우량종자들 간의 교배로 동식물의 품종을 개량하듯 인간도 같은 방법으로 우수한 인종을 만들어 낼 수 있다고 주장한 사람이었다.

콜턴이 85세 때 아주 재미있는 축제가 열렸다. 그것은 800명의 사람을 모아놓고 소 한 마리의 무게를 가장 근접하게 맞춘 사람에게 상금을 주는 이벤트였다. 대회 참가자들은 이 분야의 전문가와 거리가 먼 사람들이었다.

콜턴은 대중의 어리석음을 증명할 좋은 기회라 생각하고 이들이 적어낸 답의 평균값을 구해보았다. 참가자들의 평균값은 1197파운드였는데, 실제 소의 무게는 1198파운드였다. 콜턴은 경악했다. 아무리 전문가라 하더라도 이 정도 이내의 오차로 맞출 수는 없기 때문이었다.

콜턴은 과학잡지 네이처에 '여론'이라는 제목으로 이 사실을 소개하면서 개개인은 어리석을지 모르지만 대중이 모이기 되면 훨씬 현명한 판단을 내릴 수 있다며 자신의 기존의 주장에서 한발 물러섰다.

성경은 지적한다.

「바보는 자기 길이 옳다고 하지만 지혜로운 사람은 조언에 귀를 기울인다.(but the wise listen to advice.)」(잠언12장 15절)

대중, 여론은 올바른 선택을 할 수 있다. 그러나 예수님을 못 박아 죽인 대중, 여론은 잘못될 수도 있는 양면성이 있다. 따라서 삶의 올바른 선택을 위해서는 권고, 충고를 잘 듣는 지혜가 필요한 것이다.

오늘 중요한 결정을 하기 위해서는 가장 먼저 하나님께, 그리고 적어도 10명의 사람들에게 조언을 구해보라. 그러면 정확한 답이 나올 것이다.

그것이 여자든, 아이든, 어른이든 상관없다. 더 많은 이들에게 물어보고 조언을 구하고 충고와 권면을 받아 참고하면 최상의 답, 최상의 길을 찾을 수 있을 것이다. 그리고 최종적으로 하나님께 물어보고 실행해 옮기면 된다.

문제는 생각처럼 쉽지 않다. 그리고 그 반대로 쉬울 수도 있다.

Ⅳ. 용서

(Forgiveness)

미워할 대상이
세상을 뜨기 전에 용서 해보자.

Forgiveness. 1 있었는데 다 죽었어

어느 교회에서 목사님이 사랑과 미움에 관한 내용을 설교하고 있었다. 강한 메시지를 선포하려고 하셨던 목사님은 평소에 하지 않던 질문 하나를 신도들에게 던졌다.

"사랑하는 성도 여러분! 여러분들 중에 미워하는 사람이 하나도 없으신 분 계시면 손들어 보세요."

아무 반응이 없었다. 한 사람도 미워하지 않는 사람이 어디 있을까! 미움이 일상이라는 것을 알려주시려 했던 목사님, 당연히 없을 것이라고 확신에 찬 듯 다시 물었다.

"아무도 없습니까? 손들어 보세요."

그때 예기치 않은 상황이 일어났다. 저 뒤에서 한 할아버지가 손을 들었다. 목사님은 감격스러우면서도 의아한 듯 물었다.

"할아버님, 어떻게 하면 그럴 수 있는지 우리에게 비법이 있으면 말씀해주세요."

나이가 많이 들어 아주 힘없는 목소리로 할아버지가 말씀하셨다.

"응, 있었는데…. 이제는 다…. 죽었어."

할아버지에게는 미워할 대상이 너무 많이 있었는데 이제는 나이가 들어 모두 죽고 혼자 남았다는 이야기였다.

이 세상 사람들에게는 미움의 대상이 너무 많다. 죽어야 할, 죽여야 할, 죽어 마땅한, 반드시 죽이고 싶은 미움의 대상이 많다. 세상은 마치 미워하고 죽이고 싶은 사람들 틈에서 사는 것 같다.

그런데 성경은 이렇게 말한다.

「형제들이여, 내가 그리스도 예수 우리 주 안에서 가진 내 자랑인 여러분을 두고 단언합니다만 나는 날마다 죽습니다.」(고린도전서 15장 31절)

사도 바울은 왜 그랬을까! 왜 날마다 죽는다고 했을까! 무슨 죄가 많아서 남을 죽여야 사는 세상에서 내가 먼저 죽으면 더 좋은 세상이 온다는 역설적 표현인가! 원수를 사랑하는 것만큼 어렵고 힘든 일이지만 예수님처럼 십자가에 자신을 내어놓음이 진정한 사랑이 아닐까 싶다.

사는 연습보다 죽는 연습이 필요한 요즘이다. 또한 이런 명제를 화두로 삼고 싶다. 날마다는 고사하고 한 번이라도 죽었던 적이 있던가!

어쩌면 죽는 연습이 사는 연습보다 쉬울 수도 있다.
미워할 대상이 세상을 뜨기 전에 용서 해보자.

Forgiveness. 2 0.1%의 비밀

얼마 전 모 방송사에서 '0.1%의 비밀'이라는 프로그램을 방영했다.

전국 모의고사 석차가 0.1% 안에 들어가는 800명의 학생과 평범한 학생들 700명을 비교하면서 도대체 어떠한 차이가 있는가를 탐색해 보는 프로그램있었다.

0.1%에 속하는 학생들은 IQ(지능)도 크게 높지 않고, 부모의 경제력이나 학력도 별반 다를 것이 없었다. 다만 한 영역에서는 월등한 차이를 보여주었다. 바로 '메타인지(Meta cognition)'라는 영역이었다. 실험은 이렇게 진행이 되었다.

상위 0.1% 학생들과 평범한 학생들에게 여러 개의 단어를 보여주고 몇 개나 기억할 수 있을지 예측해 보라고 했다. 즉, 나는 몇 개쯤 단어를 기억할 거냐고 예측해 보라는 것이다.

그런데 상위 0.1% 학생들은 예측과 실제 기억해낸 단어 개수가 거의 같았다. 반면 평범한 학생들은 예측한 개수와 차이가 컸다. 재미있는 사실은 상위 0.1% 학생이나 평범한 학생이나 단어를 기억해 낸 것은 거의 비슷했다. 그러나 0.1%의 학생들이 월등한 건 기억력 자체가 아니라 '자신이 무엇을 얼마나 기억하고, 못 하는지 파악하는 능력'이었다. 이런 능력이 바로 '메타인지'라는 것이다.

쉽게 말해 '자기 자신을 제대로 보는 눈'이라는 것이다.

신앙에서는 자기 자신을 제대로 볼 수 있는 눈과 능력, 그것을 '회개'라고 할 수 있다.

예수님의 사역 시작이 「때가 찼고 하나님 나라가 가까이 왔으니 회개하고 복음을 믿으라.」(마가복음 1장 15절)였다.

상위 0.1%의 뛰어난 학생들처럼 진실한 신앙인은 0.1%의 회개를 잘 하느냐에 달려있다고 해도 과언이 아니다. 하나님 앞에, 사람들 앞에, 교회 앞에서 자신이 얼마나 부족한지를 깨닫고 죄를 고백하고 부족함을 인식하고 있는 사람은 진실한 신앙인 상위 0.1%에 들어갈 수 있다는 결론이다.

그래서 성경은 남을 비판하고 정죄하고 탓하는 것을 가장 큰 죄라고 했다. 회개(悔改)는 천국으로 들어가는 가장 좁은 문이다.

.

당신은 지금 상위 0.1%다. 천국의 문 앞에 있다.
회개하는 자에게 주시는 가장 큰 축복의 문이다

아버지가 어쩌다 같은 아파트 같은 동에 사는 어떤 꼬마랑 꽃을 보고 이야기를 나누게 되었단다. 그때 꼬마 애가 확신에 찬 목소리로 당당하게 아버지에게 말했다.

'이 꽃의 이름은 계란꽃이예요.'

아버지는 꽃의 이름을 알고 있었지만 꼬마의 자신감에 물을 끼얹고 싶지 않아 그냥 고개를 끄덕였다고 했다. 꼬마는 자기의 지식을 너무나 자랑하고 싶었던 모양이었다. 아이를 실망시키고 싶지 않은 마음도 있었다.

그런데 얼마 지나지 않아 볼 일을 보러 집을 나서는데 현관문 앞에 노랑 스티커에 이런 메모가 붙어 있었다.

'아저씨! 그 꽃 이름은 계란꽃이 아니고 개망초래요. 집에 와서 찾아봤어요. 제가 틀렸네요.'

아버지는 그 행동이 너무나 당돌하면서도 고마운 마음이 들었다고 했다.

그렇다. 우리는 지금 '내가 틀렸네요', 이렇게 잘못을 인정하고 고백하는 이들이 없는 시대에 살고 있다. 세상이 분열과 다툼이 끊이지 않는 것은 '네가 틀렸다'는 확증편향이 만연해 있기 때문이다.

하나님이 사람에게 준 가장 좋은 선물은 '자유의지'다. 스스로 깨닫고 내가 틀렸다고 고백하는 것은 최상의 축복이다.

성경에 이런 이야기가 나온다. 둘째 아들이 아버지가 죽기 전에 자신에게 돌아올 유산을 먼저 분할하여 상속해 줄 것을 요청한다. 아버지는 이유를 달지 않고 나눠준다. 그러나 둘째 아들은 그 많은 재산을 다 탕진하고 돼지나 먹는 쥐엄열매(장미목 콩과에 속한 낙엽활엽교목)를 먹으며 생활해야 할 정도로 비참한 상황에 처하고 말았다. 그리고 아버지를 기억하고 이렇게 말했다.

「내가 일어나 아버지에게 돌아가 말해야겠다. 아버지, 제가 하늘과 아버지께 죄를 지었습니다.」(누가복음 15장 18절)

탕자는 자기의 잘못을 그대로 인정을 했다. 용기가 필요한 일이었다.

가정, 교회, 회사, 어떤 공동체든 내가 틀렸다고 용기 있게 말할 수 있는 사람들이 많은 곳이 천국이다. 에덴동산에서 금지한 선악과를 먹고 하와는 뱀을 탓했고 아담은 하와를 탓했다. 그러다 두 사람 모두 에덴동산에서 쫓겨났다. 남을 탓하면 에덴이 상실된다.

그러나 내가 틀렸다고 솔직히 인정을 하면 에덴이 회복된다.

그런 사람을 무시하면 언젠가 자신이 진짜 초라해진다.

내가 틀렸다고 고백하는 사람을 절대 무시하지 마라. 그 사람은 용감한 사람이며 진실한 사람이다.

차마 눈뜨고 볼 수 없습니다

한 여자가 모임에서 자신의 남편을 소개했다.

"신혼 시절 내 남편은 태양이었습니다."

모임에 참석한 모든 사람들이 감동 어린 시선으로 그녀를 바라보았다. 그리고 이렇게 덧붙여 말했다.

"남편은 온 세상이 자기를 중심으로 돌아간다고 생각하거든요. 그런데 결혼 30년이 지난 지금도 여전히 태양입니다. 왜냐구요? 차마 눈 뜨고 볼 수 없는 존재거든요."

사람은 쉽게 변하지 않는다. 그만큼 변하기가 어렵다는 말이다. 그래서 억지로라도 하나님은 율법을 주셔서 지키도록 하셨다. 토라와 율법을 613가지 규칙으로 요약을 했다.

이 중에 '하지 마라'가 365개로 1년의 날짜와 같고, '하라'가 248개로 인간의 뼈와 장기의 숫자와 같다. 이는 우리가 일 년 내내 하지 말아야 할 것들이 있는가 하면 우리의 지체를 가지고 열심히 지켜야 할 것들이 있음을 뜻한다. 이런 사실에 비추어볼 때 사람이 변하지 않으면 억지로라도 하나님의 법을 실천하여 변화가 가능하다는 것을 강조하는 것이 아닐까?

성경은 이렇게 말씀하셨다.

「여러분은 이 세대를 본받지 말고 오직 마음을 새롭게 함으로 변화를 받아 하나님의 선하시고 기뻐하시고 온전하신 뜻이 무엇인지 분별하도록 하십시오.」(로마서 12장 2절)

'본받다'는 말은 '쉬스케마티조(συσχηματίζω)라는 단어인데, '비슷하게 꾸미다'는 뜻이다.

'변화'라는 말은, '메타모르포(μεταμορφόω)라는 단어인데, '다른 형태로 바꾼다'라는 뜻이다.

이 말은 요약하면 세상과는 비슷하게라도 본받지 말고, 세상 것들과 전혀 다른 형태로 바꾸는 변화를 요청한다는 뜻이 포함되어 있다. 시쳇말로 '짝퉁'이 되지 말라는 것이 아닐까?

마음을 새롭게 하여 오늘도 내가 어떻게 변화될 것이 무엇인지 살펴보는 것이 가장 중요하다. 내게 변화할 것이 무엇인가를 아는 것이 바로 변화의 시작이자 하나님의 뜻을 알게 되는 출발점이 되는 것이다.

변화에는 두 가지의 종류가 있다. 좋은 쪽으로의 변화와 나쁜 방향으로의 변화다. 나쁜 쪽으로의 변화는 그냥 가만히 있으면서 내면의 욕망대로만 움직이면 된다.

하지만 좋은 쪽으로의 변화는 많은 에너지가 필요하다. 그것은 분명 어려운 일이다. 분별력을 가지고 날카롭게 자신을 관찰할 수 있어야 한다.

새롭게 태어나는 것은 변화되는 것이다.
눈 뜨고 볼 수 있도록 말이다.

이슬람에도 천국의 개념이 있다.

그들은 '순교를 하게 되면 처녀 72명의 시중을 받으며 천당에서 후세를 누릴 수 있다'고 믿는다. 그래서 허리나 가슴에 폭탄을 두르고 자살 테러를 주저함이 없이 감행하는 이유다. 그 피에서 천국의 향기를 맡는다고 한다.

이슬람국가 세력이 시리아의 쿠르드족 밀집 지역 코바인을 목전에 두고 잠시 주춤한 적이 있었다고 한다. 그 이유는 단순했다. 상대할 적들이 여자들이었기 때문이었다. 여자들이 총을 들고 나섰기 때문이었다. 그들이 여자들에게 차마 총격을 가하지 못해서가 아니었다.

이슬람에선 순교를 하면 천당에 가긴 하는데, 여자에게 죽임을 당하면 그렇지 못하다는 믿음이 있다고 한다. 하루 다섯 차례 메카를 향해 제아무리 머리를 조아렸더라도 천당으로 가는 것이 '말짱 도루묵'이 된다는 말이다.

이런 종교적 믿음을 간파한 쿠르드족 여성들이 총을 들고 나선 것이다. 상대를 죽이기 위해서가 아니었다. 여자가 쏜 총에 맞아 죽어 그들이 천당에 못 가도록 겁을 내게 하고, 붙잡히면 강간과 참수를 당하기 전에 자살하기 위해서다.

이런 사생결단의 싸움에 나선 여성이 1만여 명에 이르고, 이들이 전투 현장에 투입되어 으스스한 함성을 내지르며 엄포를 놓는다고 한다.

"여기 총을 쏘는 여자들이 있다. 너희는 우리한테 죽으면 천당 근처에도 못 간다."

이슬람은 천국을 확신하고 있으므로 죽음을 불사르며 열심히 그들의 삶을 산다. 물론 그들의 방법이 바르다고 할 수는 없다. 폭력은 야만이다. 그 위에 세운 나라가 무슨 의미가 있을까? 그러나 단 하나, 천국을 믿고 소망하는 것은 고려해야 할 신앙적 요소임에는 틀림이 없다.

성경은 이렇게 말한다.

「그 무렵에 세례자 요한이 나타나 유대 광야에서 전파하며 말했습니다. '회개하라. 하늘나라가 가까이 왔다.'」(마태복음 3장 1~2절)

이렇게 비슷한 내용도 다시 등장한다

「'그때부터 예수께서 말씀을 전파하기 시작하셨습니다. '회개하라. 하늘나라가 가까이 왔다.'」(마태복음 4장 17절)

여기서 '회개'는 '메타노에오(μετανοέω)'인데, '마음을 더 좋게 바꾼다, 진심으로 혐오스러운 과거의 죄를 고친다'는 뜻이다.

기독교에서의 천국행 티켓은 바로 회개다. 통렬한 자기반성이다.

시시각각 다가오는 천국을 위해서 오늘을 살고, 소망하며 살고, 오늘에 헌신하며 사는 것이 행복한 것이다. 그렇게 회개의 열매를 맺으며 사는 것이 천국행 열차에서 느긋하게 사이다를 마시는 삶이 된다.

Forgiveness. 6 고장 난 곳 알아내는데

제지업을 크게 하시는 재미교포 사업가 한 분이 계셨다.

어느 날 공장에서 종이를 접는 대형기계가 고장이 나서 미국인 기술자를 불렀다고 한다. 그런데 수리하는 시간은 겨우 5분 정도 걸렸는데 비용을 5,000불(600만 원)을 청구하더란다.

영어에 서툴다고 바가지 씌우나 생각하며 도대체 수리 시간이 5분밖에 걸리지 않았는데 비용이 너무한 것 아니냐고 따졌다. 그랬더니 기술자는 이렇게 말했다.

"수리하는 데 든 비용은 100불, 그러나 고장이 난 곳을 정확히 알아내는데 4,900불입니다."

그렇다. 수리도 중요하지만 가장 중요한 것은 고장이 난 곳을 찾아내는 것이다. 문제를 알아야 치료도 가능하고 수리도 가능하다.

삶을 살아가는 것도 마찬가지다. 문제가 발생하여 항상 마찰이 생기는 그 고장 난 곳을 찾아내어 제때에 고치는 것이 가장 큰 능력이라고 할 수 있다.

그렇다면 지금 현재의 내게 있어서 고장이 난 부분은 도대체 어디일까?

성경에 이런 장면이 나온다.

「그 다음에 그의 동생이 나왔는데 손으로 발뒤꿈치를 잡고 있었습니다. 그래서 그 이름을 야곱이라고 했습니다. 그들을 낳았을 때 이삭은 60세였습니다.」(창세기 25장 26절)라는 구절이 있다.

'야콥(יַעֲקֹב)'은 '발꿈치를 잡다'라는 뜻이다. 야곱은 이름 그대로 인생을 남의 발꿈치를 잡으며 살았다고 해도 과언이 아니었다. 형의 발꿈치를 잡고, 아버지의 발꿈치를 잡았고, 후에는 외삼촌 라반의 발꿈치를 잡으며 살게 된다.

야곱에게 누군가가 남의 발꿈치를 잡는 삶은 고장이 난 삶이라고, 온전한 삶이 아니라고 일찍 알려줬다면 그나마 고생을 덜 했을 것이다. 그런데 그 뒤 27절에 보면, 야곱은 '조용한 사람'이었다는 기록이 나온다.

그는 남의 발꿈치를 잡는 비열한 인간인데도 불구하고 겉으로는 조용한, 말 없는 사람, 무서운 사람이었다. 그가 먼 훗날 얍복 나루에서 밤새워 기도하다가 자신의 약점, 그 고장이 난 부분을 찾고서는 다시 태어나게 된다. 평생 '남의 발꿈치를 잡으며' 살다가 이제 그 고장을 치료하여 '발꿈치를 내어주게' 되는 변화를 일으킨 것이다.

먼저 나의 문제, 나의 몸과 마음의 일그러진 부분이 어디인지를 찾아야 한다. 국가, 교회, 가정, 개인을 막론하고 누구든 자신의 고장 난 부분을 정확하게 찾아 수리하시기 위한 열린 마음이 필요하다. 피나는 노력이 필요하다. 가장 중요한 것, 바로 어디서부터 잘못됐는지를 살피는 것이다.

찾으면, 바로 수리할 수 있다. 그런 연습에 게으르지 말아야 한다.

어느 약국에서 이런 설문지를 만들어 진열해 놓았다.
다음 중 우리 가족이 아닌 것은?
① 아빠 ② 엄마 ③ 누나, 오빠 ④ 회충.

답은 당연히 4번이다. 회충약을 소개하는 문구다. 그리고 그 옆에는 '같이 살지 마세요'라는 문구도 써 놓았다. 혈연관계로 맺어진 가족이 제일 가깝고 귀한 존재라는 것은 두말할 필요가 없다. 그런데 이런 가까운 관계도 깨질 때가 있다.

미국의 911테러 사건이나 다른 어떤 큰 폭발, 지진 등의 사고에서 구조대원들이 현장에 나갔을 때 구조를 받는 사람이 제일 먼저 하는 질문은 '내가 살 수 있나요? 죽나요?'라는 말이었다고 한다. 그리고 그 다음 말로는 만약 자신이 죽게 된다면 'OO에게 미안하다'라는 말을 전해 달라, 꼭 부탁한다, 이 말이었다고 한다.

삶과 죽음의 경계에 있을 때 그 짧은 순간에나마 비로소 자신의 삶을 돌아보며 '미안하다, 그때는 내가 진심이 아니었다', 이렇게 말해달라고 한단다. 왜 사람들은 삶과 죽음의 경계에 이르러서야 비로소 미안하다는 말을 할까?

성경에 그 답이 있다.

「이와 같이 여러분이 형제들에게 죄를 지어 그 약한 양심에 상처를 주는 것은 그리스도께 죄를 짓는 일입니다.」(고린도전서 8장 12절)

살면서 수 없이 많은 다른 사람들, 가족, 이웃, 친구, 직장동료, 교우들의 약한 양심에 상처를 줄 때가 많다. 그렇게 하면 예수님께 죄를 짓는 것이란다. 대상이 사람이 아니라는 것이다.

이런 논리는 성경에는 꽤나 많다. 그리고 그 논리가 정당하면 진리다.

사람들과의 관계가 깨지면 두 가지의 피해를 만든다. 당사자와 예수님께 큰 죄를 짓는 것이라고 성경은 말한다. 만약 당신에게 그런 관계가 있다면 이제라도 내가 먼저 그 사람에게 미안하다고 말해야 한다. '그때는 내가 진심이 아니었다고, 미안하다고.'

하나님께 죄를 회개한다는 것도 하나님께 '미안하다'라고 말하는 것이 아니겠는가!

그러면 우리와 하나님과의 관계가 금방 회복이 된다. 그리고 바로 그곳이 천국이 된다. 언젠가 우리가 죽음의 경계에 서 있게 될 때 미안하다고 말해야 할 사람이 없도록 오늘, 지금 전화, 문자로 당장 실천해 보자.

사람에게도 하나님에게도, 미안하다고 진솔하게 말하는 것이 참 신앙의 출발이다.

Forgiveness. 8 내 마음을 어찌 그리 잘 아는가?

한 70대 할머니가 병원에 와서 의사에게 하소연을 했다.

"목에 뭔가 걸려서 음식이 넘어가지 않소! 이비인후과에서는 아무 이상이 없다는데, 정말 환장할 노릇이오."

할머니와 진료 대화를 끝내고 의사 선생님이 말했다.

"할머니, 할머니의 목구멍을 꽉 막고 있는 것은 바로 할아버지입니다. 그렇죠?"

그렇게 웃으면서 묻자 할머니는 내내 묵묵부답이었다.

"결혼하고 오십 평생 따뜻한 말 한마디 안 해주고, 그 괴롭던 시집살이 할 때 손 한번 잡아주지 않고, 소처럼 일만 시킨 할아버지가 미운 거죠? 할아버지 생각하면 가슴이 답답해지고, 이제는 목까지 막힌 거죠?"

그렇게 다시 묻자 할머니는 말없이 눈물을 흘리셨다. 의사는 조용한 음성으로 처방을 내렸다.

"용서하지 마세요. 사람들은 다 잊어버리라고 하지만, 그게 어디 잊어버릴 일입니까? 절대 잊지도 말고 용서하지도 마세요. 밥 먹을 땐 밥이 할아버지라 생각하고 꼭꼭 씹어 넘기세요."

묵묵히 의사의 말을 듣고 있던 할머니가 자리에서 일어나며 혼잣말을 했다.

"젊은 양반이 참으로 용하네. 내 마음을 어찌 그리 잘 아는가?"

돌아서서 생각해 본다. 이런 할머니, 어머니들이 계셔서 세상의 자녀들은 편안하게 살았다. 그러나 지금은 어떠한가? 이렇게 참고, 인내하고, 견디는 사람들이 과연 얼마나 있을까?

사춘기, 갱년기, 세상이 그래서, 온갖 핑계를 대고 화내고 감정을 있는 그대로 표출한다. 그렇다고 세상이, 형편이 나아지는 것도 아닌데도 말이다.

성경에 이런 말씀이 있다.

「우리는 마음에 사형 선고를 내려야 했습니다. 그렇게 된 것은 우리 자신을 의지하지 않고 죽은 사람들을 살리시는 하나님만 의지하도록 하기 위함이었습니다.」(고린도후서 1장 9절)

사도 바울은 다른 것도 아닌, 복음을 전하다가 사형 선고를 받은 줄 알고는 너무 힘들고 고통스러웠다. 그런 죽을 만큼 힘든 이유가 자기를 의지하지 말고 하나님만 의지하게 위함이라고 말했다. 이 부분을 읽으며 나는 너무나 부끄러웠다. 남 탓, 이웃 탓, 정치 탓, 세상 탓, 남편 탓, 아내 탓, 그 누구의 잘못도 아니다.

오직 하나님만 의지하도록 하기 위한 하나님의 계획일 뿐이다.

지뢰

'마인(Mine)'이라는 영화를 봤다. 마인이라는 단어는 영어 'I(나)'의 소유대명사로서 '내 것'이라는 뜻으로만 알고 있었다. 그러나 영화를 보다가 내용이 이상하여 찾아보니 '지뢰'라는 뜻이 있었다.

문득 깨달았다. 그렇다. '내 것'이 바로 '지뢰'가 될 수 있다는 사실을.

저격수 두 명이 사막을 가로질러 안전한 곳을 찾아간다. 추억을 이야기하며, 도착하면 딸기 주스를 먹겠다고 이야기하며 가다, 동료가 지뢰를 밟고는 그만 두 다리가 절단된다.

그때 주인공도 지뢰를 동시에 밟고 멈춘다. 발을 떼면 동료처럼 다리가 절단되거나 죽고 만다. 지뢰를 밟은 채 구조를 요청하지만 52시간 뒤에나 가능하다는 교신이 왔다.

그때부터 사막의 모래 폭풍 속에서 외로운 투쟁이 시작이 된다. 물도 없다. 이어 다리 짤린 동료는 환각 상태에서 권총으로 자살을 하고 만다. 뜨거운 태양열 아래 기약 없는 버티기가 이어진다. 구조의 가망성은 요원하고, 타는 목마름의 환각 상태에서 과거에 아버지가 어머니를 폭력으로 죽음에 이르게 하는 등의 기억을 떠올리며 시간을 버틴다.

온갖 환영과 과거, 사막의 기후와 싸우다 결국 구조대가 도착했다. 그러나 그를 발견하지 못한 채 지나가려 할 때 절망에 빠진 그는 어쩔 수 없는 힘에 의해 지뢰에서 발을 뗐다.

그런데 그것은 지뢰가 아니었다. 지뢰 모형이었다.

그러나 그것은 지뢰이기도 했다. 바로 '내 것'이라고 여겼던 모든 것들이 미래로 나아가지 못하도록 옭아 매였던 지뢰였던 것이다.

즉 내 경험, 지식, 판단, 과거가 바로 그 지뢰였던 것이다.

우리는 과거의 어떤 사건, 현재의 어떤 요인 때문에 그것이 지뢰인 줄 알면서도 한 걸음도 떼지 못한 채 머뭇거릴 때가 있다.

지뢰 밟고 있는 주인공의 머리 위로 노래가 울려 퍼진다.

'그래 다 내(지뢰) 탓이야, 그래 다 내 탓이야, 죽으면 난 영혼을 잃는 걸까? 그래 다 내 탓이야.'

성경은 이런 상황을 이렇게 말한다.

「그러므로 누구든지 그리스도 안에 있으면 새로운 피조물입니다. 옛것은 지나갔으니 보십시오. 새것이 됐습니다.」(고린도후서 5장 17절)

당신은 지금 어떤 지뢰를 밟고 있으면서 한걸음도 떼지 못하고 머뭇거리고 있는가! 과감하게 새로운 시작을 시도하고 과거의 옛것은 모두 잊어라.

과거를 밟고 있는 지뢰에서 과감하게 발을 떼라.
그리하면 산다.

Forgiveness. 10 뮌하우젠 증후군

심리학 용어 중에 '뮌하우젠 증후군(Munchausen Syndrome)'이라는 것이 있다.

이 증후군은 병적으로 거짓말을 하고, 그럴듯하게 이야기를 지어내고, 마침내 자기도 그 이야기에 도취해 버리는 증상을 말한다. 쉽게 말해 허언증 환자의 증상이다.

뮌하우젠은 1720년 독일에서 태어났다. 그는 터키와 러시아 전쟁에 참전하고 1760년 퇴역을 하고 하노버에 정착했다. 그곳에서 군인으로서, 사냥꾼과 스포츠맨으로서 자기가 했던 일들을 거짓말로 꾸며 사람들에게 들려주곤 했다. 나중에 그 이야기들을 각색하여 1793년 <뮌하우젠 남작의 모험>이라는 제목으로 출판이 되었다. 완전히 자기의 경험담이라고 포장하여 거짓말로 지어서 낸 책이었다.

뮌하우젠 증후군이란 바로 '뮌하우젠'처럼 병적으로 거짓말을 하는 것이 특징이다. 거짓말을 각색하는 탁월한 기술을 가졌다고 해도 무방하다. 그런데 이 증상이 현대인들에게도 너무나 일상화가 되었을 뿐만 아니라 중독의 현상이 되어 흔하디 흔한 일반적인 일이 되어버렸다.

성경은 증언한다

「너희는 너희 아비인 마귀에게 속해 있고 너희는 너희 아비가 원하는 것을 하고자 한다. 그는 처음부터 살인자였다. 또 그 안에 진리가 없기 때문에 진리 안에 서지 못한다. 그는 거짓말을 할 때마다 자기 본성을 드러낸다. 이는 그가 거짓말쟁이이며 거짓의 아비이기 때문이다.」(요한복음 8장 44절)

이 말씀은 세상이 온통 거짓말로 구성되어 있다는 말이기도 하다. 이 거짓말의 본산지는 마귀다. 그 마귀와 사탄의 노예가 되어 입만 열면 거짓말하는 현대인들이 되어버린 것이다.

과장된 표현이기는 하지만 둘러보면 세상 모두가 거짓투성이다. 거짓말 아비의 자식들이 되어 입만 열면 거짓말을 숨 쉬듯, 밥 먹듯 한다.

누구랄 것도 없이 늘 속이고, 거짓말이고, 가장하고, 상상할 수 없는 이 거짓 영에 사로잡혀 살고 있다. 이를 어찌하면 좋을까!

나는 지금 어떤 거짓말을 하며 사는지 심각하게 점검해 볼 일이다. 적어도 내 입에서 나오는 거짓말만 줄여도 마귀는 금방 신음을 할 것이다.

거짓말을 줄이면 마귀는 신음하고 하나님은 웃으실 것이다.
하나님을 웃으시게 하자.

Forgiveness. 11 사람들은 자꾸 과거를 묻는다

고등학교 2학년 때쯤으로 기억이 되는데, 이런 내용의 편지를 받았다.

"이 편지는 영국에서 최초로 시작되어…. 받는 사람에게 행운을 주었고 지금은 당신에게 옮겨진 이 편지는 7일 안에 당신 곁을 떠나야…. 이 편지를 포함해서 0통을 행운이 필요한 사람에게…. 혹 미신이라 하실지 모르지만…. 영국에서 짐 스웨이턴이라는 사람은 1903년에 이 편지를…."

바로 행운의 편지라는 것이었다. 이 편지를 다른 사람에게 쓰지 않으면 몇 년 후에 사망한다는 내용과 함께 사람의 마음 한자리를 불편하게 하는 내용으로 가득했다.

목사인 아버지를 두었고 모태 신앙인이었던 내게도 그 불안과 염려, 행운의 부재가 두려워 그 편지를 쓰느라 고생깨나 했던 기억이 있다. 인간에게 불안을 이야기하는 것은 인간이 본래 불안한 존재인 까닭이다. 그러므로 될 수 있으면 불안을 속삭이는 사람을 곁에 두지 말아야 한다.

성경은 이렇게 위로한다.

「그것은 평안을 위한 계획이지 재앙을 위한 것이 아니며, 너희에게 미래와 소망을 주기 위한 것이다.」(예레미야 29장 11절)

성경은 과거를 말하지 않는다. 과거를 말할 때는 오직 '받은 은혜와 회개'가 연관될 때뿐이다. 성경은 대신 미래와 소망을 이야기한다. 간음한 여인을 돌로 치려고 떼를 지어 모여든 군중들에게 예수님은 여인에게 과거를 묻지 않았다. 아버지가 죽기 전에 먼저 유산을 미리 달라고 해 먼 타국에서 허랑방탕하고 돌아온 둘째 아들에게도 과거를 묻지 않았다.

그런데 사람들은 자꾸 과거를 묻는다.

현대인들은 모두 과거라는 감옥에 갇혀 산다. 뉴스도 과거다. 역사도 과거다. 이야기하는 것 모두가 과거다. 그리고 기왕에 그렇게 과거를 이야기를 할 때는 반드시 '자신의 죄'를 회개하는 것이 신앙인의 필연적인 자세다. 그런데 우리는 과거를 이야기할 때마다 자신이 받은 은혜와 회개보다는 남을 비판하고 욕하고 정죄를 하고 있다.

이제부터 우리는 미래를 이야기하고, 소망을 이야기하고, 계획을 말해야 한다. 과거에 발목이 잡혀서는 개인이나 가정, 교회나 국가든 미래는 없다.

결국 이 과거의 사슬을 끊는 자만이 이기며 살아갈 수 있다.
그런데 인간은 여전히 과거의 감옥에 갇혀 있으니, 정말 방법이 있으려나 모르겠다. 그러나 방법은 있다.
과거는 잊고 미래와 소망만을 바라보자.

Forgiveness. 12 미친 치와와

SNS에서 읽은 글이다.

"중학교 3학년 때, 처음 부임한 신입 선생님은 탤런트 장나라를 닮았다. 그렇게 예뻤다. 전교생 남학생들의 사랑을 한 몸에 받았던 선생님이었다. 얼굴은 물론 마음도 예뻐서 마치 유치원처럼 한 달에 한 번씩 생일인 학생들을 위해 파티와 함께 하며 선물도 주시던 선생님이었다.

졸업식 날, 왕방울만한 큰 눈으로 눈물 뚝뚝 흘리시며, 자신의 첫 교사 생활을 속 썩이지도 않고 너무 좋은 추억을 만들어줘서 고맙다며 아쉬운 이별을 했다. 그날 우리 반 전체가 눈물바다였다. 그 담임 선생님!

3년 뒤, 고등학교 졸업식을 마치고 중학교 3학년 때 친구들과 그때 담임 선생님을 찾아가기로 했다. 선생님 덕분에 이제 어른이 되었다는 신고식이랄까, 그런데 그 예쁘고 착하던 우리 선생님은 별명이 '미친 치와와'가 되어 있었다."

세상의 풍파가 사람을 이렇게 만든다. 사람은 왜 변하는 것일까?

삶에 열중하다 보면 지치게 마련이다. 이리저리 치이다 보면 본성이 드러나게 된다. 그 고난을 이기기 위한 이기심이 창궐하게 되고, 그것이 사람을 아프게 하고 변하게 한다.

처음 목사 안수를 받던 날 흘리던 뜨거운 눈물은 이제는 식었고, 결혼식 날 함께 울며 다짐했던 그 사랑의 흔적은 희미해졌고, 처음 임직을 받던 날 흘린 눈물의 감격과 헌신의 약속은 빛바랜 사진처럼 추억이 되어 버린 것에 대한 변명이, 정말이지 가능이나 할까!

성경의 마지막 책에서는 이렇게 말한다.

「그러나 내가 네게 책망할 것이 있으니 그것은 네가 첫사랑을 버린 것이다.」(요한계시록 2장 4절)

그 옛날에도 나와 같은 사람이 있었나 보다. 위안은 되지만 그렇다고 완전한 위로는 아닌 것 같다. 여전히 아쉽고 불편하다.

세상 모두가 첫사랑의 기억을 회복하는 마음으로 자기가 선 곳에서 책임과 의무 앞에 부끄러움이 없이, 변질됨이 없이 스스로를 잘 유지한다면 가정이나 교회나 세상이 더 아름다워지지 않을까!

사람의 눈이 오직 두 개다. 오직 정면만 바라보게 설계되어 있어서 정작 자신을 볼 수가 없다. 앞에 장애물이 있어야, 거울이 있어야, 자신을 볼 수 있다. 철저한 자기반성과 성찰을 통해서 자신을 돌아보고 흠과 티를 발견해서 제거해야 하지 않을까!

지금 와서 생각해 보니 그 선생님처럼 내가 그 미친 치와와가 되어버린 것은 아닌지 걱정이다. 지금 당장 옆 사람에게 물어보라. 나의 모습이 어떤지!!

해치려는 마음

1950년대에 이르러 메이어 프리드먼 등을 비롯한 여러 심리학자들은 특정 유형의 성격과 질병 발생이 밀접한 관계가 있다는 결과를 발표했다.

행동 양상 A형은 극단적인 승부욕, 공격성, 인내심 결핍, 조급함과 함께 주변 환경에 대한 '적의(敵意)'를 그 성격의 특징이라고 했다. 이 유형의 사람들은 삶의 모든 방면에 불만을 느끼고 그러한 불합리를 개인의 힘으로 현재의 상태를 바꾸려고 생각한다고 한다.

B형은 어떤 환경에도 잘 적응하고 만족하는 유형이라고 했다. 늘 마음의 상태가 안정적이고 경쟁을 꺼리며 타인에 대해 '적의'를 느끼지 않는다고 했다. 중요한 것은 A형이 B형보다 질병에 걸릴 확률이 아주 높다는 것이다.

심리학자 게리 스완과 도리트 카멜리는 1996년에 실시한 연구에서 A형과 B형의 행동 양상 중 가장 위험한 요소를 '적의'라고 밝혔다.

'적의(敵意)'는 '타인을 적대하는 마음', '해치려는 마음'이다. 주변 환경과 자신이 속한 그룹에 대해 적의를 느끼는 사람은 언제나 고도의 각성 상태에 놓여 있어서 각종 질병에 걸리기 쉽다고 한다.

C형도 있다. C형은 선량함, 인내심, 자발적인 협동심과 자기희생을 보이지만, 지나치게 참고 견디고 혼자서 울분을 삼키는 등 내부적으로 부정적인 요소가 너무 많다고 한다. 이런 사람들은 암에 걸릴 확률이 다른 사람에 비해 훨씬 높다고 한다.

1998년에 이르러 연구를 마무리했다. 결론은 이렇다. '낙관적인 사람'이 대부분 건강하고 질병에 걸리는 확률이 적다는 것이다.

우리의 문제는 지금 '적의'를 품고 있느냐, 아니냐이다. 누군가를 향해서 적대하고, 해치고 싶은 마음이 가득한 개인과 사회는 병들 수밖에 없다.

해결책은 간단하다. 적의를 품지 말고 낙관적으로 세상을 사는 것이다. 쉬운 말이지만 행동으로 옮기기에는 엄청난 노력이 필요한 일임을 누구나 알 것이다.

그래서 성경은 이렇게 일러 주신다.

「어리석은 사람의 분노는 당장에 드러나지만 현명한 사람은 수치를 덮는다.」(잠언 12장 16절)

분노와 적의는 질병으로 가는 지름길이다. 더더욱 문제는 그것들이 자기만 병들게 하는 것이 아니라 그가 속한 그룹과 사회도 병들게 한다는 것이다. 요즘 '적의'를 품은 사람들이 너무 많다. 아니 우리 모두의 문제일지 모른다.

적의(敵意)를 갖지 않으려는 출발의 시발점은 바로 용서다.
적의가 있다면 삭제 키를 눌러라.
그 적의가 마음에 다시 복구할 수 없도록 지우고 또 지워라.

코밑에 썩은 치즈를

항상 남의 탓만 하는 별난 할아버지가 낮잠을 자고 있었다.

그때 짓궂은 손자가 장난삼아 할아버지 콧수염에 고약한 냄새가 나는 치즈를 발라 놓았다. 할아버지가 잠이 깨어 침실에서 나오면서 말했다.

"얘, 며느라, 침실에서 이상한 냄새가 난다. 거실에서도 냄새가 나네. 이거 무신 냄새인고?"

방마다 다니면서 킁킁대며 난리법석이다.

"온 집안에서 온통 고약한 냄새가 난다니까!"

그러면서 온갖 불평을 늘어놓는다.

세상의 이치는 그렇다. 모두 문제의 원인을 찾기 위한 싸움이며 그 게임의 연장선상에 있다고 해도 과언이 아니다. 그런데 모든 사람은 원인을 밖에서만 찾으려고 한다. 문제는 내부에 있다. 그러나 내부에서 찾기를 싫어한다. 사람의 신체 구조를 봐도 그렇다. 두 눈은 항상 외부를 향해 있다. 자신의 몸을 보는 시간보다 밖을 보는 데 드는 시간이 99%다.

자신의 간음은 잊은 채 같은 죄를 지은 여인을 데리고 와서 정죄하던 군중을 향해 예수님은 말씀하셨다.

「너희 가운데 죄 없는 사람이 먼저 이 여인에게 돌을 던지라.」(요한복음 8장 7절)

'죄 없는 이'라는 말은 '죄짓지 않은'이란 뜻이다. 죄짓지 않고, 죄를 지은 적이 없는, 간음한 적이 없는 사람이 먼저 돌로 치라는 말이다.

그때 기적이 일어났다. 기적은 죽을병을 낫게 하는 것이 아니다.

진짜 기적은 그 순간 돌을 든 사람들이 자신의 콧수염에 썩은 치즈가 묻었다는 것을 알아차린 것이다. 돌을 놓고 모두가 돌아섰다. 눈물 나는 사건이었다.

이 시대에도 똑같이 말씀하셨다면 어떻게 되었을까! 상상하면 답이 나온다.

이 시대의 사람들은 자신의 콧수염에 썩은 치즈가 묻어 있는지 모른다. 그래서 여전히 남을 탓하고 비판하고 정죄하며 살아가고 있는 것이 아닐까!

냄새나는 콧수염은 깨끗하게 면도해서 제거하는 것이 정답이다.

입술로 죄짓지 않았다

2012년 미국 동부 코네티컷 주 뉴타운의 샌디훅 초등학교에서 한 청년이 총기를 난사해 학생 20명과 교직원 6명이 목숨을 잃었다.

5개월 전에는 콜로라도 주의 소도시 오로라의 어느 극장에서는 또 다른 청년이 총기를 난사해 12명의 목숨을 앗아갔다.

1999년 오로라 이웃 도시 리틀턴의 컬럼바인 고등학교에서는 두 학생이 무차별 총격을 가해 12명의 학생과 1명의 교사를 살해했다. 컬럼바인 고등학교에서 총기를 난사한 두 살해범 중 한 사람은 이런 말까지 했다.

'인간은 보호해 줄 가치가 없다. 다 죽어 없어져야 할 존재일 뿐이다.'

한 마디로 사회에 대한 증오, 이웃에 대한 증오 그 자체였다. 다른 이유는 없었다. 사고(思考)의 극단에 서면 앞과 뒤, 좌우가 보이지 않는다.

나라밖의 사례만이 아니다. 우리나라에서도 빈번하게 이유 없이 테러를 저지르는 이들이 있다. 이들은 존재 자체를 불공평하고 가혹한 것으로 생각한다. 타인에 대한 연민이나 동정 따위는 눈곱만큼도 없다.

사람들은 현실에서든 상상에서든 불의를 경험할 때마다, 다른 사람들의 약삭빠른 술책에 당할 때마다, 아무 이유도 없이 우리에게 닥친 고통을 겪을 때마다, 인생에 의문을 제기하고 저주를 퍼붓고 싶은 유혹이 샘솟는다.

왜 선량한 사람들이 이처럼 끔찍한 고통을 받아야 할까?, 이렇게 생각한다. 여기서 문제가 발생한다. '수용의 약체성'이라고 말하기도 한다.

이 세계는 원래 이렇게 잔악하고 살벌한 곳인가? 이럴 때마다 남 탓, 사회 탓, 하나님까지 탓하며 고통의 해저드에서 빠져나오지 못한다. 이 문제를 해결한 사람이 성경에 등장한다. 바로 욥이다. 욥은 인간이 겪을 수 있는 가장 큰 고통을 경험한 사람이다. 극단의 고통 중에 욥은 이렇게 말한다.

「우리가 하나님께 좋은 것만 받고 고난은 받지 않겠다는 것이요?
이 모든 일에도 불구하고 욥은 입술로 죄짓지 않았다.」(욥기 2장 10절)

보통 어려운 일을 당하면 가장 먼저 입술로 원망과 탄식 소리가 쏟아져 나오는 일상이 된다. 그 다음 행동으로 이어진다. 최악의 상황이 연출된다.

입술로 범죄를 할 때 바로 남 탓, 사회 탓을 하게 된다. 가장 저급하지만, 그러나 가장 인간적이다. 그러나 그런 것은 해결의 실마리가 아니다. 지금 내 입에서 쏟아내는 언어가 내 신앙 수준을 말해준다. 발설과 침묵은 종이 한 장 차이이다. 어떤 것을 선택할 것인가.

차라리 그 입술로 기도를 하든지 침묵하라.
그래야 산다.

Forgiveness. 16 가시 울타리

'잘 안 되는 사람의 특징'이란 제목의 SNS 글에서 빌린다.

① 자존심이 세다.
② 남의 말을 잘 안 듣는다.
③ 남을 잘 인정 안 한다.
④ 게으르다.
⑤ 이견조율이 잘 안되어 자주 다툰다.
⑥ 노는 것을 좋아한다. 남들 놀 때 똑같이 논다.
⑦ 자신의 위치가 어디인지 잘 인지하지 못하고 있다.
⑧ 한숨을 자주 쉬거나 다리를 자주 떠는 등 이상한 버릇이 있다.
⑨ 버릴 것은 버려야 하는데 못 버리고 꼭 쥐고 있다.
⑩ 도전정신이 없다. 두려움이 많다.
⑪ 거짓말을 자주 한다.
⑫ 사람이 밝지 않다.

위에서 열거한 사항은 무엇인가 일을 하다가 그만두거나 도태되어 버린 사람들을 바탕으로 십 수년 간 관찰하여 분석한 결과라고 한다. 깊이 있는 분석이다. 수긍하지 않을 수 없다.

찬찬히 분석해 보면 이 12가지 중 몇 가지는 지금의 나의 모습과 매우 밀접하게 관련이 있는 부분들이다. 그리고 이런 글쯤은 어느 정도 경험만 있으면 쉽게 발견할 수 있다. 공감할 것이다. 하늘의 법망은 느슨한 것 같지만 쉽게 통과시키지 않는다. 그런데 문제는 이런 것을 몰라서가 아니다.

로버트 풀검이라는 작가가 쓴, <내가 정말 알아야 할 모든 것은 유치원에서 배웠다>라는 책이 있다. 배우지 못해서, 알지 못해서 삶을 망치는 것은 아니다. 선천적으로 누구나 다 알고 있다. 행동을 수반하는 실천의 문턱을 넘지 못해서 주저앉을 뿐이다. 이것뿐만이 아니다.

세상에는 지켜야 할 것들이 많다. 세상은 절대 단순하지가 않다. 극복의 대상이지 다스림의 대상이 아니다. 성경은 말한다. 「네가 내 계명을 지키면 잘 살게 될 것이니, 내 가르침을 네 눈동자처럼 지켜라.」(잠언 7장 2절)

사람의 장기 중에서 유일하게 밖으로 노출된 눈은 참으로 예민한 신체다. 그 눈의 가장 핵심인 눈동자를 보호하는 것처럼 자기 자신을 지키기를 바란다. 있는 그대로를 본다는 것은 제대로의 앎의 시작이기 때문이다.

'지키라'라는 말은 '쇼마르(שָׁמַר)'라는 뜻이다. '가시로 울타리를 치다'라는 말이다. 가시 울타리를 쳐서 지키라는 것인데, 그 안에 계명, 하나님의 말씀을 놓고 위에 있는 12가지들이 넘어오지 못하도록 하라는 것이다. 세상의 욕망, 욕심, 두려움, 세상의 온갖 것들이 울타리를 넘으면 안 된다. 한걸음 더 나가면, 이렇게 충고하신다.

"무엇보다도 네 마음을 지켜라. 네 마음에서 생명의 샘이 흘러나오기 때문이다."(잠언 4장 23절)
마음에도 '가시 울타리'를 쳐야 한다.

Forgiveness. 17 회개가 벚꽃이다

카이스트의 정재승 교수의 책 <과학 콘서트>에 나오는 내용이다.

사람의 심장은 편안한 상태에서 대체로 1초에 한 번씩 규칙적으로 뛴다고 한다. 그러나 장시간 정밀하게 측정을 해본 결과 심장 박동의 간격이 우리가 생각하는 것보다 훨씬 더 복잡하고 불규칙하게 뛴다는 사실을 확인했다고 한다.

심지어 수면 상태에서도 심장 박동은 안정적이지 않고 불규칙하다는 것이다. 이 사실을 처음 발견한 하버드대학교 의과대학의 에이리 골드버그 교수는 시간의 스케일을 바꾸어도 심장 박동의 불규칙성은 사라지지 않는다는 사실을 증명했다고 한다.

불규칙한 이유를 다음과 같이 설명을 했다.

'건강한 심장'은 심장 박동이 느려 혈액공급이 원활하지 못하면 심장 박동 간격을 좁힘으로써 혈액공급량을 회복하려고 노력한다. 반대로 '심장 질환'에 걸리면 과거의 심장 박동 정보를 기억하지 못해 문제가 생겨도 회복할 수 있는 피드백이 전혀 없다고 한다.

즉, 건강한 심장은 혈액공급에 문제가 생기면 스스로 피드백을 해서 정상으로 회복시키려고 '불규칙한 과정'을 거친다는 것이다. 가장 기본적인 문제는 스스로 피드백을 하느냐 못하느냐가 심장의 건강을 좌우한다는 것이다.

신앙과 삶에도 이런 피드백이 반드시 있어야 한다는 것을 시사하는 말이다.

성경은 이렇게 말한다.

「회개에 알맞은 열매를 맺으라.」(마태복음 3장 8절)

회개는 피드백으로 이루어진다.

회개는 '메타노이아(μετάνοια)'인데, 자신의 죄에 대한 자책과 진정한 뉘우침을 말한다. 즉, 자신의 삶에 대하여 스스로 회개의 피드백을 하면 건강한 신앙을 유지함은 물론 건강한 사회인으로 성장하는 것이다.

사순절의 계절이면 벚꽃이 흐드러지게 피는 계절이다. 사람들은 꽃을 보면서 마음을 정화시키고 나름의 새로운 다짐을 한다. 하지만 꽃은 열매를 맺기 위한 전(前)의 과정이다. 결과는 열매가 말해 준다.

회개가 꽃이다. '회개의 꽃'이 없이는 열매를 맺을 수 없다.

꽃이 없이 열매를 맺지 못하는 것처럼, 회개의 꽃이 없이는 성령의 열매든, 신앙의 열매든, 그 어떤 열매도 기대할 수 없다.

회개의 피드백으로 꽃을 피우는 사순절, 고난주간이 겹치면 더욱 좋겠다.
회개의 벚꽃을 피우자.

필자는 지난 10년 간 읽은 일반서적 중에서 가장 탁월하고 경이적인 책으로 앵거스 플레처가 쓴 <우리는 지금 문학이 필요하다>라는 책을 꼽는다. 그 책에 있는 내용을 빌린다.

1990년 중반, 과학자들은 양전자 방출 단층 촬영술(PET)이라는 획기적인 뇌 검사기를 발명했다. 그 연구결과의 일부이다. 방사성 불소18을 이용해 인간의 뇌 부위 중에서 '소비되는 포도당'이 많을수록 그 부위가 '생각활동'이 활발하게 일어난다는 사실을 발견했다. 그 검사기는 워싱턴대학교 의과대학에 설치되어 있다.

한 젊은 여성을 검사기에 눕히고 실험을 시작하며 이렇게 지시를 했다. "긴장을 풀고 아무 생각도 하지 마세요."

그 여성은 고개를 끄덕였지만, 그러나 그녀의 뇌는 포도당 소비를 멈추지 않았다. 뇌 일부분은 거듭해서 생각하고, 생각하고, 또 생각했다. 지시를 반복해도 마찬가지였다.

결국 의료진은 젊은 여성에게 뭔가 문제가 있다고 생각하고 제법 나이가 든 점잖은 노신사로 바꿔 실험을 진행했다. 그런데 놀랍게도 똑같은 상황이 벌어졌다. 그 뇌 부위는 젊은 여성과 마찬가지로 생각하고, 생각하고, 또 생각을 하는 것이었다.

과학자들은 그 뇌 부위를 바라보면서 더 놀라운 사실을 발견했다. 어느 임상 교과서에도 실리지 않았고, 지금까지 발견되지 않은 이 신경 네트워크는 뇌 앞쪽에서 뻗어나가 위쪽, 뒤쪽, 아래쪽, 양옆 쪽까지 이어졌다.

이 부위를 미 공군 군의관 출신 마커스 라이클 박사의 조언에 따라, '디폴트 모드 네트워크(default mode network)'라는 교묘한 이름을 붙였다. 뇌의 디폴트 모드, 즉 기본 모드라고 추정을 한 것이다.

이 네트워크는 '뇌가 아무 일에도 관여하지 않을 때 활성화' 되었고, 뇌의 자유시간을 이용해 뭔가 '새로운 활동'을 수행한다는 사실을 확인한 것이다. 즉, 뇌는 우리가 쉴 때 하는 일을 한다. 그게 뭐냐고?

'노는 것이다.'

이 실험의 결론은 아무 것도 하지 않고 그냥 쉴 때 가장 창의적으로 활동한다는 것이다. 아무것도 하지 않고 놀면서 쉴 때 비로소 새로운 아이디어가 창출된다는 것이다.

그래서 성경에는 이렇게 해석을 한다.

「그가 나를 푸른 풀밭에 누이시며 쉴 만한 물가로 인도하신다.」(시편 23편 2절)

문제가 안 풀려 고민이 되는가?
그때는 모든 것을 내려놓을 필요가 있다.
고민하지 말고 그냥 놀면서 생각하다 보면, 답이 나온다.

Forgiveness. 19 투사(projection)

심리학 용어에 '투사(projection, 投射)'라는 개념이 있다.

설명하면 이렇다. 노트북에 저장된 이미지나 영상은 프로젝터(projector)를 통해서 화면(스크린)으로 볼 수 있다.

심리학에서 투사란 스크린에 뜬 이미지가 컴퓨터가 아니라 스크린에 있다고 믿는 심리 현상이다. 확대해서 해석하면 이렇다.

부정적인 것은 '자기 마음(컴퓨터)'에 있는데, 자기 속에 있는 줄 모르고 '밖의 타인(스크린)'에게 있다고 주장하는 것을 지칭하는 용어라고 할 수 있다.

'미워도 너무 미운 사람', '견딜 수 없는 지속적 분노'와 같이 '강렬한 감정'이 바로 '투사'다. '뭐 눈에 뭐만 보인다'는 말이 딱 그와 같은 경우이다. 내가 사로잡힌 그것만 눈에 보이는데, 자기 내면의 작용을 알아채지 못하고 문제의 핵심이 외부에 있다고 치부하는 것이다. 사기꾼의 눈에는 모두가 사기꾼으로 보일 수 있다. 문제의 근본 원인은 자기에게 있는데 세상 모든 '불합리한 원인과 모순'이 '밖에, 다른 사람'에게 있다고 생각하는 것이다.

성경은 말한다.

「남을 판단하지 말라. 그러면 너희도 판단을 받지 않을 것이다. 남을 정죄하지 말라. 그러면 너희도 정죄를 받지 않을 것이다. 용서하라. 그러면 너희도 용서받을 것이다.」 [누가복음 6장 37절]

남을 판단하고 정죄하는 것은 자기가 판단과 정죄 받을 요소를 가지고 있기 때문일 가능성이 더 크다고 한다. 내가 정직하면 모두 정직해 보이는 것과 같은 이치라고 할까!

남을 판단하고 정죄하는 사람들은 자기는 그런 요소를 갖고 있지 않다고 생각할 가능성이 크다. 그렇기 때문에 오히려 침묵하고 있는 사람들이 더욱 무섭다. 자기가 더 큰 죄인이자 비판과 정죄의 대상이기 때문에 감히 입을 열지 않는 것이다. 투사된 그림자 탓을 너무 하지 말아야 한다.

내 안에 감춰진 분노와 잘못을 내놓고 용서를 비는 것이 하나님의 뜻이다. 하나님은 침묵하고 계시는데, 사람들은 너무 말이 많아 탈이다.

한술 더 떠서 사람들은 자기 뜻으로 말해 놓고 그것이 바로 하나님의 뜻이라고 우기는 것이다. 더 무서운 것은 그것을 구분하지 못하는 사람들이 너무 많다는 것이다.
하나님의 침묵은 그래서 무섭다.

다른 사람과 깊은 인간관계를 맺지 않으려는 사람들이 많다.

그 사람은 자기의 삶과 자기 일에만 몰두해서 남들이 보기에는 이기적이라고 할 정도로 자기중심적이다. 늘 자기를 감추고 상대방과 일정한 거리를 두려고 한다. 그러면 피차 서로 간섭할 일도 없고, 부딪칠 일도 없으므로 부담이 없다. 게다가 상대방으로부터 상처받을 일도 없다. 이렇게 인간관계 초기부터 상대방과 일정한 거리를 두고 자기를 방어하려는 사람들의 심리를 일컬어 '고슴도치 딜레마'라고 한다.

이 말의 결론은 결국 혼자서 밥 먹고, 혼자서 놀고, 타인과 어울리기 힘든 심리적 부담감이라고 할 수가 있다. 더군다나 요즘은 자녀도 한둘밖에 안 되기 때문에 타인과 어울리는 데 어려움이 많다. 왜 그럴까? 성경은 이렇게 답한다.

「형제들이여, 하나님은 여러분을 부르셔서 자유롭게 하셨습니다. 그러나 그 자유를 육체의 만족을 위한 기회로 삼지 말고 도리어 사랑으로 서로 종노릇 하십시오. (Serve one another humbly in love.)」(갈라디아서 5장 13절)

그렇다. 사랑과 관련된 말이 언급될 때마다 유독 '서로'라는 말이 수없이 등장한다. 혼자가 아닌 '서로'라는 말의 의미를 깊이 생각하게 한다.

그런데, 왜 사람들은 고슴도치 딜레마에 빠질까?

그것은 바로 '서로 종노릇'을 하기 싫어서이다. 종노릇을 영어로는 '섬김(Serve)'이다. 서로 섬기기 싫어하기 때문에 혼자가 되고 싶은 것이다.

공동체에서, 내가 있는 바로 그 자리에서 누군가를 섬김의 대상으로 볼 것인가? 아니면 내가 섬김을 받아야 할 것인지 구분하여, 성경은 모두를 섬김의 대상으로 삼으라는 말씀하신다.

그런데 중요한 사항이 있다. 일방적 섬김이 아닌, '서로'라고 한다.

다행인가. 섬기지 않아도 될 핑계가 생겼으니 말이다.

그러나 다시 생각해 보자. 성경은 이렇게 말하는 것이 아닐까?

그 섬김의 시작은 바로 '나', 즉 '당신'부터 시작하라고.

핑계 대지 말고, 나부터 종노릇하면 그곳이 바로 천국이 될 것이다.
그런데 이 일이 참 쉽지 않다.

Forgiveness. 21 아프냐? 나도 아프다

2005년에 상영된 '킹덤 오브 헤븐'(Kingdom of Heaven)이라는 영화가 있다. 영화사를 다시 쓸 수 있다는 평가를 받은 21세기 최고의 걸작으로 꼽힌다.

이 영화에 등장하는 왕(King)은 문둥병, 일명 한센병 환자다. 그래서 늘 하얀 가면을 쓰고 등장한다.

이 병은 나균(癩菌)에 의해 감염이 된다고 한다. 말초신경과 피부에 병원균이 침투하여, 피부에 결절(結節)과 반문(班文)이 생기고 그 부분의 지각이 마비되며, 눈썹이 빠짐과 더불어 수족과 안면이 변형되어 시력장애 등의 증상이 나타나는 질병이라고 한다.

그런데 이 영화에서 아버지가 죽고, 왕으로 등극한 6살짜리 아이가 불도장을 찍는 과정에서 뜨거운 납물이 손등에 떨어졌는데도 해맑게 웃는다. 그걸 바라보는 어머니의 눈에서 피눈물이 난다. 아버지와 똑같은 병을 앓고 있기 때문이다.

의사들을 불러 검진하는데, 발바닥을 대침으로 찔러 피가 나오는데도 전혀 아프다는 반응이 없다. 어머니는 아이의, 그 어린 왕의 귀에 독약을 넣어 안락사를 시키는 장면이 나온다.

그렇다. 한센병은 통증을 모르는 무서운 질병이다. 가시에 찔려도, 칼에 살이 베이어도, 돌부리에 넘어져 무릎이 깨져도 통증을 모른다.

현대인들의 속성도 이와 다르지 않다. 더더구나 신앙인들도 마찬가지다. 아픈데도 도무지 통증을 모른다. 문제가 있는 데도 인식을 못 한다. 이를 어찌해야 하는가!

성경은 말씀하신다.

「내 고통아, 내 고통아! 내 마음이 고통 속에서 몸부림친다. 내 마음의 고통아! 내 마음이 심하게 뛰니 내가 잠잠할 수 없다.」(예레미야 4장 19절)

그렇다. 우리는 먼저 어디가 아픈지를 찾아내고 고통을 느껴야 한다. 지금 아플 때 아파해야 한다. 아파야 원인을 찾고 고칠 수 있다. 그래서 아픈 곳이 있다는 것은 축복의 한 단면이다. 고통을 느끼는 것도 축복이다. 고통 속에서 몸부림치는 것도 축복이다.

TV 드라마 '다모'에 나오는 명대사가 있다.
"아프냐? 나도 아프다."
아픔을 나눌 수 있다는 것은 더불어 축복이다.
아프면서도 고통을 모른다면 그것은 중병이다.
아프냐?
아픈 것도 축복이다.

보헤미안 랩소디

지난 2018년 10월 31일 개봉한 '보헤미안 랩소디'는 그룹 '퀸'과 '프레디 머큐리'의 이야기를 다룬 영화다.

그 명성에 걸맞게 관객이 800만을 넘었다고 한다. 퀸의 리드보컬인 프레디라는 남자는 영국의 식민지 탄자니아에서 태어나 45년의 짧은 인생을 노래와 마약과 동성애에 탐닉하다가 에이즈로 죽은 사람이다. 보헤미안 랩소디 가사를 옮긴다.

"엄마, 방금 살인을 했어. 그의 머리에 총을 겨누고 방아쇠를 당겼지. 그래, 이제 그는 죽었어. 엄마, 삶이 방금 시작되었어. 하지만 이제 나는 그것을 멀리 던지고 떠나려 해. 엄마. 아! 울리려는 건 아니었는데. 만약 내가 이번에 다시 돌아오지 않는다면 내일부터는 그냥 그렇게 살아가. 마치 아무 문제도 없었던 것처럼."

이런 노래를 듣고 영화를 본 사람들은 위로를 받았다고 한다.

도대체 세상은 어떻게 돌아가기에 이런 저급한 영화를 보고, 가사를 듣고 위로를 받을 수 있을까! 불가사의한 일이다. 어느 신문에서는 이렇게 언급했다.

"이 전설의 록밴드는 어떤 정치 지도자, 어떤 종교인, 어떤 석학에게도 위로받지 못한 채 울고 있는 대한민국을 송두리째 훔쳤다."

이 기사를 보고 나는 부끄러웠다. 내가 성직자라는 것이 부끄러웠다.

백성들은 눈물로 아파하고, 고통당하고 있는데 위로받을 곳이 없다는 것이 이 노래의 핵심이다. 그리고 대중들은 열광한다. 나는 그들을 탓하고 싶지는 않지만 흔쾌하게 동의하지 못한다.

성경에 이런 말씀이 있다.

「하늘아, 기뻐 소리치라. 땅아, 즐거워하라! 산들아, 노래 부르라! 여호와께서 그분의 백성들을 위로하시고 고난을 당하던 사람들을 불쌍히 여기셨다.」(이사야 49장 13절)

하나님의 위로가 있을 때 노래하고, 기뻐하고, 즐거워할 수 있다는 것인데, 지금 그러한 상황이 아니니 이런 저급한 노래에 백성들이 위로받았다고 하는 것은 아닐까! 성경은 말한다.

「위로하라. 내 백성을 위로하라. 너희의 하나님께서 말씀하신다.」(이사야 40장 1절)

세상 사람들은 '누가 나를 위로해 주지'라고 지금 외치고 있다. 진심으로 위로해 주는 사람이 없으니 헛소리를 듣고도 위로가 됐다고 하는 것이 아닐까?
위로해 줄 사람을 주위에서 찾을 필요가 없다.
위로할 사람은 바로 당신이다.

하나님이 외로워서

정호승 시인의 '수선화에게'라는 시를 옮긴다.

울지마라.
외로우니까 사람이다.
살아간다는 것은 외로움을 견디는 일이다.

공연히 울려오지 않는 전화를 기다리지 마라.
눈이 오면 눈길을 걸어가고.
비가 오면 빗길을 걸어가라.

갈대숲에서 가슴 검은 도요새는 너를 보고 있다.
가끔은 하나님도 외로워서 눈물을 흘리신다.
새들이 나뭇가지에 앉아 있는 것도 외로움 때문이고

네가 물가에 앉아 있는 것도 외로움 때문이다.
산 그림자도 외로워서 하루에 한 번씩 마을로 내려온다.
종소리도 외로워서 울려 퍼진다.

사람은 본래 외롭다. 인간은 본래 고독하여 방황하는 외로운 존재다. 가장 외로움을 느낄 때는 삶이 곤고하고 힘들 때이다. 시편의 시인도 이렇게 고백을 한다.

「내가 누워도 잠을 못 이루니 지붕 위에 혼자 있는 한 마리 새와 같습니다.」(시편 102편 7절)

이 시는 지붕 위에 혼자 있는 한 마리의 이름 모를 새와 같은 심정을 노래하고 있다. 잠 못 이루고 밤을 꼬박 새우며, 불안과 걱정으로 고독한 심연의 바다를 건너며 함께 해주는 사람이 없음에 대한 절대고독을 경험한다. 그 소회의 기록이다.

시인은 하나님도 외로워서 눈물을 흘리신다 했다. 하나님께서도 외로워서 인간을 창조했다는 말도 있다. 그러나 그것은 아니다. 스스로 이겨내야 할 존재로서의 인간을 만드신 것을 인정해야 한다. 그리고 그것을 주관하신다. 외로움과 고독에 남 탓만 하고 있을 때가 아니다. 그냥 견디는 것이다. 다만 견딜 때 함께 견디면 쉽지 않을까 싶다.

나폴레옹은 이런 말을 했다.

"승리하는 자는 적보다 3분을 더 버티는 사람이다."

고독하든, 외롭든, 내게 주어진 모든 것을 견디고 버티며 방어를 한다면 그 끝에는 작은 성취 그 이상의 무엇인가를 이루어내지 않을까 짐작이 된다. '대박'은 '소박'의 쌓임의 결과로 나타난다. 소박이 있어야 대박 또한 그 기회를 제공한다. 세월 탓, 남 탓, 환경 탓, 나이 탓하며 감정을 상하면서까지 에너지를 소비하며 시간을 소비할 때가 아니다.

외로우신 하나님의 친구가 되는 방법도 있다. 외롭다고 주저하지 마라.
외로움도 자생력(自生力)의 원천이 된다.

성경 개인 과외 해주세요

강남 송파구에 있는 잠실교회에서 부목사로 재직할 때의 일이다.

겨울 방학이 시작되는 즈음에 한 중년 남성이 상담을 요청했다. 상담실로 갔다. 그 남성은 초등학교 6학년 남자 한 명과 4학년인 여자아이를 데리고 왔다. 일반적인 개인 상담이 아니라 자녀들을 데리고 온 것에 대하여 무척이나 궁금했다. 그 만남은 목사로서의 긍지를 한껏 고양시켜준, 지금까지 기억되고 평생 마음에 남을 만큼 감동적인 상담이었다.

그 남성이 이렇게 말했다.

"목사님, 저의 아들과 딸입니다. 이제 방학이 시작되었습니다. 그런데 어떤 학원을 보낼까 고민하고 있었는데 불현듯 깨닫게 됐습니다. 수학과 영어 과외도 하면서 더불어 성경 과외도 함께 받아 보기로 했습니다. 이 두 아이에게 성경 개인 과외를 받게 하고 싶었습니다. 한 달에 40만 원 드리겠습니다. 성경 공부를 좀 시켜 주십시오."

그 말을 듣는 순간 정말 아찔한 마음이 들었다. 그리고 그 두 아이를 보며 이런 생각을 했다.

'너희들은 정말 행복한 아이들이구나!" 나는 이렇게 대답했다.

"정말 대단하십니다. 어떻게 그런 생각을 하셨습니까? 당연히 해야죠. 그렇지만 과외비는 받을 수가 없습니다. 제가 해야 할 일을 하는 것뿐이기 때문입니다."

그해 겨울과 다음 여름까지 약 6개월, 한 주에 두 시간씩 두 아이와 더불어 성경 공부를 했다. 두 아이는 한 번도 늦거나 빠진 적이 없었다. 만약에 'TV는 사랑을 싣고'라는 프로그램에 나갈 수 있다면, 나는 그때의 그 두 아이의 아빠를 찾고 싶다. 성경에 이런 말씀이 있다.

「여호와를 두려워하며 섬기는 것이 지식의 시작인데, 어리석은 사람들은 지혜와 교훈을 가볍게 여긴다.」(잠언 1장 7절)

이 말씀을 그 아버지는 알고 있었다. 성경을 과외했던 두 아이의 성장한 모습이 참 궁금하다. 분명 착실한 사람으로 성장했을 것이다.

드라마 '스카이캐슬'에 등장하는 입시 코디의 예를 보자. 투자해야 할 돈이 수십억 원을 넘는다고 했다. 약간의 과장인지는 몰라도 현실이 그렇다고 한다. 자식의 인생이 걸린 문제이니 그럴 수도 있겠지만, 그러나 그것은 공정의 문제나 형평의 문제에 있어 바람직한 일은 아니라는 생각이 된다.

하나님이 없는 지식과 삶은 그 기초가 흔들린다. 뿌리가 없는 나무는 없다. 우리는 세속의 영화에 대해 생각하기에 앞서 신앙을 위해 무엇을 어떻게 투자할 것인가에 대해 고민해야 한다.

학생들뿐만 아니다. 어른들도 신앙을 업그레이드해야 한다. 공부는 끝이 없다. 인생의 시작과 끝이다. 당연히 시간과 돈을 투자해야 한다. 그리고 부지런함은 필수이다. 그리고 그 행위에는 돈이 들지도 않는다. '가성비' '짱'이 아닌가? 운동, 여행, 성형, 다이어트에는 큰 비용을 투자하면서도 기독교에 관한 책 한 권을 사는 데는 망설이는 오늘의 현실이 아닌가! 이 글을 읽고 있는 당신은 복된 사람이다.

Forgiveness. 25 쓰죽회

'쓰죽회'라는 모임이 있단다.

모은 재산을 다 '쓰고 죽는 모임'이란다.

우연히 만난 친구의 아들에게 물었다.

"아버지 잘 지내시니?" 이 친구의 대답이 걸작이다.

"제 돈 아주 잘 쓰고 계세요!"

자기한테 물려줄 돈을 아버지가 다 쓴다고, 그래서 화가 난다는 말이었다.

세간에 이런 말이 있다.

"재산을 자식한테 안 주면 맞아 죽고, 다 줘버리면 굶어 죽고, 조금씩 주면 더 달라고 쪼여서 죽는다." 그중에 제일 나은 것은 "맞아 죽는 게 제일 낫다. 다 쓰자!" 그래서 '쓰죽회'란다.

정신분석학의 창시자인 지그문트 프로이트는 사람의 성격을 이드(id/욕망), 에고(ego/자아), 슈퍼에고(superego/초자아)로 구분을 했다.

사람은 동물처럼 욕망, 쾌락, 즐거움에 이끌려 산다. 이것을 제어하는 것이 초자아, 슈퍼에고다. 이드(id)는 본능적 욕구의 충동을 따르는 것이고, 초자아는 자신을 감독하고 제어하는 역할을 한다.

에고(ego), 이 자아는 이드와 슈퍼에고의 둘 사이를 조정하는 역할을 한다고 한다. 그런데 이 자아가 망가지면서 그 기능을 잃으면 사람은 욕망의 중심으로 편중되면서, 살아가면서 신의 영역이라 할 수 있는 초자아 쪽으로 기울어진다는 것이다.

사도 바울은 이렇게 지적했다

「내 지체 안에서 하나의 다른 법이 내 마음의 법과 싸워 나를 내 지체 안에 있는 죄의 법의 포로로 잡아가는 것을 봅니다. 아, 나는 비참한 사람입니다! 이 사망의 몸에서 누가 나를 구해 내겠습니까?」(로마서 7장 23~24절)

사도 바울은 자신이 자아 안에 두 개의 법이 싸우고 있다고 했다. 현실과 이상의 싸움이다. 위대한 바울도 그렇게 고민을 했다. 그렇다면 우리와 같은 평범한 사람들은 도대체 어떻겠는가?

이제 나의 남은 인생, 내가 지금 누리고 있고 가지고 있는 모든 것, 재물, 시간, 건강, 사랑, 나를 위해서, 욕망을 따라 사는 것이 아니라, 내 안의 초자아, 슈퍼에고, 하나님의 뜻에 따라 사는 것이 최상의 기쁨이자 행복이다. 사도 바울은 이렇게 말했다.

「육신의 생각은 죽음이지만 성령의 생각은 생명과 평안입니다.」(로마서 8장 6절)

이제부터 내 몸이, 내 생각이, 오늘도 이드(욕망)를 따라가지 않고 슈퍼에고의 영향을 받아 하나님의 성품으로 살아갈 수 있기를 소망해 본다.

스톡홀롬 증후군

1973년 8월, 스웨덴의 스톡홀름에서 대형의 은행 강도 사건이 터졌다.

강도 1명이 인질 4명을 6일간 은행의 대형 금고 속에 가둬 놓고 고문을 한 사건이었다. 결국 범행은 실패했고, 강도는 붙잡혔다. 그런데 은행 강도에 대한 재판이 시작되자 당시 인질이었던 사람들은 모두 강도에게 불리한 증언을 거부했다. 그뿐만이 아니라 강도의 변호사 비용을 대기 위한 모금운동까지 했다고 한다. 이 사건을 계기로 인질이 범인에게 감화되고 범인과 동조하게 되는 병리적 심리 현상을 '스톡홀름 증후군'이라고 한다.

이 이야기를 듣고서 조심스레 잠언의 말씀이 떠올랐다.

「악인을 부러워하지 말고 그들과 어울리려고 하지 마라.」(잠언 24장 1절)

현대인들의 의식구조가 예전과 같지는 않다. 세태는 끊임없이 변하고 가치의 관점도 새롭게 변하기 마련이다. 스톡홀롬 사건에 비추어 인질 편에서 보면 그 은행 강도는 악(惡)과 같은 존재다. 그런데 시간이 흐르면서 악의 입장에 익숙해지다 보니 그 강도가 자기를 이롭게 하는 것은 물론 사회를 도와주는 선인으로 인식하게 하는 착각에 빠지게 된다는 것이다.

악을 처음 대할 때는 목숨 걸고 반대하며 밀어내려고 한다. 그러나 악이 익숙해지면, 악을 악으로 판단하기 어렵게 된다. 한나 아렌트의, '악의 평범성'을 다룬 <예루살렘의 아이히만>을 읽어보면 더더욱 그렇다.

오히려 악을 선이라고 생각한다. 성경은 분명 악인의 형통을 부러워하지 말라 했지만, 악인의 방법대로 해보면 형통해진다. 그때 악은 나에게 선으로 바뀌는 기막힌 현실이 되는 것이다. 세뇌(洗腦)라는 말을 굳이 기억하지 않아도 된다.

세상은 악을 악이라고 말하지 않는다. 선을 선이라고 말하지 않는다.

아니, 사상이, 생각이, 시대의 가치관이 바뀌어서, 어느 것이 악인지, 선인지를 구분할 수가 없다. 그래서 악인의 형통함을 보고 부러워하고 따라 할 수밖에 없는 비극이 시작되는 것이다. 개념에 대한 정의가 불분명하니 이런 일이 생기는 것이다.

강도가 인질을 아무리 도와줬다고 해도 강도는 강도일 뿐이다. 진실한 신앙인은 이 선과 악을 분별할 수 있어야 한다. 세상에서 가장 큰 지혜와 성숙한 신앙인의 자세는 선과 악을 구분할 수 있는 힘이다. 그런 분별력이 지금 우리에게 필요하다.

아담과 하와가 직면했던 금단의 과일 이름이 '선악과'인 것을 기억하라.

「그들은 끊임없는 훈련으로 연단이 된 분별력을 지니고 있어 선과 악을 분별할 줄 아는 사람들입니다.」(히브리서 5장 14절)

이 확실한 분별력만 있으면 세상이 두렵지 않다.

무궁화는 샤론의 장미다

어느 하루 길을 걷고 있었다. 단정하게 차려입은 여자 아이가 길가에 흐드러지게 피어 있는 장미를 핸드폰으로 찍고 있었다.

내가 말했다. "꽃이 꽃을 찍네요."

얼마나 진부한 표현인가. 그러나 그 여자보다 장미꽃들이 더 활짝 핀 풍경이 눈이 부시었다. 정말이지 내 말에 그 꽃들이 먼저 반응을 한 것이었다.

장미의 계절이다. 부천에는 백만 송이 장미 축제가 있단다.

성경에도 장미가 등장한다.

「나는 샤론의 수선화요, 골짜기의 백합화입니다.」(아가 2장 1절)

새롭게 번역한 성경에는 '샤론의 장미'로 표현되어 있다. 영어로 쓰여진 성경에도.'I am a rose of Sharon'이라고 번역을 했다.

이스라엘 지중해 연안 서쪽에 가이사랴와 욥바 사이에, 길이 약 48㎞에 이르는 '샤론(사론) 평야'가 있다.

'샤론'이라는 말은 '숲이 우거진 지역'이라는 뜻이라 한다. 이곳의 흙은 양질의 토양이 아니라서 붉은색 모래로 이루어져 배수가 여의치 않고, 이로 인해 그 지역은 거대한 습지대가 형성되었다. 그러다 보니 자연스럽게 야생화와 잡목이 우거진 수풀로 뒤덮여 농사도 짓기 어려운 땅이 되어버렸다는 것이다.

그러나 제1차 세계대전 이후 1920년부터 유대인들이 이 땅을 집중적으로 매입하여 지금은 이스라엘에서 가장 비옥한 오렌지 생산단지로 탈바꿈을 시켰다. '샤론의 장미'라는 뜻에는 척박한 환경 속에서도 꽃과 식물을 피우는 고귀함, 의로움 등의 숨은 뜻이 있다.

그런데 신기하게도 우리나라 국화인 '무궁화(無窮花)'의 영어 이름이 '샤론의 장미(The Rose of Sharon)'다.

오랜 역사와 더불어 우리 민족과 함께 온갖 영욕을 나누어 오는 동안 자연스럽게 나라꽃이 된 무궁화가 샤론의 장미라니, 역시 무궁화는 꽃 중의 꽃임에 틀림없다.

찬송가 89장에서는 '샤론의 꽃'을 예수라고 소개한다.

아! 이 무슨 기묘한 인연인가! 샤론의 장미를 우리나라 국화로 가지고 있다는 것을 어떻게 설명을 할까?

예수님이 우리의 국화라는 말이다. 꽃 이름대로 이 나라가 앞으로 샤론의 장미처럼, 예수의 꽃이 활짝 피어나기를 기대한다.

앞으로 우리는 무궁화를, 샤론의 장미로, 예수님의 꽃으로 부르자.
무궁화는 예수님의 꽃이다.

자화자찬

<자유와 존엄을 넘어서>라는 책이 있다.

하버드대학의 심리학과 교수이자 20세기의 가장 영향력 있는 학자이며, 동시대의 가장 위대한 심리학자로 꼽히는 '벌허스 프레데릭 스키너'가 쓴 책이다. 행동주의에 입각한 행동분석의 바이블이기도 하다. 이 책은 스키너로 하여금 사회사상가로서의 불멸의 업적을 남기게 만든 책이기도 하다.

스키너는 동물의 한 종으로서 인간의 행동을 반응행동과 작동행동으로 분류했다. 반응행동은 무릎 아래를 두드리면 다리가 쭉 펴지는 슬개건 반사를 말한다. 작동행동은 '자발적인 행동'을 말한다. 그 자발적 행동의 특징 중 하나는 '칭찬받은 행동을 반복한다'라는 의미를 내포하고 있다고 한다. 칭찬이란, 긍정적인 결과가 일어나거나 외부에서 포상을 얻는 등의 넓은 의미를 포함하고 있다.

즉, 사람은 칭찬을 받으면 같은 행동을 무한으로 반복하는 경향이 있다는 것이다. 그것을 성경에서는 이렇게 해석을 한다.

「옳다고 인정함을 받는 사람은 자화자찬하는 사람이 아니라 오직 주께서 칭찬하시는 사람입니다.」(고린도후서 10장 18절)

칭찬을 2가지로 소개했다. '스스로 칭찬'하는 사람과 하나님을 포함하는 제 3자의 칭찬이다.

칭찬은, '쉬니스타오(συνιστάω)'라는 뜻인데, '함께 두다', '좋게 소개하다'라는 뜻이 있다. 칭찬은 '남에게 좋게 소개한다'라는 뜻이다.

'자기'를 다른 사람들에게 스스로 좋게 소개하면 '자화자찬'이 된다. 팔불출이다. 그래서 자화자찬하지 말고, 제3자인 하나님의 칭찬을 받는 사람이 진짜 옳은 사람이며 인정을 받는 사람이라는 것이다.

PR(Public Relations)이라는 용어가 있다. '기업이나 단체가 공중의 이해와 협력을 얻기 위해 자신의 태도와 의지를 커뮤니케이션 수단을 통해 설득하는 행위'를 말하는 단어이다. 그런데 이 말을 '피(P)가 나도록 자기를 알(R)리는' 것으로 바꿔 유행어가 된 적이 있다. 맞는 말이다.

'피가 나도록 자화자찬'하라는 말이다. 자기를 스스로 인정하지 않으면 남들도 그것을 인정하지 않는다. 하나님도 인정하지 않으신다.

그러니 하나님이, 제3자가, 당신을 누군가에게 좋은 말로 소개하는 사람이 되도록 해보라. 그러므로 자화자찬은 교만의 시작이다.

Forgiveness. 29 안전 운전 꿀팁

'안전 운전하는 꿀 팁'이라는 내용의 SNS 글이다.

① 도로 위에서는 '나 빼고 다 미친놈이다.'라고 생각하면 된다.
② 설마 저기서 꺾겠어? - 그러나 꺾는다.
③ 설마 저기 깜빡이 없이 내 앞으로 끼어들겠어? -끼어든다.
④ 저 틈으로는 못 지나갈 것 같은데? -일단 들이민다.
⑤ 순서상 내가 가는 거 맞지? -맞긴 하는데 상대의 생각은 다르다.

그렇다. 운전하는 사람들은 충분히 공감한다.

운전하는 사람과 대화하면 좋을 법도 한데 운전에 방해가 될까봐 소통이 안 되니 무언의 행동으로 소통을 해야 한다. 텔레파시로 연결된다면 얼마나 좋을까!

사람과의 관계도 운전을 하는 것과 같다. 운전이든, 삶의 영위에 있어서 보다 안전하려면 위에 열거한 이러한 가장 좋은 방법이 있다. 이 다섯 가지를 나에게 그대로 적용하면 된다. 이 다섯 가지를 남들이 지키기를 기다리는 것보다 내가 먼저 시작하는 것이 중요하다. 남에게 굳이 강요할 필요가 없다. 씨알도 안 먹히니까.

그래서 성경은 이렇게 설파한다.

「어떤 사람이 무슨 범죄를 한 일이 드러나거든 영의 사람인 여러분은 온유한 마음으로 그런 사람을 바로잡아 주고 자기를 살펴 유혹에 빠지지 않도록 하십시오.」(갈라디아서 6장 1절)

가장 중요한 것은 '살펴'인데, 이 말의 어원은 '스코페오(σκοπέω)이다. '눈을 고정하다'라는 뜻이다.

즉, 자기 눈을 타인이 아닌 자신에게 고정하라는 말이다. 남에게 고정하면 모두 남의 허물만 보인다. 자기 성찰을 견고하게 하라는 말이다.

그런데 세상은 나 혼자만 성찰한다고 해결될 문제가 아니다. 그래도 시도는 해보아야 한다. 반복은 완성을 낳는다.

그렇다고 손해 볼 일은 없다. 그렇지만 누군가 손해를 보지 않으면 운전과 세상은 유지되기 어렵다. 세상은 손해를 보는 사람이 있어야 된다. 다만 그것이 최소한이면 된다. 그렇게 노력해야 한다.

성경은 말씀하신다.

「타락한 사람을 경멸하고 여호와를 경외하는 사람을 존경하며 손해를 봐도 맹세를 지키며」(시편 15편 4절)

이 아름다운 말을 기억해야 한다. 손해를 봐도 법을 지키고, 손해를 봐도 정도를 가는 것이 중요하다. 신앙을 갖는 것은 참 어렵다.

나만 손해 보는 것 같아서 울고 싶을 때가 많다. 좁은 문을 통과해야 하는 신앙의 길에만 국한되는 것은 아니다.
좁은 길을 불평하지 않고 가는 사람이 많아야 세상은 안전해진다.
좁고 불편한 길, 감당함이 마땅하다. 그래야 세상은 굴러간다.

Forgiveness. 30 호떡 값이 올랐습니다

어린 삼 남매를 데리고 홀로 사는 여인이 길거리에서 호떡 장사를 하고 있었다. 혹독하게 추웠다. 한 노신사가 묻는다.

"호떡 하나, 얼마입니까?"

"천원입니다."

그런데 노신사는 호떡을 가져가지 않고 돈만 놓고 가면서 이렇게 말했다,

"저는 위가 좋지 않아서, 먹은 셈으로 하겠습니다."

매번 올 때마다 그 노신사는 그 사장님이 부끄럽지 않게 호떡을 샀다.

그렇게 1년이 지나갈 무렵이었다. 크리스마스 캐롤이 울려 퍼지는 성탄전야에 역시 그 신사는 어김없이 나타나서 천원을 놓고 발길을 돌렸다. 그때 황급히 따라 나오는 여자의 얼굴에 중대한 결심을 한 듯 상당히 상기되고 분명한 말투로 이렇게 말하는 것이었다.

"저, 손님, 호떡값이 올랐습니다."

대체 이를 어쩌란 말인가!

은혜를 당연한 것으로 여기는 이들에게 경종을 울리는 이야기다. 처음 받은 은혜가 감사해서 눈물로 하나님께 고백했던 날이 지나고 언젠가 부터는 당연한 것처럼 우리는 하나님께 생떼를 쓸 때가 있다. 시혜에는 세금이 없고. 기간도 유효하지 않으며, 조건이 없다.

호떡 값이 올랐다고 염치없이 더 요구할 일이 아니다. 하나님을 향하여 원망의 세월을 보낸 적이 얼마나 많았는가! 받은 은혜, 받은 달란트, 은사의 경우를 생각하면 그 모든 것이 나에게는 벅찬 은혜요 축복이었다. 그걸 잊고 살아온 세월이 너무나 길었다.

성경은 말한다.

「하나님의 은사와 부르심은 번복(후회)될 수 없습니다.」(로마서 11장 29절)

은사는 하나님이 주신 축복의 내용이며, 부르심은 은사를 얼마나 잘 활용하고, 적용하느냐이다. 그럼에도 불구하고 후회나 번복을 하지 않으신다는 말씀이다.

번복의 어원은 '아메타멜레토스(ἀμεταμέλητς)'인데, '취소할 수 없다'라는 뜻이 있다. 하나님의 은사와 부르심은 취소할 수가 없다.

하나님은 은혜를 잊어도 은사와 부르심을 '취소하지 않는다'는 것이다. 힘들고, 포기하고 싶고, 책임을 회피하고 싶지만, 하나님은 취소할 수 없다고 하신다. 받아 놓은 밥상이다. 회피한다고 지나갈 일이 아니다.

감사함으로 최선을 다하면 더 큰 축복이 기다리고 있다.
호떡 값이 오르듯 감사의 마음도 저절로 오르면 얼마나 좋을까!

V. 친절

(Gentleness)

부드러운 혀와 말을 갖는 것.

모하메드 벳 핫산

고대 바빌론의 역사에 남아 있는 이야기이다.

절대권력의 후계자인 왕자가 유프라테스 강에 나가서 물놀이를 하면서 더위를 식히고 있었다. 그런데 갑자기 강물이 불어나 왕자는 그만 물결에 휩쓸려 떠내려가고 말았다. 왕은 군대를 총동원해서 아들을 찾기 위해 온갖 노력을 다했지만 찾을 수가 없었다. 강 하류를 샅샅이 수색해도 찾지 못한 왕은 자기 아들이 죽은 줄 알고 크게 절망했다.

그런데 뜻밖에 많은 시간이 지난 후 왕자가 어느 깊은 강의 바위 위에서 살아있는 채로 발견되었다는 소식이 전해져 왔다.

왕은 기적적으로 살아난 왕자에게 어떻게 살아있게 되었는지 물어보았다.

"강 위를 떠내려가다가 다행히 한복판에 우뚝 솟은 바위에 걸려서 바위 위로 올라올 수가 있었고, 아침저녁으로 빵이 들어있는 가죽 주머니가 떠 내려와 그것을 먹고 목숨을 유지할 수 있었습니다."

가죽 주머니에는 '모하메드 벳 핫산'이라는 이름이 새겨져 있었다. 그 사람을 탐문하며 수색해 보았더니 실제로 그 사람이 거기에 살고 있었다. 이 사람은 하루도 빠짐없이 아침저녁으로 가죽에 빵을 담아서 강 하류로 떠내려 보냈다고 했다.

왕이 그에게 그렇게 한 이유를 물어보았다.

"우리나라 속담에 '선행을 하라, 빵을 물 위에 던지라. 그러면 그대에게 어느 날 반드시 보상되리라'라는 말이 있지 않습니까? 저는 그 속담이 사실인지 아닌지를 알아보고 싶었습니다."

이 이야기는 성경에 있다.

「네 빵을 물 위에 던져라. 여러 날 후에 네가 다시 찾게 될 것이다.」(전도서 11장 1절)

'던져라'라는 말은 '주다'인데, '포기하다'라는 말도 있다. 우리는 모두 내가 가진 빵들을 물에 던지는 사람들이 되어야 한다. 빵은 상징의 언어이다. 그 말의 깊은 의미는 돈, 사랑, 진실, 말투, 눈빛, 손짓, 미소, 아주 약한 한숨까지 물에 던지라고 말한다.

중요한 문제는 이것이다.

기대하지 말고 던져라.

전혀 예상치 않는 시간에, 예상치 않는 분량으로, 전혀 예상치 못한 사람에게서 다시 그 복이 되돌아올 것이다. 오늘 무엇을 던질 것인가, 그렇게 고민하는 사람은 정말 복되다.

왜냐하면, 던질 것이 있기 때문이다. 소유의 문제가 아니라 마음의 문제이다.

흘러가는 강물에, 세상을 향해, 나의 무엇을 던져보자. 소중한 그 무엇이 무용지물이 될 때도 있다. 집착이 아니면 된다. 버려라.
반드시 되돌아온다.

조직이론이 있다. 그 근거를 예시하는 것으로 가장 처음으로 등장한 것이 당근과 채찍으로 상징되는 'X이론'이다.

이 이론에 의하면 인간은 원래 게으르고 이기적이며 일하는 것을 싫어한다는 것이다. 이러한 사람들을 가장 효율적으로 움직이게 할 수 있는 것이 바로 당근과 채찍이라고 한다. 아무리 게으른 인간이라도 당장 눈앞에 보이는 당근을 위해서는 무조건 열심히 일하게 된다는 것이다.

이 이론을 즐겨 사용한 사람이 자동차의 왕이라 불리는 헨리 포드였다.

1914년 어느 추운 겨울날, 그는 자동차 생산 공장 근로자의 임금을 일당 2.34달러에서 5달러로 2배 이상 인상한다고 발표를 했다. 그다음 날 아침 공장 정문에는 믿을 수 없을 만큼 구직 인파들이 줄을 섰다. 그러자 기존의 근로자들은 직장에 쫓겨나지 않으려고 더욱 열심히 일을 하는 것이었다. 그 결과 당연히 생산성이 그 이전보다 훨씬 더 높아졌다고 한다.

이것이 전형적인 당근과 채찍 이론의 실체이다. 인간은 첫 사람이었던 아담이 범죄를 저지른 이후로 하나님이 주신 성실성과 근면함도 함께 잃어버렸다. 이런 속성을 잘 아시는 하나님께서도 X 이론을 사용하셔서 인간을 섭리하고 다스리신다. 하나님은 철저하게 상과 벌로 보상하신다.

성경에는 이런 상급에 관한 구절들이 많다.

「악(惡)한 사람에게 돌아오는 상은 헛되지만 의(義)를 심는 사람은 반드시 상(賞)을 얻는다.」(잠언 11장 18절)

「심는 사람과 물을 주는 사람은 하나이며 각각 자기의 수고한 대로 자기의 상을 받을 것입니다.」(고린도전서 3장 8절)

압권은 이 말씀이다.

「하나님께 나아가는 사람은 하나님이 계신 것과 하나님은 그분을 간절히 찾는 사람들에게 상(보상해)주시는 분임을 믿어야 합니다.」(히브리서 11장 6절)

세상의 법칙 역시 권선징악(勸善懲惡)을 말한다. 선을 권하고 악을 징계한다.

세상의 원리나 하나님의 원리 또한 다르지 않다. 이 보상의 법칙, 당근과 채찍의 이론이 없다면 그나마 남아 있는 선함도 없이 한순간에 세상은 지옥으로 변할 것이다. 그래서 성경은 말한다.

「선(善)을 행하다가 낙심하지 마십시오.」(데살로니가후서 3장 13절)

하나님은 선에 대한 보상은 반드시 하신다.
가장 큰 상은 천국이다.

네 동생을 그렸구나!

미국에서 매우 유명한 벤자민 웨스트(Benjamin West)라는 화가가 있다.

미국 독립 전쟁과 7년 전쟁 전후의 역사화를 그린 신고전주의 계열의 화가이다. 이 화가의 어릴 때 이야기다.

어느 날 그의 어머니가 외출을 하면서 장난꾸러기 여동생 샐리를 잘 돌보라고 부탁을 했다. 그제 네 살이 된 동생은 온갖 개구쟁이 짓을 할 뿐이었다. 누가 말릴 수 있겠는가. 자신도 역시 열 살밖에 되지 않았기 때문에 엄마도 없는 집에서 온종일 동생과 있어야 하는 건 나름 너무나 힘든 일이었다. 심심하기도 했다. 그런데 높은 책상 위에 잉크병들이 나란히 놓여 있는 것이 보였다. 벤자민은 의자를 갖다 놓고 거기에 올라서서 병을 모조리 끌어내려 종이를 펴놓고 샐리의 얼굴을 그리기 시작했다.

그런데 샐리가 장난치며 잉크병들을 엎질렀다. 벤자민은 동생을 말리다가 또 엎지르며 잉크가 방 안 여기저기 튀면서 샐리의 얼굴에도 묻는가 하며 온통 난리가 났다. 우여곡절 끝에 벤자민은 대충 정리를 해놓긴 했지만, 엄마가 오면 야단맞을 것을 생각하며 잔뜩 겁을 집어먹고 있었다.

집으로 돌아온 어머니는 엉망이 되어있는 방 안을 한번 훑어보더니 수건을 가져와 조용하게 샐리와 벤자민의 얼굴에 묻은 물감을 닦아주었다.

그리고 걸레를 가져다가 방바닥을 닦으며 집안을 정리했다. 그러다가 벤저민이 그린 그림을 한참 들여다보더니 화가의 길을 여는 말씀을 하셨다.

"아, 샐리를 그렸네. 네 동생을 잘 그렸구나!"

어머니는 물감이 묻어 있는 벤자민의 이마에 키스를 해주었다. 바로 그 순간 엄마의 키스는 그에게 잊을 수 없는 기억이 되었다고 한다.

"네 동생을 잘 그렸구나!"

그 후로 벤자민은 엄마의 격려에 힘입어 사람들에게 감동을 주는 유명한 화가가 되었다.

틀림없이 야단맞을 거라고 잔뜩 겁을 먹었던 벤저민에게 엄마의 키스와 격려는 평생 잊을 수 없는 가르침이 되었다, 뿐만 아니라 끊임없이 솟아오르는 화가의 열정을 심어주는 뿌리가 되었다고 그는 말했다.

사도 바울도 칭찬을 했다.

「여러분이 내 환난에 함께 참여했으니 잘 했습니다.」(빌립보서 4장 14절)

주변을 돌아보라.
당신의 칭찬 한마디가 상상할 수 없는 결과를 만들어낸다.

진짜 순 참기름

시골에서 사는 어떤 노부부가 뉴욕에 사는 아들의 집으로 여행을 갔다. 아들에게 먹일 음식재료를 사러 한국인이 운영하는 슈퍼마켓에 간 노부부는 '순 참기름'이라는 제품을 사서 먹게 되었다. 그런데 맛이 완전히 '가짜'였다. 자신들이 시골에서 직접 농사를 지어 만들어 먹던 그 진짜 참기름 맛이 아니었다. 순간 노부부는 생각했다. 한국에서 진짜 참기름을 가져와서 팔면 대박이 날 것으로 말이다.

들뜬 마음에 한국으로 돌아와서 열심히 '진짜 참기름'을 짜서 미국에 가져가 상품으로 내놓았다. 제품의 제목은 이랬다. '진짜 순 참기름'.

그런데 엄청나게 팔릴 걸로 기대했던 그 '진짜 순 참기름'은 자신들의 생각과는 정반대였다. 노부부의 참기름은 거의 팔리지 않았고 결국 쫄딱 망하게 되었다.

그 이유는 간단했다. 사람들은 노부부가 만든 것이 '가짜'라며 계속 '가짜 참기름'만 사는 것이었다. 노부부는 자신들이 만든 기름이 진짜라고 말했지만 그것을 명확하게 증명할 길이 없었다.

오로지 맛으로 증명할 길밖에 없는데 요원한 일이었다. 진짜 맛을 아는 사람들은 애초에 없었던 것이다. 뉴욕의 '많은 한국인의 입맛은 이미 가짜에 완전히 적응'이 되어 있었던 것이다.

가짜가 진짜를 이기는 세상이다.

사람들은 내가 믿고 있는 가짜를 모두 진짜라고 믿는다.

자기도 모르게 가짜에 익숙해서 진짜를 분별할 수 없게 되었기 때문이다.

진짜 기독교, 진짜 복음을 들어 본 일이 없어서 가짜가 가짜인 줄 모르고 신앙생활을 할 수밖에 없는 것이 아닐까!

성경에 이런 말씀이 있다.

「여러분은 이 세대를 본받지 말고 오직 마음을 새롭게 함으로 변화를 받아 하나님의 선하시고 기뻐하시고 온전하신 뜻이 무엇인지 분별하도록 하십시오.」(로마서 12장 2절)

변화를 받아들이지 않으면 분별을 할 수가 없다.

오늘의 기독교가 이런 건 아닌지 자문을 하게 된다. 더 이상 전도와 성장이 이루어지지 않고 현 상태에서 멈춘 것이 아닌가 하는 의문을 품게 된다. 그 이유가 바로 어쩌면 '진짜 기독교'가 전파되지 않아서인지 고민하게 된다.

가짜인 이단을 분별하지 못하고 속아 넘어가는 이유도 '진짜가 무엇인지 몰라서' 그런 것은 아닐까! 그래서 오늘의 현실이 더욱 무섭다.

우리나라 위폐 감별사 1위인 사람이 이렇게 말했다.
자기는 항상 진폐만 만지고 있다. 그러기 때문에 위폐가 손에 들어왔을 때 바로 분별할 수 있다는 것이다.
우리도 진짜 기독교 신앙만 고수해 보자.

정신과 의사 정혜신 선생이 쓴 <당신이 옳다>는 책이 있다.

이 책에 '심리적 CPR'이라는 용어가 나온다. CPR은 '심폐소생술'의 약자라고 한다. '심장의 박동과 호흡이 멎은 상태를 정상으로 회복시키는' 처치 방법이다. 이때 오로지 심장 박동에만 집중하여 압박해야 한다고 지적한다.

이런 'CPR'이라는 약자와 '심리적'이라는 단어를 합하여 만들어진 용어라 할 수 있다. 그리하여 힘들고 상처받은 이들에게 '심리적 CPR'이 필요하다는 것이 이 말의 핵심요지이다. 삶이 힘들고, 죽고 싶고, 포기하고 싶은 사람들이 이 처치를 받아 마음이 치료받도록 하는 방법이라는 것이다.

즉, '내' 존재 자체에 집중해서 '나'가 돌아오도록 힘을 쓰면, 그 심장의 힘으로 나머지 다른 모든 장기가 스스로 움직이듯, 마음이 제대로 치료받으면 삶의 모든 부분이 해결된다는 논리다.

그 여러 가지 방법 중에서 죽고 싶을 만큼 고통 중에 있는 사람들에게는 절대로 '충고, 조언, 평가, 판단'을 하면 안 된다는 부분이 나온다. 첫 자를 따서 '충조평판'이라고 한다. 사람들은 대개 이 '충조평판'을 통해서 2차 가해를 한다는 것이다. 그러나 정작 이 사람들은 그것이 가해라고 생각하지 않는다는 것이다.

성경에 이런 말씀이 있다.

「그분이 내 입을 예리한 칼처럼 만드셨고」(이사야 49장 2절)

그렇다. 나는 이토록 날카로운 지적을 들은 적이 없다.

사람의 말과 입은 날카로운 칼이다.

이 칼은 사람을 죽일 수 있는 무기가 되기도 하고, 사람을 살릴 수 있는 수술의 도구가 되기도 한다. 우리는 어쩌면 그 날카로운 칼로 '충조평판'하며 사람들을 더 깊은 동굴 속으로 몰아넣을 수 있다. 많은 사람들이 이런 사실을 간과하고 있다. 혹자는 더 나아가 자신의 지식과 상대적인 우월감에 젖어 난도질을 하는 경우도 있다. 본인만 모르고 있으면서 말이다.

그래서 저자는 사람에게 가장 필요하고 좋은 질문은 이런 말이라고 한다.

'요즘 마음이 어떠세요?'

이렇게 묻는 것만으로 심리적 CPR이 된다는 것이다.

사람들은 자기의 짧은 소견, 경험에도 불구하고 진정한 마음으로 도와준답시고 충조평판에 열을 올린다.

세상이 온통 거짓과 위선으로 가득 찬 세상이다. 그래서 상처받은 영혼들에 '심리적 CPR', 마음을, 심장을 어루만지듯 위로하고 치유할 수 있는 사람이 필요하다.

우리가 본래 가지고 있는 심리적 CPR 자격증을 장롱 면허로 만들면 안 된다.
오늘 바로 자격증을 갱신해서 '요즘 마음이 어떠세요?'라고 물어보라.

남자 하인 서비스

미국에서 인기를 끌고 있는 직업이 있다고 한다.

그 직종은 바로 맨 서번츠(Men servants)라고 부르는데, 일명 '남자 하인 서비스'라고 한다. 여성 고객의 요청에 따라 업체에서 엄선된 완벽한 남성을 파견시켜 각종 편의를 돌보게 하는 것이다.

아이돌 스타처럼 훌륭한 외모, 온화한 성격, 유머 감각을 겸비한 남성들이 주류 서빙, 데이트 상대, 네일 아트, 부채질 등 여성이 필요로 하는 모든 일을 다 해준다고 한다. 다만 성적접촉은 절대적으로 금지한다고 한다. 비용은 시간당 120달러(한화 약 14만 원)로 제법 비싼 편인데도 불구하고 벌써 뉴욕에 세 번째 지사를 낼 정도로 인기를 끌고 있다고 한다.

사람들은 선천적으로 모두 누군가에게 봉사를 하거나 하인의 신분으로 살기를 싫어한다. 이 업체는 그런 빈틈을 잘 공략한 것이 아닌가 하는 생각이 든다. 그런데 성경에 보면 이런 말씀이 있다.

「인자 역시 섬김을 받으러 온 것이 아니라 섬기러 왔고, 많은 사람을 위해 자기 목숨을 대속물로 주려고 온 것이다.」(마태복음 20장 28절)

예수님의 모습을 본받으며 살아야 할 우리에게 섬기려고 오신 분을 기억해야 하는 이유다. 광의의 범주에서 예수님 역시 이 땅에 오실 때 '맨 서번츠'(Men servants)로 오셨다고 할 수 있다. 예수님은 이 세상을 위해 하인으로 오셨다는 말이다.

그렇다면 신앙인인 우리 평범한 사람들 역시 세상을 위한 일에 종사자가 돼야 한다는 결론에 이른다. 나아가 성경은 이렇게 덧붙인다.

「그러나 이제 여러분은 죄에서 해방되고 하나님의 종이 되어 거룩함에 이르는 열매를 맺고 있습니다. 그 마지막은 영생입니다.」(로마서 6장 22절)

섬김의 자세보다 한 걸음 더 나아가 하나님의 종이 되고, 종의 모습으로 살라 하신다.

한국어 성경 번역 중에는 오역들이 많다. '빵'을 '떡'으로 번역한 것과 특별히 '종'이라고 하는 헬라어 '둘로스(δοῦλος)'는 종이 아니라 '노예'로 번역해야 한다는 것이 필자의 생각이다.

처음 영어(King James Version)로 번역할 때는 노예제도가 성행했던 시절이었기에 '노예(slave)'라는 단어를 못 쓰고 '종(servants)'이란 단어를 선택했다.

즉, 우리는 섬김의 삶을 살도록 부름을 받은 주님의 노예들이다. 귀한 깨달음이 있기를 소원해 본다.
오늘도 누군가의 '맨 서번츠'(Men servants) 직원이 되어 보자.

이서윤, 홍주연이 지은 <더 해빙'(The Having/부와 행운을 끌어당기는 힘>이란 책을 보면 이런 글이 있다.

"진짜 부자들의 공통점은 좋은 인연을 알아보고 그것을 소중히 가꿔간다는 데 있죠. 그들이 인연을 통해 해빙(Having)의 과실을 거두게 되는 것도 이 때문이죠. 여기서 귀인(貴人)이라는 단어가 생각납니다. '나에게 좋은 일이 생기도록 도와주는 귀한 사람'이란 뜻입니다."

그렇다. 살아가면서 귀인이라 지칭되는 좋은 사람을 만나는 것은 복된 일이다. 그런데 그런 귀인이 도대체 누구인지, 또 언제 만날지는 아무도 모른다. 그래서 귀인을 만나기란 쉽지 않은 일이다. 보통의 사람들은 귀인을 만나도 그 존재가 귀인인 줄 모르고 스쳐지나가는 경우가 허다하다.

귀인을 만나는 좋은 방법을 나는 알고 있다. 내가 만나는 모든 사람을 귀인이라고 생각하는 것이다. 성경에도 그 방법을 분명하게 제시하고 있다.

「나그네 대접하기를 소홀히 하지 마십시오. 어떤 사람들은 나그네를 대접하다가 자기도 모르게 천사들을 대접했습니다.」(히브리서 13장 2절)

아무런 의식을 하지 않고 지나가는 나그네를 대접했는데 먼 훗날 알고 보니 천사였다는 것이다. 그렇다. 당신 주변에 있는 모든 사람이 귀인이다.

그리고 한 가지 더 생각할 것이 있다. 늘 귀인을 만나기를 소망하기보다는 '내가 귀인이 되는 것'이다. 내가 먼저 좋은 사람이 되고자 노력해야 한다. 좋은 사람 만나기를 소망하기보다는 당신이 모든 사람에게 귀인이 되는 것이 정말 중요하다. 내가 좋은 사람이 아닌데 귀인을 만난들 무슨 소용이 있을까!

더욱 확실한 방법이 있다. 성경은 준엄하게 말씀하신다.

「왕들을(개정 개역에는 '귀인') 의지하지 말고 사람의 자손들을 의지하지 마십시오. 거기에는 도움이 없습니다.」(시편 146편 3절)

옛날에는 최고의 귀인은 왕이었다. 그런 왕조차 의지하지 말라는 것이 성경의 권고다. 오직 하나님께 의지하고 도움을 요청하라는 말이다.

제일 탁월한 방법은 내가 먼저 좋은 사람과 귀인이 되는 것이요, 나아가 하나님을 의지하는 것이다.

이제 좋은 사람, 귀인은 찾지 마라. 당신이 귀인이고 좋은 사람이면 된다. 그러면 하나님이 도와주신다.
평범하지만 극명한 사실, 지금 바로 당신 옆에 있는 사람이 모두가 진짜 귀인이다.

해가 떠 있었다

수원에 사는 어느 아가씨가 처음 차를 사서는 호기롭게 서울의 한강을 구경하며 드라이브를 하고 싶어 집을 나섰다.

출발 시각이 새벽 1시였다. 네비게이션도 제대로 못 확인하고, 차선도 제때 바꾸지 못하며 차는 이상한 곳으로 빠지기를 반복했다. 멘붕을 겪으면서 겨우 도착한 곳을 확인해보니 팔당댐이었고 시간은 새벽 3시였다.

겨우 주차를 하고 나서는 긴장이 풀렸는지 자신도 모르게 서럽게 울기 시작했다는 것이다. 그 와중에도 배는 고파 24시간 편의점 카페에 들러 핫초코를 마시며 여전히 훌쩍거리고 있었다. 마침 그 곁을 지나던 바이크 동호회 아저씨들이 왜 그렇게 우느냐고 묻는 것이었다. 아가씨는 더욱 서러워져 아예 꺼이꺼이 오열을 하며 자초지종을 설명했다.

"집이 수원인데, 한강 드라이브, 운전 못 해서, 길을 못 찾아서!"

그때 아저씨들이 친절하게 나서서 도와주겠다며 일단 차에 타라고 하더란다. 다시 시동을 걸고 길을 나섰다. 동호회 회원들은 차의 앞뒤 좌우로 바이크 4대로 둘러싸고 달리기 시작했다. 아가씨는 호위를 받으며 길을 떠나는 귀빈이 된 기분이었다.

앞의 두 분은 신호에 맞춰서 차선을 바꾸어 주었고, 뒤에 두 분은 가드를 쳐주시며 무사히 톨게이트 근처까지 도착하게 해주었다. 그리고 아저씨들은 뒤도 돌아보지 않고 홀연히 사라지는 것이었다.

우리는 가끔 이런 동호회 회원 같은 이들을 만날 수 있다. 예수님 역시도 그러하셨다.

「그러자 마귀는 예수를 떠나갔습니다. 그리고 천사들이 와서 예수를 섬겼습니다.」
(마태복음 4장 11절)

예수님은 공생애 시작 전에 40일의 금식기도 후에 사탄, 마귀의 시험을 당했다. 그때 말씀으로 승리하시자 마귀는 떠나고 곧 천사의 수종, 섬김을 받으셨다.

섬김의 단어는 '디아코네오(διακονέω)인데, '종이 되다', '수행원이 되다.', '봉사하다'라는 뜻이 있다. 또한 '기다린다'라는 뜻도 포함되어 있다. 기막힌 표현이다. 수행원은 기다리는 것을 직업으로 삼은 사람들이다. 늘 대기하고 있다. 당신에게는 앞서 가셔서 늘 좋은 것으로 예비하시는 하나님이, 4대의 바이크 동호회 회원처럼, 천사처럼, 수행원으로 대기하고 계신다.

그러니 무슨 일을 하든지 담대하게, 주눅 들지 말고, 떳떳하고 활기차게, 용기를 가져야 한다. 세상에 맞서 힘차게 싸워야 한다.

떨지 마라. 당신에게는 천사처럼 대기하고 있는 많은 이들이 있다.
하지만 마귀도 대기하고 있다는 걸 결코 잊지 마라.

Gentleness. 9 꾸바드(couvade) 증후군

요즘은 아기가 태어나기도 전에 예비 아버지들이 아이의 출생에 많은 관심을 보인다고 한다.

그런 관심이 지나친 어떤 남편들은 아내가 임신 중에 함께 식욕 상실, 매스꺼움, 구토, 치통과 같은 증상을 겪기도 한다는 것이다. 이처럼 아내의 임신과 출산 중에 나타나는 남편의 여러 가지 심리적, 신체적 증상들을 영국의 정신분석학자인 트리도우언은 '꾸바드(couvade) 증후군'이라고 불렀다.

꾸바드는 불어 'couver'에서 온 말로 '알을 품다, 부화한다'라는 뜻이 있다. 심리학 용어로 인용되는 이 증상은 임신 3개월 경에 가장 심하다고 한다. 그리고 점차 약해지다가 임신 말기가 되면 또다시 심해진다는 것이다.

이 증상은 비단 신체적 증상에만 그치지 않고 우울증과 긴장이 고조되고 신경과민적인 심리적 증상으로도 나타난다. 즉, 아내를 극심히 사랑하기에 나타나는 증상이다. 그렇다. 누군가의 아픔과 고통에 동의하고, 동참하는 표현의 다른 이름이 꾸바드 증후군이다. 예수님이 이런 말씀을 하셨다.

「우리가 너희를 위해 피리를 불어도 너희는 춤추지 않았고, 우리가 애도하는 노래를 불러도 너희는 슬피 울지 않았다.」(마태복음 11장 17절)

세상은 타인에게 관심이 없다. 자신에게만 관심이 있다. 자신의 고통과 아픔을 감당하기 힘들기 때문에 타인에게 관심을 가질 수 없는 세상이다.

살기 좋은 세상이 되려면 이런 '꾸바드 증후군'에 빠질 필요가 있다. 누군가 옆에 울고 있는지, 고통당하고 있는지, 슬픔에 빠져 죽음을 염두에 두고 있는지, 서로 살피며 같은 마음으로 울고, 기도해 주는 사람이 필요하다.

'나'만 생각지 않고, '너'를 생각하는 세상, 그곳이 바로 천국이 아니겠는가!

가정, 교회, 직장, 삶의 자리에서 이런 '꾸바드 증후군'에 빠진 이들이 있을 때, 하나님은 진정으로 기뻐하실 것이다.

예수님도 예루살렘 성을 보고 우셨다. 예레미야는 나라를 위해 울어 눈물의 선지자가 아닌가! 누군가를 위해 '울 수 있는 마음'은 하나님이 주셔야 가능하다. 이 마음을 소유하시기를 진정으로 소망해 본다.

Gentleness. 10 서부 마차 3등석 자격

미국 서부 개척시대의 대표적 이동 수단은 마차였다.

마차의 크기는 작지만 1, 2, 3등석으로 구분하여 승차권을 판매했다고 한다. 당시 도로의 포장상태가 여의치 않았기에 먼 길을 가다 보면 자주 고장이 날 수밖에 없었다. 1, 2, 3등석의 차이는 고장 났을 때 구분됐다고 한다.

1등석은 고장이 나도 관여하지 않고 자리에 앉아 있는 사람, 2등석은 마차가 수리될 때까지 내려서서 구경하는 사람, 3등석은 고장이 나면 즉시 내려서 마부와 함께 수리에 참여하는 사람이었다고 한다. 그래서 마부들은 출발 전에 누가 3등석에 앉아 있는지 눈여겨봤다고 한다. 왜냐하면 3등석 승차권을 가진 사람들이 일꾼의 역할을 제대로 해주어야만 마차가 목적지까지 무사히 쉽게 도착할 수 있기 때문이었다. 성경에 이런 말씀이 있다.

「하나님의 능력의 역사하심으로 인해 내게 주신 하나님의 은혜의 선물을 따라 내가 일꾼이 됐습니다.」(에베소서 3장 7절)

일꾼은 '디아코노스(διάκονος)'다. '시중드는 사람, 명령을 수행하는 사람'이라는 뜻이다.

요즘 보통의 가정과 교회를 비롯해 여러 직장 곳곳에는 1등석과 2등석의 소유자만 있고, 정작 일을 해야 할 3등석의 일꾼들이 적은 것이 현실이다. 사실 세상은 어쩌면 3등석을 가진 이들 때문에 유지되고 있다고 해도 과언이 아니다.

교회를 예로 들어 보자. 교회에 어렵고 힘든 문제가 있으면 그것을 풀어갈 생각은 하지 않고 가만히 앉아서는 기도하지도, 전도하지도 않는 1등석 성도가 있다.

문제가 있을 때 해결할 생각은 하지 않고 그냥 내려서서 구경하며 이래라 저래라 지시만 하는 2등석 성도도 있다.

그리고 직접 문제를 해결하고, 전도하고, 기도하고, 몸부림치는 3등석 성도가 있다.

당신은 지금 몇 등석 승차권으로 신앙생활을 하고 계신가?

그런데 생각해 보면 교회에도 1등석, 2등석, 3등석 모두가 있어야 한다. 왜냐하면 1등석도 공짜로 탄 것이 분명 아니기 때문이다. 문제는 모두 내려서 함께 고치고 힘을 합치면 훨씬 쉽게 고치고 빨리 갈 수 있지 않겠는가? 1등석이라도 모두 3등석 승차권이라 생각하는 겸손한 마음으로 적극적으로 교회의 일에 참여하셔서 부흥의 길잡이가 되시기를 기도해본다.

아울러 당신의 삶의 승차권도 확인해 보라.

산책시켜주는 일

척 매카시라는 할리우드의 단역 배우가 있었다.

2016년, 그는 일거리가 없어 용돈이라도 벌기 위해 독특한 일을 시작했다. 사람을 산책시켜 주는 일을 고안해낸 것이다. 이 일은 복잡하지도 않았고, 진정성을 갖고 함께 걷고 말하고 들어주면 되었다. 30분당 15달러를 받았다. 그런데 외로운 노인네들이 주로 이 일을 신청할 것 같았지만 결과는 달랐다. 의외로 30, 40대의 반응이 더 좋았다.

이에 일을 확장할 목적으로 광고를 했더니 폭넓은 호응이 쇄도했다. 뉴욕에서 아들의 등굣길에 같이 걸어달라는 아버지부터 영국에서 이 일을 요청한 사람까지 참으로 다양한 분야의 사람들이 신청을 했다. 매카시는 이제 직원 35명을 고용한 경영자가 됐다.

이런 사업을 전문가들은 '동반자 산업'이라고 지칭한다. 이 산업이 잘 된다는 것은 그만큼 현대인의 목마름과 외로움이 극으로 향해가기 때문이다. 인간은 본래 고독한 존재다. 그러나 그것을 이기지 못하고 남에게 의존하고자 하는 나약함 때문에 이런 현상이 발생하는 것이다.

동반자 뜻은 이렇다. ① 함께 다니는 사람, ② 어떤 운동에 적극적으로 참여하지는 않으나 그것을 이해하고 어느 정도의 조력(助力)을 하는 사람이라고 한다. 성경에도 이런 강력한 동반자에 대한 말씀이 있다.

「우리는 하나님을 사랑하는 사람들, 곧 그분의 뜻을 따라 부르심을 받은 사람들에게는 모든 것을 합력해 선을 이루는 줄을 압니다.」(로마서 8장 28절)

이 구절은 성령에 관한 설명이다. 여기 등장하는 '합력'이라는 뜻을 확인하고 아주 많이 놀랐다. 보통 생각하기를, 모든 사건을 종합적으로 판단하고, 여러 가지 사건들이 합해서, 결과적으로는 선을 이룬다고 알고 있다. 섭리로 이해한다.

하지만 이런 의미가 아니다. 이 합력이라는 단어는 헬라어 '쉬네르게오(συνεργέω)'라는 단어인데, '동역자가 되다', '함께 일하다'라는 뜻이다. 즉, 성령님과 동역자가 되고, 협력하고, 함께 일하면 좋은 일(선)이 생긴다는 것이다.

이 얼마나 놀라운 일인가! 예수님은 강력한 동반자, 함께 일하실 수 있는 성령님을 보내 주셨다. 모든 문제 성령님과 상담하고 함께 일하자고 요청하라. 그러면 놀라운 일이 생긴다.

성령님은 당신의 강력한 동반자이다.

혀부터 고치지 않으면

탈무드에 나오는 이야기다.

어느 날 남편이 아내에게 시장에 가서 맛있는 것을 사 오라고 했다.

그러자 아내는 '혀'를 사 왔다. 며칠 후 남편은 다시 아내에게 오늘은 가격이 싼 것으로 사 오라고 했다.

그런데 아내는 또 '혀'를 사 왔다. 남편이 물었다.

'지난번에 맛있는 것을 사 오라고 했을 때도 혀를 사 오더니, 싼 것을 사 오라고 해도 또 혀를 사 왔으니 어찌 된 일이오?'

아내는 이렇게 대답했다.

'혀는 잘 사용하면 이보다 더 좋은 것이 없고, 잘못 사용하면 그보다 더 나쁜 것이 없기 때문입니다.'

셰익스피어는 '사람은 비수를 손에 들지 않고도 가시 돋친 말속에 그것을 숨겨 둘 수 있다.'라고 했다. 성경은 이렇게 말씀하신다.

「더러운 말은 어떠한 것도 여러분의 입 밖에 내지 말고 오직 성도를 세워주는 데 필요한 대로 선한 말을 해서 듣는 사람들에게 은혜를 끼치도록 하십시오.」(에베소서 4장 29절)

'더러운 말'은 하지 말고 성도들 세워 주는 '선한 말'을 하라는 것이다. 더러운 말의 원어는 '사프로스(σαπρός)'인데, '썩은, 무가치한, 부패한 말'이라는 뜻이다. 그런데 세상은 온통 더러운 말의 잔치판이다. 우리는 우리의 혀부터 고치지 않으면 100년의 신앙생활을 해도 경건에 이르지 못한다.

초대교회를 시작할 때 마가의 다락방에서 성령 체험 중 방언이 등장한다. 방언의 사전적 뜻은 '표준어와 다른, 어떤 지역이나 지방에서 쓰이는 특유한 언어', 그리고 '성령을 받은 신자가 습득한 일이 없는 언어를 무아의 상태에서 하는 말'이라고 정의했다. 그렇다. 기도할 때만 방언이 필요한 것이 아니다. 성령을 체험한 진실한 신자는 삶에서도 은혜로운 말을 해야 한다. 성도를 비롯한 많은 사람들을 세워 주는 선한 말이 진짜 방언이다.

성경은 이렇게 지적한다.

「악인은 악한 말에 마음을 두고 거짓말쟁이는 못된 말에 귀를 기울인다.」(잠언 17장 4절)

그래서 우리는 세상이 무슨 말을 하든 오직 선한 말만 듣고, 오직 선한 말을 해야 한다.
10시간의 방언 기도보다 한마디의 선한 말이 사람을 살린다.

남의 눈에 눈물을

브런치 블로그에 올라온 글이다.

어떤 여자가 생일 케이크를 사려고 제과점 카페에 갔다. 점원들은 빵을 포장하고 커피를 내렸다. 무덥고 바쁘고 시끄럽고 답답한 여름인데도 불구하고 위생모와 마스크와 장갑까지 착용하고 눈만 빼꼼 보여서인지 모두 표정이 무뚝뚝해 보였다.

그날따라 여자의 짐이 많아 오른쪽 어깨는 무거운 가방, 왼손에는 먼저 나온 커다란 케이크 상자를 들고 있었다.

"커피 나왔습니다."

점원이 건네주는 오른손으로 커피를 들며 여자는 이렇게 말했다.

"죄송해요. 제가 지금 쓸 수 있는 손이 하나밖에 없어서요. 죄송하지만 한손으로 받아 갈게요."

그때 점원의 눈과 서로 마주쳤다. 그 점원의 눈에 왈칵, 눈물이 고이는 것이었다. 그가 그렁그렁한 눈으로 말했다.

"이런 말은 처음 들어봤어요. 감사합니다."

여자도 그만 가슴이 뭉클해져 꾸벅 눈인사를 하고 돌아섰다. 그리고 말했다.

"올여름, 모르는 사람을 울려버린 적이 있다. 이런 눈물은 얼마든지 흘리게 해도 좋다. 대신 내가 더 겸손해져야 할 거야."

남의 눈에 눈물 나게 하면 자기 눈에 피눈물 난다는 말이 있다. 그런데 이런 눈물을 흘리게 하는 것은 무슨 보상을 받을까! 세상은 감동해서 흘리는 눈물보다 아픈 눈물이 더 많다.

성경에 이런 말씀이 있다.

「나는 신음하다 지쳐 버렸습니다. 내가 밤새도록 울어 눈물로 침대를 적셨으며 내 이불도 푹 젖었습니다.」(시편 6편 6절)

세상에는 신음하다 지쳐 밤새도록 울어 침대를 적시고 이불도 젖고 눈이 퉁퉁 부어 고통당하는 이들이 많다. 오죽하면 천국에 가면 하나님께서 그들의 눈에서 모든 눈물을 닦아 주실 것이라고 했겠는가! 감동의 눈물을 흘리게 하는 사람, 눈물을 닦아 주는 사람들이 절실하게 필요한 세상이다.

적어도 남의 눈에 눈물 흘리게는 하지 않아야 한다. 카페 점원은 수없이 많은 사람들이 커피를 받아갈 때 당연히 한손으로 받는 것이 당연한 것처럼 생각했을 것이다. 그런데 생각지도 못한 상황에서 갑자기 그런 말을 들으니 자신도 모르게 감동을 하게 된 것이다.

감동의 눈물을 흘리게 하는 말이나 행동은 어려운 것이 아니다.
진심을 행동에 담으면 된다. 좋은 커피를 잔에 담듯.

Gentleness. 14 쓰레기 같은걸 주워왔다

결혼해서 행복하게 사는 한 부부가 있었다.

명절을 맞아 친정집엘 갔다. 부인이 처제의 방으로 들어가더니 이내 큰 웃음소리가 났다. 무슨 일인가 궁금해서 남편이 그 방으로 갔더니 부인이 보던 노트를 얼른 덮으면서 배꼽이 튀어나올 만큼 웃음을 감추지 않고 있었다. 왜 웃느냐고 물어도 도대체 답이 없었다.

남편은 부인이 뒤로 감추고 있는 노트를 빼앗으려니 필사적으로 내놓지 않으려 발버둥을 치는 것이었다. 한참을 버티다 부인이 남편에게 이렇게 말했다.

"당신, 이 노트 보고 절대 실망하지 마. 그리고 앞으로도 처제한테 잘해줘. 알았지?"

"알았어, 내가 처제한테 얼마나 잘하는데, 걱정하지 마!"

그리고 그 노트, 처제의 일기장을 보여주었다. 그 일기장에는 형부가 될 사람, 본인이 처가에 처음 인사하러 온 날 처제가 쓴 일기였다. 거기에는 이렇게 적혀 있었다.

"오늘 언니가 형부 될 남자를 데리고 왔다. 첫눈에 봐도 어디서 저런 모지리 쓰레기 같은 걸 주워 왔을까 싶었다. 언니의 눈높이를 도저히 이해할 수가 없다."

사람들은 다른 사람을 평가할 때 먼저 외모를 보고 판단을 한다. 시간을 두고 겪어보지도 않고, 함께 일도 해 보지 않았는데도 말이다. 그저 옷차림과 말투, 외견상 보이는 대로 함부로 사람을 평가한다. 그러나 사람은 절대로 첫인상으로 판단해서는 안 된다.

성경에 이렇게 이르셨다.

「내가 보는 것은 사람이 보는 것과 다르다. 사람은 겉모습을 보지만 여호와는 마음의 중심을 보신다.」(사무엘상 16장 7절)

지금 우리의 현실은 전적으로 타락해서 마음까지도 처절하게 무너져 있다. 그런 사람을 향해 예수님은 말씀하신다.

「너희는 하얗게 칠한 무덤과 같다. 겉은 그럴듯해 보이지만 속은 죽은 사람의 뼈와 온갖 더러운 것들로 가득 차 있다.」(마태복음 23장 27절)

모든 사람은 겉으로는 화려하다. 그런 만큼 겉과 속이 같다면 얼마나 좋을까! 그러나 그럴 수 없는 것이 인간의 한계인가! 내가 이제야 철이 든 까닭일까! 이런 상황이 눈에 환하게 보인다.

인간은 정말 불가사의한 동물이다. 도무지 구제불능이다.

내 '속'도 '겉'보다 더 검고 더러운 것으로 가득 차 있으니 답이 없다.

'의인은 없나니 하나도 없다'라는 말씀이 요즘 뼈에 사무친다.
나를 두고 하시는 말씀 같다.

신실하다고 소문난 한 부부가 늦은 밤중에 화가 나서 이혼해야겠다며 목사님에게 전화를 했다.

이유는 단순했다. 남편은 전라도 사람이라 찐 감자를 설탕에 찍어 먹어야 한다고 주장하는 반면에 부인은 경상도 사람이라 소금에 찍어 먹어야 한다며 싸우다 전화를 한 것이었다. 목사님이 한마디로 간단하게 정리를 했다.

"난 강원도 사람이라 고추장에 찍어 먹습니다."

사람들은 믿을 수 없을 만큼 사소한 것에 목숨을 건다. 아마도 사소한 것에서 밀리면 큰 것에서도 밀리다가 패배한다는 피해의식의 깔려있는 듯하다. 치열한 삶의 현장에서 살다보면 어쩌면 그럴 수도 있고 이해를 못할 바도 아니다. 그러나 사소한 것은 사소한 것에 불과하다. 성경에 이런 말씀이 있다.

「우리는 하나님을 사랑하는 사람들, 곧 그분의 뜻을 따라 부르심을 받은 사람들에게는 모든 것이 합력해 선을 이루는 줄을 압니다.」(로마서 8장 28절)

우리는 모든 것이 합력하여 선, 좋은 것이 된다는 것에 초점을 맞춘다. 이 말씀은 나의 사건, 내 생애의 '여러 가지 문제들이 종합적으로 볼 때 좋게 된다'라는 뜻으로 알고 있다. 그런데 이런 뜻이 아니다.

여기서 '모든'의 '파스(πᾶς)'는 '온, 전체, 만유, 만민'의 뜻이고, '합력'의 '쉬네르게오(συνεργέω)'의 본뜻은 '협력하다', '함께 일하다, 동료가 되어 일하다'라는 뜻이다. 문제는 누구와 동역하느냐가 중요한 문제다. 동업하다가 서로 등을 지면 관계를 회복할 수 없는 경우가 많다. 그러므로 동업자를 잘 만나야 한다는 말이기도 하다.

그 동업자 중 가장 좋은 동업자는 바로 하나님과 동료가 되어 일해야 한다는 것이다. 이 말씀의 본래의 뜻은 '모든 사람이, 하나님과 힘을 합하고, 하나님과 협력하고, 하나님과 동업해야 좋은 결과를 낼 수 있다'라는 뜻이다.

하나님과 동업자가 되면 언젠가는 모든 것이 선을 이룰 것이다. 선의 가장 기본적인 뜻은 가장 기분이 좋고 행복한 상태를 말한다. 하나님과 동업자가 되면 생의 팔자가 펴지게 된다. 가장 복된 상황이 된다. 최고의 삶이 되는 것이다.

현재 당신은 누구와 동업하고 있는가? 하나님과 합력, 동업을 지금 당장 시작하라. 그러면 최상의 선, 예상치 못할 최고의 기분 좋은 일이 만들어진다.

뽀뽀합시다

어느 교회 집사님이 집에 앵무새 한 마리를 키웠다.

그 앵무새가 배운 단 한마디의 말은 '뽀뽀합시다.'였다. 아무리 다른 말을 가르치려 해도 집에 사람이 들어오기만 하면 그 말만을 되풀이했다. 그 집사님은 마치 자기를 따라 하는 듯 하여 부끄러웠다,

그런데 그 집사님이 다니는 교회의 담임목사님도 앵무새 한 마리 키우고 있었다. 그러나 그 앵무새는 항상 '기도합시다. 기도합시다.'라는 말만 한다는 소식을 들었다.

이 앵무새 이야기를 들은 집사님은 목사님께 양해를 구한 다음 자기의 앵무새를 목사님의 앵무새 우리에 함께 넣으며 생각했다.

"이제 '뽀뽀합시다.' 대신 '기도합시다.'라고 말하겠지?"

한참을 푸드덕거리면서 서로를 들여다보며 냄새를 맡는가 하더니 드디어 집사님의 앵무새가 말했다.

"뽀뽀합시다."

그러자 목사님의 앵무새가 하는 말이 걸작이었다.

"감사합니다. 제 기도에 응답해 주심을 감사합니다."

썩은 사과를 싱싱한 사과 속에 넣어둔다고 싱싱하게 되지 않는다. 오히려 썩은 사과 한 알이 싱싱한 사과 전부를 썩게 한다.

한 청소년 사역자가 아이들에게 퀴즈를 냈다.

"대부분 가정에 최소한 한 권은 가지고 있다. 아마 미국 사람들이 제일 많이 가지고 있는 책일 것이다. 그런데도 제일 안 읽히는 책이 무슨 책일까?" 질문이 떨어지기 무섭게 아이들은 이렇게 대답했다.

"성경책이요!"

그러나 뜻밖에도 이것은 정답이 아니다. 그것은 바로 '자동차 매뉴얼 북'이라고 한다. 아이들은 모를 수도 있을 것이다. 늘 타고 다녀야 하므로 없어서는 안 되는 자동차, 그것을 살 때 따라오는 매뉴얼 북, 그런데 보통의 사람들은 지금 그것이 어디에 있는지조차 모른다.

마찬가지로 인생의 매뉴얼, 썩은 사과가 되지 않도록 인도해 주는 것이 성경의 말씀이다. 그것을 이렇게 설명한다.

「모든 성경은 하나님의 감동으로 된 것으로 교훈과 책망과 바르게 함과 의로 교육하기에 유익하니 이는 하나님의 사람으로 모든 선한 일을 위해 온전히 준비되게 한다.」(디모데후서 3장 16~17절)

인생 매뉴얼, 성경이 우리의 길잡이다.

우리는 말만 하면 싸워

노부부가 공원 벤치에 말없이 앉아 있었다.

따뜻한 햇볕에 부부의 얼굴은 평안함과 행복함으로 가득 차 보였다. 같은 곳을 바라보다가 때로 얼굴을 쳐다보며 말없이 웃기도 했다. 말은 없어도 마음과 마음이 통하는 듯한 미소를 지어보였다. 그러다 주변이 어두워지면 손을 잡고 집으로 돌아가는 것이었다. 이 부부의 모습을 보는 주변 사람들도 같이 마음이 따뜻해졌다.

이 모습을 본 어느 교수는 진정한 대화란 말이 없어도 마음으로 주고받는 것이라고 말하며, 이 사례를 예화로 사용하며 많은 공감을 얻었다. 그러던 어느 날 한 학생이 노부부에게 물었다.

"할아버지! 아무 말씀을 하지 않으셔도 할머니의 마음을 아세요?"

할아버지는 빙긋이 웃으면서 그렇다고 대답을 했다. 할머니에게도 물었다.

"할머니는 왜 아무 말이 없으세요?"

할머니가 조용히 웃으며 말없이 앉아 있는 이유를 학생에게 이렇게 말했다.

"우리는 말만 하면 싸워."

평생을 함께한 이들 부부가 불쌍하기도 하고 한편으로는 격하게 공감이 되기도 한다. 성경은 이렇게 말씀하신다.

「다툼을 시작하는 것은 댐에 구멍을 내는 것과 같으니 다툼이 일어나기 전에 말다툼을 그치라.」(잠언 17장 14절)

'다툼'은 댐에 구멍이 나듯 물이 조금씩 새다가 급기야는 둑이 무너지는 것 같다고 한다. 확대해서 해석한다면 인생 자체에 펑크가 날 위험이 있다는 것이다.

다투고 싸움을 하는 이유는 시비와 논쟁을 하기 때문이다. 모든 문제에서 시시비비를 가리려고 하면 결국 싸울 수밖에 없다. 굳이 그런 소모적인 논쟁으로 인생을 허비할 것인가? 무조건 수긍하라는 것이 아니다. 건설적이고 타당성이 있는 논쟁은 반드시 이루어져야 한다. 적당한 선에서 상대의 의견을 청취하고 결론을 내려야 한다. 그런 자세가 견지될 때 우리가 있는 곳 어디에서든지 상대방 의견에 공감하며 고개를 끄덕여주면서 저절로 행복해질 것이다.

이 기술을 습득해야 한다. 그러나 이 기술은 자연스럽게 얻어지는 것이 아니다. 대화의 기술, 공감의 기술을 얻도록 부단한 노력을 해야만 한다.

말만 하면 싸우는가? 그 이유가 있다. 그 이유가 나 때문은 아닌지 곰곰이 생각해봐야 한다. 진정한 행복은 말 없음의 수긍이 아니라 공감으로 이루어진다.

이제 살 만큼 살았다면, 아니 아직 살 만큼 살지 못했다면, 이제 입을 닫고 귀를 열어보자. 그러면 길이 보인다.

하나님의 심폐소생술

미국의 심리학자 매슬로(Abraham H. Maslow)는 인간이 행복해지기 위해서는 '5단계 욕구'가 있다고 했다.

① 생리학적 욕구(Physiological):호흡. 음식, 물, 성, 수면, 배설 같은 생리적 기본욕구.
② 안전 욕구(Safety).
③ 사랑과 소속 욕구(Love/Belonging).
④ 존경(Esteem)받고 싶은 욕구.
⑤ 자아실현(Self-actualization) 욕구.

이후에 한 단계를 더해서 자아실현의 단계를 넘어서는 '자기 초월의 욕구'를 주장하였다. 그것은 바로 자기 자신의 완성을 넘어서서 타인과 세계에 기여하고자 하는 욕구를 말한다. 이 말은 '나로부터 시작한 행복이 타인의 행복으로 완성된다'는 것이다.

이기주의자(egoist)로서의 인간은 결코 행복해질 수가 없다. 이 같은 말을 성경에서는 이렇게 표현했다.

「여러분이 성경대로 '네 이웃을 네 몸과 같이 사랑하라'는 최상의 법을 지킨다면 잘하는 것입니다.」(야고보서 2장 8절)

최고, 최상의 법은 네 이웃을 사랑하는 것이다. 우리에게 진정한 행복을 주시기 위한 하나님의 탁월하신 방법이다. 자신만을 사랑해서는 절대로 행복해질 수가 없다. 그렇게 하려면 내가 먼저 육체적으로 영적으로 힘이 있어야 한다. 컵에 물이 차야 넘치듯 말이다. 그래서 다윗은 이렇게 고백한다.

「내 영혼을 소생(蘇生)시키시고」(시편 23편 3절)

내가 비로소 소생이 되고 회복이 되어야 가능한 일임을 지적한 것이다.

하나님은 심폐소생술(心肺蘇生術/CPR), 즉 영과 육을 소생시키시는 전문가이시다. 하나님의 능력으로 내가 먼저 회복되어야 남을 사랑할 수 있고 도울 수 있다. 지금 우리는 주저앉아 있을 때가 아니다.

하나님은 나를 소생시키시고 나는 다른 사람을 소생, 회복시키는 것, 이것이 하나님과의 관계에서 환상의 팀워크를 이루는 일이다. 지금 주변에 심정지를 일으킬 만큼 힘들고 고통스러운 사람, 욥(Job)과 같은 처지에 있는 이들이 있는지 살펴보아야 한다. 만약 그렇다면 권면, 위로, 기도, 물질, 사랑으로 반드시 소생시킬 일이다.

그래야만 당신이 치유되는 것은 물론 행복의 길을 열게 된다.
당신이 마땅히 회복이 되고 복을 받아야 할 이유다.

사공이 많으면 배가 빨리 간다

우리나라 속담에 '사공이 많으면 배가 산으로 간다.'는 말이 있다.

이 말은 '주관하는 사람이 없이 여러 사람이 자기주장만 내세우면 일이 제대로 되기 어렵다'는 뜻이다. 러시아에서도 이 말이 꽤 유명해졌는데 이 말을 이렇게 이해했다고 한다.

'사람이 많이 모이면 큰 배도 산으로 보낼 수 있다.' 즉, 많은 사람이 노력하면 어려운 일도 해낼 수 있다.

주한 러시아 대사나 러시아 외교관들이 한국과 고려인들이 관련된 행사에서 이 표현을 쓰는 걸 무척 좋아해서 이런 식으로 말한다고 한다.

"사공이 많으면 배가 산으로 간다는 말처럼 올해도 러시아와 한국이 협력하여…."

이런 말을 할 때의 통역하시는 분들의 동공에는 지진이 일어난다고 한다.

어릴 때 이 속담을 읽고 이해하기가 어려웠다. 사공이 많으면 배가 빨리 갈 수도 있을 뿐더러 큰 배도 쉽게 갈 수 있다는 생각을 했다. 아마도 러시아 사람들이 이 속담을 부정적으로 쓸 것이라는 생각을 못한 것 같아 아쉽다는 생각이 들었다.

있는 사실 그대로 사공이 많으면 그 다음에는 어떤 상황이 전개될 것인가 생각하면 바로 답이 나온다. 그런데 그 다음에는 어떻게 산으로 갈까 하는 의문을 가졌을 것이다.

어떤 이들은 이 속담이 한국인의 DNA를 가장 극명하게 보여주는 사례라고도 한다. 사람 사는 곳 어디서든지 모두가 사공이 되려는 국민성이 내재되어 있다는 것이다. 그래서 잘 협력하기 어렵다는 뜻으로 해석을 한 것이다.

그런데 성경에 이런 표현이 있다.

「혼자(1)서는 질 일도 둘(2)이서는 당해 낼 수 있으니 세(3)겹줄은 쉽게 끊어지지 않는다.」(전도서 4장 12절)

모든 일은 혼자 1, 둘 2, 셋 3, 이렇게 진행되면 더 강력해진다는 논법이다. 1, 2, 3, 4, 이렇게 사공이 많아지면 더 강력해져야지 더 약해지면 성경적 원리와는 맞지 않는다.

성숙한 사람들은 사람의 숫자가 더해질수록 기적을 창출할 수 있다. 이 속담이 '백지장도 맞들면 낫다'는 말처럼 건설적으로 발전하는 방법을 찾아야 한다. 혹자는 '백지장도 맞들면 찢어진다'고 한다. 말장난에 불과하지만 말이다.

성경은 방법을 제시한다.

「화평의 매는 줄로 성령께서 하나(1) 되게 하신 것을 힘써 지키십시오.」(에베소서 4장 3절)

어떻게든 하나, 1이 되는 방법만이 사는 길이다.

Gentleness. 20 동네목욕탕 문구

1979년, 어느 동네 목욕탕의 주인이 써 놓은 문구다.

"어린이 여러분! 어린이 여러분들의 초등학교 졸업을 진심으로 축하드립니다. 여러분들은 이제부터 의젓한 중학생입니다. 따라서 목욕요금도 일반요금 800원을 내야 합니다.

어떤 어린이는 집에서 부모님으로부터 800원을 받아 나와서는 초등학생이라고 속여 400원은 군것질을 하는데, 이것은 아주 나쁜 일입니다. 우리 대한의 어린이는 거짓말을 하지 않고 올바르고 참되게 자라야 합니다."

나쁜 짓은 배우지 않아도 잘 한다. 배우지 않고도 잘 할 수 있는 나쁜 짓이 더 많다. 세상에는 거짓말 잘하는 법, 사기 잘 치는 법, 살인하는 법, 남을 속여 등치는 법, 욕하는 방법을 가르치는 전문 학원은 없다.

그럼에도 불구하고 이런 종류의 사람들이 많은 것은 아담과 하와가 범죄를 저지른 이후에 본성으로 자리 잡은 '죄(罪)'가 있기 때문이다. 배우지 않고도 죄를 저지르는 이런 전문가들은 세상에 넘쳐 난다. 어린이가 어찌 거짓말을 배워서 하겠는가. 본성적으로 거짓말하는 것이 정말 신기하다.

물론 이 어린이들이 자라서 어른이 되어 거짓말을 하지 않아야 하는데, 어른이 되면 누구나 다 거짓말을 더 잘하게 되어 '거짓말 학원'을 차려도 될 정도다. 세상에는 온갖 선(善)한 것들만 가르치는데 왜 그럴까? 그 이유를 성경은 설명한다.

「너희는 너희 아비인 마귀에게 속해 있고 너희는 너희 아비가 원하는 것을 하고자 한다. 그는 처음부터 살인자였다. 또 그 안에 진리가 없기 때문에 진리 안에 서지 못한다. 그는 거짓말을 할 때마다 자기 본성을 드러낸다. 이는 그가 거짓말쟁이이며 거짓의 아비이기 때문이다.」(요한복음 8장 44절)

문제는 마귀, 사탄의 영이 늘 활동하기 때문이다. 하나님이 창조하신 세상 만물 가운데 가장 악하고 거짓된 것이 사람이다. '대한의 어린이'가 커서 '대한의 어른'이 됐는데도 여전하다. 그래서 참말과 거짓말을 분별할 수 있는 능력이 필요하다. 그것을 구분할 수 있는 능력이 실력이다.

정말 거짓말 없는 세상이 있기는 한 걸까!

부정행위

미국에 UC 버클리라는 명문대학교가 있다. 이 학교에 유기화학을 가르치는 피터 볼하드(Peter Vollhardt)라는 교수님이 재직하고 계셨다.

어느 날 학생들을 대상으로 중간고사를 쳤는데 평균이 91점이 나온 것이었다. 이 시험은 이렇게 높은 점수가 나올 만큼 쉬운 분야가 아니었다. 교수님이 아무리 생각해봐도 학생들이 커닝, 일명 부정행위를 한 것이 분명하다고 생각했다. 그런데 교수님은 '어떻게 증거를 찾지'라는 생각을 하다가 미국에서 유명한 CHEGG라는 사이트를 떠올렸다. 이 사이트는 어려운 숙제나 과제 등등을 학생들이 올려 도움을 요청하는 커뮤니티의 일종이었다. 질문을 올리면 거의 한 시간 내에 답이 올라온다고 한다.

그래서 교수님은 그 다음 시험에서 풀 수 없는 한 문제를 출제하고, 거기에다 오답을 이 사이트에 조교와 같이 올려놓았단다. 결과는 70명 중의 20명이 틀린 오답을 그대로 적어냈다. 교수님은 학생들 전부를 0점으로 처리하고 징계 위원회에 보냈다.

시험은 커닝으로, 부정행위로 답을 찾을 수 있다. 하지만 삶에는 부정행위를 할 수가 없다. 어느 것이 정답인지 모르기 때문이다. 그런데 인생의 삶을 부정행위로 살아도 된다는 성경의 말씀이 있다.

「하나님의 말씀을 여러분에게 전해 준 여러분의 지도자들을 기억하십시오. 그들이 산 삶의 결과를 살펴보고 그 믿음을 본받으십시오.」(히브리서 13장 7절)

본받으라는 말의 헬라어는 '미메오마이(μιμέομαι)'인데, '본받다, 모방하다'라는 말이다. 즉, 그들의 삶을 그대로 보고 베껴 써도 된다는 말이다. 그 대상이 되는 지도자들에게는 무서운 말씀이다.

누군가가 본받아 따라 할 수 있을 만큼의 삶을 살라는 것은 무섭고 두려운 일이다. 현대인들이 불행한 것은 바로 이렇게 본받을 만한 지도자가 곁에 없다는 사실이다.

존경하는 사람을 이야기하라고 하면 대체로 우리는 100년 전, 혹은 200년 전의 사람들을 들먹인다. 그러나 지금 내 곁에 본받을 만하고 본받고 싶은 사람, 따라서 모방해볼 만한 사람이 있다는 것은 가장 복된 현실이다. 그곳이 어디든 그런 사람이 많으면 많을수록 가정과 교회, 사회는 행복한 미래가 보장되는 것이다.

그리고 더 복되고 행복하려면 내가 먼저 그런 본받을 만한 대상이 되는 것이다.

살다 보면 예기치 않게 눈물을 흘릴 일들이 생긴다.

어느 가정에 둘째 딸이 학교에서 돌아왔다. 학교에서 속상한 일이 있었다며 집에 오자마자 엄마 무릎에 누워 울음바다가 되었다.

한참을 달래주며 위로해 주다가 엄마가 말했다.

"떡볶이 해줄까?"

그랬더니 딸은 눈에 닭똥 같은 눈물을 달고서 "그럼 좋지"하는 것이었다. 떡볶이를 급히 만들어 줬더니 조금 매운지 호호거리며 잘도 먹는다. 그때 엄마는 이렇게 생각했다.

'다행이다. 떡볶이로 가려지는 슬픔이라서. 그리고 엄마가 도움이 될 수 있어서.'

떡볶이로 가려지는 슬픔이 있고 그 어느 것으로도 가려질 수 없는 슬픔이 세상에는 많다. 그래서 그 어떤 상처라도 위로가 필요할 때 위로해 주는 사람은 행복한 사람이다. 솔로몬은 말했다.

「내가 다시 해 아래에서 일어나고 있는 모든 억압당하는 일을 살펴보았다. 억압받은 사람들이 눈물을 흘리지만, 그들을 위로해 줄 사람은 없다. 억압하는 사람들은 힘을 행사하는데 억압받는 사람들을 위로하는 사람이 없다.」(전도서 4장 1절)

힘을 행사하는 사람들은 주위에 넘쳐 나지만 그런 힘에 억압당한 사람들이 흘리는 눈물을 닦아줄 사람들은 없다. 눈물을 닦아 주고 위로할 사람이 그래서 반드시 필요하다.

그래서 성경에 이렇게 적혀 있다.

「위로하라. 내 백성을 위로하라.」(이사야 40장 1절)

그렇다면 어떻게 위로하는 것이 좋을까? 위로라는 말은 '나함(נָחַם)'이라는 말인데, '한숨 쉰다'라는 뜻이다. 위로라는 것은 별 다른 특출한 행동이 아니다. 누군가 한숨 쉴 일을 만났을 때 옆에서 같이 한숨만 쉬어주면 된다.

한국인의 정서에서 한숨은 속상할 때 내뱉는 일종의 습관적인 루틴이다. 그 한숨은 숨을 쉴 때마다 가슴이 부풀어 올랐다가 가라앉는 흉식호흡(胸式呼吸)이다.

이런 숨을 보통 한숨이라고 한다. 답답할 때 내쉬는 것이 일반적이다. 보통 말할 때, 걸을 때, 운동할 때, 노래할 때 모두 복식호흡을 하라고 한다. 그런데 힘들고 어려움을 당하면 복식호흡이 안 되고 가슴으로 숨을 쉬는 흉식호흡을 하게 된다.

그렇게 한숨 쉬는 사람 곁에서 함께 말없이 한숨을 쉬어주면 그것이 바로 극진한 위로가 된다.

너보다 더 일찍 죽으마

17살 된 사춘기 아들이 어느 날 바지 주머니 안에 있는 담배를 들켜 엄마랑 대판 싸웠다.

아들은 오히려 당당하게 맞섰다. 반에서 절반 이상의 아이들이 담배를 피는데 왜 오버를 하냐며 엄마한테 대들었다. 그때 아버지가 술에 취해 집으로 오셨다. 사정을 들은 아버지는 당연히 화를 내겠거니 하고 아들은 꾸중 들을 준비를 하고 있는데 아빠가 조용히 옥상에 올라가자 한다.

아버지는 주머니에서 담배를 꺼내 한 대를 물더니 아들 입에도 물려주었다. 아들은 아버지가 흡연자인 줄 몰랐다. 도리어 아들을 존중해 주는 줄 알고 약간 감동도 했다.

아버지는 담배에 불을 붙이고 한번을 들이킬 때마다 기침을 10초 동안 했다. 그때 아빠가 흡연이 처음이라는 것을 아들은 알았다. 아들은 아빠를 보며 필 줄도 모르면서 왜 피냐며 빨리 끄라고 했다. 그런데 아버지가 눈물을 글썽이면서 이렇게 말했다.

"부모와 자식의 도리로서 내가 너보다 오래 살 수는 없다. 아들이 담배로 일찍 죽으려는데, 나도 지금부터 담배를 시작해서 너보다 더 일찍 죽어야지 않겠니?"

아들은 바로 담뱃불을 끄고 무릎을 꿇으며 두 손으로 빌었다. 물론 그 이후로 담배를 피우지 않는다. SNS에서 빌린 글이다.

훌륭한 아들이다. 잘못된 걸 알았으면 바로 수정할 줄 아는 사람이 가장 정직한 사람이다. 그리고 더 훌륭한 것은 아버지다. 사춘기 아들을 매타작하는 것만으로는 해결이 안 된다는 것을 알고 그렇게 행동한 것이다.

성경에 이런 말씀이 있다.

「형제들이여, 모두 함께 나를 본받는 사람들이 되십시오. 그리고 여러분이 우리를 본받는 것처럼 그렇게 행하는 사람들을 눈여겨보십시오.」(빌립보서 3장 17절)

사도 바울은 자신을 본받으라고 자신 있게 말했다.

'본'은 '튀포스(τύπος)'라는 단어인데, '맞은 자국, 인쇄 자국, 모범, 본보기'란 뜻이 있다. 이런 것을 모방하는 사람이 되라고 한 것이다. 중요한 것은 본받을 수 있는 틀이 중요하다.

그래서 성경은 이렇게 말한다.

「맡겨진 사람들에게 군림하는 자세로 하지 말고 오직 양떼의 모범이 되십시오.」(베드로전서 5장 3절)

가장 좋은 것은 당신 스스로 본받을 틀이 되는 것이다.

Gentleness. 24 입만 열면 악한 말

정재승 교수의 <과학 콘서트>라는 책에 나오는 조사 분석내용이다.

고려대학교 국문과 김흥규 교수와 언어과학과 강범모 교수팀이 2000년부터 7년 동안 힘든 작업을 한 결과라고 한다. 1990년대 전반에 나온 신문 기사, 논설, 잡지, 소설, 수필, 인문 교양서적, 자연 과학서적 등 127종을 토대로 우리말과 글 150만 개의 어절을 정리해 컴퓨터로 분석하여 '한국어 어휘의 사용 빈도'를 조사했다.

이 보고서에 따르면 한국인이 가장 즐겨 사용하는 단어는 일반명사의 경우 '사람', 고유명사의 경우 '한국', 동사는 '하다', 형용사는 '없다', 접속사는 '그러나'로 나타났다고 한다.

재미있는 사실은 '사용 빈도 상위 1천 개의 단어'만 알면 누구든 한국어의 75%를 잘 이해할 수 있다고 한다. 국립국어원의 표준국어대사전에 실린 단어가 약 30만 개라고 하니 우리가 주로 사용하는 단어는 한국어 전체 어휘의 0.3% 정도밖에 안 되는 셈이다.

또한, 지구상에 존재하는 언어의 개수는 상상을 초월한다.

그렇다면 왜 이런 언어가 필요할까? 사람과 사람 사이의 소통과 의견교환을 위해서다. 아울러 마음을 주고받기 위해서다. 이렇게 좋은 도구를 사람들은 어떻게 사용하고 있을까?

성경은 말씀하신다.

「그들(사람)의 목구멍은 열려 있는 무덤이고, 혀로는 거짓말만 일삼으며, 그들의 입술에는 독사의 독이 있고, 그들의 입에는 저주와 독설이 가득하다.」(로마서 3장 13~14절)

사람들은 입만 열면 악한 말을 쏟아 놓는다. 그래서 「더러운 말은 어떠한 것도 여러분의 입 밖에 내지 말고 오직 성도를 세워 주는 데 필요한 대로 선한 말을 해서 듣는 사람들에게 은혜를 끼치도록 하십시오.」(에베소서 4장 29절)라고 했다.

'세워 주는'이라는 말은 '오이코도메(οἰκοδομη)'인데 '건축'이라는 뜻이다. 하나님도 말(씀)로 하늘과 땅을 건축하셨다. 우리도 이에 버금가는 건축을 할 수가 있다. 사람을 살리고, 가정을 살리고, 공동체를 살리고, 주변 모두를 살리는 건축을 할 수 있다. 말로만 건축을 한다니 얼마나 쉬운 일인가!

우리가 사용하는 전체 어휘의 0.3%에서 악한 언어만 골라내면 된다.

Gentleness. 25 자전거 공짜로 드립니다

중국은 자전거가 일상적인 교통수단으로 이용이 된다.

그렇게 숫자가 많다보니 보통사람들은 허락도 없이 장사하는 남의 가게 앞 담벼락에 자전거를 주차해 놓고 출근해 버린다고 한다. 그 경우가 너무 심해서 어느 가게 주인은 자신의 담벼락에 자전거를 주차하지 말라고 온갖 경고문을 다 써서 붙였다. 간곡하게 부탁하는 글을 붙여 보기도 하고, 협박하는 글을 써놓아도 아무런 소용이 없었다.

그렇게 궁리를 하던 어느 날 주인에게 기발한 아이디어 하나가 떠올랐다. 그리고 그날로 모든 자전거가 자취를 감추었다. 그 글귀는 이랬다.

'자전거를 공짜로 드립니다. 아무나 가져가십시오.'

사람들은 남에게 해를 끼치는 것에는 별로 신경을 쓰지 않지만 자기가 손해를 보는 것은 극도로 싫어한다. 자기가 알고 있든 모르고 있던 그것을 접하는 사람들이 그렇게 느끼고 있다면 심각한 피해가 아니겠는가?

성경에 보면 이런 말이 나온다.

「그리스도를 이렇게 섬기는 사람은 하나님을 기쁘시게 하고 사람에게도 인정을 받습니다.」(로마서 14장 18절)

'섬기는'이라고 번역한 원문은 '종이 되다'라는 뜻이고, 칭찬은 '인정된'이라는 뜻이 있다. 신앙의 완성은 하나님을 기쁘시게 하고, 사람에게도 기쁘게 하는 데 있다. 바로 예수님의 모습이다.

「그리고 예수는 지혜와 키가 점점 더 자라가며 하나님과 사람들로부터 사랑을 받았습니다.」(누가복음 2장 52절)

지금까지의 기독교는 하나님을 기쁘시게 하는 것에만 신경을 썼다. 왜냐하면 하나님에게만 잘 보이면 되었기 때문이다. 그래야 천국을 가니까! 그러나 너무 이기적인 신앙이 아닌가? 그래서 성경은 사람에게도 인정받으며 칭찬을 받아야 한다고 말씀하시는 것이다. 하나님을 기쁘시게 하고, 사람에게'도' 인정받기 위해서는 어쩌면 자신만을 위한 '이기심'을 버려야 지 않겠는가?

지금까지 당신은 하나님만을 기쁘시게 했다면, 이제부터는 사람에게도 어떻게 하면 칭찬을 받고 인정을 받을까 고민하는 묵상을 시도해 봐야 한다. 그러면 나라와 교회, 직장과 가정이 놀라운 속도로 변화되고 복된 곳이 되리라 확신을 한다.

남의 집 담벼락에 자전거 주차하지 마라.
그러면 사람에게 칭찬 받는다.

명령하던 말투

평생을 육군병원에서 병사들을 치료하던 한 군의관이 예편한 다음 의원을 개원했다.

육군병원에서 최고 명의라는 소리를 듣던 유능하신 분이었는데 두 달 만에 폐업신고를 했다고 한다. 이유는 단순했다. 의원을 방문하는 환자들을 마치 군대에서처럼 부하를 다루듯 하는 짧은 말투 때문에 한 번 방문을 한 환자는 다시 오지를 않고, 거기에다 아주 고약한 의사라는 소문이 나서 더 이상 손님이 오지를 않으니 당연히 문을 닫아야만 했다고 한다.

병을 고치는 실력은 뛰어날지 몰라도 오랫동안 부하들에게 명령하던 말투가 일상이 되어버려 바꾸기가 쉽지 않았을 것이다. 성경은 이렇게 말씀하신다.

「온유한 대답은 진노를 가라앉히지만 과격한 말은 분노를 일으킨다.」(잠언 15장 1절)

온유함은 '라크'(רַךְ)라는 말인데, '부드러운', '연한'이라는 뜻이 포함이 되어 있다. 반대로 과격함은 '에쩨브'(עֶצֶב)인데, '고통', '상처', '슬픔'이란 뜻이다. 부드럽게 대답을 하면 진노를 가라앉히지만, 상처를 주는 말을 하면 누구나 분노나 화를 불러온다는 경고의 말이다.

누가 어떤 말을 묻거나 화가 난 상태로 접근해 올 때 같이 화를 낼 때가 있는데 성경에서는 그 상황을 잘 파악하여 부드럽게 접근을 하면 그 분노가 금방 사그라진다고 한다. 이런 경우는 허다하다. 부부간은 물론 상사와 부하, 부모와 자식 사이에도 예외없이 적용될 수 있는 평범한 진리다. 다만 실천하지 못할 뿐이다. 아울러 말을 할 때 고음으로 하다 보면 분노의 감정을 더욱 부채질하여 결국에는 폭발하게 된다.

누가 무슨 말을 하든지 온유하게, 유순하게 대답을 하는 것을 원칙으로 정해 놓으면 거기에는 항상 평화와 기쁨이 있다. 세상의 모든 일은 언어로 소통하기에 상대의 말을 더욱 귀담아들어야 할 진리라고 할 수 있다. 따라서 부드럽고 다정한 말은 서로가 잘 났다고 목소리를 높이는 시대에 살고 있는 이들에게 주시는 따뜻한 권면이라 할 수 있다.

「인내는 통치자를 설득할 수 있고, 부드러운 혀는 뼈를 녹일 수 있다.」(잠언 25장 15절)

진리의 말씀은 수 천 년 전이나 오늘이나 항상 동일하다.

단단한 뼈를 녹이고, 윗사람을 설득하고, 세상을 정복하는 방법은 당신의 부드러운 혀와 말이다.
지금 당장 실험해보라.

Gentleness. 27 248개와 365개

율법은 창세기, 출애굽기, 레위기, 민수기, 신명기에 기록되어 있으나 유대 율법학자들은 이를 613개의 율법(미쯔보트)으로 정리해 생활의 기본으로 삼았다.

그 중에서 '~을 하라'는 긍정적인 명령은 248개이다. 이 248이라는 숫자는 사람의 몸 안에 있는 뼈의 숫자와 일치한다고 한다. 따라서 248개의 명령을 잘 지키면 뼈마디가 강건해지고 건강해진다고 한다.

'~을 하지 마라'는 365개로, 당연히 부정적인 명령이다. 1년 365일을 살아가는 동안 365개의 '하지 말라'를 어기면 365일이 괴로워진다는 것이 탈무드의 해석이다. 즉, 유대인으로서 어떻게 살아야 하는지에 대해 상당히 구체적으로 명시해 놓은 것이라 할 수 있다.

그래서 예수님께서도 말씀하셨다.

「내가 율법이나 예언자들의 말씀을 없애러 왔다고 생각하지 말라. 없애러 온 것이 아니라 완전하게 하러 온 것이다.」(마태복음 5장 17절)

그런데 한국에 기독교가 들어오면서 이 율법을 천시했다.

'믿음으로 구원 얻는다'는 이 진리 앞에 모든 율법을 무용지물로 만들어 버렸다. 공자가 가르친 유교문화의 전통에 젖어 있던 한국에 또다시 율법이라는 굴레를 씌우기가 어려워서 그랬던 것일까!

요즘 유대인과 관련된 책을 10여 권 읽고 느낀 점은 이렇다. 신앙의 문제를 떠나 유대인만큼이나 머리가 뛰어나 우리가 유대인을 따라잡을 수 있었던 기회를 놓쳐버린 것은 아닌가 하는 생각이 들어 목회자로서 너무나 아쉬운 생각이 들었다.

웬만한 지식인이라면 유대인의 탁월한 우수성은 익히 다 알고 있다. 그들이 가진 성공의 노하우가 이미 성경에, 토라에, 율법에, 다 있는데 왜 우리는 현재의 기독교에만 머물러 있을까? 많은 고민 끝에 내린 결론이다.

"유대인에게는 구약, 율법이 있다, 그러나 우리에게는 신약까지만 있다."

우리가 더 많은 것을 받아들이고 세심하게 공부를 하고 율법을 지켰다면 더 위대해지고 성공할 수 있었을 텐데 하는 아쉬움이 절실함으로 다가왔다. 한국의 기독교가 이 땅에 처음 들어왔을 때 613개의 율법에도 관심을 가진 개방적인 입장이었다면 한국의 기독교는 더욱 성공했을 것이다.

율법을 완성해야 했는데 버린 것은 아닐까?
다시 주워 담으면 소망이 있을까!

250이라는 숫자

미국의 전설적인 자동차 판매왕인 '조 지라드(Joe Girard)'라는 사람이 있다.

기네스북에 12년 동안 연속 판매왕의 자리에 오를 정도로 실적이 월등했다. 가난한 집의 주정뱅이의 아들로 태어나 아버지의 구타에 못 이겨 고교를 중퇴하고 구두닦이를 시작으로 35세까지 40여 가지의 3D직업을 전전했다.

3D라는 말은 Dirty(더럽고), Dangerous(위험스럽고), Difficult(어려운)의 앞 글자를 따서 만든 오래된 신조어다. 그러다 우연히 자동차 판매에 뛰어들어 전설적인 대기록을 세우게 된 것이다.

그 대기록의 비밀에는 250이라는 숫자가 숨어 있었다. 그가 친지의 결혼식에 갔더니 거기 모인 사람의 숫자가 대략 250명쯤 되었다. 또한 장례식장에 갔더니 역시 그 정도의 사람들이 모여 있었다. 길흉사에 모이는 사람의 숫자가 평균적으로 약 250명이었다.

왜 그럴까를 그는 생각했다. 해답은 이랬다.

아무리 평범한 사람이라도 최소한 250명 정도의 인간관계를 가지고 있다는 사실을 발견한 것이다. 이를 세일즈에 적용하면 한 사람의 고객에게 확실한 신뢰를 얻으면 250명의 잠재적 고객이 생긴다는 것을 깨닫게 된 것이다. 반대로 한 사람에게 신뢰를 잃으면 250명의 고객을 잃는 것과 마찬가지였다.

그때부터 그는 한 사람의 고객을 250명 대하듯 했다.

세일즈, 즉 돈을 벌기 위해 깨닫게 된 평범한 사실이 그에게는 신의 한 수가 된 것이다. 모든 한 사람이 소중하고 귀하다. 그는 한 사람의 가치를 그렇게 발견하고 그 사실에 벗어나지 않게 충실하게 실천을 했다.

사실 보통사람들은 자기에게 유익한 상황을 주거나, 이익이 생기게 하거나, 실제로 돈이 되는 사람한테는 정말 간이라도 빼줄 것처럼 아부하며 행동한다. 그러다 자기에게 불이익이 오거나 손해가 되면 바로 등을 돌리고 만다. 심지어는 적이 되기도 한다.

성경은 이렇게 지적하신다.

「가난한 사람을 억압하는 사람은 그를 지으신 분을 비난하는 자요, 궁핍한 사람에게 친절을 베푸는 사람은 하나님을 높여 드리는 자이다.」(잠언 14장 31절)

성경은 가난하고 궁핍하여 내가 얻을 소득과 이익이 없어도 하나님 대하듯 하라고 한다. 한 사람이 250명의 가치를 넘어서서, 내가 손해를 보더라도, 이익이 되지 않더라도, 한 사람을 대할 때는 언제나 하나님처럼 대하라는 것이다. 그래서 이 말씀대로가 너무 무섭다.

한 사람을 대할 때 250명의 가치를 넘어 하나님처럼 보이면 당신은 진짜 신앙인이다.

근접성의 효과

어느 학자가 미국의 미시간 대학교 학생 기숙사를 무대로 '근접성의 효과'에 대한 실험을 했다.

미국 전역에서 모여 서로 알지 못하는 학생들이 기숙사에서 어떤 교우 관계를 맺는가를 추적한 실험이었다. 많은 학생들이 먼저 같은 방이나 가까운 방의 사람을 비롯해 가장 '가까운' 곳에 있는 사람부터 친해졌다. 말 그대로 가까이 있는 사람들부터 시작해 친밀도가 넓어진 것이다.

그런데 시간이 지나면서 기숙사 내에서 함께 생활하고 서로의 태도나 성격, 사고방식 등을 알게 되면서 자신과 같은 취미나 관심, 태도, 사고방식을 지닌 사람에게 더 친근감과 호의를 갖게 되더라는 것이었다.

시간이 지나면 결국 친구는 끼리끼리 모인다는 '유사성의 법칙'이 그대로 적용된 결과를 도출해낸 것이다. 결론은 간단했다. '근접성의 효과'는 가까이에 있는 사람들부터 친해지기 시작해서 결국 끼리끼리 모일 수밖에 없는 '유사성의 법칙'으로 귀결되더라는 것이었다.

성경은 이렇게 말씀하신다.

「가까운 이웃이 멀리 사는 형제보다 낫다.」(잠언 27장 10절)

「형제가 함께 한마음으로 사는 것이 얼마나 선하고 얼마나 보기 좋은가!」(시편 133편 1절)

세상은 끼리끼리 모인다. 비슷한 무리끼리 서로 내왕하며 사귄다는 유유상종(類類相從), 이름은 달라 보여도 따져보면 한 가지라는 초록동색(草綠同色), 서양속담에도 '같은 깃털을 가진 새들끼리 함께 모인다'고 했다.

시대가 험악할수록 좋은 사람들을 사귀어야 한다. 나쁜 사람과 어울리면 나쁜 사람이 된다. 내가 좋은 사과라도 해도 썩은 사과 옆에 가면 당연히 썩는 법이다. 썩은 사과는 절대 싱싱한 사과로 변하지 않는다. 내가 좋은 사람인지 아는 방법은 내가 지금 사귀고 있는 사람들, 어울리는 사람들이 누구인지 알아보면 된다.

그런데 이것이 불가능에 가까워서 문제다. 같은 부류이기 때문에 그렇다. 그래서 그 기준이 성경이다. 하나님의 말씀이다. 참으로 어렵다.

당신 주변에서 아주 싱싱한 사과를 찾아 그 곁에 있어라.
단, 당신이 썩은 사과면 안 된다.

불필-필요 없는 딸

부산과 울산을 오가는 해안도로를 따라가다 보면 '임랑'과 '월내'라는 작은 어촌 마을 중간 지점에 조계종 직할 '임제종가 묘관음사'라는 돌에 새겨진 간판이 나온다. 이 사찰은 그 유명한 성철스님이 수행한 절이다.

성철이 출가한 후에 딸을 처음 만났던 절이기도 하다. 출가한 후 부인이 딸을 낳았다는 소식을 풍문으로 들었다고 한다. 그 딸의 본명이 수경(壽卿)이었다. 그런데 스님이 된 딸을 성철은 불필(不必), '필요 없는 딸'이란 법명으로 불렀다고 한다. 성철스님이 열반에 드실 때 남겼다는 유언이다.

> 내 죄는 산보다 높고 바다보다 깊은데 내 어찌 감당하랴?
> 내가 80년 동안 포교한 것은 헛것이로다. 우리는 구원이 없다.
> 죗값을 해결할 자가 없기 때문이다.
> 딸 필이와 54년을 단절하고 살았는데 임종 시에 찾게 되었다.
> 필이야, 내가 잘못했다. 내 인생을 잘못 선택했다. 나는 지옥에 간다.

아버지와 딸, 부모와 자식은 천륜이다. 이것을 끊기는 불가능하다. 부모는 자식을 그렇게 사랑한다. 그래서 성경에는 '네 자녀를 사랑하라'는 계명이 없다. 그러나 「네 부모를 공경하여라. 그러면 네 하나님 여호와가 네게 준 땅에서 네가 오래 살 것이다.」 (출애굽기 20장 12절)'라는 말씀이 있을 뿐이다. 부모는 자식을 사랑하라고 하지 않아도 목숨처럼 사랑한다.

'공경'은 '몸가짐을 조심스럽게 하여 받들어 모시다'는 뜻이다. 영어는 Respect(존경), Honor(경의), Reverence(숭배)다. 모시는 차원을 넘어서는 존경과 숭배까지 하는 것이다.

원숭이로 이런 실험을 했다고 한다.

아빠 원숭이와 아들 원숭이, 엄마 원숭이와 아들 원숭이 두 쌍을 불을 지펴 뜨겁게 달군 불판 위에 넣고 서서히 가열을 했다.

사이좋게 놀다가 불판이 점점 뜨거워져 도저히 받을 딛지 못하게 되자 엄마 원숭이는 아들을 머리에 올리고 자신은 뜨거운 불에 타고 있었고, 아빠 원숭이는 자식 원숭이를 자기 엉덩이 밑에 넣어 방석으로 삼아 깔고 앉더란다.

인간도 마찬가지다. 그래서 모성은 하나님과 동격이다. 숭배해도 된다는 말이다.

이놈이 죽은 거야 산 거야

효자 두 형제를 둔 아버지가 갑자기 집에서 쓰러져 의식불명 상태가 됐다.

큰아들이 아버지를 아무리 흔들어 깨워도 여전히 의식은 돌아오지 않았다. 큰아들은 응급조치를 하면서 동생에게 빨리 가서 의사 선생님을 모셔 오라고 했다. 동생이 황급히 의사 선생님을 모시러 갔는데, 돌아올 시간이 지났는데도 동생이 오지 않았다. 초조해진 형은 동생이 걱정되고, 답답한 마음으로 혼자 중얼거렸다.

'도대체 이놈이 죽은 거야, 살아있는 거야.'

그때 순간적으로 의식이 돌아온 아버지가 이 소리를 듣고 큰 충격을 받아 그만 숨을 거두고 말았다. 자나 깨나 말조심해야 한다.

어느 곳이라 할 것도 없이 도처에서 말이 거칠어졌다. 욕설, 비난, 비판의 소리로 가득하다. 마음에 안 들면 화부터 내고, 댓글 등 언어폭력이 난무하는 세상이다. 올림픽 중계 때도 악을 쓰며 거친 말을 토해내야 잘 한다고 칭찬을 한다.

성경은 이렇게 말씀하신다.

「오 여호와여, 내 입에 파수꾼을 두시고 내 입술의 문을 지켜 주소서.」(시편 141편 3절)

'파수꾼'은 '쇼므라(שָׁמְרָה)'인데, '보초'라는 뜻이다.

보초를 세워서 성을 나가고 들어오는 것을 관리하며 문을 지켜야 하듯 입술의 문도 그렇게 해달라고 기도함을 의미한다. 인간은 사실 쏟아내는 말을 제어하는 것이 불가능하다. 인간은 감정에 따라 자신을 제어할 힘이 없다. 그래서 하나님이 감당해 주셔야 한다는 것이다. 그러므로 불평하는 말, 원망하는 말, 상처를 주는 말, 비판의 말, 거친 말, 그런 말들이 내 입술의 문을 나가기 전에 통제되기를 끊임없이 기도해야 한다. 이런 말씀도 있다.

「기분 좋은 말은 꿀송이 같아서 영혼을 즐겁게 하고, 아픈 뼈를 고치는 힘이 된다.」(잠언 16장 24절)

아픈 뼈마저도 말로 고친다고 했다. 따로 골다공증 약을 먹을 필요가 없다. 우리의 뼈까지 걱정하시고 치료해 주시려는 하나님을 찬양할 뿐이다.

요즘은 상대방이 보이지 않는 인터넷에서 댓글로 거친 말들을 쏟아낸다. 그래서 손끝에도 파수꾼이 필요한 시절이다.

VI. 감사

(Thanksgiving)

아빠는 왜
있는지 모르겠다.

감사 일기 쓰기 체험

심리학자 로버트 에몬스(Emmons) 연구팀은 2000년 '감사 일기 쓰기 실험결과'라는 논문을 발표했다.

에몬스는 대학에서 건강 심리학 수업을 듣는 학생들을 3그룹으로 나눠 10주 동안 매주 한 번씩 각자의 감정, 신체 증상, 그리고 건강과 관련된 행동을 기록하게 했다. 한 주일을 돌아보며 기록한 내용은 이렇다. 첫 번째 그룹은 감사했던 일을, 두 번째 그룹은 스트레스 받았던 일을, 세 번째 그룹은 구체적인 지시 없이 중립적으로 그냥 한 주간 일어난 일 중에서 중요하다고 생각되는 일을 다섯 가지씩 적도록 했다.

그 결과 주간 감사 일기를 쓰게 한 첫 번째 그룹의 학생들이 다른 두 집단에 비해 자신의 현재의 삶에 더 만족했고, 미래에 대한 기대도 더 크고 낙관적이었다는 결론을 도출했다.

이 그룹은 매일 운동을 하는 시간도 더 많았고, 몸도 더 건강해졌다고 했다. 또 이들은 '친구들이 도움을 줬다', '부모님께 고마움을 느낀다'는 등의 긍정적이고 낙관적인 내용을 적었다. 그들은 감사 일기를 쓰기 시작하면서 평소 당연하게 여기던 남들의 도움과 배려를 다시 돌아보게 된 계기가 되었다고 대답했다.

감사의 사전적 의미는 '자기에게 도움이 되거나 흐뭇하여 그에 보답하고자 하는 마음'이라고 정의했다.' 성경에도 감사라는 말이 188회가 나온다.

그중 압권은 이런 말씀이 아닐까 생각한다.

「모든 일(all circumstances)에 감사하십시오. 이는 그리스도 예수 안에서 여러분을 향하신 하나님의 뜻입니다.」(데살로니가전서 5장 18절)

감사라는 말 '유카리스테오(εὐχαριστέω)'는 '감사하다'와 특히 '식사에 대한 은혜를 말 한다'라는 뜻이 내포되어 있다. 감사는 큰 것이 아니다. 밥에 대한 감사부터 시작된다.

감사는 하나님께만 하는 것이 아니다. 감사해야 할 사람을 우리 스스로 찾아야 한다. 각자의 마음의 일기장을 펼쳐보면 그것은 '불평 일기장'에 다름이 아니다. 무슨 원망이 이리도 많을까! 한숨만 나온다. 이제 그 일기장을 덮어 놓고 '감사 일기장'을 펴보기로 하자. 나는 중3때부터 20년이 넘게 소소한 일에도 연연하지 않고 일기를 썼다. 지금은 소실됐지만 기억해 보면 감사보다 불평이나 하소연이 훨씬 더 많았을 것이 분명하다.

감사 일기는 아무나 쓰는 것이 아니다. 하나님의 뜻을 아는 자만이 쓸 수 있다. 하나님의 뜻을 모르면 무조건 감사하면 된다.

조건을 헤아리는 순간 감사보다 불평이 더 커진다.

아빠는 왜 있는지 모르겠다

어느 초등학교 2학년 학생이 쓴 일기다.

> 5월 1일 목요일
> 엄마가 있어 좋다. 나를 예뻐해 주셔서
> 냉장고가 있어 좋다. 나에게 먹을 것을 주어서
> 강아지가 있어 좋다. 나랑 놀아 주어서
> 아빠는 왜 있는지 모르겠다.

아빠의 존재가 엄마한테 밀리는 것은 그냥 일상의 일이라고 봐줄 만하다. 우리나라의 대부분의 아버지가 그런 형편이라고 해도 과언이 아니다. 먹고 사는 문제에 전력투구하지 않으면 그냥 도태가 된다고 생각하는 것이 안타깝지만 현실이니 말이다. 그러나 아빠의 존재가 냉장고와 강아지보다 못하다는 것은 참으로 안타까운 일이다.

이 아이는 자신이 지금 누리고 있는 모든 행복과 편리함이 아빠가 있기에 가능하다는 것을 아직 모르고 있다. 언젠가 철이 들면 아빠의 헌신과 수고 때문에 자신이 그런 행복을 누렸다는 것을 저절로 알게 될 것이다.

사람은 살아가면서 '세렌디피티(serendipity)'를 경험하게 된다. 이 단어는 18세기의 문필가였던 호레이스 월폴이 만든 말이다. '완전한 우연으로부터 중대한 발견이 이뤄지는 것', '의도하지 않았는데 훌륭한 결과를 발견해 낸 것'을 지칭하는 말이다.

생각도 하지 않고, 의도하지도 않고, 계획하지도 않았는데 어느 날 갑자기 '철'이 들 때가 있다. 다 때가 있는 법이라고 시간은 우리에게 준엄하게 말한다. 그 순간은 솔로몬이 말한 그대로다.

「또한 어떤 사람에게든지 하나님이 재물과 부요를 그에게 주사 능히 누리게 하시며 제 몫을 받아 수고함으로 즐거워하게 하신 것은 하나님의 선물이라.」(전도서 5장 19절)

오늘 지금 내가 누리고 있는 모든 것은 하나님의 선물이요, 은혜 때문이라는 것을 뼈저리게 느끼는 순간이 바로 '신앙의 철'이 드는 순간이다.

사도 바울 역시 '나의 나 된 것은 하나님의 은혜'라고 고백했다. 신앙의 철이 들지 않으면 50년 예수를 믿고 교회를 다녀도 어린아이의 신앙일 수밖에 없는 이유다. 이 순간이 빠르면 빠를수록 좋다. 어떤 사람은 10대, 어떤 사람은 80대에 겨우 철이 든다.

나를 존재하게 한 '원인'을 명확하게 인식하지 못한다면, 아빠가 왜 존재하는지 모르겠다고 말하는 어린아이의 신앙밖에 안 되는 것이다. 오늘의 나를 있게 한 '원인'을 찾아야 한다. 그 원인에 대한 감사와 고마움이 뼈에 사무치는 순간 진짜 신앙인, 진짜 사람이 되는 것이다.

하나님이 왜 있는지 모르겠다고 하는 사람도 있다.

부와 행운을 끌어당기는 힘

부자가 되는 길을 소개한 책이 있다.

"과외로 운명학을 공부한 대치동 키즈. 미국에서 낸 '마음가짐 책'. 21개국과 판권 계약."

이 책의 저자는 대치동에 소재한 학교의 여고생일 때부터 수학 과외가 끝나면 곧이어 운명학을 공부했다고 한다. 전국에 흩어져 있는 유명하다는 도사들이 직접 집으로 와서 아이에게 '운(運)'에 관한 과외를 해주었다고 한다. 아이의 성적은 늘 전교 상위권이었다. 이해력이 뛰어난 소녀는 가르침을 통째로 흡수할 수 있는 능력을 지니고 있었다.

아이를 가르친 스승들은 자신을 찾아오는 사람들에게 '나보다 더 잘 보는 애가 있으니 가보라'고 추천해 주기도 했다. 고등학교(숙명여고) 때부터 재벌가 회장님들이 찾아왔다고도 한다.

독특한 이력의 운명 컨설턴트 이서윤(41)이 마음가짐을 주제로 한 책 '더 해빙(The Having, 수오서재)'을 출간했다.

1년 전 미국의 유명 출판사 펭귄 랜덤하우스를 통해 영어로 미국에서 먼저 출간된 책이 역수입이 된 사례다. 한국 출간 전 해외에서 먼저 21개국에 판권을 계약했다. 토종 저자의 책이 해외에서 선(先)출간되는 사례는 많지 않다고 했다. 어떤 내용이 들어 있기에 그들을 그렇게 움직였을까?

기사를 읽다가 바로 교보에 책을 주문했다. 책을 받자마자 처음부터 끝까지 정독했다. 오랜만에 정신을 집중해서 책을 읽었다.

그가 말하는 '부와 행운을 끌어당기는 힘', 즉 부자가 되는 방법이 바로 'Having'이라는 것이다. '해빙'은 돈을 쓰는 순간 '가지고 있음'을 '충만하게' 느끼는 것이라고 한다. 모두가 원하는 부자가 되는 가장 간단하고 효율적인 방법이 바로 해빙이라는 것이다.

그런데 이 책을 다 읽고 난 첫 번째 느낌은, 다른 사람은 몰라도 내가 생각하기에는 이랬다. 이 책에서 말하는 모든 내용은 성경에 이미 나와 있다는 발견이었다.

「내가 궁핍하므로 이런 말을 하는 것이 아닙니다. 나는 어떤 처지에 있든지 자족하는 법을 배웠습니다.」(빌립보서 4장 11절)

「그러나 스스로 만족하는 마음이 있으면 경건은 큰 유익이 된다.」(디모데전서 6장 6절)

이 책은 두 가지 구절로 요약할 수 있다. '가지고 있음'을 '충만하게' 느끼는 것이 부와 행운을 끌어당기는 힘이라는 것, 그리고 그것은 바로 자족하는 마음이라는 것이다.

부자가 되고 싶으면 책 'Having(해빙)'을 구매해서 읽던지, 아니면 성경을 읽어라. 선택은 당신의 몫이다.

Thanksgiving. 4 로고테라피(Logotherapy)

<죽음의 수용소>라는 책을 쓴 빅터 프랭클 박사는 심리요법인 '로고테라피'(Logotherapy)를 창안했다.

성경에서는 '말씀'으로 해석하지만, 여기서는 '의미'를 뜻하는 그리스어 'logos(로고스)'라는 단어와 '치료법(therapy)'이라는 단어를 합성한 것으로 '의미 치료법'이라고 표현할 수 있다. 삶에 있어 실존적인 위기나 어려움이 생겼을 때 그것을 극복하지 못하고 좌절하고 포기하는 이들에게 이 치료법을 권한다.

이 로고테라피는 환자 스스로 '삶의 의미'를 찾도록 도와주는 것을 과제로 삼고 있다. 로고 요법에 따르면 우리는 삶의 의미를 세 가지 방식으로 찾을 수 있다고 한다.

> ① 무엇인가를 '창조'하거나 '어떤 일'을 함으로써,
> ② 어떤 일을 '경험'하거나 어떤 사람을 '만남'으로써,
> ③ 피할 수 없는 시련에 대하여 '어떤 태도를 취하기로 결정함'으로써
> 삶의 의미에 다가갈 수 있다고 한다.

모든 이들이 지쳐 있다. 잔뜩 부풀어 오른 풍선처럼 건드리기만 하면 폭발할 수 있는 분노와 근심과 고통 속에서 살고 있다. 이런 상황에서 우리는 제대로 된 '삶의 의미'를 찾아야 한다. 두 번째 항목에서 거론된 사람의 만남이란 '사랑'을 통해서라는 말이다.

그리고 새로운 삶의 의미로 들어가는 가장 중요한 방법은 바로 세 번째 길이다. 자기 힘으로 바꿀 수 없는 운명에 처했다고 생각한 나머지 절망적인 상황에 놓인 무력한 존재로 전락했다고 치자. 그러나 '어떤 태도를 취하기로 결정'을 하면 그 구렁텅이에서 반드시 빠져나올 수 있다는 것이다. 문제는 태도라는 것이다. 어떤 결정을 할 것인지 태도를 결정함으로써 그 자신을 뛰어넘고, 또 초월할 수 있다. 바로 시련과 어려움에 직면하는 나의 '태도'에 달려있다. 이것을 성경은 이렇게 말한다.

「모든 일(all circumstances)에 감사하십시오. 이는 그리스도 예수 안에서 여러분을 향하신 하나님의 뜻(God's will)입니다.」(데살로니가전서 5장 18절)

이보다 더 적절한 대응책이 있을까! '어떤 환경'에서라도 감사의 통로를 지나면 의미를 찾게 되고, 내가 생각하는 것보다 탁월하고 더 좋은 방법의 출구로 나오게 된다.

이것이 하나님의 '의지'다. 부디 감사의 바다에 뛰어들어라.

앞에서 언급한 빅터 프랭클 박사의 '죽음의 수용소에서'라는 책에 '테헤란에서의 죽음'이라는 이야기가 나온다.

돈 많고 권력 있는 페르시아 사람이 어느 날 하인과 함께 자기 정원을 산책하고 있었다. 그런데 그 하인이 갑자기 비명을 지르면서 방금 '죽음의 신'을 보았다고 했다. 그 죽음의 신이 자기를 데려가겠다고 위협했다는 것이다.

하인은 주인에게 가장 빨리 달리는 말을 빌려달라고 애원했다. 그 말을 타고 오늘 밤 안으로 갈 수 있는 테헤란으로 도망을 치겠다는 것이었다. 주인은 흔쾌히 승낙을 했다. 하인은 그 말을 타고 허겁지겁 테헤란으로 떠났다. 그리고 주인은 발길을 돌려 자기의 집으로 들어갔다. 그런데 이번에는 그가 죽음의 신과 마주치게 되었다. 죽음의 신에게 물었다.

"왜 그대는 내 하인을 겁주고 위협했는가?"

그러자 죽음의 신이 대답했다.

"위협하지 않았습니다. 다만 오늘 밤 그를 테헤란에서 만나기로 계획을 세웠는데, 그가 아직 여기 있는 것을 보고 놀라움을 표시했을 뿐이죠."

그렇다. 하인은 죽음의 장소인 테헤란으로 자원하여 찾아 달려간 것이다. 사람들이 믿는 운명이 이런 것이다.

프랭클 박사의 말에 의하면 수용소에 갇힌 사람들은 어떤 결정을 내리는 일과, 어떤 일이든지 앞장서서 하는 것을 항상 두려워했다고 한다. 운명의 힘을 무서워했기 때문이다. 성경에는 이스라엘 백성들을 광야에서 40년간 인도하신 방법이 나온다.

「낮에는 구름 기둥이, 밤에는 불기둥이 백성들 앞에서 사라지지 않았습니다.」[출애굽기 13장 22절]

그렇다. 하나님은 개인, 교회, 당신의 백성들에 앞서 가셔서 좋은 것을 예비하시고 기다리신다. 이것은 운명이 아니라 섭리다. 하나님은 합력하여 선을 이루시는, 앞서 가셔서 좋은 것을 준비해 주시는 여호와 이레의 하나님이시다.

산다는 것은 곧 시련을 감내하는 것이며, 살아남기 위해서는 그 시련 속에서 어떤 의미를 찾아야 한다. 하나님은 시련 속에서 의미를 찾게 하시고 앞서가신다. 그러므로 걱정할 필요가 조금도 없다.

당신의 삶에도 구름 기둥, 불기둥이 존재한다. 그러므로 그것을 인식하고 볼 줄 아는 영적인 힘이 필요하다.

그러면 테헤란으로 간다고 하더라도 아무런 걱정을 할 필요가 없다.

'소확행'이란 말이 자주 회자된다. '작지만 확실한 행복'이란 뜻이란다.

일본의 작가 무라카미 하루키의 수필집 '랑겔한스섬의 오후'에 등장하는 말이기도 하다. 나에게 있어 소확행의 즐거움은 SNS에 올라오는 소중한 단편의 글을 발견할 때다. 그중의 하나를 옮긴다.

오늘 서빙 알바를 하다 미끄러지면서 의자에 걸쳐 있던 여자 손님 코트에 국물을 쏟아버렸다. 순간 머릿속이 하얘졌다. 너무 죄송하고 당황해서 '죄송합니다. 죄송합니다. 세탁비는 물어드리겠습니다. 머리를 조아리며 사과를 했다. 그런데 여자 손님은 이렇게 말했다.

"아이, 괜찮아요. 실수할 수 있죠. 신경 쓰지 마세요. 그리고 국물만 흘린 거니까 다시 조리해 주실 필요 없어요. 정말 괜찮으니까 일 보세요."

그래도 계속 신경 쓰이고 죄송해서 알바 하는 데 집중이 안 되었다.

그러다 계산하실 때 남자 손님이 갑자기 나한테 만 원을 주시면서 받으라고, 자기도 학생 때 알바 하다 실수 많이 해봐서 혼도 많이 나고 그랬다고, 일 끝나고 맛있는 거라도 사 먹고 실수한 거 잊으라고 해주셨다.

내가, '아뇨, 괜찮습니다.' 하고 못 받고 있으니까 계산대에 만 원 올려두시고 여자 손님이랑 가셨다. 부부로 보였는데, 이 세상에도 천사가 있구나 싶었음. 나도 그렇게 멋진 사람이 되겠다고 다짐했다.

세상에는 나쁜 사람들보다 착한 사람들이 더 많다. 다만 그들이 알려지지 않았을 뿐이다. 반대로 나쁜 사람들의 일들만 언론에 노출된다. 그래서 세상에는 나쁜 사람들만 있는 줄 안다. 아직 청년이라 모든 일에 익숙하지 못하다. 그리고 알바로 생계를 유지하지는 않겠지만(유지해야 할 경우도 있겠지만) 무언가 필요에 의해 일을 하는 이들의 아픔을 마음으로 이해해준 두 어른의 품격이 그대로 느껴진다.

그래서 성경에는 이렇게 말씀하신다.

「가난한 사람에게 나눠 줄 것이 있도록 자기 손으로 선한 일을 해 수고의 땀을 흘리십시오.」(에베소서 4장 28절)

누군가에게, 필요한 사람들에게, 기꺼이 나눠 줄 것이 있도록 수고하는 것이 진정한 행복이다. 그래서 부자가 되어야 한다. 이것을 청부(淸富)라고 한다. 이런 사람들이 많을수록 살맛나는 세상이 아닐까.

당신이 '헤르몬 산의 이슬'이 되어 온 지면에, 온 세상에, 누군가에게 무엇인가를 나눠줄 수 있는 부자가 되기를 소망한다.

브런치(Brunch) 블로그에 올라온 글이다.

26살 아가씨(유수진)가 회사에 출근하려면 아침 일찍 집에서 나와 6시 25분에 어김없이 마을버스를 타야 했다. 겨울에는 주변이 암흑 같아 더 춥기도 하고 우울했다. 버스를 타면 어김없이 동네 분들이 자리에 앉아 있었다. 아가씨는 이 먼 직장을 금방 때려치운다고 하면서도 몇 개월을 버티며 다니고 있었다.

유독 춥고 어두컴컴했던 어느 겨울 아침, 버스에서 내려 안양역 지하철을 타러 올라가는데 캐주얼한 정장을 입은 한 중년의 남자가 자신을 불러 세웠다. 아주 급한 목소리였다. 스산한 새벽공기 때문인지 너무나 긴장된 순간이었다.

"아가씨, 잠깐만 기다려 보세요."

그리고는 허둥지둥 역내의 편의점으로 들어가는 것이었다. 유리벽 너머로 보이는 남자는 무엇을 골라야 할지 몰라 당황해 하면서도 무엇인가 잡히는 대로 집고 있었다. 그 모습을 보면서 아가씨는 그냥 갈까, 어쩔까, 수백 번 고민하던 순간에 그 남자가 편의점에서 나왔다. 그의 손에는 다이제라는 과자와 따뜻한 꿀 차가 들려 있었다.

경계하는 아가씨에게 그는 말했다.

"110동 살죠? 그 앞 주차장에 있는 하얀 차가 내 차예요(저 이상한 사람 아닙니다, 라고 말하는 듯). 그냥 내 딸 같아서, 뭘 사주고 싶은데 어떤 걸 좋아할지 몰라서. 회사 가서 먹어요!"

그리고 남자는 전철을 타기 위해 플랫폼으로 향했다. 그 남자는 툴툴거리면서도 한 번도 6시 25분 마을버스를 놓치지 않았던 아가씨가 무척 대견스러웠던 모양이었다. 아가씨는 손에 들린 그것을 바라보면서 '잃은 적도 없지만 모든 걸 보상받은 듯했다' 라고 혼잣말을 했다.

세상 많은 사람이 지쳐가고 있다. 쓰러지기 일보직전이다. 아니 쓰러져 있는 사람도 많다. 밟고 지나가는 사람도 있다. 모두에게 위로와 격려가 필요한 시기이다. 그래서 성경은 이렇게 외치신다.

「위로하라. 내 백성을 위로하라.」(이사야 40장 1절)

여기서 위로라는 단어는 '나함(נחם)'인데, '강하게 숨을 쉰다'는 뜻이다. 위로는 바로 '강하게 숨을 쉬도록 하는 것'이다.

숨이 막히는 답답한 세상에서 강하게 숨을 쉬게 하는 것이 위로다.

위로의 영어 'Comfort'는 '침대의 이불'이라는 뜻도 있다.

'이불을 덮고 크게 숨을 쉬며 편안하게 하는 것이 위로'다. 위로는 사람을 통해서 온다. 바로 당신을 통해서….

매서운 추위가 몰아치는 한겨울이었다.

열 살쯤 된 소년이 뉴욕의 번화가 한 거리의 신발가게 앞에서 얼어붙은 맨발로 서서 신발을 구경하고 있었다. 그때 멋진 차를 타고 가던 한 여인이 차에서 내려 소년에게 말했다.

"얘야, 왜 그렇게 신발가게 유리창을 쳐다보고 있니?"

소년이 대답했다.

"저는 하나님께 신발 한 켤레만 달라고 기도하고 있었어요."

그러자 여인은 소년을 가게 안으로 데려가서, 양말 두 켤레를 주문하고 대야와 수건을 부탁했다. 장갑을 끼고 무릎을 꿇고 소년의 얼굴, 발을 따뜻한 물로 씻겨 주고 닦아 주었다. 그리고 양말을 신기고 신발 한 켤레를 사서 신겨주었다. 헤어질 때 여인은 이렇게 말했다.

"네가 더 편안해지기를 바란다."

소년은 그녀의 손을 잡고 눈물을 흘리며 말했다.

"아줌마는 하나님의 부인이신가요?"

사도행전에 보면 이런 말씀이 나옵니다.

「이처럼 내가 모든 일에 모범을 보였으니 여러분도 약한 사람들을 도우며 '주는 것이 받는 것보다 복이 있다'라고 하신 주 예수의 말씀을 기억해야 합니다.」(사도행전 20장 35절)

주는 것과 받는 것 차이는 하늘과 땅 차이다. 이 차이는 내가 만드는 것이다. 당신은 소년이 되고 싶은가? 하나님의 부인이 되고 싶은가?

보통 사람들은 마음으로는 거지 소년으로 살아가고 있다. 그래서 매일 받기만을 기대하며, 그것을 당연한 것으로 알고, 은혜를 모르는 채 살아가고 있다. 성경은 이렇게 말씀하신다.

「그리고 선행과 나눔을 소홀히 하지 마십시오. 하나님께서는 이런 제사를 기뻐하십니다.」(히브리서 13장 16절)

선을 행함과 나눠주는 것이 제사이며 예배다. 수천 번의 예배보다 단 한 번의 나눠줌이 진짜 예배다.

주려면 일단 내가 뭔가 있어야 하지 않겠는가? 목적을 두고 돈을 벌고, 부자가 되도록 기도하라. 재능기부라는 말도 있다. 무엇이든 받는 것보다 주는 쪽에 무게를 두는 하나님의 부인이 되면 하나님은 당연히 기뻐하실 것이다.

맨발의 소년과 하나님의 부인, 두 사람 중에서 당신은 오늘 어떤 사람이 되고 싶은가?
당신도 하나님의 부인이 될 수 있다.

좋은 우물이란 항상 일정한 수위를 유지한다.

여름에는 차고 겨울에는 따스하다. 장마에도 넘치지 않으며 가뭄에도 마르지 않는다. 목마른 사람들이 물을 퍼가도 항상 그대로다. 쉽게 넘치고 쉽게 마르는 우물은 수원이 짧은 우물로 좋은 것이 아니다.

재물은 흔히 우물에 비유된다. 재물이란 좋은 우물과 같아서 남에게 베푼다고 줄어드는 게 아니라 베푸는 그만큼 다시 채워진다. 이것이 '우물의 법칙'이다.

미국에서는 기부자들을 'Rain Maker'라고 부른다. '비를 만드는 사람'이라는 의미다. 극한 가뭄에, 뜨거운 여름에 한 줄기 시원하게 소나기를 쏟아 주는 것에 비유하는 말이다.

미국의 큰 부자들은 모두 확고한 기부 철학을 갖고 있다.

록펠러, 카네기, 포드, 빌 게이츠, 워런 버핏, 조지 소로스 등 모두 기부 왕들이다. 이들 중 헨리 포드를 제외하고는 모두 유대인들이다. 이들의 기부는 사회에서 번 돈을 사회에 돌려준다는 의미도 있지만, 유대인들에게 기부는 오랜 종교적 전통이기도 하다. 이런 기부 문화는 성경적 근원에 뿌리를 두고 있다.

예수님은 말씀하셨다.

「남에게 주라. 그러면 너희가 받을 것이다. 그것도 많이 꾹꾹 눌러 흔들어서 넘치도록 너희 품에 안겨 줄 것이다.」(누가복음 6장 38절)

또한 이렇게도 말씀하셨다.

「지혜로운 사람의 재물은 그에게 면류관이 되지만 어리석은 사람의 어리석음은 어리석음만 낳는다.」(잠언 14장 24절)

재물만 우물이겠는가? 사람마다 각자 가지고 있는 우물의 종류는 너무나 다양하다. 우리가 우물을 주는 대상은 바로 이웃과 사회다. 모든 것을 이웃과 사회에 아낌없이 주고 나면 다시 받게 된다는 것이 성경적 원칙이다. 예외는 없다.

받기만 하는 우물은 반드시 썩는다. 받기만 하는 모든 삶은 인생 자체가 썩은 우물이 될 수도 있다는 말이다.

지난주에는 코로나로 예배당에 나오지 못하셨던 분들이 한꺼번에 3개월 치의 헌금을 봉헌하시는 모습을 보면서 눈물겹도록 축복해 주고 싶었다. 그들의 우물은 자자손손 마르지 않을 것이다.
그것도 꾹꾹 눌러서 흔들어 넘치도록….

Thanksgiving. 10 행위자 관찰자 편향

심리학 용어에 '행위자-관찰자 편향'(actor-observer bias)이라는 개념이 있다.

자신이 한 행동의 이유는 주로 '외부 환경'에서 찾고, 다른 사람의 행동은 '내면에서 이유를 찾는다'라는 것이다. 예를 들면 이런 경우를 말한다. 내가 횡단보도에서 빨간불에도 건널 땐 이렇게 변명을 한다.

"다니는 차도 없고 남에게 위험하지도 않아서."

그러나 남이 하면 근엄하기가 짝이 없다.

"준법정신이 없기 때문에"

이런 식이다. 일명 '내가 하면 로맨스, 남이 하면 불륜'이다. 이렇게라도 자기 합리화를 하지 않으면 스트레스로 살 수 없으므로 뇌 스스로 갖추는 일종의 방어기제라고 한다.

KBS 2TV에서 월요일에 방영되는 '안녕하세요'라는 고민 상담 프로그램이 있다. 지난 방송에는 신혼 1년 차인 부부가 등장했다. 아내는 남편이 자신을 소 닭 보듯 한 말투와 아이 양육, 생활비 씀씀이 등 모든 부분에서 마음에 들지 않는다고 불만을 토로했다. 패널들이 이런저런 충고와 설득이 오고 간 뒤, 남편에게 마지막 말을 하라고 했다.

그랬더니 남자는 아내에게 이렇게 부탁을 했다. 1. 좋은 말을 해줬으면 좋겠고, 2. 아이 양육을 잘해 줬으면 좋겠고 3. 자기를 이해해 줬으면 좋겠다는 식으로 말을 했다.

남편은 자신이 해야 할 일은 죄다 빼놓고 아내에게만 무리한 요구를 하는 것이었다. 가정의 불화는 오직 아내 때문이라는 것이다. 이것은 그냥 넘어갈 수 있는 간단한 문제가 아니다. 그럴 때는 내가 앞으로 어떻게 하겠다는 각오를 말해야 한다. 예수님께서는 사역의 시작을 이렇게 표현을 했다.

「회개하라. 하늘나라가 가까이 왔다.」(마태복음 4장 17절)

기독교와 복음, 그리고 신앙의 첫걸음은 회개, 즉 자신을 객관적으로 볼 수 있는 눈이라고 할 수 있다. 눈은 앞만 볼 수 있다. 그래서 자신을 볼 수 없는 한계를 가지고 있다.

하지만 사람에게는 거울이 있다. 이것은 인류가 발명한 최고의 발명품이다. 지상의 인간들에게는 성경이 그 거울이라고 했다. 회개란 자신을 제대로 관찰하라는 예수님의 외침이다. 그래야 천국에 이를 수 있다.

세계에서 축구를 제일 잘하는 선수들이 모인 월드컵 경기에서도 어김없이 자책골이 쏟아진다. 누구든 예외가 없다는 말이다. 자책골을 넣지 않고 사는 방법은 바로 회개다. 그런 사람들이 모여 있는 곳이 천국이다.

인류 최고의 거울은 바로 성경이다.

초등학교 맞춤법시험

어느 초등학교에 제출된 맞춤법에 관한 시험문제다.

다음 글에서 틀린 낱말을 바르게 고쳐 쓰시오!
세 개의 단어가 차례로 적혀 있었다.
① 헤헤 ② 맡있겠다. ③ 나 혼자 먹어야지.

틀린 단어는 ② 번으로, '맡있겠다'를 '맛있겠다.'라고 고쳐 써야 한다.
그런데 한 아이가 ③ 번을 지정하여 이렇게 고쳐 썼다. '나 혼자 먹어야지'가 잘못 되었다며, '다 같이 먹어야지'라고 썼다. '나 혼자'를 '다 같이'라고 고친 것이다. 물론 정답으로 채점할 수가 없으니 당연히 문제를 틀린 것이다. 그런데 이렇게 답을 쓴 학생은 문제의 해결책을 낱말이 아니라 마음으로 접근한 것이다.
그 천사 같은 학생의 따뜻한 마음을 충분히 읽을 수 있다. 천국은 멀리 있는 곳이 아니다. '혼자'에서 '함께'로 바뀔 때 천국이 되지 않을까 싶다. 그래서 성경은 이렇게 말한다.
「혼자서는 질 일도 둘이서는 당해 낼 수 있으니 세 겹줄은 쉽게 끊어지지 않는다.」 (전도서 4장 12절)
혼자보다 둘이, 둘보다는 셋이 더 효과적인 힘을 발휘한다. 다 같이, 함께 뜻을 모으고, 지혜를 모으고, 힘을 모으면, 그렇게 마음이 모아지면 살아가는데 있어 예상치 못한 시너지 효과가 나타난다.
예수님도 이렇게 말씀하셨다.
「두세 사람이 내 이름으로 모이는 곳에는 나도 그들 가운데 있다.」(마태복음 18장 20절)

그렇다. 예배든, 기도든 함께할 때 더 나은 효과를 볼 수 있다는 것이다.
무엇이든 혼자 해결하려고 하지 마라. 혼자 결정하지 마라. 혼자 할 수 있다고도 말하지 마라. 예수님은 평소에는 혼자 기도했으나, 그 중요한 겟세마네 동산에서의 마지막 기도하실 때는 혼자 가지 않으셨다. 제자들과 동행하셨다.
혼자 결정하고 판단하고 실행하는 것은 위험 부담이 그래서 크다. 이것을 해결하는 방법은 주변 사람들에게 조언을 구하는 것이다. 부끄럽고, 초라해 보이고, 자존심 상하는 일이라도 한번 묻기 시작하면 내가 예상치 못하는 탁월한 방법이 튀어나온다.

부끄럽게도 나는 이걸 잘 못했다.
그래서 이런 사실을 자신 있게 말할 수 있다.

깜빡 잊고 나중에 '아차' 하면 건망증이고, 생각 자체를 영원히 잊어버리면 치매라고 한다.

자동차 열쇠를 어디에다 뒀는지 모르면 건망증이고, 그것을 보고도 어디에 쓰는 물건인지 모르면 치매다. 배우자의 생일을 까먹으면 건망증, 배우자를 보고도 누구냐고 묻는다면 치매다. 비상금을 숨긴 위치를 몰라 헤맨다면 건망증, 그걸 찾아 아내에게 갖다 주면 치매다.

그리고 통장에서 돈을 찾아 아들에게 갖다 주면 '중증 치매'라고 한다. 물론 블랙유머라고는 하지만 현실성이 없는 이야기는 아니다.

20대는 택시를 타자마자 휴대전화로 전화를 걸거나 문자를 보내느라 바쁘고, 60대 이상은 택시에 타서 내릴 때까지 핸드폰을 찾느라 뒤적인단다.

요즘 현대인들은 건강에 관심이 많다. 그중에서도 제일 걱정하는 것은 치매라고 한다. 자신의 과거와 현재를 기억하거나 존재 자체를 잊게 되는 무서운 병이다.

반면에 영적 치매도 있다. 일명 은혜 치매다.

성경에 보면 이런 말씀이 나온다.

「내 영혼아, 여호와를 찬양하고 그분께서 베풀어 주신 모든 은혜를 잊지 마라.(And forget none of His benefits.)」(시편 103편 2절)

다른 것은 다 잊어도 하나님의 은혜, 풍성함, 기적, 보살핌, 이제껏 나를 있게 하신 그 은혜는 절대로 잊지 말라. 육체적 건망증과 치매는 걱정하면서도 하나님의 은혜, 은택을 잊어버리는 은혜 건망증, 은혜 치매는 걱정하지 않는다. 아니 영적 치매인지도 모르고 잊고 산다. 나는 그것이 솔직히 너무 두렵다.

잊지 말자! 오늘 내가 여기에 존재함은 하나님의 은혜요, 누군가의 희생으로 존재하는 축복이라는 것을….

상처와 실패는 치매처럼 잊고, 나를 있게 하신 하나님과 주변의 모든 사람의 은혜는 절대 잊지 않으려 한다. 영적으로 100% 건강한 신앙인들로 살아갈 수 있기를 간절히 소망해 본다.

영적 치매에 걸리면 정말 답이 없다. 신앙의 초기부터 잘 관리하지 않으면 어느 순간 그 악마는 도둑처럼 찾아온다.

영적 치매에서 깨어나는 방법은 깊은 기도와 묵상이다.

Thanksgiving. 13 보태주니 해결됐다

어떤 아버지가 낙타 17마리를 남기면서 유언으로 1/2은 첫째 아들에게, 1/3은 둘째 아들에게, 1/9은 셋째 아들에게 나누어 주라고 했다. 그런데 도저히 나눌 수가 없어 고민하다가 낙타를 타고 지나가는 현인에게 해결을 부탁했다. 아마도 현인의 지혜를 배우려는 시도였을 것이다.

현자는 자기 낙타 한 마리를 보태서 18마리를 만들어 놓고 1/2인 9마리를 첫째에게, 1/3인 6마리를 둘째에게, 1/9인 2마리를 셋째에게 나눠주고 나서 자기는 원래대로 한 마리의 낙타를 타고 가버렸다.

보태주니 해결이 됐다.

움켜쥐면 지옥이 되고 내놓으면 천국이 된다. 네 것도 내 것이라 하면 다툼이 생기고, 내 것도 네 것이라 하면 사랑이 생긴다. 이것이 삶의 지혜이다.

기독교를 십자가(†) 종교라 한다. 더하기(+) 종교라고도 한다. 세상은 빼기(-)다. 기독교는 동사의 종교다. 그래서 성경에서 '하라'는 '더하기'를 하라는 것이다. 움직임의 종교다.

성경에 이렇게 말씀하신다.

「남에게 주라. 그러면 너희가 받을 것이다. 그것도 많이 꾹꾹 눌러 흔들어서 넘치도록 너희 품에 안겨 줄 것이다.」(누가복음 6장 38절)

사랑을 주면 사랑이, 미움을 주면 미움이, 돈을 주면 돈이, 기쁨을 주면 기쁨이, 용서하면 용서가, 고집을 주면 고집이, 소리침을 주면 큰소리가, 눈물을 주면 눈물이 되돌아온다. 무엇이든지 주면 예측이 되지 않을 만큼 되돌아온다는 진리다. 그리고 우리가 빼기(-)를 해야 할 것은 고집과 아집이다.

옛날이야기 중의 하나다. 산에 오르려던 무리들이 중간에서 강이 나타나 뗏목을 만들어 강을 건넜다. 그런데 일행 중 한사람이 뗏목을 메고서 산에 올라가더란다. 그래서 물었다.

"왜 뗏목을 메고 가느냐?" 그는 대답했다.

"강을 건너는 데 도움이 되었으니 혹시 몰라서 메고 간다."

이것이 아집과 고집이다.

자기의 어설픈 성공의 경험이 모든 것에 적용될 줄 알고 고집을 부리는 사람이 허다하다. 그렇게 되면 나라도 교회도 가정도 개인도 모두 망하게 된다. 거듭난 신앙인은 무엇을 주며, 무엇을 뺄 것인가를 심각하게 고민해야 한다.

산에 오를 때는 뗏목은 과감히 버려야 한다.
필요하면 다시 만들더라도 말이다.

Thanksgiving. 14 메이와쿠 콤플렉스(Complex)

다른 사람에게 폐를 끼치는 것을 수치로 여기는 일본인들의 집단적 심리를 이르는 말이다. 메이와쿠는 우리말로 옮기면 '민폐(民弊)'쯤에 해당하는 말이다. 일본인들은 어린 시절부터 교육을 통해 메이와쿠(민폐) 끼치지 않기를 몸으로 익힌다.

일본 사회에서의 메이와쿠 콤플렉스는 상상 이상이다. 사적 영역뿐만 아니라 공적 영역에서도 발생한다. 일본인들은 외국에 나가 자기 자식이 죽어도 이렇게 말한다.

"국민에게 폐를 끼쳐 죄송하다."

"정부 노고에 감사한다."

심지어 통곡도 폐를 끼치는 것으로 인식하기 때문에 슬픔도 겉으로 표현하지 않고 안으로 삭인다.

1995년에 발생한 일본 고베(神戶)의 대지진에서 6,000여 명이 사망했지만 '어디서도 오열이나 절규는 없었다'. 그래서 세계의 모든 사람들이 '조용해서 무섭다'라는 느낌을 받았다고 한다. 그토록 참혹한 상황에서도 일본 사람들은 좀처럼 자기감정을 드러내지 않는다. 이런 현상을 두고 학자들은 일본인들의 잠재의식에는 남에게 폐를 끼치는 것을 수치로 여기는 유전자가 뿌리 깊게 박혀 있기 때문이라고 분석을 했다.

지난 러시아 월드컵 16강전이 끝난 뒤의 일이다. 일본이 패배했음에도 불구하고 응원석을 스스로 청소하는 일본 축구팬들의 모습이 화제가 됐다. 이를 두고 고려대 일어일문학과 서승원 교수는 이렇게 분석했다.

"일본에서는 유치원 때부터 실습을 통해 공중도덕 의식을 가르친다."

우리는 어릴 때부터 영어와 수학 같은 것만 죽도록 교육하지만 이런 교육은 하지 않는다. 성경은 이렇게 지적하고 있다.

「이 모든 말씀을 마음에 새겨서 너희가 너희 자녀들에게 명령해 삼가 이 모든 율법의 말씀을 지키게 하라.」(신명기 32장 46절)

그렇다. 613가지로 정리되는 율법의 핵심은 남에게 해를 끼치지 말라는 것이다. 사실 법이란 것은 남에게 '민폐'를 넘어 '해'를 끼치지 말라는 사회적인 약속이다. 성경은 어릴 때부터 가르치라고 한다. 교회의 책임이 크다.

나의 행동이 누군가에게 민폐가 된다면 통렬하게 반성할 일이다.
성경이 메이와쿠 콤플렉스에 밀리면 되겠는가!

00동에도 건물이 있었나요?

'10년간 월세 한번 안 올린 건물주'라는 제목의 SNS 글이다.

10년 동안 자동 갱신되어 월세 한 번도 안올리고 너무 잘 지냈던 곳. 첨에 계약할 때 한번 뵙고 못 뵌 주인. 부동산 사장님 얘기로는 빌딩 몇 채를 소유한 부동산 부자라고. 이제 다른 곳으로 옮겨야 해서 전화를 했다.

"안녕하세요. 00동 세입자입니다. 그동안 덕분에 너무 잘 지냈는데 옮기게 되어 전화했습니다."

그랬더니 주인은 '00동이라고요?', 그렇게 몇 차례 되묻더니 충격적인 말을 했다.

"아! 그 00동에도 제 건물이 있었나요?"

부럽다. 물질적으로 부러운 것이 아니라 마음씀씀이가 부럽다는 말이다. 또 다른 글이다.

가난이 정말 무서운 이유는, 가난을 겪어 보지 못한 사람에게는 말로 설명해서는 절대로 이해시킬 수 없다는 것이다. 몸을 일으켜 움직이는 순간부터, 일과를 마치고 귀가할 때까지, 모든 과정이 '얼마가 드는가?'로 자동으로 환산되는 비참함은 결코 말로 설명할 수 없다.

그렇다. 세상은 자기 건물이 어느 동에 있는지 모를 만큼의 부자, 그리고 모든 상황을 돈으로 환산되며 하루를 보내야 하는 가난한 사람들로 구분이 된다고 해도 과언이 아니다. 연초에 우리가 '복 받으라, 부자 되세요' 이렇게 인사한다고 복을 받고 부자가 되는 것은 결코 아니다.

성경은 자족하기를 배우라고 하면서 이렇게도 말씀하셨다.

「만약 하나님께서 부와 재산을 주셔서 누리게 하시고 또 제 몫으로 챙길 힘을 받게 하신 사람은 그것이 하나님의 선물임을 알아야 할 것이다.」(전도서 5장 19절)

성경은 가난과 부요를 균형 있게 설명한다.

「하나님께서는 세상에서 가난한 사람들을 택해 믿음에 부요한 사람이 되게 하시고」(야고보서 2장 5절)

우리가 지금 이렇게 필요한 것을 채우며 사는 것은 하나님의 선물이다. 그리고 아무리 가난해도 믿음에 부요한 사람이 되는 것이 더 큰 부자가 되는 것이다. 셀 수 없을 만큼의 건물주가 되는 것보다 믿음에 부요한 사람이 더 복되다. 그래도 건물주가 되고 싶은 마음은 떨쳐버릴 수 없다.

내가 아직도 속물인가보다.

텅 빈 자리를 보기 위해서

레오나르도 다빈치의 세기의 걸작 '모나리자' 그림이 도난을 당한 적이 있다.

이 소식을 전해들은 파리 시민들은 루브르 박물관 앞 광장으로 달려와 통곡을 했다. 그리고 허술하게 관리한 박물관과 시 당국을 향해 격렬하게 비난을 쏟아 부었다. '모나리자'는 프랑스 국민에게는 상상 이상으로 중요한 정신적 재산이자 자존심이었다. 다행히도 2년 뒤에 그림을 되찾았다. 박물관 측에서는 되찾은 그림을 보기 위해서 사람들이 밀물처럼 몰려들 것으로 생각했지만 예상과는 달리 관람객은 오히려 급감했다.

그 이유는 예상 밖이었다. 모나리자가 도난당했을 당시 모나리자가 걸려 있던 '텅 빈 자리'를 보기 위해서 관광객이 그동안 5배나 많이 찾아왔기 때문이었다. 항상 걸려 있던 모나리자보다는 '사라진 모나리자'가 사람들에게 더 많은 관심을 끈 것이다. '조금이라도 더 일찍 와서 볼 걸'이라는 후회를 하게 만들어 그동안 더 많은 관람객이 찾아왔기 때문이다. 단지 그 텅 빈 자리를 보려고….

어떤 것이든 부재, 사라진 것에 대해 아쉬움은 예상외로 크다. 그리고 늘 곁에 있을 것 같은 것들이 없어지는 일들이 속절없이 우리에게 다가올 때가 많다. 부모도, 젊음도, 열정도, 시간이 그렇다. 없어져 봐야 그 가치를 알게 되는 것이 인간의 숙명이다. 성경에 이런 말씀이 있다.

「젊은 시절에 너는 네 창조자를 기억하여라. 고통의 날들이 닥치기 전에, '인생에 낙이 없다'라고 할 때가 오기 전에, 해와 빛과 달과 별들이 어두워지기 전에, 비 온 후에 다시 먹구름이 끼기 전에 그렇게 하여라.」(전도서 12장 1~2절)

솔로몬이 인생의 헛됨을 언급하면서 과거를 돌아보며 한 말이다. 젊은 시절의 시간이 항상 머물러 있는 것이 아니다. 즉, 시간이 항상 내 곁에 있는 것이 아니다. 인생이 헛되지 않으려면 창조자, 나를 존재하게 하시는 분을 기억하고, 이 젊음의 시간도 언젠가 없어질 때가 올 것이라는 경고의 메시지임이 분명하다.

당신의 인생에 있어 모나리자가 걸려 있던 '텅 빈 벽면'이 생기기 전에 그 가치와 소중함을 간직해라.

당신의 생애 가운데 오늘, 지금이 가장 젊을 때다.
시작하기에 늦지 않았고, 포기하기엔 너무 젊다.

나비효과

미국 MIT대학의 기상학자 에드워드 로렌츠는 천체의 운동까지 정확하게 예측하는 현대과학이 날씨 하나를 제대로 예측하지 못하는 것에 대해 심각하게 고민을 했다. 그리고 실험을 했다.

습도, 온도, 바람 등 기상을 좌우하는 변수들을 컴퓨터에 입력한 다음, 초기조건 값을 1/1000씩 다르게 입력했더니 그 결과는 엄청난 차이가 났다고 한다.

습도와 바람의 값을 조금씩 높이자 브라질에서는 나비의 날갯짓에 불과하던 바람이 미국의 텍사스에 도착할 무렵에는 토네이도로 변했다.

'브라질에 있는 나비의 날갯짓이 미국 텍사스주에서 토네이도의 원인이 될 수 있는가?'

그는 이 제목으로 논문을 발표했다. '나비효과'라는 개념의 시초이다. 이 이론은 초기에는 감지할 수 없을 정도의 작은 차이가 결과에 있어서는 엄청난 차이로 나타나는 현상을 말한다. 이 이론은 엄청난 파장을 일으키며 경제학과 사회학 등 여러 학문의 분야에서 광범위하게 인용이 되었다.

성공이나 실패도 이런 이론을 뒷받침을 한다. 능력이나 노력에서 아주 사소한 차이가 성공과 실패라는 큰 차이로 나타난다는 것이다.

1961년 4월 12일, 소련에서 유인우주선에 첫 번째로 탑승할 사람을 선정할 때의 최종 후보는 19명이었다. 모두 뛰어난 후보라 선정에 어려움이 있었으나 사소한 행동 하나가 모든 것을 결정했다. 우주선 탑승시험을 할 때 다른 사람들은 모두 신발을 신고 탑승했으나 가가린은 신발을 벗고 탔다. 가가린이 최종합격을 했음은 물론이다.

어느 회사의 신입사원 면접 장소에 종이 뭉치 하나를 떨어뜨려 놓았다. 아무도 신경을 쓰지 않았을 때 한 명이 그것을 집어 들었다. 종이를 펼쳐 보라고 했다. 거기엔 이렇게 쓰여 있었다.

'입사를 축하합니다.'

이 사람은 입사한 후 몇 년 후에 최고경영자가 됐다.

현대건축의 3대 거장 중 한 명인 독일 출신의 미국인 건축가 미스 반 데어 로에는 이렇게 말했다.

'하나님은 언제나 디테일(Detail/상세함) 속에 숨어 있다.'

이미 성경에서도 지적한 바가 있다.

「누구든지 적은 일에 충성하는 사람은 많은 일에도 충성할 것이요, 누구든지 적은 일에 불의한 사람은 많은 일에도 불의할 것이다.」(누가복음 16장 10절)

오늘의 보잘 것 없고 조그만 날갯짓 같은 행동, 생각, 삶의 흔적이 언젠가 강력한 토네이도와 같은 결과로 나타난다.
작은 한숨도 쉬지 마라.

Thanksgiving. 18 코끼리 발가락은 몇 개?

한국의 아주머니 일행이 태국으로 여행을 갔다. 그곳에서 여행가이드로 20년을 일하신 분이 큰 선물을 준다며 퀴즈를 냈다.

"코끼리는 앞과 뒤, 네 개의 다리가 있는데 발가락은 모두 몇 개일까요?"

아주머니들은 상품을 타겠다는 욕심으로 경쟁적으로 답도 모른 채 마구잡이로 외치기 시작했다. 20개, 16개, 24개, 12개. 말할 때마다 가이드는 아니라고 했다. 그러던 중 어느 아주머니가 18개라고 외쳤다.

그 대답에 가이드가 깜짝 놀라면서 물었다. 20년 가이드 경력에서 처음으로 코끼리 발가락 숫자를 맞춘 사람은 처음이라고 했다. 참고로 코끼리는 앞다리에 발가락 5개씩 10개, 뒷다리의 발가락 4개씩 해서 8개로 합이 18개라고 한다. 신기하며 가이드가 물었다.

그때 정답을 맞힌 아주머니가 의기양양하게 하는 말이 걸작이었다.

"야, 너희들 모두 중학교 이상은 나왔다면서 구구단도 모르냐? 코끼리 다리는 4개, 발가락이 4개씩이니까, 4×4=는 18 아녀?"

구구단도 모르는 아주머니의 계산으로는 정답이 맞았다. 하지만 정답은 맞았지만 누구도 답을 맞힌 아주머니를 부러워하지는 않았다. 이번에는 우연으로 답을 맞혔지만, 앞으로 구구단을 사용할 일이 발생한다면 틀릴 확률이 훨씬 높을 것임이 분명하다.

신앙에는 우연은 없다. 이런 말씀이 있다.

「그리고 여호와 하나님께서는 보기에도 아름답고 먹기에도 좋은 온갖 나무가 땅에서 자라게 하셨습니다. 동산 한가운데는 생명나무가 있었고 선악을 알게 하는 나무도 있었습니다.」(창세기 2장 9절)

하나님의 에덴동산에 두 종류의 나무가 있었다.

1. 먹으면 영생하는 생명나무 2. 선악을 알게 하는 나무.

그런데 아담과 하와는 영생하는 생명나무의 열매는 먹지 않고 선악과를 따먹고서 하나님께 징벌을 받았다.

지금도 우리 앞에는 생명나무와 먹으면 죽는 선악과나무가 있다. 두 나무 중 어느 열매를 먹을 것인가? 우리는 살아가는 매일 매 순간 선택을 해야만 한다. 이미 선악과를 먹고 전적으로 타락한 인간이 때로는 선하고 착할 수 있다. 그렇다고 인간이 의로울 수는 없는 법이다. 우연히 코끼리 발가락이 18개라는 정답을 맞혔다고 그것이 대단한 것은 아니다.

주변에는 선악과나무가 무수히 많다.

미국의 기독교 교단 중 '형제 교단'이 있다.

이 교단은 성찬식 대신 세족식을 한다. 그런데 세족식 때 목사님이 성도들의 왼발, 오른발 중 어느 발을 먼저 씻어 주느냐가 문제가 되었다. 성도의 처지에서 보면 왼발, 목사님의 처지에서 보면 오른쪽 발을 씻겨 주는 상황이었다. 성도님들 중 한 분이 성경에는 오른쪽을 선호하는데 왜 왼쪽 발을 먼저 씻어 주느냐고 따지게 되었다고 한다. 그때 목사님은 자신의 권위에 도전하는 것으로 생각하고 그 말을 경청하지 않았다. 그때 오른발을 주장했던 사람이 교인들을 선동해서 새로운 교회를 만들었는데, 바로 '오른발 교회'였다. 어릴 때 피아노를 강대상 오른쪽에 두느냐, 왼쪽에 두느냐를 두고 싸우다가 갈라진 교회도 목격한 적이 있다.

이 문제는 본질과 비 본질을 구분하지 못한 데서 비롯된 일이다. 대부분 비본질적인 것을 가지고 다투며 몸과 마음의 에너지를 소비한다. 비본질적인 것을 본질로 바꾸시는 하나님의 역사가 있다. 성경에 이런 말씀이 있다.

「형님들은 저를 해치려고 악을 꾀했지만, 하나님은 지금 보시는 것처럼 그것을 선하게 바꾸셔서 오늘날 많은 사람의 생명을 구하셨습니다.」(창세기 50장 20절)

천지창조로 시작한 창세기가 요셉의 성공과 하나님의 계획이 실현되는 것으로 마치게 될 때 요셉이 고백한 말씀이다. 본질인 하나님의 계획을 잊어버리고 비본질인 형제들이 요셉을 팔았다는 것에 초점을 맞추면 문제와 갈등은 해결되지 않는다. 요셉은 비본질을 본질로 바꾸시는 하나님의 놀라운 계획, 악을 선으로 바꾸시는 것을 기억했다. 본질적인 문제에 집중하고 연구하고 최선을 다하면 시간과 에너지의 낭비가 없을 것이다.

감자를 소금에 찍어 먹느냐, 설탕에 찍어 먹느냐로 이혼을 신청한 사람도 있고, 신혼여행지에서 온돌에서 자느냐, 침대에서 자느냐의 문제로 다투다 이혼한 사람도 있단다. 지금 당신에게는 당신을 포함하여 교회에, 나라에, 회사에 정말 본질적인 것이 무엇인가를 구분해야 할 때이다.

다행인 것은 하나님은 악을 선으로, 비본질을 본질로 바꾸시는 놀라운 계획을 실천하고 계시니 우리에게는 얼마나 큰 축복인가!

이리를 풀어 놓으세요

한 부자가 무인도 하나를 샀다.

나무를 심고 꽃도 심는 것은 물론 생동감 넘치는 아름다운 섬으로 만들기 위해 자기가 좋아하는 토끼도 풀어 놓았다. 그런데 시간이 갈수록 토끼는 병이 들어 시름시름 앓는 것이었다. 이렇게 좋은 환경에서 병이 나다니…. 수의사도 원인을 모른다고 하자 지혜로운 현자를 찾아 묻기로 했다. 현자는 사나운 이리를 풀어 놓으라는 충고를 하는 것이었다.

"토끼를 잡아먹으면 어쩌라고요?"

현자는 이렇게 대답했다.

"토끼의 병은 환경이 너무 좋아서 생긴 것입니다. 이리와 함께 기르면 잡혀먹지 않으려고 힘차게 도망을 다닐 것입니다. 시간이 지나면 눈빛이 빛나고, 다리에 힘이 생기고, 털에 윤기가 흐를 것입니다."

얼마 후 몇 마리 토끼가 잡혀 먹히기는 했지만 살아남은 것들은 대부분 건강해졌다.

삶도 마찬가지다. 다 이루었다고 생각하고 안주하면 위기가 도래한다. 성경에 이렇게 말씀하신다.

「받은 계시들이 지극히 큰 것으로 인해 나로 교만하지 않게 하시려고 내 육체에 가시(thorn), 곧 사탄의 사자(messenger of Satan)를 주셨습니다. 이는 나를 쳐서 교만하지 않게 하시려는 것입니다.」(고린도후서 12장 7절)

사도 바울이 고백한 간증의 말씀이다. 사람마다 육체에 가시가 있고, 그 가시는 사탄의 사자가 되어 우리를 괴롭힐 때가 있다. 그 이유는 자만에 빠지지 않게 하려는 하나님의 의도이다.

'교만'이라는 말은, '휘페라이로마이(ὑπεραίρομαι)'라는 단어인데, '스스로 위로 끌어 올린다'라는 뜻이다. 자신을 스스로 높이는 행위를 지칭한다. 우리의 삶에도 이리가 존재하고 있다. 그 이리 때문에 우리의 삶이 더욱 건강해지고 교만하지 않게 되는 것이다.

일본 니혼게이자이신문(日本経済新聞)에서 '한국인이 왜 강한가?'라는 제목의 특집을 다루었다. 요점은 이렇다. ① 한국인 특유의 헝그리 정신 ② 국내시장을 극복하기 위한 세계화 정신 ③ 뛰어난 유연성이 한국인의 강점이라고 신문은 요약했다.

헝그리 정신! 바로 이러한 배고픔 혹은 간절함이 있어야 기도하고, 도전하고, 힘을 내는 것이 아닐까? 이리, 배고픔, 사도 바울에게 이리는 육체의 가시였다. 가시를 뽑아내고 싶지만, 그러나 그것이 사람답게, 신앙인답게 만드는 첩경이 된다는 사실을 가슴에 새겨야 한다.

가시는 사탄의 사자지만 그 가시가 사람을 사람답게 만든다는 역설의 진리다.

<세계 심리학 필독서 30>(사토 다쓰야)에 나오는 이야기다.

<인간의 의사소통 기원>은 마이클 토마셀로라는 학자가 썼다. 그는 의사소통을 전문적으로 연구한 심리학자다. 일반적으로 언어를 통한 의사소통을 인간만의 특징이라 생각하지만 토마셀로는 더 중요한 사실이 있다고 주장한다. 인간의 의사소통은 '협력지향'이라는 점이다.

토마셀로는 '요구하기와 전달하기에 더해서 감정이나 관점을 공유하는 행위가 인간 의사소통의 기반이 된다'는 이론적 프레임을 제시했다.

즉, 인간의 언어를 통한 의사소통은 무엇인가 요구하거나 내 뜻을 전달하는데 그치는 것이 아니라 여기에 감정이나 자신의 관점을 공유하는 것이라고 한다. 단순한 의견교환이 아닌 감정까지 포함하는 것을 말한다.

기독교에서는 기도를 '하나님과의 대화'라고 한다. 인간의 입장에서 볼 때 기도는 하나님께 무엇인가를 '요구하기'다. 그리고 내 뜻을 전달하려는 것에 그 목적이 있다.

여기에 더해 감정이나 관점을 공유하기 위해서는 하나님도 인간에게 무엇인가 '요구하기'가 있고, 하나님도 인간에게 무엇인가 '전달'하려는 요소가 있다는 것을 전제로 해야 한다.

아울러 인간의 감정이나 관점이 하나님의 생각과 공유되기도 하고, 하나님의 감정을 인간이 공유하는 것이야말로 최상의 기도와 대화가 된다. 그 모범이 성경에 있다. 겟세마네 동산에서 마지막 기도다.

「아버지여, 만일 아버지의 뜻이면 내게서 이 잔을 거두어 주십시오. 그러나 내 뜻대로 하지 마시고 아버지의 뜻대로 되게 하십시오.」(누가복음 22장 42절)

누구나 십자가는 피하고 싶다. 선뜻 지고 싶다는 사람은 아무도 없다. 예수님도 예외가 아니었다. 기도는 요구라고 했다. 그러나 항상 내 뜻과 아버지의 뜻이 충돌한다. 내 뜻을 끝까지 고수하는 것만이 능사가 아니다. 더군다나 하나님의 뜻이라면 감히 어떻게 무시할 수 있겠는가? 이때 하나님의 뜻을, 하나님의 감정을, 하나님의 관점을 수용하는 것이 최상의 기도와 대화라는 결론에 도달하게 된다.

사람들과의 대화도 마찬가지다. 상대방 뜻, 요구를 들어주고 인정해 주는 것부터 시작하여 상대방의 감정과 관점을 공유하면 이보다 더 좋은 대화는 없을 것이다.
그런데 이런 대화, 정말 어렵다.

Thanksgiving. 22 축복의 유전

서부 시대의 미국에서 있었던 일이다.

어떤 농부가 자신의 밭에서 심하게 악취 나는 웅덩이를 보고는 늘 투덜거렸다. 소나 말에게도 물을 먹일 수 없었기 때문에 농부의 불평은 갈수록 늘어났다. 결국 농부는 그 웅덩이가 딸린 농토를 남에게 사정하다시피 하며 팔아버렸다. '웅덩이와의 결별'이 있던 날, 농부는 파티를 벌이며 뛸 듯이 기뻐했다. 그러나 그 '매매'는 농부에게 일생 최대의 실수가 되고 말았다. 그 웅덩이에서 거대한 유전이 발견된 것이다. 우리의 짧은 소견으로 무가치하게 보이는 그 밭이 '축복의 유전'일 수도 있다.

우리 삶에도 이런 반전의 일들이 무수히 많다. 인생의 길흉화복은 변화가 많아 예측하기 어렵다는 뜻으로 이르는 새옹지마(塞翁之馬)라는 말도 있다. 문제는 현재 내가 직면한 문제들을 어떤 관점으로 바라보느냐가 중요하다. 출애굽 하여 광야에서의 40년 동안의 삶을 한 단어로 표현하자면 오로지 '원망'이었다. 그러나 하나님의 인도하심으로 탈출에 성공을 했는데 얼마나 감사한 일인가! 하지만 광야 곳곳에서는 원망과 불평의 소리만 만연했다. 진정한 축복을 발견치 못해서 그렇다.

성경에 이런 말씀이 있다.

「이 악한 회중이 얼마나 더 내게 불평하겠느냐? 내가 이스라엘 백성들이 불평하는 것을 들었다.」(민수기 14장 27절)

그래서 내 삶에서 일어나는 모든 사건에 대해서 이해되지 않는 것도 하나님의 사랑이라는 것을 깨닫는 순간이 거듭남의 순간이다. 내 주변에 악취 나는 웅덩이로 보이는 것들이 언젠가 대박이 나는 유전이 될 줄 누가 알았겠는가! 나의 실패가 먼 훗날 성공의 또 다른 출발이 될 줄을 누가 알겠는가!

모든 사건에 하나님의 뜻이 담겨 있음을 믿고 원망과 불평을 하지 말고 기다릴 일이다. 하나님의 뜻이 실현될 줄 믿고 기다리면 놀라운 일들이 벌어질 것이다. 그래야 하나님의 뜻이 실현되었을 때 부끄럽지 않을 것이다.

나의 결점, 부족한 점, 이해되지 않는 점, 이해되지 않는 환경, 처지 모두가 축복의 유전으로 바뀔 수 있다.
가장 복된 것은 원망하지 않는 마음이다.

Thanksgiving. 23 면도날처럼 속임수를

미국의 대표적인 자유주의 블로그 뉴스인 '허핑턴 포스트(Huffingtonpost)'가 상대방과 어색하지 않게 편안하고 질 좋은 대화를 나눌 수 있는 5가지 방법을 공개했다.

① 공통점을 찾아라.
② 직업에 관해 묻지 마라.
③ 침묵을 포용해라.
④ 긍정적인 얘기를 해라.
⑤ 대화를 '배우는 과정'이라고 생각해라.

삶에 있어서 대화는 너무나 중요하다. 아니, 전부라 해도 과언이 아니다.

가정에서의 부부와 자녀, 직장에서의 동료와 상사, 교회에서의 교우들과의 대화, 가는 곳마다 모두 말로 소통한다. 그런데 대화를 하다 보면 긍정적인 말보다는 부정적인 말이 많다. 남을 헐뜯고 비방하는 험담의 말들이 많다.

천주교에서는 피정의 집(Retreat House, 避靜)이 있다. 영적인 성장을 위하여 사회와 격리된 곳에서 묵상하고 기도하려는 피정자들을 위해 마련된 시설이다. 피정의 방법은 일반적으로 침묵 속에서의 묵상·성찰·기도와 강의 등으로 이루어진다. 즉, 말하지 않고 침묵 속에서 자신을 발견하고, 하나님의 뜻을 찾는 시간을 갖는다. 말을 하지 않고 침묵하는 것은 새로운 영적인 세계를 열고자 함이다.

그렇다고 일상생활에서 입을 닫고 살 수는 없다. 어떻게든 질 좋은 대화를 하면서 살아야 한다. 그 방법의 하나를 성경에서는 이렇게 말한다.

「여호와의 영이 나를 통해 말씀하셨다. 그분의 말씀이 내 혀에 있었다.」(사무엘하 23장 2절)

침묵은 그분의 말씀, 하나님의 말씀이 내 혀에 있도록 하는 훈련이다. 이런 대화만 할 수 있다면 얼마나 좋을까!

그런데 다음과 같은 혀도 있다. 「네 혀가 못된 짓을 꾸미고 있구나. 마치 날카로운 면도날처럼 속임수를 쓰고 있구나.」(시편 52편 2절)

이 두 종류의 혀가 부딪히면 큰 문제가 생긴다. 날카로운 면도날처럼 속임수를 쓰고 부정적인 언어를 쏟아 놓으면 그분의 말씀도 속수무책이 될 수밖에 없다.

서양속담에 이런 말이 있다.

'Speech is silver, but silence is golden.(웅변은 은이요, 침묵은 금이다.)'

이와는 전혀 다른 반대의 의견도 있지만 그래도 부정적인 언어와 비판, 정죄보다는 차라리 침묵이 가장 경건한 대화이자 진솔한 대화다.
인생 자체를 피정의 집으로 만들 수는 없을까!

교도소에 있어요

미국 공업 도시에 빈민가를 돌보는 시청사회복지국에 '수우'라는 여자 직원이 있었다. 책임감이 투철했다. 자기가 맡은 구역에 12세 '히안'이라는 다리가 아픈 아동이 있었다. 어느 날 병원에 데리고 갔더니 의외로 수술 만하면 고칠 수 있다는 진단을 받았다.

수술비용이 많이 들어 수술은 상상할 수 없었는데, 마침 '쵸우'라는 정형외과 의사를 만나 무료로 수술을 해주었다. 그로부터 20년이 지난 후 히안의 다리를 수술했던 쵸우박사는 여전히 복지국에 근무하던 수우라는 직원을 만났다.

쵸우박사는 '히안'이라는 소년이 어떻게 살고 있는지 궁금해 물었다. 그 소년이 의사, 사회사업가, 사장, 공무원, 그 어떤 성장한 모습을 기대했다. 그때 수우라는 직원은 슬픈 얼굴로 '히안은 지금 교도소에 있습니다. 살인죄로 무기징역을 살고 있습니다.' 라고 했다. 차라리 그냥 아픈 다리로 살았더라면….

사람들은 자신이 가진 것들을 잘못 사용할 때가 있다. 성경에서는 그것을 은사라고 한다.

「각자 은사를 받은 대로 하나님의 각양 은혜를 맡은 선한 청지기같이 서로 섬기십시오.」(벧전4:10)라고 했다. 은사는 χάρισμα(카리스마)인데, '하나님의 은혜 선물', '영적인 증여', '종교적인 자질부여', '신비한 능력' 등의 의미가 있다.

나에게 주신 건강, 재물, 지혜, 직장, 사업, 모두 종류별 은사다. 따라서 그 어떤 것이라도 하나님과 이웃을 섬기는 도구로 써야 한다. 내게 주신 은사를 죄를 짓거나, 남을 해코지하는 데 사용하면 안 된다.

그렇다고 거창한 것은 아니다. 장로회신학대학교 신대원 학생일 때 구내식당 배식구 윗부분에 '세계선교는 설거지로부터'라는 문구가 있었다. 거창한 세계선교도 설거지부터 시작된다는 것은 내가 지금 하는 모든 일이 소중하다는 진리다.

'히안'이라는 소년이 아픈 다리로 살았다면 어땠을까? 인생에는 가정이 없다. 이미 지나간 과거가 되기 때문이다. 그래서 오늘 내가 하는 일이 가장 중요하다.

Thanksgiving. 25 예언이 끝났을 때

<세계 심리학 필독서 30>(사토 다쓰야)에 나오는 내용이다.

<예언이 끝났을 때>라는 책은 레온 페스팅거라는 학자가 지은 명작으로 알려져 있다. 1954년 미국에서 시커스(Seekers)라는 종교집단이 종말을 예언하며 수많은 사람을 현혹시켰다. 페스팅거는 이곳에 위장잠입해 취재를 했다. 이 사건을 모티브로 삼아 1957년 그의 핵심 이론인 '인지부조화이론'을 발표했다.

그의 이론에 따르면 우리 내부에는 한 사람의 가치관이나 믿음을 언제나 동일하게 유지하고자 하는 일관성의 동기가 작동한다고 한다. 시커스라는 종교집단의 교주는 키치였다. 자신이 하늘을 나는 원반과 교신했다면서 1954년 12월 21일에 대홍수가 일어나 이 세상이 끝난다고 예언을 했다. 물론 선택받은 신자들만 원반을 타고 구원을 받을 것이라고 했다. 신도가 급증했다. 생업을 포기하고 전 재산을 팔아 기부하며 기도에 매달렸다. 하지만 홍수는 일어나지 않았다.

그런데 놀라운 것은 그 이후의 상황이다. 리더 키치는 종말이 오지 않았다는데 굴하지 않고 이렇게 말했다.

"여러분의 기도로 지구 종말을 막을 수 있었다."

종말이 오지 않았는데도 불구하고 이탈자가 없었다. 이렇게 된 이유는 신자들이 이 종교에 큰 관여를 했기 때문이라고 한다. 재산과 집, 학교와 직장을 그만두었기 때문에 그들은 되돌아갈 수가 없었다. 그리하여 자신에게 유리한 해석을 만들어낸 것이었다.

사람들은 비진리라도 자신에게 맞게 진리로 각색시킬 수 있다. 비진리가 진리가 돼야 마음이 편한 것이다. 종말론으로 사기를 치는 교주들은 항상 이렇게 끝을 맺는다. 어리석은 사람들만 당하는 것이다.

종말에 대하여 성경은 이렇게 단언한다.

「그 날짜와 그 시각은 아무도 모른다. 하늘의 천사들도 모르고 아들도 모른다. 오직 아버지만 아신다.」(마가복음 13장 32절)

'시각'은 '호라(ὥρᾰ)'인데, '자연의 법칙에 따라 고정되고 일정하며 제한된 시간', '어떤 한정된 시간', '시점'을 말한다.

시간은 오로지 하나님에게 속한 영역이라는 것이다. 그 시간은 예수님도 모르신다고 하셨다. 그런데 어떻게 인간들이 알 수 있겠는가? 절대 현혹되지 말아야 할 일이다.

오늘 하루 최선을 다했으면 종말이 왜 그리 궁금한가! 지구의 종말이든, 개인의 종말이든 언제나 오면 기꺼이 맞이하면 된다.
그러나 그런 자세를 견지하는 것은 참으로 쉽지 않은 일이다.

케빈 베이컨의 6단계

정재승 교수의 <과학콘서트>라는 책에 나오는 이야기다.

한때 미국 대학 캠퍼스에서는 '케빈 베이컨의 6단계'라는 게임이 유행했다. 케빈 베이컨은 '자유의 댄스'라는 영화에서 처음으로 얼굴이 알려진 후 '일급살인', 'JFK', '리버 와일드', '슬리퍼스', '와일드 씽', '할로우맨'등 수많은 영화에서 개성 있는 연기를 보여 준 연기파 배우다.

이 게임의 규칙은 아주 간단하다. 영화에 함께 출연한 배우들의 관계를 1단계라고 했을 때 다른 할리우드 배우들이 케빈 베이컨과 몇 단계 만에 연결되는가를 찾는 게임이다. 예를 들면 케빈 베이컨이 A라는 여배우와 영화에 출연했다고 하자. 그리고 A라는 여배우는 다른 영화에서 B라는 남자와 출연했다면 케빈 베이컨과 B라는 남자는 2단계다.

재미있는 사실은 이 게임에서 대부분 할리우드 배우들이 6단계 이내에 모두 케빈 베이컨과 연결된다는 점이다. '여섯 다리만 건너면 지구에 사는 사람들은 모두 아는 사이'라는 서양의 오래된 통념을 그대로 반영한 게임이다. 케빈 베이컨이라는 사람만 그런 것이 아니다. 우리도 몇 다리 건너면 모두를 알게 된다.

성경에 이런 구절이 있다.

「하나님의 사랑을 받은 형제들이여, 우리는 여러분이 택하심을 받았다는 것을 압니다.」(데살로니가전서 1장 4절)

여기 '형제들이여'라는 말은 사도 바울이 성도들을 지칭하는 단어다. 그는 성도들을 향해서 형제라고 불렀다. 형제라는 말은 '아델포스(ἀδελφός)'인데, '자궁'이라는 뜻에서 유래한 말이다.

그 뜻은 ① 형제, 두 분이나 한 분의 동일한 아버지나 어머니에게서 태어난 사람 ② 동일한 국가적 조상을 가진 사람, 같은 국민에 속한 사람 ③ 일종의 동료 ④ 동료 신자, 사랑의 줄로 다른 이와 하나 된 사람 ⑤ 고용 관계로 맺어진 사람 ⑥ 그리스도 안에서 형제 된 자 등 여섯 가지 뜻이 있다.

이 말은 나와 관계된 모든 사람이 형제라는 뜻이다. 여섯 단계를 건너서가 아니라 주변 모두가 형제라는 말이다. 그러니 형제들끼리는 배척하거나 미워하지 말고 모두 사랑의 대상이 돼야 한다는 것이다.

내 앞에 있는 사람이 바로 형제다.

Thanksgiving. 27 바칼로레아

프랑스의 논술형 대입 자격시험으로 '바칼로레아'가 있다.

여기에 합격하면 그랑제콜(대학위의 대학/최고 엘리트 고등교육기관)을 제외하고는 별도의 선발시험 없이 어느 대학에나 지원할 수가 있다. 1808년 나폴레옹 시대부터 시작된 대입 자격시험으로 20점 만점에 10점을 넘어야 합격이 된다. 특히 가장 비중이 높은 과목 중 하나인 철학시험의 경우에는 프랑스의 지성을 가늠하는 잣대로 인식되고 있다. 철학시험의 경우 4시간 동안 3개의 주제 중 1개를 선택해 논문 형태로 작성해야 한다. 기출문제다.

① 창조한다는 것은 무엇인가?
② 철학은 진지한 학문인가?
③ 모든 사람을 존중해야 하는가?
④ 스스로 의식하지 못하는 행복이 가능한가?
⑤ 정의를 위해서 폭력은 정당화되는가?

이런 문제를 4시간 동안 논술로 풀어야 한다. 어렵다. 손도 대기 어렵다. 하지만 이런 문제는 이미 학습하고 배우고 익히면 쉽게 풀 수 있다.

그런데 하나님도 사람에게 '시험문제'를 내신다. 성경에 이런 말씀이 있다.

「네가 고통당하며 부르기에 내가 구해 주었고, 천둥 치는 은밀한 곳에서 네게 응답했으며, 내가 너를 므리바의 물에서 시험했다.」(시편 81편 7절)

출애굽 백성들이 르비딤에 도착했을 때는 마실 물이 없었다. 분노한 사람들이 모세를 향하여 돌을 던지기 직전까지 갔다. 그때 하나님의 명령에 따라 지팡이로 바위를 쳐서 물이 나와 마셨다. 그 사건을 두고 시편 기자가 해석한 말씀이다.

모세는 르비딤을 '다툼'이라는 뜻의 '므리바'로 불렀다. 물이 없으면 어떻게 반응할까에 대한 시험문제였다. 사람들은 무엇인가 없거나 부족하면 기도하지 않고 다투며 하나님께 대든다. 시험문제를 풀어야 하는데도 불구하고 문제를 내신 하나님께 대든다.

인간의 한계다. 신앙과 인격의 성숙도는 '무엇이 없을' 때 진짜 나타난다. 무엇인가 없는데도 하나님께 대들지 않으면 그 사람은 진짜 신앙인이다.

그런데 요즘은 너무 많이 가졌는데도 불구하고 하나님께 대드는 사람도 있다.
그래서 하나님이 내시는 인생 문제는 '바칼로레아 철학 문제'보다 훨씬 어렵다.

Thanksgiving. 28 스트레스 치수

<세계 심리학 필독서 30'>(사토 다쓰야)에 언급된 조사다.

워싱턴대학의 정신의학자 토머스 홈즈와 리처드 라헤는 스트레스를 '일상생활에서 여러 가지 변화에 재적응하는 데 필요한 노력'으로 파악했다. 5,000명 이상을 대상으로 한 이 연구에서 대표적인 스트레스 상황 43가지를 제시했다. 스트레스 최고 수치를 100으로 설정했을 때 상황별 스트레스 치수는 다음과 같았다.

> 배우자의 사망 100, 이혼 73, 가까운 가족의 사망 63, 자신의 부상이나 질병 53, 결혼 50, 퇴직 45, 친구의 사망 37, 자녀의 출가 29, 친척과의 갈등 29, 입학, 졸업, 퇴학 26, 상사와의 문제 23, 이사 20, 전학 20, 크리스마스 12.

눈에 띄는 것은 결혼 스트레스 치수가 50이다. 서로가 사랑해서 결혼하는 데도 불구하고 새로운 상황에 적응하는데 많은 스트레스가 있다는 말이다. 전학도 마찬가지로 20이나 됐다. 새로운 학교에 가서 적응하기가 쉽지 않다는 말일 것이다.

사실 이 연구 치수를 확인하면서 느낀 점이 있다. 이렇게 14가지의 스트레스 상황을 하나씩만 경험하는 것이 아니다. 이 모든 것을 한꺼번에 경험할 수도 있다. 사는 게 쉬운 일이 아니라는 말이다. 삶 자체가 모두 스트레스다.

성경은 이 모든 스트레스를 해결할 방법을 제시한다.

「여러분의 모든 근심을 주께 맡기십시오. 주께서 여러분을 돌보십니다.」(베드로전서 5장 7절)

근심은 염려와 걱정, 스트레스 모두를 포함한다.

'맡기다'는 '에피립토(ἐπιρρίπτω)'인데, 문자적으로 혹은 상징적으로 '위에 던지다', '위에 놓다', '얹어 두다'라는 뜻이다. 주께, 하나님께 던져 놓으라는 것이다. 그렇게 하면 주께서, 하나님께서 돌보신다는 선언이다.

돌보다는, '멜로(μέλω)'인데, '관심있다', '걱정하다'는 뜻이다. 하나님이 우리의 모든 근심에 관심이 있다는 것이다.

놀라운 해결 방법이다. 그냥 모두 다 주께 근심과 걱정을 던져 놓으라.

던져 놓는 방법은 그 걱정과 근심과 염려를 하나님께 말로 하는 것이다.
그것이 바로 묵상과 기도다.

Thanksgiving. 29 5가지 감옥

영국의 여류소설가 조지 엘리엇(George Eliot)은 인간은 알게 모르게 다섯 가지의 감옥에 갇혀 있다고 했다.

① 자기 사랑의 감옥. 자기만 사랑하는 이기주의에 깊이 빠지게 되면 남편도 아내도 자식도 없는 정신없는 사람이 된다.
② 근심의 감옥. 쓸데없는 일로 걱정하느라고 잠도 제대로 이루지 못한다. 걱정처럼 불필요한 일은 없다.
③ 과거를 생각하는 향수의 감옥. 과거에 대한 후회와 자랑에 갇혀 있다. 특별히 한국인들 가운데 이 감옥에 갇혀 있는 분들이 많다.
④ 남의 것만 좋게 보이는 선망의 감옥. 내 처지는 나쁘고 남의 처지만 좋게 보이는 감옥이다.
⑤ 증오의 감옥. 시기와 질투의 불꽃은 자기도 태우고 다른 사람도 태운다.

요약하면 이렇다. 인간은 어쩌면 구제 불능의 상태이다. 자기밖에 모르고, 근심하며, 과거라는 시간에 갇혀 살면서, 남의 것만 좋아 보이고, 증오하며 살아간다는 것이다. 우리는 지금 이 다섯 가지 중에서 어느 감옥에 갇혀 있을까?

그리스도 안에서 새로운 피조물이 필요하다.

성경에 이런 말씀이 있다.

「하나님께서는 자비를 베풀어 하늘에서 비를 내려 때가 되면 열매를 맺게 하시고 넉넉한 양식을 공급해 여러분의 마음을 기쁨으로 가득 채워주셨습니다.」(사도행전 14장 17절)

사도 바울이 1차 선교여행 중 루스드라 회당에서 선포한 말씀이다.

때가 되면 바로 '결실기'에 주목한다. 하나님은 우리에게 결실기, '때가 되면' '열매 맺는 하나님의 시간인 '카이로스(καιρος)'을 주시는 분으로 묘사되어 있다.

이 모든 다섯 가지의 감옥에서 빠져나오게 하시고 우리에게 결실의 열매를 맺게 하시는 하나님을 찬양한다.

먼저 이 감옥에서 어떻게 빠져나올까 기도해야 한다. 그리하면 하나님은 하나님의 시간에, 하나님의 분량으로, 가장 좋은 것으로 열매를 맺게 하실 것이다.

감옥에서 빠져나오는 것은 정말 어렵다. 하나님의 도우심이 절대적으로 필요하다. 사실 스스로 갇힌 모든 감옥에서 스스로 빠져나오기가 참으로 힘들다.
제3자가 내보내줘야 한다.

Thanksgiving. 30 길들일 수 없다

말을 잘하는 사람은 열두 가지의 특징을 공통적으로 가지고 있다.

① 짧게 말한다.
② 기분 나쁜 어투로 말하지 않는다.
③ 잘 들어준다.
④ 불편한 말은 하지 않는다.
⑤ 아는 척하지 않는다.
⑥ 겸손하다.
⑦ 말을 조심하기에 처음에는 별 매력이 없어 보이지만 만나면 만날수록 신뢰가 간다.
⑧ 대화가 피곤하지 않으며 자극적이지 않다.
⑨ 무리하지 않는다.
⑩ 자신의 페이스를 깨면서까지 상대의 대화에 맞추려 하지 않는다.
⑪ 칭찬을 잘한다.
⑫ 안 해도 될 말과 해야 할 말을 잘 구분한다.

말은 사람과 사람을 연결해주는 고리다. 고리가 잘못되면 연결이 끊어지고 단절이 된다. 말은 생각하는 것이 적나라하게 밖으로 표현되는 것이어서 속마음을 들킬 가능성이 크다. 하나님도 천지창조를 하실 때 말(씀)로 하셨다. 말은 창조의 능력이 있다. 천지창조뿐 아니라 말로써 사람을 만들고, 세상 온갖 것들을 만들 수 있는 능력이 있다.

그런데 성경은 이렇게 말했다.

「그러나 혀는 아무도 길들일 수 없습니다. 혀는 지칠 줄 모르는 악이요, 죽이는 독이 가득한 것입니다.」(야고보서 3장 8절)

말과 혀를 길들여 복되게 할 수 있는 사람이 없다고 단언한 말이다. '길들일 수 없다'라는 말은 '억제, 자제, 조종할 수 없다'는 것이고, '지칠 줄 모른다라는 말은 '가만히 있지 않다'는 것이다.

'악'은 사악한, 해로운, 치명적이라는 뜻이다. 더 무서운 것은 '죽이는', '죽음을 가져오는, 치명적인 독이 가득하다'라는 것인데, 여기서 '독'은, '뱀이 방출한 독'이라는 뜻이다. 사람의 혀는 아무도 스스로 조종할 수 없이 쉬지 않고 말을 하는데, 그 말은 너무도 사악하고 치명적이어서 독사가 내뱉는 독과 같다는 말이다. 이를 어떻게 해결할 것인가! 사람은 말을 하면 할수록 독사가 독을 뿜어낸다는 것과 같다는 것인데, 정말 두렵고 떨리는 일이다. 그래서 은혜받기만을 소원하지 말고 어떻게든 좋은 말 잘하기를 소원해야 한다는 것이다.

'따뜻한 말은 생명나무'(잠언 15장 4절)라고 했다.

VII. 신실함

(Faith)

내가 할 수 있는
일이 하나도 없었다.

미모의 아가씨가 할머니와 함께 옷감을 사러 시장에 갔다.

아가씨는 옷 가게 주인에게 환하게 웃으며 옷감의 가격을 물었다. 주인은 기분이 좋아 이렇게 농담을 했다.

"한 마 정도는 키스 한 번만 해주면 그냥 드릴 수도 있습니다."

"어머! 정말이세요?"

주인은 만면에 웃음을 띠며 정말이라고 대답을 했다.

"그럼, 다섯 마를 주세요."

사장은 기쁜 마음으로 물건을 챙겨 주었다. 그리고 말했다.

"그럼, 이제 값으로 키스 다섯 번 하셔야죠?"

그러자 아가씨가 이렇게 대답을 했다.

"계산은 우리 할머니가 하실 거예요!"

주인은 처음부터 대화를 시작할 때 다른 생각을 가지고 접근한 것이다. 물론 농담도 섞여 있었을 것이다. 그러나 뛰는 놈 위에 나는 놈이 있다는 말을 주인은 예상하지 못했던 것이다. 섣부른 판단은 망신만 낳는다. 성경은 이렇게 말씀하셨다.

「복되도다! 의에 주리고 목마른 사람들은, 그들은 배부를 것이다.」(마태복음 5장 6절)

예수님의 생각은 우리와 다르다. 인간의 평면적인 생각을 뛰어넘는 다른 생각을 하고 계신다. 그러므로 무엇에 목마르냐에 따라 거기에 맞는 복이 결정된다는 말이다. 의로운 사람이란 '하나님과 바른 관계를 맺고 있는 사람'을 표현한 것이다. '의에 주리고 목마른 사람'이란 하나님이 원하시는 뜻에 갈증을 느끼는 사람이다.

사람들은 먹을 것, 입을 것, 돈, 명예, 권력, 좋은 집, 좋은 직장, 크고 비싼 차, 건강, 여자, 남자, 정욕 등등 나열하자면 한없는 동물적인 욕구에 충실한 세상을 살면서 항상 갈증을 느끼며 살고 있다. 그러나 이런 것들은 마치 바닷물을 마시면 마실수록 더 목이 마르듯 도저히 채울 수 없는 욕망이다. 목마름의 대상이 무엇인지 우리는 한번쯤 고민해봐야 한다.

김지하 시인의 글과 김광석 노래를 인용해본다.

'내 머리는 너를 잊은 지 오래. 내 발길은 너를 잊은 지 오래. 너무도 오래. 오직 한 가닥 가슴속 목마름의 기억이 네 이름을 남몰래 쓴다. 타는 목마름으로, 타는 목마름으로, 의에 굶주림이여, 만세!'

하나님의 뜻에 대한 목마름이 물이 없어 갈증이 난 것처럼 된다면 세상은 더없이 행복할 것이다. 소돔과 고모라는 의인 10명이 없어 하루아침에 잿더미가 된 것이다. 우리가 사는 도시에도 '의'에 대하여 목마른 사람이 10명이라도 있으면 훌륭하게 살 수 있다.

그 사람이 바로 당신이어야 한다.

인도의 도시 '카나우지'는 고대로부터 '향수의 도시'로 유명하다.

계절에 따라 피는 꽃이 다르고, 그에 따라 만들어지는 향수도 참으로 다양하다. 이곳을 더욱 특별하게 만드는 것은 건기가 절정에 이르는 5~6월 무렵 만들어지는 '대지의 향수(Mitty Attar)'라는 상품이다. 그야말로 흙냄새가 나는 향수라고 한다.

재료는 태양 빛을 가득 머금은 흙이다. 건기가 절정에 이르러 흙이 메마를수록 향은 깊어진다고 한다. 흙을 구리솥에 넣고 열을 가하면 흙덩이 속에 포함된 향이 분리되어 대나무 관을 타고 응축기에 흘러내린다. 그렇게 추출한 용액을 낙타 가죽에 담아 두었다가 일정한 시간이 지난 뒤에 바르면 몸에서 흙냄새가 난다. 그렇게 만든 이 향수는 고대 인도인들이 건기를 견뎌내며 뿌린 향수다. 세상에 단 하나밖에 없는 향수, 그래서 특별한, 흙냄새가 나는 향수다. 즉, 메마른 대지에 내린 '첫 번째 빗방울을 머금은 흙의 냄새를 간직한 향'을 담은 인도 전통의 향수인 것이다.

예전에 시골에서 살 때 극심한 가뭄에 모두가 지쳤을 때를 기억한다. 논바닥이 쩍쩍 갈라지고 모두가 죽음을 생각하게 하는 가뭄에 어느 날 갑자기 세차게 비가 내린다. 물방울은 튀지 않고, 흙먼지 속으로 그냥 스며들고 만다. 그때 바람에 실려 코끝에 전해지는 그 냄새, 그것이 바로 대지의 향수다.

사람이 본래 흙에서 왔으니 흙냄새가 진짜 사람 냄새가 아니겠는가! 사람의 몸에서 나는 냄새를 감추기 위해서 뿌리는 향수와는 차원이 다르다. 향기는 향수를 뿌려서 내는 것이 아니다. 그런데 냄새는 몸에서만 나는 것이 아니다. 그런 향수를 성경은 소개하고 있다.

「우리는 구원받는 사람들에게나, 멸망하는 사람들에게나, 하나님 앞에서 '그리스도의 향기'입니다.」(고린도후서 2장 15절)

신앙인의 향기가 있다. 향수를 과도하게 뿌려놓으면 옆에만 가도 역겨운 냄새가 풍긴다. 거기엔 가식과 거짓과 위선의 냄새가 있다.

그런데 신기한 것은 자기 몸에 뿌린 향수는 자기의 코가 금방 적응해서 본인은 잘 맡지 못한다. 이것이 인간의 가장 큰 비극이다.

지금 옆 사람에게 물어봐라. 내 몸에서, 인격에서, 신앙인의 삶에서 무슨 냄새가 나는지, 그의 대답에서 진짜 당신의 모습을 파악할 수 있다.
땀, 눈물, 피로 정제된 샤넬 No5 예수의 향수를 뿌려라.

'교회 오빠'라는 신조어의 사전적 뜻은 '바르고 단정하며 상냥한 남성을 비유적으로 이르는 말'이다. 이 용어로 된 영화가 만들어져 상영되고 있다. 주인공은 이관희 집사와 오은주 집사. 홍보 포스터에는 이렇게 기록되어 있다.

'남편 4기 대장암, 갑작스러운 어머니의 죽음, 연이은 아내 4기 혈액암.'

일생에 한 번도 경험하기 힘든 사건을 이렇게 만난다. 그리고 위대한 신앙고백 같은 말, '고난 앞에 서지 않고 예수 앞에 서다.'

문제는 이 다큐를 처음 찍었던 KBS PD와 스텝 다섯 명 모두가 기독교인이 아니다. 그런데 가장 기독교적으로 영화를 만들었다. 고난의 상징인 욥의 이야기와 비교했다.

「이에 사탄이 여호와께 대답했습니다. 욥이 아무런 이유 없이 하나님을 경외하겠습니까?」(욥기 1장 9절)

오직 까닭을 찾고 이유를 찾아서 신앙을 가진 사람들에게 묻는 외침이어서 뜨끔했다. 그 남편, 그 아들이 암을 진단받은 것에 대한 충격으로 어머니가 스스로 목숨을 끊었는데 그 앞에서 그는 이렇게 기도한다.

'제가 암이라는 질병도 주님이 주신 축복이라고 생각하고 잘 견디고 있는데 저를 시험하지 말아 주십시오', '어떤 환란이 와도 제가 주님을 변함없이 사랑하겠습니다'라고.

그는 절대로 원망하는 기도를 하지 않았다. 나라면 어땠을까?

아내까지 혈액암 진단을 받고는 간증에서 그야말로 욥과 같은 고백을 한다.

"하나님, 이러다 저희 가정 다 죽게 생겼습니다."

욥 역시 비슷한 심정을 토로했다.

「주의 손이 나를 만들고 나를 두루 다듬어 주셨는데 이제 와서 나를 멸망시키시려 하십니까?」(욥기 10장 8절)

하지만 욥은 다음과 같이 고백한다.

「이 모든 일에도 불구하고 욥은 입술로 죄짓지 않았습니다.」(욥기 2장 10절)

아내는 마지막 떠나는 남편에게 이렇게 말했다.

"끝까지 신앙을 버리지 않아서 감사해!"

그 교회 오빠는 그렇게 40세의 생일날 새벽에 하나님 곁으로 갔다.

그들의 이야기를 듣고 까닭을 찾아, 이유를 찾아 여기까지 온 나의 신앙이 부끄러워졌다. 아니, 까닭을 찾지 못하면 하나님조차 원망의 대상이었던 지난 세월이 부끄러웠다.

Faith. 4 우리 모두는 길치였다

시인 김부조의 '우리 모두는 길치였다'라는 시다.

엇갈린 길을 기웃거리다.
길치는 새로운 길에 눈을 뜬다.
어둠을 몰래 앓고 난 새벽처럼
막다른 골목에서도
어두운 벽 너머로 이어지는
밝은 지름길을 기웃거리다
새로운 길에 눈을 뜬다.
애초에 길은 없었다.
누군가가 첫 발자국을 남기면
그 뒤를 누군가가 더듬거리며
운명처럼 답습했을 때
그것이 바로 길이 되었듯이
엇길에서도 서로 즐겁기만 했던
이제 막 새로운 길에 눈을 뜬
미안하지만 낯 뜨거운
우리 모두는 길치였다.

길치(癡)는 '방향에 대한 감각이 무디어 쉽게 길을 잃거나 잘 찾지 못하는 것'이다. 치(癡)는 한자인데, 어리석다, 미치다, 미치광이, 사물에 집착하여 생기는 번뇌란 뜻이 있다.

시대가 좋아져 길을 찾는데 정확한 안내를 해주는 내비게이션이 있어 천만다행이다. 그러나 길을 찾는 일은 너무 쉬워졌는데 반대로 인생의 길을 찾는 데는 더욱 복잡해졌다. 의심이 많은 도마에게 예수님은 「내가 곧 길이다」(요한복음 14장 6절)라고 하셨다. 운전하다 보면 좁은 길에 들어설 때 앞차가 큰 트럭이면 다행스러울 때가 있다. 큰 차가 가는 대로만 따라가면 되기 때문이다.

예수님은 모든 길에서 큰 트럭이다. 우리가 걷는 길이나 일상의 인생길에 예수님은 언제나 앞서 가셨다. 길치의 문제가 아니다. 길을 아는데도 그 길을 의심하거나 가지 못하는 나의 삶이 문제다. 인생길에서 길을 찾을지 몰라 길치가 되는 것이 아니다. 알면서도 가지 못 가는, 아니 알면서도 가지 못했던 길치였기에 안타깝다.

세상에는 너무 많은 길이 있다. 문제는 그 길을 선택하는 것은 나 자신이라는 것이다. 남을 탓할 때가 아니다. 다행스럽게 지도가 있고 내비게이션이 있듯이, 우리 인생의 지도, 그리고 큰 트럭은 예수님이시다.

그래서 선택의 기로는 없다. 그냥 그분이 가신 길로만 가면 된다. 다행인 것은 헤매었던 길은 찾기 쉽다.
그렇다고 굳이 나서서 길치일 필요는 없다.

Faith. 5 티큰 올람 (Tikkun Olam!)

'티큰 올람!'(תיקון עולם)은 '유대인의 사상'이며 '삶의 방식'이다. '티큰 תיקון'은 '세상'을 말하고, '올람 עולם'은 '고친다'라는 뜻으로, 유대인의 방식대로 의역하자면, '나의 작은 실천이 세상을 치유한다'는 뜻이다.

유대인들은 '하나님이 세상을 창조해 세상 속에 사람을 보냈다면, 사람은 세상을 더 좋은 곳으로 만들어야 하며, 하나님을 도와서 창조의 역사를 완성해야 한다. 이것이 바로 하나님의 뜻이자 사람의 의무다'라고 생각한다.

유대인들은 하나님의 계획에 자기들이 유용한 도구로 동참하는 협력자임을 믿는다. 구약의 토라를 믿는 유대인들이 이렇다면 우리는 신약의 구원자 예수님까지 믿는다면 더더욱 그래야 하지 않을까!

예수님도 이렇게 말씀하셨다.

「나는 세상의 빛이다. 누구든지 나를 따르는 사람은 어둠 속에 다니지 않고 생명의 빛을 얻을 것이다.」(요한복음 8장 12절)

우리는 예수님을 통하여 생명의 빛을 얻은 자들이다. 아무리 작은 빛이라도 어둠을 몰아내고 그것의 접근을 허락하지 않는다. 성경에서 말하는 어둠은 죄다. 악의 영은 어둠의 권세요, 사단은 암흑의 세력이다. 세상은 지금 암흑천지다. 그것은 빛이 없다는 뜻이기도 하다. 너와 내가 빛이 아니기에 어둠은 더욱 깊어 간다. 기독교의 등불이 꺼진 것이 아닌가 의심해볼 만하다. 그래서 나는 조동화 시인의 '나 하나 꽃피어'라는 시를 너무 좋아한다.

> 나 하나 꽃 피어
> 풀밭이 달라지겠느냐고
> 말하지 말아라.
> 네가 꽃 피고 나도 꽃 피면
> 결국 풀밭이 온통
> 꽃밭이 되는 것 아니겠느냐
> 나 하나 물들어
> 산이 달라지겠느냐고도
> 말하지 말아라.
> 내가 물들고 너도 물들면
> 결국 온 산이 활활
> 타오르는 것 아니겠느냐.

깜깜한 어둠 속에 반딧불이 하나만 있어도 어둠은 그 주위에서 저절로 물러난다. 그러나 그 조그만 빛이 없어 어둠이 물러날 기미가 보이지 않는다. 나부터 꽃피고 나부터 물들면 결국 온 세상이 꽃밭이 되고 온 산이 활활 타오르지 않을까!

이것이 바로 티큰 올람이다.

햄릿(Hamlet)은 '오셀로', '리어왕', '맥베스'와 더불어 셰익스피어 4대 비극 중 하나다.

햄릿에 등장하는 인물 대부분은 비슷한 상황으로 끝을 맞는다. 주검이 된다. 햄릿의 아버지를 독살하고 왕위에 오른 클로디우스(Claudius)는 형의 아내였던, 덴마크 왕비이자 햄릿의 어머니 거트루드와 재혼을 한다. 클로디우스 왕의 고문관이자 재상인 폴로니우스는 햄릿에게 죽임을 당한다. 플로니우스의 딸이자 햄릿의 연인 오필리아는 아버지가 햄릿에 의해 살해당하자 정신이 나간 채로 헤매다 시냇물에 빠져 죽는다. 폴로니우스의 아들 레어티스는 프랑스 유학 중 아버지가 살해당했다는 소식을 전해 듣고 귀국해 햄릿과 결투를 벌이다 결국 죽는다. 햄릿도 죽고 등장하는 모든 사람이 비극적 최후를 맞이한다.

그렇다. 인간이 죽는 것은 비극이요, 사는 것은 축복이다. 인간의 삶 자체는 모두가 비극이다. 왜냐하면 모두가 죽기 때문이다. 성경은 이렇게 지적한다.

「우리의 일생이 70이고, 혹시 힘이 남아 더 살아 봤자 80인데, 그저 고통과 슬픔의 연속이며, 그것도 금세 지나가니 우리가 멀리 날아가 버리는 것 같습니다.」(시편 90편 10절)

70이면 약 60만여 시간이요, 80이면 70만여 시간, 100세를 살아도 87만6천 시간이다. 죽음을 알아야 삶이 깊어진다. 바울은 '나는 날마다 죽노라'고 했다. 그렇다. 그렇게 하면 산다. '자신의 죽음을 기억하라'라는 라틴어 '메멘토 모리(Memento mori)'는 그 죽음을 바탕으로 사는 길을 찾을 수 있다는 말이다. 그래서 예수님은 '나는 부활이요, 생명이다'라고 선언하셨다. 지금 죽음과도 같은 고통과 문제 앞에 울고 있다면 반드시 기억해라. 햄릿의 등장인물들은 다 죽었지만 성경에 등장하는 인물들은 모두 살았다.

햄릿의 주인공이 될 것인가, 성경의 주인공이 될 것인가!

메멘토 모리를 몸소 실천하신 분이 예수님이시다. 그분은 세상에 태어나실 때부터 죽음, 그것도 가장 극형인 십자가에 죽을 것을 예고하시고 오셨다. 평생 죽음의 그늘에서 사신 것이다. 그렇지만 죽음을 외면하지 않고 당당하게 맞서 사셨다. 그리고 기꺼이 죽으셨다.

그를 따르는 신자들이여! 죽음을 기억하되 죽음을 두려워하지 말라.

어느 교회에 수줍음 많기로 소문이 난 K 집사가 있었다.

어느 날 목장식구들과 함께 봉사활동을 나가 대표기도를 하게 되었다. 처음으로 하는 대표기도였지만 떨리는 가슴으로 마음을 다하여 기도를 했다. 너무나도 간절한 기도였기에 은혜가 넘쳤다. 모든 식구가 간절하고 진실이 담긴 기도에 '아멘, 아멘' 하며 화답을 했다.

그런데 기도의 마지막 부분에 이르렀을 때 K 집사는 횡설수설하기 시작했다. 기도하던 모든 이들이 당황했다. 이유는 기도를 마쳐야 하는데 그만 '예수님의 이름으로'를 잊어버린 것이다.

K 집사는 얼굴이 빨개져 말을 더듬고, 식구들은 모두 주님만을 외치고 있을 때, K 집사가 드디어 입을 열었다. 그의 입에서는 아무도 예상하지 못한 말이 터져 나왔다.

"그때 물 위를 걸으신 그분의 이름으로 기도합니다."

예수님이라는 이름을 잊었어도 물 위를 걸으신 그 기적의 사실을 기억한 것이다. 성경에 이렇게 기록되어 있다.

「이른 새벽에 예수께서 물 위를 걸어 그들에게 다가가셨습니다.」(마태복음 14장 25절)

제자들이 거친 바람과 파도에 시달리고 있을 때였다. 벗어날 길도 없고, 도움의 손길도 없고, 방법도 없고, 속수무책으로 당하고 있을 때 전혀 다른 방향에서 실로 기막힌 방법으로 예수님께서 물 위로 걸어서 그 현장으로 오신 것이다. 믿음으로 걸으면 길이 되고 해결된다는 것을 증명하려 하신 것이다.

요단강 물을 밟았을 때 물길이 갈라졌듯이. 지금 물 위에서 고통을 당하거나 물에 빠졌다고 실망하거나 포기하지 마라. 이제 끝이라고 생각한 바로 그곳에 예수님이 걸어오실 것이다. 그리고 그분이 배에 오르시면, 문제 중심에 오시면 모든 것이 해결이 된다.

「그리고 그들이 함께 배에 오르자 바람이 잔잔해졌습니다.」(마태복음 14장 32절)

그분이 물 위로 걸어오셔서 배에 오르실 때까지 잠잠히, 절망하거나 포기하지 말고 기다리자. 때가 차면 반드시 해결된다.

당신의 생애에도 예수님이 물 위로 걸어오셨다고 간증할 수 있는 많은 날들이 소망한다.
물론 당신도 그 믿음으로 물 위를 걸을 수 있다.

프랑스의 어떤 부자가 갑상샘암으로 죽기 직전에 병원에서 이런 유언을 남겼다. 그리고 신문에도 광고를 했다.

'나는 매우 가난한 집안에서 태어나 가난하게 살다가 어느 날 내가 이렇게 부자로 평범하게 사는 것이 정상은 아닌 듯 싶어서 '가난뱅이에게 가장 부족한 것이 무엇인가?'를 곰곰이 생각해 보았다. 그리고 마침내 그 답을 알았다.

나는 그 부족한 것을 최고로 채웠고 과연 그것은 나를 프랑스 50대 부자 안에 들어가게 했다. 나는 지금 갑상샘암 연구재단에 전 재산을 기부했고, 재산 중에 특별히 100만 프랑(약 12억)을 나의 성공 비결을 적은 쪽지와 함께 은행 개인 금고 안에 넣어두었다. 이렇게 죽음을 눈앞에 두고 보니 나의 성공 비밀을 나 혼자만 알고 가서는 안 되겠다는 생각이 들었다.

그래서 '가난뱅이에게 가장 부족한 것이 무엇인가?'라는 이 물음에 정확한 답을 제시하는 사람에게 100만 프랑을 선물로 주겠다.'

모두 48,561통의 편지가 도착했다. 정답을 제시하는 단어 중에는 돈, 기회, 기술, 빽, 건강, 도움, 관심 등 수많은 비결이 쏟아져 나왔다. 그 많은 대답 중에 유일하게 '타일러'라는 한 소녀가 정답을 보내왔다.

그 답은 바로 '욕심'이었다.

가난한 사람에게 가장 부족한 것은 부자가 되고자 하는 욕심이었다. 무엇을 이루고자 하는 욕심, 욕망, 갈급함이라는 것이다. 성경에도 이런 상황을 빗댄 말씀이 있다.

「여러분이 욕심을 내어도 얻지 못하고 살인을 하고 시기를 해도 얻을 수 없습니다. 여러분이 다투고 싸우지만 구하지 않기 때문에 얻지 못하는 것입니다.」(야고보서 4장 2절)

욕심은 '에피뒤메오(ἐπιθυμέω)'인데, '마음을 둔다. 갈망한다'는 말이다. 어느 한 분야에 마음을 강하게 두는 것이 욕심이다. 그런데 성경은 그 욕심만으로 안된다고 하시며 도리어 기도를 하라고 하신다.

결론은 간단하다. 무엇을 이루고자 하는 거룩한 욕심과 기도가 더해지면 부자든, 성공이든, 부흥이든, 승진이든 이루어질 것이라고 조언한다.

욕심만 부릴 일이 아니다. 기도를 통하여 놀라운 기적을 체험해야 한다.
거룩한 욕심 + 기도 = 상상할 수 없는 답.

Faith. 9 코이의 법칙

관상어 중에 '코이'라는 잉어가 있다.

이 물고기는 작은 어항에 넣어두면 5~8cm밖에 자라지 않지만, 커다란 수족관이나 연못에 넣어두면 15~25cm까지 자라고, 강물에 방류하면 90~120cm까지 성장한다고 한다. 같은 물고기인데도 어항에서 기르면 피라미가 되고, 강물에 놓아기르면 대어가 되는 신기한 물고기다. 이 잉어의 생태에서 '코이의 법칙'이 나왔다고 한다.

마찬가지로 사람도 환경, 장소, 삶의 터전에 영향을 받는다고 할 수 있다. 성경에 이런 말씀이 나온다.

「주께서 나를 적들의 손에 넘겨주지 않으셨고, 넓은 곳에 내 발을 세우셨습니다.」(시편 31편 8절)

'넓은'은 '메르하브(מֶרְחָב)'인데, '넓거나 넉넉한 장소, 넓디넓은 공간'이라는 뜻이다. 사람이 큰물에서 놀아야 한다는 말처럼 성경에는 이미 축복의 말씀으로 하나님은 넓은 곳에 세우신다고 하셨다. 성경의 다른 곳에서도 일러주고 계신다.

「내가 고통 가운데서 여호와께 부르짖었더니 여호와께서 응답하시어 나를 넓게 펼쳐진 곳에 세워 주셨습니다.」(시편 118편 5절)

넓은 곳으로 가려면 하나님께서는 부르짖는 모습을 요구하신다. 넓은 곳에 서고 싶으면 먼저 해야 할 일은 기도라는 말이다. '넓은 곳'은 '기도 응답의 결과'이지 '우연의 산물'이 아니다.

코이라는 잉어가 그렇다고 모든 물고기가 그렇게 되는 것도 아니다. 신앙인은 항상 믿음 안에서, 말씀 안에서 해답을 찾아야 한다. 세운다는 원어의 뜻은 '서게 하다'이다. 즉, '내가 서는 것'이 아니다. 하나님이 응답하시고, 가두지 않으시고, 세우신다는 원리에 닿아 있다.

오늘도 당신이 어디에 서야 할지, 어느 곳으로 가야 할지, 무엇을 결정해야 하는지, 모든 일에 하나님이 간섭하셔서 넓은 곳, 축복의 장소로 옮겨지는 놀라운 은혜가 함께 하실 것이다.

코이가 강에서 크는 것처럼 기도를 통하여 넓은 곳에 이르러 큰 터에 자리 잡기를 기도한다. 강에서 자라는 코이와 같은 신앙인이 되라. 기도하며 넓은 강으로 가라.
그러면 저절로 성장한다.

엄마 제사상에 숟가락 꽂아야 돼

하늘00님이 올린 SNS 글이다.

아침에 엘리베이터를 타고 내려가다가 11층에 서더니 중학생이 우유를 들고 타더군요. 녀석을 쫓아 후닥닥 뛰쳐나온 아주머니가 아이 이름을 부르시더니 '아 왜~'하고 애가 돌아서자마자 애 입에 토스트를 쑥 들이밀어 물리시더라고요.

아주머니가 '잘 다녀와!' 하시고 바로 손을 빼신 뒤 문이 닫혔습니다. 그걸 보고 저희 부부랑 다른 아저씨 한 분이 낄낄대며 웃으니까 입에서 빵을 빼낸 애가 '엄마 진짜...'하고 투덜댑니다.

아저씨가 애를 보고 그러시더군요. '인마, 엄마가 밥숟가락 들고 쫓아오실 때가 좋은 거야. 난 작년에 엄마 돌아가시고 이젠 엄마 제사상에 숟가락 꽂아야 돼. 엄마한테 말 예쁘게 해. 그래도 너 밥 굶을까 안달하는 건 엄마밖에 없어.'

1층 땡하고 아저씨가 후다닥 내리시는데 눈이 벌겋더군요. 저도 눈가가 찡했습니다.

우리는 가장 가까이에 있는 사람한테 함부로 말한다. 부모라고, 아내라고, 남편이라고, 자식이라고, 친구라고 마음에 담아 놓지 않고 말한다.

특별히 나한테 잘하는 사람에게는 더 그렇다. 가장 나를 사랑하는 엄마한테도 그렇다. 성경에 이미 말했다.

「내가 어린아이였을 때는 어린아이같이 말하고 어린아이같이 이해하고 어린아이같이 생각했습니다. 그러나 어른이 돼서는 어린아이의 일들을 버렸습니다.」(고전13:11)라는 말씀이 있다. 나무는 넘어져 봐야 크기를 알듯이 사랑하는 사람이 곁에 없을 때 비로소 깨닫게 되는 것은 인간의 한계다.

어린아이의 일들을 하루라도 빠르게 버리는 것이 답이다. 버리다는 καταργέω(카탈게오)인데 '완전히 쓸모없게 하다.'는 뜻이다. 사람들은 나이가 많다고 어른이라고 착각한다. 아니다. 착각은 자유다.

모두 자기는 선하고, 착하고, 어른이고, 배울 것도 없고, 무조건 가르치려 하고, 약점을 파고든다. 진짜 어른은 어린아이의 일들을 완전히 버리는 것이다. 그럼 내가 어른인지 아닌지 어떻게 알 수 있을까?
옆 사람에게 물어 보면 된다.

당신 칫솔로 변기를

성격 차이로 이혼을 결정한 부부가 그래도 살아왔던 정이 남아 있어 마지막으로 저녁 식사를 하기로 했다. 분위기가 무르익자 남편이 아내에게 물었다.

"여보, 그동안 당신은 내가 흥분하여 엉뚱한 소리를 질러도 어떻게 화를 한 번도 안 냈던 거야? 마음을 다스리는 무슨 비법이라도 있는 거야?"

아내는 웃으며 대답했다.

"당신이 엉뚱한 짓을 할 때마다, 그래서 화가 날 때마다 화장실 변기의 더러운 곳을 닦았어요."

남편은 의아한 표정으로 되물었다.

"아니, 그게 무슨 도움이 되지?"

그러자 아내는 대수롭지 않게 말했다.

"당신 칫솔로 그 더러운 곳을 모두 닦았거든요."

나름 소심한 복수였다. 그나마 그렇게라도 해서 버틴 세월이 기특하다.

사람마다 자신을 다스리고 마음을 다스려야 할 때가 있다. 우리 자신은 성령의 전, 하나님이 거하시기에 합당한 성전이라고 한다. 성경은 이렇게 말씀하신다.

「여러분 자신도 산 돌들처럼 신령한 집으로 세워지십시오. 그래서 예수 그리스도로 인해 하나님께서 기쁘게 받으실 만한 제사를 드리는 거룩한 제사장이 되십시오.」(베드로전서 2장 5절)

사람들도 살아 있는 돌 되시는 예수님과 같이 신령한 집으로 건축하고, 그 건축된 신령한 집, 그 성전을 관리하는 제사장이 되라고 한다. 즉, 내 몸과 내 마음, 그리고 나의 모든 것을 관리하는 것은 남이 아닌, 내가 제사장이 되어 관리해야 한다고 하셨다. 우리의 삶의 목표는 나의 모든 것을 내가 스스로 관리하고 책임지는 성전관리인 제사장의 사명을 감당하는 것이라 할 수 있다.

감정이 상하고, 자존심도 상하고, 죽고 싶을 만큼 부당한 대우를 받을 때, 그때 예수님을 기억하면 그런 감정을 어느 정도 해소할 수 있다. 얼굴에 침을 뱉어도, 이유 없이 빰을 때려도 침묵으로 대응하셨던 것을 기억하면 소름이 돋는다. 칫솔로 변기를 닦으며 복수라도 해야 기분이 풀리는 것이 일반적인 사람들의 정서인데도 불구하고 그것을 참고 침묵한다는 것이 바로 기적이다.

나사로가 죽었다가 무덤에서 걸어 나오는 것만이 기적이 아니다. 기적은 소심한 복수라도 하지 않는 것이 진짜 기적일 수 있다.
그만큼 신령한 집을 짓기가 힘들다는 말이다.

하늘에 이상한 구름이 떴다

자동차를 가지고 있는 사람이 꼭 가야할 두 곳의 장소가 있다.

한곳은 주유소이고 다른 한곳은 주차장이다. 차를 운행하지 않을 때는 주차장에 넣어야 하고, 연료가 떨어지면 주유소로 가야 한다. 사람도 자동차와 같다. 주유소와 주차장이 필요하다. 교회는 마치 주유소와 같다. 교회는 하나님의 백성들이 예배를 통하여 진리의 연료를 공급받는 곳이다. 기름을 넣어야 운행에 문제가 없다.

그런데 잘못된 연료를 넣으면 시동이 걸리지 않는다. 고장도 나게 마련이다. 이것을 해결할 방법은 모든 연료를 기름통에서 빼내고 다시 주입해야 한다. 그리고 자동차에 맞는 연료를 다시 넣어야 한다. 세상 모든 사람도 이와 같다. 잘못된 연료, 사상, 생각, 습관, 사이비 종교 등이 머리에 들어가면 운행도 안 되거니와 문제가 생길 수밖에 없다. 성경에 이런 말씀이 있다.

「이제 참되게 예배하는 사람들이 영과 진리로 아버지께 예배드릴 때가 오는데 지금이 바로 그때다. 아버지께서는 이렇게 예배드리는 사람들을 찾고 계신다.」(요한복음 4장 23절)

영과 진리(spirit and truth)로 예배하는 것이 좋은 연료를 공급받는 것이다. 그런 사람을 하나님은 찾고 계신다. 맞다. 교회는 신앙인들이나 사람들에게 쉬는 주차장이요, 아울러 주유소가 된다.

1990년 어느 날이었다. 미국의 LA에서 대규모 정전사태가 발생했다. 그러자 많은 시민은 이상한 광경을 목격하고는 911신고 센터에 신고를 하기 시작했다. 시민들의 전화가 폭주하여 급기야 통신마비 상태가 되어 버렸다. 전화의 내용은 대개가 이런 내용이었다.

"우리 집 하늘 위에 이상한 구름이 떠 있어요."

경찰과 소방당국이 긴급하게 하늘에 떠있는 물체의 정체를 조사를 하였다. 그것은 은하수였다. LA 시민들은 생애 최초로 은하수를 보게 된 것이다.

평생 예배해도 영과 진리가 같이 하지 않으면 하나님을 볼 수도 없을 뿐만 아니라 좋은 연료를 공급받을 수 없다. 은하수를 보려면 주변의 모든 불을 끄고 하늘을 봐야 한다. 주변의 불을 끄는 것이 영과 진리로 예배하는 것이다.

지금 당신은 어디에 누구에게 무엇으로부터 연료를 공급받고 계시는가? 바로 그것이 당신의 삶의 수준을 정해주는 요소가 된다.
최고급 기름이 있는 주유소를 찾아라.

이틀 굶고 구워 먹어

어느 마트의 정육점에서 고객들에게 마이크를 통해 할인행사를 하고 있었다.

"세일합니다. 돼지고기 삼겹살, 목살, 등심, 안심, 앞다리살, 뒷다릿살, 30% 세일 합니다. 자 어서 오세요."

조용하던 마트에 흥겹게 목소리가 울렸다.

몇 안 되는 손님들이 별 관심 없는 듯 조용하던 그때 할머니 한 분이 오셨다.

"총각, 목살 한 근만 줘 봐요."

"아! 네, 감사합니다. 목살 한 근!"

그리고 할머니가 다시 묻는다.

"총각, 목살은 어떻게 먹어야 맛이 있는가?"

"네, 구워 먹으면 맛있습니다."

"어떻게 구워 먹으면 맛있는가?"

아마 어르신들이 다 그렇듯 입맛이 없어 궁금하던 것을 묻자 주인 총각은 대답할 말을 찾지 못하고 잠시 뜸을 들이고 있었다. 그때 옆을 지나던 할아버지가 못마땅하다는 듯이 한마디 하셨다. 할아버지의 그 말을 듣고 주변에 모여 있던 사람들이 폭소를 터트렸다.

"이틀 굶고 구워 먹어, 그러면 엄청 맛있어."

이틀 굶고! 그렇다. 굶주리고 배고프면 다 맛있다. 그런데 이렇게 음식을 예로 들어 예수님이 하신 말씀이 있다.

「복되도다! 의에 주리고 목마른 사람들은, 그들은 배부를 것이다.」(마태복음 5장 6절)

의는 '옳음, 올바름, 정의'다. 사람들은 먹을 것, 입을 것, 마실 것, 돈, 명예, 권력에 굶주리고 있다. 그러나 의에 주리고 굶주리고 목말라해야 한다고 선언하셨다. 문제는 그렇게 하면 배부르다고 하셨는데, 무엇에 대한 배부름일까?

'배부르다'는 단어의 원어인 '코르타조(χορτάζω)'는 '풀을 먹이다, 음식으로 채우다, 살을 찌운다'라는 뜻이다. 동물들을 먹이고 살찌게 한다는 말이 사람에게까지 적용된 단어다. 배부름은 두 가지다. ① 사람들에게 실제로 필요한 모든 먹거리와 필요한 것들. ② 그리스도에 의해 주어지는 하늘의 영적인 축복이다.

그의 나라와 의를 구하면 영적인 축복과 육체적인 축복이 모두 넘친다는 것이다. 놀랍지 않은가!

정의에 목말라 하면 두 가지를 모두 복으로 주신다니 말이다. 이제 의에 대하여 우리 육신이 배고프고 목마른 것처럼 갈망하고 목마름을 느껴보자.
그러면 모든 것을 공급하신다.

지하철에서 전철을 타려고 10여 명의 아주머니가 줄을 서 있었다.

그때 할아버지 한 분이 아주머니들 앞에서 새치기를 했다. 그것도 모자라 문이 열리고 내리는 사람이 먼저 내리고 타야 함에도 그 할아버지는 내리는 사람들을 밀치고 전철을 탔다. 주변에서 수군거리는 소리와 함께 불평이 터져 나왔다.

그에 분개한 할아버지는 어르신으로서는 도저히 할 수 없는 심한 욕설을 퍼붓더란다. 아주머니들이나 그 장면을 지켜본 주변에 있는 사람들도 그 기세에 눌려 아무 말도 못하고 조용히 있었다. 그때 지하철 안에 100살은 되어 보이는 할아버지가 그 상황을 다 지켜보고 있다가 그 몰상식한 할아버지에게 이렇게 말했다.

"황천길 갈 때도 새치기해서 나보다 먼저 가라, 인마!"

기세등등했던 할아버지는 금세 조용해졌다.(SBS라디오 두 시 탈출 컬투쇼에서 소개된 이야기다.)

황천길은 한문으로 黃(누를 황)과 泉(샘 천)과 한글 '길'의 합성어인데, 그 뜻은 '죽어서 저승으로 가는 길'이다. 죽음의 길, 죽고 나서 가는 그 길목에는 샘이 있다고 한다. 그 물은 황토물이어서 먹지는 못한다고 한다. 죽어서 가는 길에도 물은 필요하다고 여긴 모양이다.

저승길만 그렇겠는가! 지금 우리가 사는 세상은 온통 흙탕물이다. 차고 넘친다. 어느 것 하나 제대로 마실 물이 없다. 마시면 죽는데도 목마른 사람들이 벌컥벌컥 마시고 있다. 그러나 그렇지 않은 경우도 있다.

성경에 이런 말씀이 나온다.

「그러나 내가 주는 물을 마시는 사람은 영원히 목마르지 않을 것이다. 내가 주는 물은 그 사람 안에서 계속 솟아올라 영생에 이르게 하는 샘물이 될 것이다.」(요한복음 4장 14절)

샘물, 깨끗한 물, 이 물을 마시면 영생한다고 하셨다. 물은 예수님의 십자가, 죽음, 부활을 믿는 믿음, 그리고 하나님의 말씀, 정의, 정직, 올바름, 그래서 아무리 마셔서 탈이 없는 샘물, 그 샘물을 마셔야 한다.

지금 누렇게 변색되고 썩은 황톳물을 마시고 있는가? 그건 바로 저승으로 가는 티켓을 예약하는 일이다.
당신은 지금 무슨 물을 마시고 있느냐?
하늘을 향해 생수 한 박스를 주문해보라.

Faith. 15 중국집 광고 스티커

한 무리의 대학생들이 함께 술을 먹고는 후배네 집에서 하루를 묵게 되었다.

술 취한 후배가 길을 걷다 허리를 삐끗하여 아프다며 파스를 붙여 달라고 했다. 역시 술 취한 선배가 파스를 붙여주기 위해 접착면의 껍질을 벗기다 그만 반으로 접혀 단 한 장만 남은 파스가 쓸모없게 되어버렸다.

그때 술기운 중에서도 옆에 보니 파스 크기만 한 중국집광고 스티커가 보였다. 할 수 없이 그것을 붙여 주고 그냥 잠이 들었다. 그런데 후배가 아침에 일어나더니 어제 선배가 붙여 준 파스가 너무 시원해서 아픈 부위가 다 나았다고 하더란다.

이것을 심리학 용어로 '플라시보 효과'라고 한다. '플라시보'는 '기쁨을 주다, 즐겁게 하다'라는 라틴어에 어원을 두고 있다. 의사가 효과 없는 가짜 약, 혹은 꾸며낸 치료법을 환자에게 제안했는데도 불구하고 긍정적인 믿음으로 인해 병세가 호전되는 현상을 이르는 말이다.

반대로 '노시보 효과'는 '약을 올바로 처방했는데도 환자가 의심하면 약효가 나타나지 않는 현상'이다. 이 노시보 효과는 죽음에도 이를 수 있을 만큼 위험한 증상이다. 성경은 이렇게 말씀하신다.

「예수께서 대답하셨습니다. 너희 믿음이 적기 때문이다. 내가 진실로 너희에게 말한다. 너희에게 겨자씨 한 알만한 믿음만 있어도 이 산을 향해 여기서 저기로 옮겨 가거라 하면 옮겨 갈 것이요, 너희가 못 할 일이 없을 것이다.(and nothing shall be impossible to you.)」(마태복음 17장 20절)

하나님의 말씀은 플라시보 효과보다 천 배, 만 배의 효과가 있다. 모든 일에 하나님의 도우심을 믿고 확신하면 전혀 예상하지 못한 기적을 체험할 것이다. 그런데 사람들은 하나님의 말씀을 '노시보 효과'로 만든다.

아주 적당하고, 최상급으로, 맞춤형으로 만들어 주신 이 말씀을 사람들은 노시보 효과로 만들어 기적을 체험할 수 없게 된다. 하나님은 말씀으로 우리에게 처방하셨다. 그러나 믿지 않으면 죽음에 이를 수 있을 만큼 위험한 증상이 발생한다.

가짜 약으로도 큰 효과를 볼 수 있다는데, 진짜 약인 말씀을 노시보 효과로 만들면 되겠는가!
진짜 약은 그래서 구약(藥)과 신약(藥)이다.
그럴듯한 이름 아닌가!

키가 작은 니고데모

신학교를 갓 졸업한 어떤 전도사가 처음으로 강단에 서서 설교를 하게 되었다. 너무 떨리고 흥분이 되었지만 마음을 가라앉히고 이렇게 시작했다.

"사랑하는 성도 여러분, 키가 작은 니고데모는 예수님이 보고 싶었지만 볼 수가 없었습니다. 그때 니고데모는 너무 예수님을 보고 싶어 얼른 뽕나무에 올라갔습니다."

전도사가 삭개오와 니고데모를 바꾼 것이다. 그 순간 똑똑한 성도들이 수군거리기 시작했다. 전도사는 순간 자신의 실수를 깨닫고는 갑자기 말을 바꾸었다.

"그때 삭개오가 현장에 나타났습니다. 삭개오는 뽕나무에 올라가 있는 니고데모를 향해서 이렇게 말했습니다. 야! 니고데모! 내가 올라갈 자리에 네가 왜 올라가 있니? 빨리 내려와! 그리고 삭개오는 예수님을 만나 자기 집으로 갔습니다. 그러나 니고데모는 어떻게 되었는지 모르겠습니다."

예기치 못한 일을 만났을 때 사람들은 당황하게 된다. 당황[唐慌]의 사전적 의미는 '의외의 일을 당하여 어리둥절해 하거나 어찌할 바를 모름'이다. 성경에 이런 말씀이 있다.

「내가 어릴 적부터 계속 고통을 겪었고 죽음의 문턱을 넘나들었습니다. 주께서 주시는 공포를 느낄 때마다 미칠 것(당황/개정) 같습니다.(I suffer Thy terrors; I am overcome.)」(시편 88편 15절)

시편 저자는 몹시 당황해하고 있다. 우리말 성경에는 '미칠 것 같다'라고 번역했다. 88편 시의 전체적인 흐름은 당황을 넘어서는 처절한 인생의 절규가 담겨 있다. 영어 번역은 이 상황을 '하나님의 테러'로 묘사했다.

왜 하나님은 우리에게 두렵게 하시고 테러를 감행하시는가! 그래 놓고 부제는 '고라 자손의 찬송 시'라고 한다. 절규하는 인생의 처절한 고백이 찬송 시가 될 수 있는 것은 하나님께 하소연하고 기도할 수 있기 때문일 것이다.

88편의 절규는 나의 고백일 수도 있다. 이 고백의 절규를 풀어 주실 분은 하나님이시다. 그분 앞에서의 절규가 찬송의 시가 될 수 있는 이유다. 절규의 몸부림이 찬송 시가 될 수 있도록 하는 것이 진실한 신앙의 힘이다.

모든 일에 당황하지 말고 하나님의 테러에 맞대응해 보라. 의외로 쉽게 결론이 난다.
하나님의 테러는 겁낼 일이 아니다.

탁월한 책 한 권을 소개한다.

이 책을 두고 미국 저명한 종교학자 휴스턴 스미스 교수는 '러시아 영성의 고전'이라 했다. 샌프란시스코대학의 제이콥 니들먼 교수는 '지난 100년 동안 나온 가장 영향력이 큰 종교 서적으로 사람의 삶을 바꾸어 주는 희귀한 책들 중 하나'라고 했고, 심지어 톨스토이의 <전쟁과 평화>, 도스토예프스키의 <백치>와 더불어 러시아 혁명 이전 '러시아문학의 3대 걸작'이라고 주장하기도 했다.

그 책은 바로 <기도>(오강남 엮어 옮김/대한기독교서회)라는 책이다. 수도원에서 선물로 받아 앉은 자리에서 모두 정독했다.

이 책은 순례자가 '쉬지 말고 기도하라'라는 성경의 말씀을 어떻게 실천할 것인가 고민하면서 시작된다. 사실 기독교는 다른 종파와 다른 종교와 비교해서 기도의 핵심이 잘 정리되지 않은 측면이 있다.

불교에서 '나무아비타불 관세음보살'을, 일본 불교 중 창가학회 신도들은 '나무묘호렌게교'를, 티베트 불교인들은 '옴 마니 파드메 훔'을, 힌두교에서는 '하레 크리쉬나', 이슬람에서는 '라일라하 일랄라 무함마드 라술룰라'를 쉬지 않고 읊조리며 기도한다. 그리고 이 책에서는 이 같은 기도문이 기독교에도 있다고 소개한다.

그 문구는 바로 이 기도문이다.

"주 예수 그리스도, 제게 자비를 베푸소서!"

<기도>는 순례자가 먼 길을 걸어 수도순례를 하면서 이 기도문을 통하여 받은 영성과 깨달음, 기적들을 서술해 놓은 책이다.

아무리 바쁘고 복잡해도 이 기도문만 있으면 얼마든지 기도를 할 수 있다. 이 예수의 기도문으로 당신의 문제와 삶의 닫혔던 모든 문이 열리게 되시기를 기대한다. 생각만 하지 말고 이 글을 읽는 당신, 바로 이 책을 주문해보라. 기도의 문, 영성의 문들이 예상치 않는 방법으로 열릴 것이다.

그러나 기도만으로 세상은 바뀌지 않는다. 당신이 움직여야 바뀐다. 구하고 문을 두드려야 열린다.

마음이 답답하고 도저히 기도의 음성이 나올 수 없는 힘든 상황이 와도 이렇게 기도하라.
"주 예수 그리스도, 제게 자비를 베푸소서!"
그리하면 예수님께서 당신의 마음과 손을 잡아주실 것이다.
"주 예수 그리스도, 제게 자비를 베푸소서!"

30층 외벽에 매달려

새벽 5시 30분에 일어나 쓰레기 청소 등 1개월째 계속 잡일 알바를 하던 큰아들 박정현. 2017년 8월 4일 12시 13분에 가족 카톡에 사진 한 장과 함께 문자가 떴다.

'엄마 아빠, 공부 열심히 할게요. 죽다 살아났음!'

무더위가 계속되는 날씨에 뭔가 아침부터 찜찜하던 차에 가슴이 덜컹했다. 무슨 일인지 파악도 되기 전에 태연하게 물었다.

'많이 덥지?'

'그런 거 몰라. 무서워서. 바람 많이 붐'

'어딘데?'

'용산, 진짜 무서움, 죽기 직전에 진짜 부모님 생각남'

그리고는 이렇게 적었다.

'8월 4일 금요일은 내 인생의 전환점이야! 공부 열심히 해야지. 사람은 직접 겪어봐야 함. 올라가면서도 별로 안 무서웠음. 근데 30층 외벽에 도착하니깐 극강의 공포'

'그런 위험한 일은 왜 하나? 쉬운 일 찾아서 해라'

'못할 것 같으면 가라 했음. 근데 별로 안 무서워 보이니까 한 거지. 이제 정신 차림, 역대급임, 고소공포증 생길 듯, 죽을 상황이 오니깐 하나님도 생각남! 교회 잘 다닐 테니깐 제발 살려달라고'

아들은 그렇게 기도했단다. 귀가해서 물어보니 용산에 건물을 짓는데 30층 외벽에 줄을 타고 작업하는 일을 했단다. 헉! 30층 외벽에 매달려 죽음이 코앞에 와 있을 때, 1. 부모님 2. 공부 열심히 해야지 3. 하나님이 필요함을 경험한 것이다.

그리고는 죽음 앞에 서니까 '내가 할 수 있는 일이 하나도 없었다.'라고 했다.

그래, 사람은 죽음 앞에 이르면 할 수 있는 일이 하나도 없지. 이 무더위에 산 경험을 한 아들, 듣는 순간에 아찔했으나 하나님의 보호하심이었다는 것을 깨닫게 되었다. 다윗이 고백했던가!

「내가 죽음의 그림자가 드리운 골짜기를 지날 때라도 악한 것을 두려워하지 않는 이유는 주께서 나와 함께 계시기 때문입니다. 주의 지팡이와 막대기가 나를 지키시고 보호하십니다.」(시편 23편 4절)

어차피 인생은 죽음의 그림자가 드리운 골짜기에 머물고 있지 않은가! 그걸 꼭 경험해 봐야 알겠는가!
그러나 아들을 통해서 또 한 번 하나님의 음성을 들었다.

청년이 퍼즐을 사서 꼬박 한 달 동안 꼬박 씨름을 한 끝에 마침내 모두 맞추었다. 의기양양해 하며 친구한테 자랑했다.

"완벽하지!"

"우와, 대단하다! 이거 맞추는 데 얼마나 걸렸니?"

"한 달"

"한 달이면 빠른 거니?"

의아해 하면 친구가 되물었다.

"당근이지, 여기 24~36개월이라고 쓰여 있잖아."

그 숫자는 퍼즐을 맞출 수 있는 아이들의 나이를 나타내는 개월 수를 말하는 것인데, 이 청년은 퍼즐을 맞추는 시간이라고 잘못 생각한 것이다. 유아용 퍼즐을 한 달에 걸려 맞췄다고 자랑하는 청년처럼 자기는 기본적인 것을 잘했다고 어른이 돼서도 자랑하는 사람들이 있다. 성경은 말씀하신다.

「하나님께서 '더 이상 가까이 다가오지 마라. 네가 서 있는 곳은 거룩한 땅이니 네 발에서 네 신을 벗어라'라고 말씀하셨습니다.」(출애굽기 3장 5절)

신발은 '나알(נַעַל)'인데, '무가치한 어떤 것에 대한 상징'으로서의 신발을 말한다. 모세가 이집트에서 40년, 광야에서 40년의 방황, 고독, 사명 없음, 나그네, 하루살이처럼 살아가는 이유는 신발에 있었다.

사람의 죄나 허물이 발이나 신발에 붙어 있다고 믿는 게 구약시대 사람들의 생각이었다. 하나님께서 신발을 벗으라고 요청한 것은 과거의 실패한 경험, 죄악 된 생활, 나쁜 습관, 잊어야 할 과거의 흔적, 사명을 감당하기 어려운 것들에서 벗어나라는 말씀이다.

그렇다면 지금 당신이 서 있는 곳, 가정, 직장, 사업장, 교회, 존재하는 모든 곳이 거룩한 땅이다. 그곳에서 신발을 벗으면 하나님의 기적 같은 사명과 성공과 미래가 보장될 것이다. 사도 바울은 말했다.

「내가 내 몸에 예수의 흔적을 지니고 있노라.」(갈라디아서 6장 17절)

흔적은 '스티그마(στίγμα)'인데, '몸에 난 뚫린 자국'이나 '낙인찍힌 자국'을 말한다. 예수님이 십자가에 못 박히셨던 것처럼 그런 흔적을 지칭하는 말이다.

이것을 영어로는 'Jesus branded'라고 번역했다. 하나의 영원한 브랜드다.실패한 과거의 신발을 벗고, 예수의 흔적, 영문표현마저 놀라운데, 명품브랜드처럼, 예수라는 브랜드를 지니기를 소망해 본다.

Faith. 20 의도하지 않은 결과

클라이브 윌스의 <의도하지 않은 결과>라는 책에 나오는 이야기다.

시인 새뮤얼 테일러 콜리지가 1822년에 레이크 지방에서 산책하다가 경험한 이야기라고 한다.

형편이 넉넉하지 않았던 어느 날, 작은 시골집을 지나가고 있었다. 집배원이 그 집 여자에게 우편요금으로 1실링을 요구했지만, 여자는 지급할 의사가 없어 보였다. 결국 편지를 받지 않겠다고 했다. 내가 요금을 지불하고 배달부가 시야에서 사라졌을 때 여자는 내게 말했다. '아들이 안부를 전해주기 위해 보낸 편지'이며 돈을 지급할 필요가 없다고 했다. 나는 봉투를 열어보았고, 안은 텅 비어 있었다.

사연은 이렇다. 이 편지는 일자리를 찾아 멀리 집을 떠난 아들이 어머니에게 보낸 '텅 빈 안부 편지'였다. 당시 영국의 비싼 우편배달비(1실링은 현재의 40파운드, 약 6만 원)는 수신자가 요금을 지급했기 때문에 '잘 있음'을 알리기 위해 종종 '빈 편지'를 보내는 일이 흔했다고 한다.

보고 싶은 어머니에게 안부를 전하고는 싶고, 그렇다고 어머니가 비싼 배달비를 낼 수 있는 형편이 아니라는 것을 알고 내용 없는 빈 봉투만 보낸 것이다. 아들은 자신이 잘 있다는 것을 알리는 텅 빈 편지였다.

신약성경의 2/3는 편지다. 하나님이 인간에게 보내신 사랑의 편지다. 우리는 배달비를 내지 않아도 풍성한 내용이 적혀 있는 편지를 받아 볼 수 있다. 문제는 읽어볼 마음과 여유가 없다는 것이다. 내용이 궁금하지도 않다. 마음을 빼앗아간 다른 편지들이 너무나 많아서다. 편지를 읽지 않으면 보낸 이의 마음을 알 수가 없다. 그런데 성경은 이런 무서운 이야기를 하신다.

「여러분은 우리의 섬김을 통해 나타난 그리스도의 편지입니다.」(고린도후서 3장 3절) 라고 한다.

내가, 우리가, 신앙인이, 크리스천이, 사람 자체가 편지라고 한다. 하나님은 보이지 않고 '나'라는 존재를 보고 하나님의 편지를 읽을 수 있다는 것이다.

세상 사람들이 보기에 '나'라는 기독교인이 '텅 빈 편지'가 아닌 '꽉 채운 편지봉투'가 되기를 소망해 본다.

Faith. 21 트로이 목마

아카이아 연합군은 스파르타의 왕 메넬라오스의 아내 헬레네를 되찾기 위해 10년에 걸쳐 트로이와 전쟁을 벌였다.

그러나 트로이 성을 함락시키지 못한 채 지지부진한 공성전만을 반복하다가 한계에 부딪히게 된다. 이때 오디세우스가 내부에 사람 30명이 숨을 수 있는 거대한 바퀴 달린 목마를 만들어 트로이의 성안으로 침공하는 계획을 세운다. 목마를 만든 대외적 이유를 전쟁의 여신 아테나에게 바치는 대규모 '제사의 상징물'이라며 헛소문을 퍼트려놓고는 마치 퇴각한 듯 작전을 꾸민다.

그 사실을 알 리가 없는 트로이의 왕은 목마를 성안으로 들여놓는다. 이 작전으로 인해 결국 트로이는 무너지고 만다. '트로이의 목마'는 외부에서 들어온 요인에 의해 내부가 무너지는 것을 일컫는 용어가 되었다.

이 용어는 컴퓨터에도 등장한다. '트로이 목마 바이러스'다. '정상적인 프로그램으로 위장한 악성 코드'의 한 종류다. 악성 코드 유형별 비율에서 트로이 목마가 차지하는 비율은 35%가 넘으며, 이는 그래프에서 보이지도 않는 바이러스나 웜에 비해 매우 높은 비율이다. 모두 진실을 가장한 거짓이다. 우리가 사는 세상이 그렇다. 모두가 진실처럼 보이지만 사실은 거짓이다. 그래서 성경은 이렇게 말씀하신다.

「그러나 놀랄 것이 없습니다. 그 이유는 사탄도 자신을 빛의 천사로 가장하기 때문입니다.」(고린도후서 11장 14절)

사탄은 아담과 하와를 거짓말로 유혹하여 파괴했다. 그래서 사탄은 거짓의 아버지다. 내 안에 들어온 트로이 목마 같은 요소가 있다면 하루빨리 구분해 골라내야 한다. 그냥 두면 우리를 송두리째 점령하여 감염시키고 말 것이다.

트로이 목마 같은 사람, 사상, 생각, 경험, 느낌, 이 모두를 잘 구분해야 한다. 트로이 목마 안에 30명의 정예군사가 있다는 것을 미리 알았다면 잡는 것은 식은 죽 먹기였을 것이다. 모르고 있다가 당한 것이다.

그래서 성령의 은사 중에는 '영들 분별함'이 있다. 세상은 거짓과 진실이 섞여 있어 정말 분별하기 힘들다. 아니 온통 거짓이기에 진실을 찾아낼 수 없지 않을까 하는 생각이 든다.

정말 내 안에 진실이 있기나 한 것일까?
그래서 두렵다.

Faith. 22 8가지 거리

미국의 문화 인류학자 에드워드 홀은 '8가지 거리'라는 사고를 제안했다.

크게는 ① 밀접 거리 ② 개체 거리 ③ 사회 거리 ④ 공중 거리의 4가지로 분류하고, 각각을 '안쪽'과 '바깥쪽'의 두 가지로 나누고 있으므로 이것을 합하여 8종류의 거리로 분류했다.

① 밀접 거리(0에서 45㎝)는 아주 친밀한 사람들 간의 거리이다. 부부나 연인의 거리다. 닿고자 하면 상대와 닿을 수 있는 거리이며, '닿아도 좋다'는 의사 표시를 하는 상태라고 보아도 좋다.

② 개체 거리(45에서 120㎝)는 상대와 닿는데 어느 한쪽이 손을 뻗으면 되는 거리로 양쪽이 손을 뻗어 닿는 거리 사이이다. '친구끼리'의 거리라고 생각하면 된다.

③ 사회 거리(120에서 360㎝)는 '업무상 교제'의 거리다. '업무상 거리'의 기준은 암묵적인 동의하에 만들어진다. 이 거리는 '형식적, 의례적인 주고받기를 하는 거리'이기도 하다.

④ 공중 거리(360㎝ 이상)는 거의 무관한 사람들의 거리다. 개인적인 관계가 없다고 해도 좋다.

우리는 이 4가지의 거리를 두고 다양한 사람들과 어울려 산다. 그러나 살아감에 있에서 사람과의 거리만 신경 쓸 일이 아니다.

바로 하나님과 어떤 거리에 있는가?, 이에 대한 질문도 반드시 해야 한다. 정말 나는 하나님과 어느 정도 친밀한 거리에 있는가? 성경은 이렇게 말씀하신다.

「여호와께서는 주를 부르는 모든 사람, 진심으로 주를 부르는 모든 사람 가까이에 계십니다.」(시편 145편 18절)

하나님을 부르는 모든 사람 가까이에 있다는 말은 상대인 그 주체가 바로 '나'라는 것이다. 우리 삶에는 가까운 사람들이 너무나 많다. 그 사람들의 도움도 많이 받으며 성장할 수도 있다. 그러나 무엇보다 중요한 것은 하나님과의 거리를 좁히는 것이다. 그것이 바로 성공의 지름길이다.

하나님은 또한 우리와 가까이하고 싶어 하신다. 아버지가 탕자와 가까이 있고 싶어 하듯 말이다. 하나님은 항상 그 자리에 계신다. 내가 멀어졌다, 가까워졌다, 아우성치며 하나님을 원망할 뿐이다.

우리네 모든 문제는 하나님과 거리가 멀어졌을 때 생긴다.
하나님 곁으로 가까이 가자.

프랑스의 혼란한 혁명 시기에 한 청년이 레지스탕스로 오해를 받아 감옥에 왔다. 재판을 통해 자신의 억울함을 호소했지만 소용이 없었다. 결국 사형 선고를 받았다. 그때 그 청년은 이렇게 울며 호소했다.

"나는 아무 일도 하지 않았는데 억울하게 사형 선고를 받았다."

그때 감옥에 있던 진짜 레지스탕스가 이렇게 말했다.

"사랑하는 조국이 이렇게 어려운데 아무 일도 하지 않았으니 너는 죽어 마땅하다."

나라가 어려울 때 아무 것도 하지 않았다면 진짜 문제라는 것이다. 우리 역시 마찬가지의 상황에 처해 있다. 가정이 어렵고, 교회가 어렵고, 사회가 어렵다고 말하는 사람들은 많다. 문제가 있다고, 무엇이 잘못됐다고, 그렇게 지적하는 사람들은 많다. 나라가 어려우면 어렵다고만 말하는 사람들이 다수다.

하지만 그 모든 어려움에 동참하고 선뜻 나서서 문제를 해결하려는 사람들이 정작 필요한 시대다. 성경에도 이런 말이 있다.

"하나님께서는 각자에게 재능과 물질과 건강, 사명을 주셨는데 아무 일도 하지 않았다면 한 달란트 받았던 종에게 이르신 것처럼 무익한 종이 아니겠는가?"

모든 사람에게는 각자의 달란트가 있다. 문제는 그것이 많든 적든 어떻게 사용하느냐가 중요한 것이다. 적다고 불평할 일이 아니고 많다고 거만할 일이 아니다. 자기 영역에서 최고의 능력을 발휘한다면 그보다 더 좋은 일이 없다.

사도 바울은 이렇게 말했다.

「그러나 내가 자원해 이 일을 행한다면 내게 상이 있을 것입니다. 그러나 내가 자원해서 하지 않는다 할지라도 내게는 직무로 맡겨진 일입니다.」(고린도전서 9장 17절)

내가 맡은 직무, 달란트, 재능이 그 어떤 것이든 사용해야 한다. 자의든 타의든 나에게 맡겨진 사명에 충성하면 하나님이 상을 주신다. 더욱 아름다운 것은 하나님이 주신 자유의지를 사용하여 스스로, 자발적으로 사명을 찾아 열심히 행동하시면 개인과 내가 속한 곳에서 더욱 큰 역사가 이루어진다.

명절 끝에 백화점이 가장 붐비는 것은 명절 가사 일에 지친 주부들이 스트레스를 해소하기 위해서라고 한다. 스스로의 사명을 감당하면서 받은 스트레스가 있다면 하나님은 반드시 보상하실 것이다.
이것이 진짜 비밀이다.

Faith. 24 외상값을 잘 갚아요

어느 교회 앞에서 잡화상을 하는 사람이 새로 부임한 목사님이 설교를 잘한다고 가게를 찾는 사람들에게 자랑을 했다.

어느 손님이 그것이 궁금해서 그 주인에게 물었다.

"지난주에 목사님이 무슨 설교를 했길래 그렇게 자랑하십니까?"

그랬더니 주인이 손사래를 치면서 말했다.

"저는 시간이 없어서 교회에 나가 설교를 들은 적이 한 번도 없습니다."

"그런데 어떻게 목사님이 설교를 잘하시는지 아십니까?"

주인은 이렇게 대답했다.

"새로 목사님이 오신 이후로 그 교회에 다니는 사람들이 외상값을 잘 갚아요."

성경에 이런 말씀이 있다.

「내가 그들에게 한마음을 주고 그들 속에 새로운 영을 불어 넣을 것이다. 내가 그들에게서 돌같이 굳은 마음을 제거하고 살같이 부드러운 마음을 줄 것이다.」(에스겔 11장 19절)

새로운 영을 불어 넣어 주면 삶이 바뀐다. 다만 바뀌지 않는 것은 새로운 영이 없기 때문이다.

'굳은'이라는 말은, '에벤(אֶבֶן)인데, 이 뜻은 '돌'이다. 그래서 돌 같은 마음으로 번역했다. 즉, 마음에 돌이 있다는 말이다. 그 마음의 돌을 제거해야 속살같이 부드러운 마음이 생긴다는 원리다.

사람들은 마음속에 돌을 가지고 있다. 그 돌을 꺼내 상대방을 공격하거나, 말로 상처를 주거나, 어떤 용도로든 그 돌을 사용되게 되어 있다. 그 돌을 골라내는 작업을 해야 한다. 신앙생활을 10년 했다고 다 골라냈다고 할 수 없다. 천국에 이를 때까지 골라내야 한다.

실화를 바탕으로 한 '127시간'이라는 미국 영화가 있다.

주인공은 사막과 같은 험한 길에서 자전거 트래킹을 하다 벼랑 끝에 떨어지는 사고를 당한다. 그러나 바위틈에 오른쪽 팔이 끼여 살아나기는 했는데 도저히 빠지지가 않았다. 127시간 동안 사투를 벌였으나 도저히 불가능한 일이었다. 드디어 등산용 칼로 자기의 팔을 자르고 가까스로 탈출하여 목숨을 건졌다.

내가 지금 팔을 자르고 탈출해야 할 만큼 위험한 상황이라고 가정해 보자. 그리고 버려야 할, 제거해야 할, 골라내야 할 돌을 상징하는 습관이나 생각이 무엇인지 찾아내야 한다. 농지를 개간할 때나 자투리 땅에 밭을 만들려고 해도 돌을 골라내기가 제일 힘들다.

쓸데없는 돌을 골라냈다면 그야말로 성공이다.
그래야 외상값도 잘 갚는다.

어느 해 설 연휴 동안에 SNS에서 가장 많이 보낸 그림문자는 '창문 뒤에서 복을 슬쩍 밀어 넣는 모습'이었다.

그것을 보는 사람은 자기 집 창문 안으로 복이 들어오는 상상을 했을 것이다. 그런데 이 그림이 우주까지 꽉 채우는 그림으로 진화했다고 한다. 그만큼 복을 많이 받으라는 의미였다.

특별히 한국 사람들은 복을 좋아한다. 복이라는 한문은 '福'인데, 우리와 일상을 같이 하는 숟가락, 베개, 이불 곳곳에 이 글자가 새겨져 있다. 과연 그 복이란 것이 과연 무엇일까?

행복이라는 영어 'happiness'는 '우연히 생기다, 발생하다'는 'happen'이라는 동사에서 왔다고 한다. 행복이란 우연히 잘되고, 출세하는 것은 물론 우연히 돈도 벌고 성공하는 것이라는 뜻이다.

그런데 예수님께서 복은 행복이 아니라 '블레싱 blessing'이라고 산상수훈에서 말씀하셨다. 이 축복(blessing)은 '피를 흘린다'라는 뜻의 'bleed'라는 동사에서 나온 것이다. 복과 피는 어울리지 않는 말이다. 그래서 성경이 말하는 축복이라는 말은 그냥 우연히 주어지는 것이 아니라 '피를 흘리는 대가를 치를 때 주어지는 것'이라는 말이다.

누군가가 피를 흘려야 복이 성립된다. 그렇다면 지금 오늘 당신이 복을 받은 것은 누군가가 피를 흘렸기에 가능한 것이다.

그리고 더욱 더 큰 복이 있다. 성경에 보면 이런 이야기가 나온다.

「모세는 요셉의 뼈를 가지고 나왔습니다. 요셉이 예전에 이스라엘의 아들들에게 맹세시키기를 '하나님께서 분명히 너희를 구하러 오실 것인데 그때 너희는 내 뼈를 이곳에서 갖고 나가도록 하라'라고 했기 때문입니다.」(출애굽기 13장 19절)

요셉이 예언한 구절이다. 자신이 죽으면 하나님이 반드시 너희를 찾아오신다고 예언했다.

가장 큰 복은 하나님이 당신 인생에 찾아오신다는 것이다. 개인, 가정, 직장, 사업, 국가, 당신이 선 곳, 바로 그곳에 하나님이 찾아오셔서 문제를 해결해 주시고, 은혜의 장을 넓혀 주실 것이다.

이것을 믿으면 당신에게 행복도, 축복도, 은혜도 넘쳐날 것이다.
당신의 창문 뒤편에서 하나님이 지금도 복을 살며시 밀어 넣고 계신다.

<100명의 특별한 유대인>(박재선)이라는 책에 이런 내용이 나온다.

현재 우리나라의 역술시장은 약 2조 원 규모로 추정된다고 한다. 영화산업과 맞먹는 수준이다. '미래 예측 산업(역술인)'의 종사자가 40만 명에 이른다는 비공식적인 통계도 있다. 뉴욕타임스(2007.7.7)는 한국의 샤머니즘 부활 현상을 한국문화의 한 부분이라고 소개하기도 했다.

사주카페, 일간지 운세 코너, 인터넷 사주 클럽 등 역술의 대중화가 광범위하게 이루어졌다. 점쟁이, 점집 같은 용어 대신 도사, 법사, 제마사, 보살, 철학관, 법당, 심령원으로 바뀌었다. 한국의 역술 부활 현상은 현대문명의 다양성과 풍요함이 가져온 역작용이라고도 한다.

이유는 자신의 정체성에 대한 새로운 의구심을 시작으로 미래에 대한 불안감을 스스로 키운 결과다. 요즘 북한에도 점 문화가 극에 달해 있다고 한다. 그렇다. 사람마다 미래에 대한 두려움이 엄습할 때 잠을 못 이룬다.

사람들은 왜 미래에 대하여 행복보다 두려움이 앞설까! 껌 딱지처럼 달라붙어 있는 과거의 실패한 기억들 때문이다. 그리고 현재의 염려와 다시 패배할 것 같은 생각들 때문이다.

성경은 말씀하신다.

「여러분의 모든 근심을 주께 맡기십시오. 주께서 여러분을 돌보십니다.」(베드로전서 5장 7절)

'맡기라'는 말은 '던진다'라는 뜻이다. 그런데 물건이나 돌을 던질 때 멀리 던지는 사람이 있고, 바로 앞 가까이에 던지는 사람이 있다. 될 수 있으면 근심과 걱정은 멀리, 보이지 않을 만큼 아주 멀리 던져야 한다.

사람들 앞에 던지면 주워서 내게 다시 던질 수 있으니 조심해야 한다. 그러니 던질 힘이 있다면 다만 주께, 하나님 앞에 던져라.

그러면 주께서 '나의 근심'을 주워 속히 처리하실 것이다. 던지는 방법은 '말'로 고백하는 것이다. 그것을 '기도'라고 한다. 계속 말해라. 염려, 걱정, 근심, 이해되지 않는 삶의 모든 것을 말해라. 기도는 자주 하는 것이 더욱 좋다. 그러면 하나님이 관심을 두게 되고, 당신은 돌봄의 대상이 되신다고 하셨다.

당신의 염려와 근심을 던지면 하나님은 항상 받을 준비를 하고 계신다.

마지노선

인류 역사에서 가장 큰 비극의 하나인 제1차 세계대전은 참호전이었다.

신병기로 등장한 기관총 때문에 병사들이 참호를 파거나 요새에 숨어서 총을 겨눈 채 적이 나타나기만을 기다리는 기이한 전쟁이었다. 프랑스가 독일군의 대포를 막아낼 수 있었던 것도 근대적인 요새 덕분이었다. 전쟁이 끝나고 프랑스의 육군 장관 '앙드레 마지노'는 프랑스와 독일 국경 사이에 설치한 기존의 요새를 획기적으로 보강하여 거대한 시멘트 방벽을 쌓아 독일의 침략을 막자고 제안했다.

10년이 걸린 세계적인 공사로 750km 길이의 방벽을 쌓았다. 이렇게 해서 마지노선이라는 용어가 등장하는데, 이 마지노선을 쌓고 독일의 어떤 공격에도 안심할 수 있다는 분위기가 프랑스 전역에 팽배했고 국민들은 안심했다.

그러던 중 독일에서는 히틀러가 등장하여 서서히 전쟁의 기운이 전 유럽을 감싸고 있었다. 그러나 프랑스는 군대를 예비군으로 돌릴 정도로 여유만만 했다. 마지노선을 믿고 있었기 때문이었다.

그러나 막상 제2차 세계대전이 발발하자 독일군은 벨기에를 가로질러 마지노선을 우회하여 프랑스로 침공해 들어갔다. 프랑스는 힘 한번 써보지 못하고 무너졌다. 여기서 '마지노선의 법칙'이 생겼다. 견고한 방어선은 심리적 무장해제를 부른다는 것이다.

사람마다 마지노선이 있다. 돈, 권력, 명예, 건강, 외모, 자신의 지식과 경험, 그것이 마지노선이 되어 그걸 믿고 살다가 언젠가 삶이 무너지는 예기치 않는 상황을 빈번히 맞게 된다는 것이다.

그래서 성경의 말씀은 이렇게 다독여 주신다.

「주의 말씀은 내 발의 등불이요, 내 길의 빛입니다.」(시편 119편 105절)

신앙인의 마지막 마지노선은 말씀이다. 그 말씀이 빛이 되고 등불이 되어 고난과 역경 속에서, 터널 속에서, 지하갱도에 들어가서도 살아 돌아올 수 있다. 위대한 신앙인들의 간증에 어김없이 등장하는 것은 바로 말씀으로 승리했다는 고백이다.

일상 속에서 말씀의 마지노선을 쌓아 놓으면 세상 어떤 존재가 공격해 와도 완벽하게 방어할 수 있다.
당신이 직접 쌓아 놓은 그 마지노선, 절대 믿지 말라.

Faith. 28 수분이 기억력과 학습능력에

코네티컷대학교 암스트롱 교수 연구 팀은 수분이 기억력과 학습능력에 지대한 영향을 미친다는 사실을 밝혀냈다.

연구팀에 따르면, 수분 손실이 몸무게의 1% 이하로 떨어지면 기억력 저하나 인지 장애 등의 증상이 발생할 수 있다고 주장했다. 1%의 수분 손실은 두통은커녕 목마름조차 느껴지지 않을 정도의 극소량이다.

이 정도의 탈수는 여름뿐 아니라 1년 내내 발생하는 수준이다. 그런데도 아침에 등교한 아동 대다수가 탈수상태에 빠져있었다는 조사 결과까지 나와 있다.

이스라엘의 조사에서는 63%의 학생이, 이탈리아는 84%의 학생이 탈수에 해당하는 수치를 나타냈다. 실제로 탈수증상이 있는 아동에게 암기 테스트를 했더니 상대적으로 저조한 성적을 보였다는 후속 연구도 있다.

사람에게 물은 생명이다. 물을 마시지 않으면 죽는다. 문제는 물이 부족하다는 것을 깨닫지 못함에 있다. 내가 지금 몸속에 물이 얼마나 부족한지를 모르면 그사이 몸은 서서히 죽어가고 있다. 목마르지 않을 때 물을 마시는 지혜가 필요하다. 몸만 그렇겠는가! 성경은 말씀하신다.

「누구든지 나를 믿는 사람마다 성경의 말씀대로 생수의 강이 그의 배에서 흘러나올 것이다.」(요한복음 7장 38절)

생수(生水)는 한국어 사전에서 이렇게 정의하고 있다.

① 샘에서 솟아 나오는 자연 상태의 물

② 영적 생명에 필요한 물이라는 뜻으로, 그리스도의 복음을 비유적으로 이르는 말로 기록되어 있다. 그렇다, 영적 생명에도 물이 필요하다.

생수라는 말은 두 개의 단어가 합쳐져 있다. 생(生)은 "① 살다. ② 현재의 삶을 즐긴다. ③ 생활방식과 행동방식을 가지고 산다. ④ 생수의 강 ⑤ 최고의 힘을 가지고 있다"라는 다섯 가지의 뜻이 포함되어 있다.

이 단어를 종합하면 이런 결론이 도출이 된다. 신앙생활이란 하나님이 원하시는 생활방식과 행동방식을 가지고, 현재의 삶을 긍정으로 만족하고 즐기며, 생수의 강물을 마심으로 최고의 힘으로 사는 것을 말한다.

그리고 그 물의 샘은 예수를 믿음으로 시작된다는 것이다. 몸도 영혼도 물이 필요하다.
목마르기 전에 마시자.
코로나도 물 앞에서는 물이 된다.

Faith. 29 이산화탄소 감지센서

록펠러대학교 레슬리 보스홀 교수 연구팀은 파리가 이산화탄소를 감지하는 센서가 있다는 것을 발견했다.

사람은 공기 중 이산화탄소의 농도를 감지할 수 있는 기능이 없다. 그러나 특정 종류의 곤충들은 이산화탄소를 날카롭게 감지한다. 박각시 나방은 개화 직후의 꽃이 발산하는 이산화탄소를 감지하는데, 갓 피어난 어린 꽃에는 꿀이 풍부하기 때문이다. 그래서 이산화탄소를 감지할 수 있는 능력은 먹이 찾기에 큰 보탬이 된다.

또 암컷 모기는 피를 빠는 대상을 찾기 위해 동물의 호흡에 포함된 이산화탄소를 감지한다. 이 연구팀이 발견한 것 중에서 충격적인 것은 이산화탄소 센서가 '후각'이라는 사실이다. 곤충이 후각을 사용해서 이산화탄소를 감지한다는 것을 발견한 것은 채 몇 년이 되지 않는다.

생물계에는 아직 우리 인간의 인지 범위 밖에 있는 미지의 감각정보가 상상할 수 없을 정도로 넘쳐 난다고 한다. 앞으로 발견될 동물이 가지고 있는 미지의 세계는 과연 얼마나 될까! 이 글을 소개하는 저자는 이렇게 말한다.

"우리 인간이 직접 눈으로 보는 '세계'는 도대체 무엇일까? 하는 생각이 들면서, 뜬금없이 내가 보고 있는 세상이 시시하게 느껴지는 건 왜일까?"

사람들은 눈에 보이지 않는 것은 믿지 않으려는 속성이 있다. 예수님의 제자 도마도 눈으로 보기 전에는 부활하신 예수님을 믿지 않았듯이 하나님도 눈으로 봐야 믿는다고 하는 어리석은 사람도 의외로 많다.

우주 만물 중 눈으로 볼 수 있는 부분은 숫자로 표현할 수 없다. 측량 불가다. 우주 만물이 그렇다면 눈에 보이지 않는 생각 속의 세계는 또한 어떠할까? 그래서 성경은 이렇게 말씀하신다.

「네가 보고 싶으면 안약을 사서 네 눈에 발라라.」(요한계시록 3장 18절)

안약은 성경을 뜻한다. 또한 눈에 보이지 않는 세계가 있다는 것을 깨닫는 영적 행위이다.

눈으로 볼 수 없는 '영적 세계'가 있다는 것만 알아도 사람은 겸손해진다.
파리와 모기와 같은 미물도 이산화탄소를 감지한다.
우리는 영적 감각 센서 기능을 회복해야 한다.

Faith. 30 허밍버드

'허밍(humming)'은 '윙윙거린다'라는 뜻이다.

이 허밍이라는 단어가 들어가 있는 '허밍 버드'라는 새가 있다. 우리말로는 '벌새'다. 길이 6cm, 1초에 50~70회의 날갯짓을 한다. 그렇게 죽어라고 날갯짓을 하다가 4년 정도 살다 죽는다. 반면에 '알바트로스(albatross)'라는 새는 편 날개의 길이만 3.4m, 수명은 60년을 살며 어떤 새보다 멀리, 그리고 오래 날 수 있다.

위성으로 추적해보니 어떤 알바트로스는 두 달 안에 지구를 일주를 하는가 하면 날개를 퍼덕이지 않은 채 6일 동안 활공을 할 수 있다고 한다. 이 새는 오히려 폭풍을 좋아하고, 강하게 바람이 불면 그 끝에 올라 글라이딩을 한다고 한다.

그리고 이 새는 창공을 날 때 99%는 바람의 힘만 이용한다고 한다. 날갯짓은 기껏해야 1% 미만이라는 것이다. 바람에 그냥 몸을 맡기는 것이다. 알바트로스의 우아한 자태 때문에 중국에서는 '하늘을 믿고 나는 노인'이라는 뜻을 가진 '신천옹'이라고 부른다.

성경은 말씀하신다.

「당신의 길을 여호와께 맡기십시오. 또 그분을 신뢰하십시오. 그러면 그분이 이루어 주실 것입니다.」(시편 37편 5절)

'맡기라'는, '가랄(גָּלַל)'인데, '구르다, 굴러가다, 함께 구르다'는 뜻이다.

여기에는 두 가지 중요한 개념이 있다.

① 내 길, 내 사업, 내가 하는 모든 일을 편하게 굴러가도록 하라는 것이다. 내 경험, 생각, 고집으로 네모나 세모로 만든 것을 다듬어 하나님이 굴리기 쉽게 하라는 것이다.

② 더 깊은 뜻은 '함께 구르다'이다.

구르는 것을 누구와 함께 하느냐가 중요한데, 하나님과 더불어 함께 굴러가도록 하라는 것이 이 말의 요지이다. 하나님과 동업자가 되라는 것이다. 사람들은 좋은 동업자 찾기를 원한다. 그 동업자를 잘 찾아야 사업에 성공한다. 알바트로스가 바람에 99% 맡기듯, 우리는 99% 모두를 하나님께 맡기고 함께 구르기만 하면 된다.

삶의 모든 문제가 네모와 세모의 형태로 그 자체로는 굴러가기 힘든 구조다. 먼저 잘 굴러갈 수 있는 기도와 말씀으로 원형을 만들고, 하나님께 함께 굴러보자.
식은 죽 먹기가 된다.

Faith. 31 완전 사이코패스 같았다

미국 영화배우 데이브 베스치오(Dave Vescio)의 트위터에 올라온 글이다. 한국어로 옮기면 이렇다.

> I saw a guy at Starbucks. today. No iPhone. No tablet. No laptop.
> He just sat there. Drinking coffee. Like a Psychopath.

"오늘 스타벅스에서 어떤 남자를 봤는데, 폰도 없고, 태블릿도 없고, 노트북도 없이 커피만 마시고 있었다. 완전 사이코패스 같았다."

세상이 왜 이렇게 됐을까? 커피점에 가서 커피만 마시고 있는 것이 불편한 시대가 되었다. 영화관에 가면 영화만 보고, 교회에 가서 예배만 보고, 독서실에 가면 책만 보면 사이코패스가 되는 시대다.

본질에 충실하면 인정받지 못하는 시대다. 정직하면 정치인, 종교인, 그 무엇도 될 수가 없다. 이 시대를 같이 살아가면서 인정하지 못하고 일반 사람들이 사는 것처럼 살지 않으면 사이코패스가 되어 미칠 것 같은 세상이 되어 버렸다.

세상은 악인들이 형통하고 잘 된다. 그래서 성경은 이렇게 지적을 한다.

「내가 악인들이 잘되는 것을 보고 그 어리석은 사람들을 부러워했기 때문입니다.」(시편 73편 3절)

정직하면 외면당하고, 진실을 말하면 욕을 먹고, 적당히 세상과 섞여 대충 누리면서 살면 가장 편한 삶을 누리게 된다. 그러나 이것은 하나님이 원하시는 삶이 아니다. 성경은 말씀하신다.

「여러분은 이 세대를 본받지 말고 오직 마음을 새롭게 함으로 변화를 받아 하나님의 선하시고 기뻐하시고 온전하신 뜻이 무엇인지 분별하도록 하십시오.」(로마서 12장 2절)

'본받지'라는 단어의 원래 뜻은 '비슷하게 꾸미다'이다. 신앙인은 세상 사람과 비슷해서는 안 된다는 말이다.

또한 악은 '어떤 모양'이라도 버리라고도 했다. 기독 청년들 40.4%가 성경 말씀을 지키며 살면 절대로 성공을 못한다는 통계가 발표됐다. 악한 사람과 비슷하게 해서라도 성공하고 싶다는 뜻으로 미루어 짐작할 수 있는 결과인데, 과연 그런 성공은 어떤 것일까?

그래도 우리는 카페에 가서 커피만 마셔도 된다는 것을 잊지 말자. 본질에 충실했다면 누가 사이코패스라고 놀려도 괜찮다. 그렇게 보는 사람이 잘못된 것이다.

그런데 가까운 스타벅스에 가서 커피 한 잔 하면서 책을 보고 싶은데 누가 볼까 무섭다.
이 시대를 산다는 것은 참으로 힘든 일이다.

VIII. 승리

(Victory)

바로 영광이 코 앞이다.

나귀는 성경에도 148회 정도나 나올 정도로 사람과 친숙한 동물이다. 삼손은 나귀의 뼈로 군인 1천 명을 죽인 역사도 있는가 하면 예수님은 어린 나귀를 타고 예루살렘에 입성을 하셨다. 우리는 당나귀라고도 한다.

그 당나귀가 빈 우물에 빠졌다. 주인은 울부짖는 당나귀를 구할 도리가 없었다. 마침 당나귀도 늙었고 쓸모없는 우물도 파묻으려고 했던 터라 농부는 당나귀를 단념하려고 동네 사람들에게 도움을 청했다. 사람들은 우물에 빠진 나귀를 묻기 위해 흙을 파서는 우물을 메우기 시작했다.

나귀는 더욱더 울부짖다가 웬일인지 잠잠해졌다. 궁금해서 우물 속을 들여다보다 사람들은 깜짝 놀라고 말았다. 당나귀는 위에서 떨어지는 흙더미를 털어서 바닥에 떨어뜨려 발밑으로 쌓이게 하고는 점점 높이 올라오고 있었다. 나귀는 자기를 묻으려는 흙을 밟고 드디어 우물 밖으로 나왔다는 우화다.

당나귀처럼 곤경의 우물에 빠질 때가 있다.

우물에 빠진 것만 해도 힘든 일인데 그 위로 흙이 쏟아질 때를 상상해 보라. 업 친데 덮치고, 설상가상, 산 넘어 산인 격이다. 그러다 드디어 삶을 포기하고 낙심하며 절망에 빠진다. 그 낙심의 흙더미가 인생에 아주 엄청나게 쏟아져 내릴 때가 있다.

성경은 말씀하신다.

「그러므로 여러분을 위해 내가 당한 환난 때문에 여러분이 낙심하지 않기를 당부합니다. 이는 여러분에게는 영광입니다.」(에베소서 3장 13절)

낙심의 흙더미, 그 흙을 다른 사람들이 퍼내어 당신의 인생에 쏟아 부을 때가 있다. 그러나 낙심의 흙더미를 홀연히 털어내고 밟고 일어서야 한다. 세월 탓, 남 탓, 환경을 탓할 때가 아니다. 내가 밟고 일어서야 한다. 절대 누가 대신해 줄 수 없다.

낙심의 흙을 털어버리면 영광스러운 일들이 준비되어 있다. 흙더미를 털어낸 간증이 많을수록 삶이 반석같이 되지 않을까!

내 삶에 쏟아져 내리는 온갖 흙더미들을 기꺼이 털어내 보자.
영광이 코앞이다.

Victory. 2 역경지수(Adversity Quotient)

영국의 소통 이론 전문가 폴 스톨츠는 인생의 역경에 부딪힐 때 보통의 사람들은 세 가지 부류로 나눠진다고 한다.

① 힘든 문제에 부딪치면 그냥 포기하고 도망가 버리는 사람인 퀴터(Quitter:포기하는 사람) 형이다.
② 역경 앞에서 포기하고 도망가 버리지는 않지만 그렇다고 역동적으로 문제를 넘어갈 생각은 못 하고 그냥 그 자리에 주저앉아 현상유지나 하는 캠퍼(Camper: 캠프치고 앉아 그 자리에서 그냥 안주하는 사람) 형이다. 이런 캠퍼의 유형이 거의 60~70%인 절대다수를 차지한다고 한다.
③ 역경이라는 산을 만나면 모든 힘을 다해서 기어 올라가 정복해 버리는 클라이머(Climber:산을 타고 올라가 정복하는 사람) 형이다.

이들 중에서 자기만 역경을 넘어가는 게 아니라 다시 돌아와서 캠퍼들을 데리고 같이 역경을 넘어가는 사람을 우리는 '리더'라고 부른다. 그리고 이 클라이머의 능력을 '역경지수(Adversity Quotient)'라고 부른다. 사람의 능력 중 지성과 감성의 지수도 중요하지만, 인생이란 어쨌든 수없이 많은 역경을 어떻게 넘어가느냐가 중요하다.

성경은 이렇게 말씀하신다.

「의인은 일곱 번 넘어져도 다시 일어나지만, 악인은 재앙을 만나면 넘어진다.」(잠언 24장 16절)

넘어지지 않는 사람이 결코 탁월한 사람이 아니다. 넘어졌다 다시 일어나는 사람이 탁월한 사람이고, 결국에는 승리를 거머쥐게 된다. 신앙인은 그래서 오뚝이라고 할 수 있다.

신앙인에게는 손을 내미는 분이 계신다.

「그는 넘어지더라도 아주 엎어지지 않을 것입니다. 여호와께서 그 손으로 붙잡아 주시기 때문입니다.」(시편 37편 24절)

넘어지지 않는 것이 아니라 일어서는 것이 신앙이다. 이런 역경지수가 높은 사람이 진정한 신앙인이다. 그런 사람이 많으면 많을수록 가정과 교회, 회사와 국가가 다시 일어날 수 있다.

'남들은 지쳐 앉아 있을지라도 당신만은 일어서세요.'라고 말하는 사람이 되어보라. 이렇게 말하는 사람이 진짜 지도자다.

외람된 말이지만, 머리말에 두고서 경각심을 일깨우기 위해 장난감 매장에 가서 오뚝이를 구매해 곁에서 보는 것을 경건하게 추천해 드린다.

'동백꽃 필 무렵'이라는 드라마가 대박을 쳤다고 한다.

방영이 될 때는 본방 사수를 못했다가 그 소식을 듣고서는 넷플릭스에서 20회까지 몰아서 봤다. 미혼모 동백이를 통해서 바라본 현실과 세상에 대하여 순수함을 잃지 않고 살아가는 사람들에 관한 이야기였다. 누군가에게 내 편이 있다는 것을 알아 가는 과정, 그리고 같은 현실을 살아가는 사람들이 서로 부축하며 살아가는 모습에서 많은 사람들은 따뜻한 감동과 눈물을 흘릴 수 있었다.

마지막 회의 제목이 무척이나 인상적이었다.

'사람이 사람에게 기적이 될 수 있을까?'

사람은 누군가에게 기적이 된다. 동백에게는 필구가, 용식에게는 동백이가, 종열에게는 필구가, 동백이 엄마한테는 동백이가 그 대상이었다. 이렇게 얽히고 섞여서 서로에게 기적이 되어가고 있었다.

내가 누군가에게 기적이 되고, 어떤 사람이 내게 기적이 되는 세상이어서, 그래서 살아가는 것이 아름답고 더욱 내일이 기대가 되는 것이다.

그러나 모든 사람이 기적이 되는 것은 아니다. 기적을 끊으려는 악인이 있고, 기적이 되지 못하도록 가로막는 것도 사람이었다. 이렇게 읊조리는 대사가 압권이었다. 예상치 못한 부분에서 배우가 내뱉는 말들이 사전이 되고 인생의 좌표가 되는 소중한 경험이었다.

드라마가 진행이 되면서 하나님이 들어갈 틈이 있다는 것을 목격하게 되었다. 우연은 하나님이고, 잘 되는 것은 누군가의 희생 때문에 기적이 되는 것이다. 분명 그렇다. 하나님은 우리에게 보이지 않게 길을 열어 주시고, 우연을 만드시고, 하늘의 문을 열어주신다.

성경은 이렇게 말씀하신다.

「너희 조상들의 하나님 여호와께서 너희를 1,000배나 늘려 주시고, 그분이 약속하신 복을 주시기를 빈다!"(신명기 1장 11절)

기적은 신의 영역으로 하나님이 복을 주신다는 것이다.

「낮에는 구름 기둥이, 밤에는 불기둥이 백성들 앞에서 사라지지 않았습니다.」(출애굽기 13장 22절)

하나님이 앞서 가셔서 준비해 주신다는 것을 잊지 말라. 잘된 것은 하나님이 준비를 주신 것이다. 당신의 앞길에는 구름 기둥, 불기둥이 앞서 가서 마침내 복되고 형통하게 될 것이다.

다만 기적의 사람이 누구인지 이웃에게 기웃거리지 마라.
당신이 누군가에게 기적이 되는 길이 더 빠르다.

코로나 19가 발생하기 한참 전에 중앙일간지 여기자가 처음 런던을 방문해서 지하철 타고 가다 재채기를 했단다.

그러자 앞에 앉은 백발의 할머니가 무슨 말을 하는 것이었다. 웃는 얼굴로 보아서는 적대감을 표시하거나 욕을 하는 것은 아닌 것 같았다. 여기자는 무안함에 대충 웃음으로 대응했는데 도대체 할머니가 뭐라고 했는지 궁금하지 않을 수 없었다.

그런데 며칠 지나지 않아서 그 의문이 풀렸다. 그런 재채기를 하는 상황에서 런던 사람들은 이렇게 말한다고 한다.

"블레스 유(Bless You/당신을 축복합니다)"

이 '블레스 유' 의식은 보통 네 단계로 진행이 된다.

① 기침이나 재채기가 나올 기미가 보이면 입을 가리고, 기침을 하고 나서는 '익스큐즈 미'(Excuse me/미안합니다)라고 말한다.

② 그러면 옆 사람이 '블레스 유'라고 하고,

③ 기침한 사람은 '땡큐'라고 한다.

④ 그리고 둘 다 훈훈한 미소를 지으면서 상황 종료.

그러니까 그 여기자는 '땡큐'라고 했어야 했다. 뒤늦게 얼굴이 화끈거렸다고 한다. 그렇지만 그런 문화에 익숙하지 않으니 달리 도리가 없었을 것이다. 부끄러움에서 하나의 문화를 완전하게 체득했으니 수확이라면 수확이었으니 말이다.

간단한 재채기만 했을 뿐인데도 왜 축복을 할까? 궁금하기도 하고 신기하기도 해서 검색을 해보았다. 유서 깊은 근거가 존재하고 있었다. AD(서기) 77년에의 기록이었다. 실제는 AD 590년 교황에 오른 '그레고리 1세'가 당시에 유행했던 전염병으로 희생당한 사람들을 위해 3일간 참회의 기도를 올리면서 죽어가는 사람이 다시 살아나기를 바라는 의미에서 다 같이 '갓 블레스 유'(God bless you)라고 말할 것을 명했다는 것이다.

습관은 무서운 법, 전염병이 잦아든 후에도 재채기만 해도 이렇게 말하는 것이 전통으로 이어져온 것이다. 축복의 책 성경은 이렇게 말씀하신다.

「여러분을 핍박하는 사람들을 축복하십시오. 축복하고 저주하지 마십시오.」(로마서 12장 14절)

핍박하는 사람까지 축복하라고 한다. 코로나 때문에 사람들과 거리를 두는 것은 물론 대화도 금지했다. 이 두려운 이 시기에 우리도 이렇게 축복하는 말이 필요할 때다.

사회적 거리 때문에 이웃과 거리가 멀어질까 두려운 이때, 우리도 용기를 내어 주위의 사람들에게 '갓 블레스 유(God Bless You)'라고 해보자.

Victory. 5 스트레스의 힘

'켈리 맥고니걸'의 <스트레스의 힘>이라는 책이 있다.

스트레스는 오래전부터 '만병의 근원'이라고 불려 왔다. 그런데 이 책은 오히려 스트레스가 '독이 아닌 약'이 될 수 있다고 한다. 그러나 스트레스는 모든 사람에게 해로운 게 아니라 '스트레스는 해롭다'라고 생각하는 사람에게만 해롭다고 한다.

미국 성인 3만 명을 8년 동안 추적 관찰한 결과에 따르면 스트레스 수치가 높은 사람의 사망위험이 43%나 더 증가했다고 한다. 스트레스가 해롭지 않다고 믿은 사람은 사망확률이 증가하지 않았다.

똑같이 늙어가는 사람이라도 노화 과정을 자연스럽고 긍정적으로 생각하는 사람은 반대인 사람보다 약 8년을 더 살았다고 한다. 운동이나 금연을 꾸준히 하면 보통 4년을 더 살 수 있다는데, 그보다 더 효과적인 게 바로 '스트레스를 바라보는 관점'이라는 것이다.

'스트레스는 해롭다'라는 인식을 가진 사람은 보통 스트레스 상황이 오면 '투쟁-도피 반응'이 일어난다고 한다. 스트레스와 싸우거나 상황 자체를 회피해 버리는 건데 이러한 행동은 자신에게 해를 입힌다고 한다.

반면에 스트레스는 나쁜 게 아니라 자연스러운 현상이고 단지 나는 조금 '흥분하고 들떠있다고'고 생각을 하면 결과는 달라진다. 엔도르핀, 아드레날린, 도파민 같은 물질이 우리 몸에서는 상황에 따라 저절로 발생한다. 에너지가 샘솟고, 고도의 집중력이 생긴다는 뜻이다. 해낼 수 있다는 동기와 의욕이라는 '도전 반응'이 일어난다.

그래서 예수님께서도 말씀하셨다.

「하실 수 있다면'이 무슨 말이냐? 믿는 사람에게는 모든 일이 가능하다.」(마가복음 9장 23절)

무슨 일에나 스트레스를 받으면 불안하고 화가 나고 포기하고 싶어진다. 하지만 진정한 신앙인은 스트레스를 받으면 받을수록 말씀을 믿고 도전해야 한다. 스트레스가 힘이 된다면 하나님의 말씀은 강력한 에너지가 된다.

스트레스에 과감하게 도전해야 한다. 힐링이라는 말에서 오히려 스트레스가 있다는 말로도 들린다.
그래서 힐링이라는 말조차 필요가 없도록 스트레스와 정면으로 승부를 가려 보자.

Victory. 6 토끼와 거북이

고대 그리스의 사람 이솝(Aesop)이 지은 우화 중 '토끼와 거북이'의 이야기가 있다.

거북이가 토끼에게 누가 빠른지 경주를 제안한다. 제안을 받아들인 토끼는 거북이가 본래 느린 것을 생각하고 느긋하게 중간에 잠을 자는 여유까지 부린다. 토끼가 잠든 사이 거북이는 열심히 달려 경주에서 이겼다.

이 이야기의 결론은 능력이 있다 하더라도 자만에 빠지면 실패하고, 능력이 부족하더라도 열심히 일하면 성공한다는 것이다. 그리고 거북이는 부지런한 짐승, 토끼는 게으른 동물이라고 표현했다. 그냥 우화지만 사실이야 어떻든 교훈만 받으면 된다고 하면 할 말이 없다.

그런데 이 우화를 어릴 때 접하고 뭔가 이상하다고 생각했다. 토끼는 육지에서만 사는 동물이고, 거북이는 바다에서도 살고 육지에서도 산다. 그렇기 때문에 이 시합은 애초에 잘못된 것이었다. 만약 육지가 아닌 바다에서 경쟁했다면 토끼는 백전백패다. 그런데 토끼가 이길 수밖에 없는 육지에서 경쟁했는데도 토끼가 왜 패배했을까?

승리의 요인은 간단하다. 거북이는 '목표'에 집중했고, 토끼는 경쟁자인 거북이를 '얕봤다'라는 것이다. 거북이는 경쟁하는 토끼가 잠든 모습을 보고 자기도 그렇게 잤다면 질 수밖에 없다. 목표에 집중하지 않고 경쟁자에게 집중한다면 패배할 수밖에 없다는 말이다. 예수님도 말씀하셨다.

「그러면 너희는 나를 누구라고 하느냐?」(마태복음 16장 15절)

다른 사람이 예수님에 대하여 뭐라고 하던지 신경 쓰지 말라는 말이다. 이 말씀에 베드로는 엄청난 신앙고백을 하게 된다. 사람들은 목표에 집중하지 않고 주변 사람, 환경 등을 본다. 실패할 확률이 높다. 주변 경쟁자를 보면 이길 수 없다.

나는 내 길을 가고 오직 목표에 집중하자. 남들이 뭐라고 하던지 내 길을 가는 것이다. 남들은 지쳐 앉아 있을지라도 당신만은 일어서서 목표를 향하여 가야 한다. 신앙이든 직장에서든 내 신앙에, 내 일에 집중하면 반드시 승리할 수 있다.

오늘 그 일에 집중하라. 토끼처럼 경쟁자를 보지 않는 것이 이기는 방법이다.
당신은 당신의 목표에만 집중하라.

스웨덴, 노르웨이, 아이슬란드에서는 청어를 잡아 운반할 때 선착장까지 오기 전에 죽어 값이 나가지 않아 많은 어부들이 고민을 했다.

해결 방법은 이랬다. 청어를 운반할 수족관에 천적인 물 메기 몇 마리를 넣어두면 잡아먹히지 않으려고 이리저리 도망을 다니는 동안 죽지 않고 살아있는 상태로 선착장까지 도착해서 비싼 값을 받는다는 사실을 발견한 것이다.

마찬가지로 미꾸라지 떼가 있는 곳에 메기를 넣으면 생존을 위해 민첩하게 움직여 활동성을 유지한다는 것이다. 이런 생태적 사실을 기업 경영에 비유하여 '메기 효과'라고 하는 경제학 용어가 생겼다.

우리 삶에도 이 같은 메기가 있다.

메기에게 잡아먹히면 죽는 것이고, 피하면 사는 것이다. 마귀, 사탄은 예수님을 직접 시험했다. 승리했을 때의 마지막 구절이다.

「마귀는 이 모든 시험을 마치고 때가 될 때까지 예수에게서 떠나갔습니다.(he left him until an opportune time.)」(누가복음 4장 13절)

그런데 중요한 것은 '때가 될 때까지만' 마귀가 떠나서 있다는 것이다. 영어 성경은 다시 시험할 '기회(an opportune time)'를 잡기까지'만' 떠나서 있다고 했다. 사탄은 언제나 많은 메기를 동원하여 우리를 잡아먹으려고 '때'를 기다리고 있다.

예수님에게는 사탄이, 요셉에게는 보디발의 아내가, 다윗에게는 사울이, 욥에게는 욥의 처가, 이스라엘 민족에게는 이집트가 메기였다.

지금 당신에게 메기는 무엇이며, 또한 누구인가?

메기를 옆에 둔 이유는 깨어 기도하게 하고, 교만하지 않게 하고, 살아있는 신앙을 유지하도록 하나님이 허락하신 것이 아닐까! 오늘 지금 당신을 시험하고 있는 어떤 사건이나, 문제, 사람들이 있다고 하자. 그 모든 것이 바로 메기다. 잡아먹히지만 않으면 승리한다. 먹히면 죽는다.

잡아먹히지 않는 방법은 이미 알고 있다. 잡아먹히지 않도록 애쓰고 힘쓰는 것만으로 효과를 볼 수 있다. 그러니 실망하거나 포기하지 말자. 그러다 보면 메기도 지쳐 쓰러진다.

그냥 좋아서 이 일을 한다

"왜 그 일을 하고 싶은가?" 질문에 대한 대답으로 미래의 성공 여부를 예측할 수 있다는 논문이 발표되었다. 예일대학교 에이미 프제스니에프스키 교수 연구팀에서 '미국과학원 회보'에 발표한 논문이다.

연구팀은 미국 육군사관학교 사관후보생 1만 명을 14년에 걸쳐 조사했다. 지원동기를 31개 항목의 설문조사를 거쳐 정밀 분석했다. 분석내용은 내부동기와 수단적 동기로 구분했다.

왜 사관학교에 왔습니까?

"그냥 군대가 좋아서."

이것은 내부동기에 해당이 된다. 예를 들면 이렇다.

"왜 연구하십니까?"

"우주의 신비에 끌렸어요."

"생명의 수수께끼를 풀고 싶어서요."

이렇게 대답하는 식이다. 말하자면 어떤 일을 좋아하니까 그 일을 하는 셈이다. 수단적 동기는 이와 다르다. 명확하다.

"출세하고 싶다.", "부자가 되고 싶다.", "상을 받고 싶다." 등이다.

후에 장교취임을 기준으로 판정했다. 분석한 결과 내부동기가 강한 사람이 약한 사람보다 1.5배 정도 장교로 출세할 확률이 높다는 사실이 밝혀졌다. 장교가 된 후에도 5년간 군복을 벗지 않고 보직에서 임무를 다한 사람도 2배나 많았다. 또 하나 특이한 사실은 설령 내부동기가 강한 사람이라도 수단적 동기가 많으면 장교가 되는 확률이 20%나 내려갔다.

내부동기가 순수하게 작동하는 열정을 대체할 마땅한 대체수단이 없다. 어떤 일이든 '오직 그 일을 하는 것' 외에는 방법이 없다. 이유야 어떻든 이 연구 결과는 명확하다. '그냥 좋아서 이 일을 한다.'는 사람이 최종적으로 더 큰 성과를 거두고 성공한다는 것이다. 역시 '좋아서 하는 일'을 하는 게 최고다.

그런데 문제는 일뿐만이 아니다. 일상에서 무엇을 좋아하느냐가 인생의 성패를 좌우한다. 좋아해야 할 것을 좋아하는 것이 답이다. 좋아해서는 안 되는 일을 좋아하면 망하는 지름길이다. 성경은 이렇게 지적하신다.

「향락을 좋아하는 여자는 살아 있으나 죽은 것이다.」(디모데전서 5장 6절)

여자뿐이겠는가!

그냥 하나님이 좋고, 교회가 좋고, 내 직업이 좋고, 내 삶이 좋은 사람이 최고로 성공한 사람이다.

어떤 사람이 정신병원의 원장에게 어떻게 정상인과 비정상인을 결정하느냐고 물었다. 그러자 원장은 이렇게 대답했다.

"먼저 욕조에 물을 가득 채우고 그 다음 욕조의 물을 비우도록 찻숟가락과 찻잔, 그리고 바가지를 줍니다."

그러자 질문자는 대뜸 정답을 알았다는 듯이 부리나케 나섰다.

"아하…. 알겠습니다. 그러니까 정상적인 사람이라면 숟가락이나 찻잔보다 큰 바가지를 선택하겠군요."

원장은 손사래를 치며 조용히 대답했다.

"아닙니다. 정상적인 사람은 욕조의 배수구 마개를 제거합니다."

사람들이 문제를 해결할 때는 대체로 항상 선택의 폭이 좁다. A 아니면 B, 두 가지 중에서 선택해야 한다고 생각을 한다. 인생에서 선택의 폭은 두 개 중 하나이거나, 네 개 중 하나를 선택하는 것이 아니다. 열 개 중에서 하나를 선택하는 때도 있다.

따라서 선택은 쉽지 않다. 선택에는 결과가 따라오기 때문에 선택 후에 나타나는 모든 것에 대한 책임은 그 사람이 져야 한다. 선택은 현재지만 결과는 미래이기 때문에 더욱 어렵다. 탁월한 길은 선택지에서 벗어난 제3의 길이 있다.

지혜자로 등극한 솔로몬은 이렇게 말했다.

「내가 이 모든 것을 생각하고 나서 결론을 내리기는, 의인들과 지혜로운 사람들과 그들이 하는 일은 모두 하나님의 손에 달려 있고, 그 누구도 자기 앞에 놓인 것이 사랑인지 미움인지 알지 못한다는 것이다.」(전도서 9장 1절)

솔로몬은 모든 일이 하나님의 손에 달려있고, 자기 앞에 놓인 미래는 아무도 모른다고 고백한다. 신앙인들은 단순하게 어느 길을 선택하든 하나님의 손안에 있음을 믿고 따라가는 수밖에 없다. 감사하게도 하나님은 가장 선하고 복되고 형통한 길로 우리를 인도해 주실 것이다. 그래서 이렇게 말씀하셨다.

「당신의 길을 여호와께 맡기십시오. 또 그분을 신뢰하십시오. 그러면 그분이 이루어 주실 것입니다.」(시편 37편 5절)

맡기라는 말은 '함께 구르다'는 뜻이다. 하나님과 하나님의 뜻과 함께 굴러간다는 것이다. 그렇다면 하나님의 뜻을 찾는 것이 선행되어야 한다. 맡기는 것을 선택하는 것이 인간에게는 어려운 일이다.

아울러 당신의 삶에서 배수구의 마개를 찾아라. 마개를 제거하면 기적이 시작된다.

Victory. 10 4마리 원숭이 실험

존 맥스웰의 <실패를 딛고 전진하라>라는 책에 나오는 이야기다.

한 지점의 가운데 부분에 막대기를 세워놓고 원숭이 네 마리를 넣고 실험을 했다. 그 막대의 꼭대기에는 바나나를 달아 놓았다. 배고픈 원숭이들이 서로 바나나를 먹으려고 잡아채는 순간 억수같이 차가운 찬물이 쏟아지게 설치를 했다. 도전하는 원숭이마다 비명을 지르며 물러서기를 반복하다가 드디어 시도조차 포기하는 것이었다. 4마리 모두가 그런 상태였다.

그때 연구원이 네 마리 중 한 마리를 교체했다. 그런데 새로 들어온 원숭이가 막대기로 올라가려 하자 다른 세 마리의 원숭이가 잡아끌어 내리더란다. 몇 번을 저돌적으로 시도하더니 결국 그 신참 원숭이도 포기해 버리는 것이었다. 그렇게 나머지 세 마리 모두 차례대로 끌어내리는 것을 반복해서 실험을 했다.

마침내 처음 실험에 참여했던 네 마리 모두를 빼내고 한 번도 물벼락을 맞아보지 못한 원숭이 네 마리로 다시 채워 넣었다. 이유도 모른 채 신참 네 마리는 바로 바나나 먹기를 포기하더란다. 아무런 이유도 모른 채 바나나를 보고도 먹을 시도조차 하지 않았다고 한다.

애석하게도 사람도 마찬가지란다.

실패한 경험이 있는 개인이나 집단은 누군가 도전하는 것을 방해한다. 그때 누군가가 과거의 실패한 경험을 생각지 말고 과감하게 말해야 한다.

성경에 이런 이야기가 있다. 회당장의 딸이 아파서 예수님을 찾아와 애원하고 있을 때 이미 딸은 죽어 있었다. 회당장의 인생에 있어 실패한 경험 중 가장 큰 일이었다. 그때 그 현장으로 가신 예수님께서 이렇게 말씀하셨다.

「예수께서 그 아이의 손을 잡고는 '달리다굼!' 하고 말씀하셨습니다. 이 말은 '소녀야, 내가 네게 말한다. 일어나거라!' 하는 뜻입니다.」(마가복음 5장 41절)

모두가 죽음 앞에 포기하고, 좌절하고, 절망에 빠져 울고 있을 때 예수님은 달리다굼을 외치셨다. 가정도, 교회도, 직장도, 사회도, 국가도 이런 외침의 사람이 필요하다.

지금 당장 옆에 있는 누군가에게 말하라. 달리다굼! 일어나라. 시도해라.
포기와 실패가 만연한 교회와 세상에서 이런 말을 하는 사람이 있으면 승리가 우리의 눈앞에 있다.
이 말을 많이 하는 사람은 정말 복 있는 사람이다.

Victory. 11 인디언 보호구역

1950년대 미국의 인디언 보호구역에서는 유난히 마약, 알코올 중독, 폭력문제가 심각했다.

그 원인을 밝히기 위해 심리학자 에릭슨(E. H. Erikson)을 중심으로 한 연구팀이 보호구역으로 들어갔다. 그 팀들은 그곳에서 묘한 상황에 부닥친 인디언 아이들을 발견했다. 아이들은 학교에서 백인 교사의 가르침을 받고 있었다.

교사는 그들에게 무슨 행동을 하기만 하면 '인디언 짓'을 한다며 심하게 꾸짖었다. 반면 집으로 가면 부모들이 마음에 들지 않는 행동을 하면 '학교에 가서 배운 백인같이 군다.'라며 야단을 쳤다. 그 사이에서 아이들은 어떻게 해야 할지 몰라 허둥대고 있었다. 학교에서나 집에서 야단을 맞지 않으려면 끊임없이 자신을 부정해야만 했다. 인디언 짓이든, 백인 짓이든, 어떤 색깔이라도 드러내면 안 되었다.

그러다 보니 아이들은 서서히 자신감과 존재의 가치를 잃거나 서서히 지워가고 있었다. 자아와 정체성을 잃어버린 것이다. 남은 것은 무력감, 좌절감, 결국 마약과 알코올, 폭력에 의존하게 되어버렸다.

성경에 이런 말씀이 있다.

「너희가 열매를 많이 맺으면 내 제자가 되고 이것으로 아버지께서 영광을 받으실 것이다.」(요한복음 15장 8절)

정체성을 갖는 방법은 신실한 제자가 되는 것이다. 문제는 우리는 예수님의 제자들인데, 교회 와서도 '예수 짓', 세상에 가서도 '예수 짓'을 해야 한다는 사명이 있어야 한다는 것이다. 교회에 오면 '예수 짓', 사회나 직장, 세상에 나가면 '세상 짓'을 한다면 신앙인의 정체성을 잃어버린 것이다.

교묘하게 위장하여 새도 동물도 아닌 박쥐인 것처럼 살면 자신의 열매도 없을뿐더러 스스로의 가치관이 흔들려 너무나도 괴로울 것이다.

어디를 가든 당당하게 예수 짓, 그런 흉내를 좀 과감하게 내보자. 예수 짓 하면 예상치 못하는 많은 열매가 맺힌다. 이 열매를 맺으면 제자가 된 것이고, 이런 제자가 되면 자연스럽게 하나님은 영광을 받으실 것이다.

예수 짓, 열매, 제자, 영광, 논리적으로 딱 맞아떨어진다.

거기 계시면 빗자루 좀 가져다주세요

시골 마을에 어려서부터 교회학교에는 다녔지만 유독 어두운 곳을 무서워하는 아이가 있었다.

어느 날 밤 엄마가 아이에게 뒷마당에 있는 빗자루를 가지고 오라고 심부름을 시켰다.

"엄마, 바깥은 지금 캄캄해서 무서워요."

역시 교회 다니는 엄마가 대답을 했다.

"얘야, 밖에는 예수님이 계시는데 뭐가 무섭니? 널 지켜 주실 거야."

"정말 밖에 예수님이 계세요?"

"그럼, 그분은 어디에든 계신단다. 네가 힘들 때 널 도와주신다."

그러자 아이가 잠시 생각하더니 뒷문을 살짝 열고 틈새로 말했다.

"예수님, 거기 계시면 빗자루 좀 가져다주세요!"

질문해 보자. 이 아이의 신앙이 좋은 것인가? 아닌가? 그렇다. 크리스천들은 이 아이같이 예수님과 하나님을 도깨비방망이 취급하는 경우가 많다. 산상수훈에서 예수님도 이렇게 말씀하셨다.

「구하라, 그러면 너희에게 주실 것이다. 찾으라, 그러면 너희가 찾을 것이다. 문을 두드리라, 그러면 너희에게 문이 열릴 것이다.」(마태복음 7장 7절)

신앙인들은 '구하는 것'을 '기도'로 여긴다. 기도를 하면 하나님이 도깨비방망이가 되어 모든 것을 성취해 주실 것이라고 착각한다. 아니다. 기도의 열매는 직접 본인이 '찾고', '두드리는' 행동이 동반되어야 한다. 공부는 하지 않고 기도만 한다고 성적이 오르지는 않는다. 기도만 한다고 사업이 잘 되지 않는다. 기도만 한다고 근본적인 문제가 해결되지 않는다.

기도를 하고 나서 그 다음은 계속 찾으러 다녀야 한다. 방법을 찾아 여러 곳을 찾아다니며 이곳저곳을 두드리며 다니면 드디어 문제의 해결방법을 찾게 되고, 문이 열리게 되는 것이다.

미국 원주민의 격언이다.

"학생이 준비가 되었을 때, 선생이 나타난다."

준비란 '구하고, 찾고, 문을 두드리는 것'이다. 그렇게 하면 문제를 해결해 줄 수 있는 선생, 즉 가능한 '어떤 실체'가 등장한다. 이것이 성경의 진리다.

이제 문제 해결을 위해 찾아가며 문을 두드리기 위해 어떻게 해야 할 것인가! 도움닫기를 잘 해야 비상(飛上)을 할 수가 있다.
그것이 바로 지금부터 당신이 해야 할 몫이다.

미국의 어느 교회 목사님이 주일 설교를 마치고 성도들과 인사를 나누는데 한 형제가 다가와 이렇게 말했다.

"목사님, 오늘 설교 잘 들었습니다. 목사님은 아인슈타인보다 더 머리가 좋으신 게 틀림없어요."

이 말을 들은 목사님은 일주일 동안 기분이 너무 좋았다. 그 다음 주일에 그 형제를 만난 목사님은 아주 반갑게 인사를 하면서 만나서 물었다.

"어떤 면에서 내가 아인슈타인보다 똑똑해 보입니까?"

형제는 이렇게 대답했다.

"아인슈타인은 머리가 너무 탁월해서 그의 강의를 이해하는 사람이 전 세계에서 10명밖에 없대요. 그런데 목사님의 설교를 알아듣는 사람은 한 사람도 없잖아요"

목사님의 마음은 갈갈이 찢어졌을 것이다. 하지만 냉철하게 새겨들어야 한다.

성경은 이렇게 말씀하신다.

「따뜻한 말은 생명나무와 같지만, 가시 돋친 말은 영혼을 상하게 한다.」(잠언 15장 4절)

'따뜻한', '온순한'은 '마르페(מַרְפֵּא)'인데, 치료, 평온, 건강한, 이런 의미다. '가시 돋친', '패역한'은 '쎄레프(סֶלֶף)'인데, 왜곡, 사특, 완고함의 뜻이다. 따뜻한(온순) 것과 가시 돋침(패역)은 비교상대 언어다.

건강한 혀와 말은 생명나무처럼 듣고 먹으면 생명을 소생시키고 살아나게 하고, 왜곡하는 언어와 이해하지 못 하게 하는 말은 마음을 상하게 하고 죽인다는 것이다. 치료하고 살리는 언어, 죽이고 상하게 하는 언어가 공존하는 시대에 우리는 살고 있다.

아인슈타인보다 더 머리가 좋다고 한 형제의 말은 온순한 말일까?, 가시가 돋친 말일까? 얼핏 구분하기 어렵다. 듣는 사람의 몫이다.

말과 언어가 지금도 누군가를 죽이거나 살리고 있다고 할 수 있다. 말이 생명나무 열매처럼 듣는 이들이 살아나고, 용기를 얻고, 힘을 얻게 하며, 그로 인해 생명을 얻게 하는 기적이 일어나기를 소망해 본다.

「네 혀가 못된 짓을 꾸미고 있구나. 마치 날카로운 면도날처럼 속임수를 쓰고 있구나. 너는 선한 것보다 악한 것을 좋아하고 의로운 말보다 거짓말을 더 잘하는구나. 이 간사한 혀야, 너는 집어삼키는 말들이라면 뭐든지 좋아하는구나.」(시편 52편 2~4절)

현실의 상황이 이러면 안 된다. 그러나 그럼에도 불구하고 듣는 사람이 잘 새겨들으면 독도 약이 될 수 있다.

Victory. 14 겁(劫)과 찰나(刹那)

불교에서는 아주 긴 시간을 '겁(劫)'이라고 한다.

하늘의 선녀가 천년에 한번 땅에 내려와 집채만 한 바위를 옷깃으로 한번 스치고 올라간다. 그렇게 해서 바위가 다 닳아 없어지는 데 걸리는 시간이 바로 겁(劫)이다. 반면에 아주 짧은 시간은 '찰나(刹那)'라고 한다. 산스크리트어(語)에서 온 용어다. 손가락을 한번 튕기는 데 걸리는 시간이라고 한다. 어떤 계산법에 따르면 0.013초에 해당한다는 주장도 있다.

기독교는 시간과 때를 두 가지로 구분한다. 겁(劫)이나 찰나(刹那)같이 우리가 지금 계산하고 누리고 있는 일상적인 시간을 '크로노스(χρονος)'라 한다. 연대기다. 이 시간 속에서 우리는 살고 있다.

그리고 성경에 또 다른 시간 개념이 있다. 불교에 없는 시간 개념이다. '카이로스(καιρος)'다. 이 개념은 일상적인 개념이 아니다. 기회, 정해진, 적당할 때, 또는 적당한 시기를 이르는 말이다. 다른 말로 표현하면 하나님의 시간, 하나님이 정하신 때라는 뜻이다. 겁이나 찰나를 포함한 크로노스의 시간 속에 살면서 우리는 하나님의 때를 기다리고 있다.

성경에 우리가 잘 아는 이런 말씀이 있다.

「세월을 아끼십시오.(making the most of every opportunity) 때가 악합니다.」(에베소서 5장 16절)

그러면 여기서 '세월'을 아끼라 할 때, 이 세월은 어떤 시간일까! '크로노스'라고 연상이 되겠지만 정답이 아니다. 여기서의 세월은 '카이로스'다.

그래서 중요한 단어는 '아끼라'는 말이다. 이 뜻은 '기회를 이용하다'라는 뜻이다. 겁이나 찰나 같은 크로노스의 시간에 카이로스, 하나님의 시간이 있으므로 그 기회를 이용할 수 있다는 말이다. 아! 그렇다.

우리가 누리고 있는 시간 속에는 하나님의 시간이 포함되어 있으니, 영문번역 표현대로 모든 기회를 만들고 잡으라는 말이다. 하나님의 시간은 하나님만이 허락하시는 것이 아닌, 우리도 이용할 수 있는 권한과 기회를 주셨다.

소위 말하는 운명이나 우연에 인생을 맡기지 말라는 말이다.
기회와 카이로스, 하나님의 시간은 공짜로 오는 것이 아니다.

Victory. 15 집행유예 망상

정신의학 용어에 보면 '집행유예 망상(delusion of reprieve) 이론'이 있다.

사형선고를 받은 죄수가 처형 직전에 집행유예를 받을지도 모른다는 망상을 갖는 것을 빗댄 말이다. 살아가면서 극단의 시련과 아픔과 질고로 고생하고 있는 사람들은 거의 모두가 환상을 갖고 산다.

언젠가는 자기에게 풍요와 자유가 내려질 것이며, 만사가 잘 풀릴 것이라고 믿는다. 실낱같은 희망에 매달려 마지막에는 결코 그렇게 나쁘지 않게 잘 풀릴 것이라고 믿는다. 자기암시 같은 것이지만 이것은 말 그대로 망상이다.

우리는 믿음과 망상의 차이를 구분할 필요가 있다. 막연하게 어떤 사건이나 문제가 해결될 것이라고 망상해서는 안 된다. 믿음이란 하나님의 섭리하심과 우리 기도의 열매가 합해서 선이 이루어지는 것이다. 사람들은 과거에 매달려 있으면서도 내일을 걱정하며 산다. 하지만 막연하게 망상을 하듯 잘될 것으로만 생각해서는 절대 안 된다. 사도 바울은 이렇게 말한다.

「형제들이여, 나는 그것을 붙잡았다고 생각하지 않습니다. 그러나 이 한 가지만은 말할 수 있는데, 곧 뒤에 있는 것은 잊어버리고 앞에 있는 것을 붙잡으려고 그리스도 예수 안에서 하나님께서 위에서 부르신 그 부르심의 상을 위해 푯대를 향해서 좇아갑니다.」(빌립보서 3장 13~14절)

어떤 목표를 붙잡았다고 생각하는 순간 또 다른 그것을 만들어야 한다. 그렇게 하려면 한 가지 더 필요한 것이 있다. 앞에 있는 그것, 목표를 따라가려면 과거의 실패의 경험이 발목을 잡을 때가 있다. 그래서 뒤에 있는 것은 잊어버려야 앞에 있는 것을 잡을 수 있다는 것이다.

실패의 흔적과 아픔, 과거를 깨끗이 잊어야 앞에 있는 미래의 것들이 잡힌다. 뒤에 있었던 것들에 잡혀 있으면 앞에 있는 그 어떤 것이든 잡을 수가 없다는 것이 바울의 가르침이다. 오로지 목표와 상을 위하여 달려가야 한다.

게으름으로 일관하면서 오로지 집행유예 망상에 사로잡혀 어떻게든 잘 되겠지 하는 생각은 애초에 버려야 한다.

망상이 아니라 결심과 부지런함으로 목표를 정해 놓고 달려가면 하나님께서는 100배의 열매로 상을 주실 것이다.
망상은 망상에 불과하다.

깨어보니 경부고속도로

술꾼인 남자가 차비도 남기지 않고 수중에 있는 모든 돈을 술을 먹는데 쓰고 말았다. 잔뜩 먹고 취해서 집에까지는 걸어가기로 했단다. 어찌하여 집에 도착해서 문을 열고 들어갔다. 전등 스위치도 찾을 수가 없어서 그냥 포기하고 잠을 잤다. 얼마큼 잤을까! 갑자기 방바닥이 지진이 나는 것처럼 요란한 소리를 내며 흔들리는 것이었다. 놀라 잠에서 깨어보니 방바닥은 계속 흔들리고 전등 스위치는 찾을 수도 없었다. 덜컥 겁이 나서 문고리를 잡고 소리를 질렀다.

"사람 살려요! 밖에 아무도 없어요?"

잠시 후 지진 같은 요동이 멈추더니 방문이 덜컥 열렸다. 그런데 문이 열려 밖으로 나가보니 경부고속도로였다. 세상에 이런 일이!

이유는 이랬다. 술에 취해 자기 집인 줄 알고 들어간 곳은 차량용 컨테이너였다. 아침이 되어 차량이 움직이니 지진이 난 줄 알았고, 운전사가 문을 여니 밖은 경부고속도로였다. 둘 다 식겁을 했단다. 라디오에 소개된 실화다.

그렇다. 사람이 술에 취하면 자기가 있어야 할 곳을 찾을 수가 없다. 성경은 이렇게 충고하신다.

「또한 술에 취하지 마십시오. 잘못하면 방탕에 빠지기 쉽습니다. 오히려 성령으로 충만하게 되십시오.」(에베소서 5장 18절)

여기서의 술은 포도주다. 술은 문자적 또는 상징적인 말이다. 술도 취하지 말 것은 물론 술로 상징되는 그 어떤 것으로도 취하면 문제가 생긴다는 말이다. 그 술은 바로 돈, 쾌락, 성, 도박, 마약, 동성애, 명예, 권력 등이다. 이런 것들에 취하지 말라는 것이다. 요즘 벌어지는 온갖 추행과 문제는 술자리에서 일어나는 것이다. 술에 취하면 제정신이 아니다.

그래서 성경은 온갖 세상 것에 취해 제정신을 잃지 말고 성령으로 가득 채워 제정신을 차리라는 것이다. 왜 하필 술과 성령을 비교했을까! 사람에게 있어 술은 '최악'이고 성령은 '최선'이기 때문이다. 술 마시듯 성령을 마시는 방법이 무엇일까!

술이 아닌 생수, 예수님의 말씀을 마시면 된다. 말씀이 성령이다.
술보다 생수를!

'보이지 않는 고릴라'로 불리는 유명한 심리학 실험이 있다.

실험에 참여한 사람들에게 농구 선수들이 공을 서로 빠르게 주고받는 영상을 보여주며 몇 번 패스하는지 세어보게 했다. 정신없이 집중하여 패스의 횟수를 센다. 그 와중에 갑자기 고릴라 복장을 한 사람이 중앙으로 들어와 양손으로 가슴을 두드리다 사라진다.

그런데 실험대상자 중 절반 이상이 패스 횟수를 세는 데만 집중하느라 고릴라를 전혀 발견하지 못하더라는 것이다.

이를 심리학 용어로 선택적 지각'(Selective Perception)이라고 한다. 즉, 정보를 있는 그대로 인지하지 않고 자신에게 유리한 쪽으로 해석하는 것을 의미한다. 듣고 싶은 것만 듣는다는 것이다. 성경에 이런 말씀이 있다.

「귀 있는 사람은 성령이 교회들에게 하시는 말씀을 들어라.」(요한계시록 2장 29절)

이런 말씀이 요한계시록에만 7번 등장한다. 말세에는 성령이 하시는 말씀이 곳곳에서 들려오지만 듣지 못한다는 뜻이다.

여기서 교회 '에클레시아(ἐκκλησία)'는 예수 그리스도를 믿는 신자들이 성령에 의해 결합한 공동체를 일컫는 명칭이다. 개인의 귀도 있지만 공동체가 듣는 귀도 있다. 놀라운 일이다. 사람들은 각자가 귀를 가지고 있다. 그러나 개인마다 듣는 방법이 다르다.

그런데 교회는 성령의 말씀을 듣는 귀를 가지고 있어야 한다고 한다. 가족, 교회, 회사, 국가 공동체 모두 성령의 음성을 듣는 귀를 가지면 하나님의 놀라운 역사를 이룰 수 있다는 것이다. 내가 듣고 싶은 것만 듣는 것이 아니라 성령이 무엇이라고 말씀하시는 가에 귀를 열어야 한다.

성령의 소리는 한 가지 소리로만 들려오지 않는다. 세상의 소리, 사탄의 소리, 듣지 말아야 할 소음까지 섞여 들려온다. 그러나 성령의 소리만 구별하여 들을 수 있는 귀를 가져야 한다.

성령의 절대음감이 필요하다.
혼자 듣는 음성, 그리고 동일한 시간과 공간에서 함께 공동체가 한 음성을 들을 수 있다면 그곳이 바로 마가의 다락방이 되는 것이다.

Victory. 18 샤를(Charles' Law)의 법칙

평형상태의 체계(System)에 외부 에너지가 가해지면 변화가 일어난다. 그 변화는 외부에서 가해진 에너지의 충격을 흡수하는 방향으로 움직여 균형을 만들어 낸다. 이것이 '샤를(Charles' Law)의 법칙'이다.

1884년 프랑스의 과학자 르 샤를은 '어떤 가역 반응이 평형상태에 있을 때 농도, 압력, 온도 등 외부의 에너지가 가해지면 외부 에너지의 충격을 줄이는 방향으로 이동하여 새로운 평형을 이룬다.'는 평형 이동에 관한 법칙을 내놓았다.

예를 들면 차가운 물체에 뜨거운 물체를 접속하면 뜨거워지는 것이 아니라 차가운 물체는 뜨거운 물체 온도를 낮추는 방향으로 움직인다는 것이다. 외부의 에너지에 대항해 현상유지를 하려는 속성이다.

사람의 생각과 태도, 삶의 습관 모두 이와 같은 이치다. 싱싱한 사과를 썩은 사과와 같이 놓으면 그 사과는 썩은 사과로 변한다. 절대로 싱싱한 사과로 바뀌지 않는다. 악한 사람과 선한 사람이 같이 있으면 악해질 가능성이 크다. 그래서 성경은 육신과 영을 비교하여 이렇게 말한다.

「만일 여러분이 육신을 따라 살면 반드시 죽을 것이지만 성령으로 몸의 행실을 죽이면 살 것입니다.」(로마서 8장 13절)

사람은 모두 육신대로 살고 싶어 한다. 영적인 부분이 우리 곁에 와도 육신은 거부한다. 신앙적인 부분이 우리의 생각과 태도와 습관에 접근하면 영적으로 발전하기보다 육신적으로 유지하기를 원한다. 이것을 해결하는 방법은 내가 영적인 사람이 되는 것이다. 그리고 그 일은 가능한 일이다.

주체가 바뀌어 내가 영적인 사람이 되면 밖에서 육적인 요소들이 아무리 접근해도 끝까지 영적인 사람으로 남을 수 있게 되는 것이다. 육에 머물면 끝까지 해결되지 않는다. 영적인 것에 머물러 있는 것이 최후의 승리하는 방법이 된다.

예수님도 겟세마네 동산에서 마지막 기도를 하실 때 잠든 제자들에게 '마음으로는 원하지만, 육신이 약하다'라고 하셨다.

항상 우리 몸속에서 영적인 것과 육적인 것이 싸우고 있다. 이것은 부정하고 싶지만 현재진행형의 불편한 진실이다.
영으로 육을 이기는 수밖에 없다.

Victory. 19 차도살인

'차도살인'은 자기 손에 피 한 방울 묻히지 않고 남의 칼로 적을 제거하는 기법이다.

삼국지에서는 왕윤이 여포의 힘을 빌려 동탁을 살해하고, 문화혁명 당시의 마오쩌둥은 국방장관 린뱌오와 사인방을 부추겨 자신을 추종하던 학생들을 홍위병으로 변신시켜 정적들을 하나씩 제거해 나갔다.

민심이 흉흉할 때는 누군가를 책임을 져야 민심이 가라앉는다. 즉, 희생양이 있어야 한다는 말이다. 서양에서는 권모술수를 떠올리면 단연 마키아벨리를 최고의 고수로 치는 사람들이 대다수다. 그러나 그런 마키아벨리가 '큰 형님'으로 모신 사람이 있었으니 그가 바로 '체사레 보르자'이다.

체사레 보르자는 알렉산데르 추기경의 사생아로 태어났다. 그는 알렉산데르 추기경이 교황이 되자 교황청 군대의 총사령관이 되었다. 체사레 보르자의 활약상을 보고 싶거든 미드(Mid) '보르지아'라는 작품을 보면 당시 교황의 타락과 상황을 실감 나게 볼 수 있다.

<군주론>을 쓴 마키아벨리는 외교관 자격으로 체사레를 몇 번 만났다. 그리고 그의 매력에 흠뻑 빠져버렸다. 마키아벨리는 체사레를 보고 느꼈던 점을 본국의 왕에게 편지로 쓰기 시작했다. 이것이 마키아벨리의 그 유명한 '군주론'이다.

군주론의 모델이 바로 차도살인의 고수, 희생양 법칙의 고수, 체사레 보르자다. 군주론 17장에 나오는 이야기는 체사레의 로마 정복과정을 그린 것으로 전해지고 있다.

세상은 차도살인의 법칙, 희생양의 법칙에 움직이고 순진한 백성들은 그것이 정의와 진실인 것처럼 인식하고 있다.

하지만 예수님은 이렇게 말씀하셨다.

「그는 염소와 송아지의 피가 아닌 자신의 피로 단번에 지성소로 들어가셔서 영원한 구속을 완성하셨습니다.」(히브리서 9장 12절)

예수님은 남의 피를 사용하지 않고 자기 피로 모든 것을 해결하셨다. 그래서 위대하시다.

신앙에서 제일 중요한 것은 내 손에 피를 묻혔다는 죄의 고백이 가장 중요하다.
내 손에 피가 묻었다는 것을 인정하는 사람이 그래서 가장 위대한 사람이다.

'톡소플라스마'(Toxoplasma)라는 원충, 기생충의 일종이 있다.

같은 '충(蟲)'이라 해도 기생 '충'과는 다른 이 '충'은 '단세포생물'이다. 이 충은 사람이나 가축 등의 포유류에 기생하며 감염을 일으킨다. 이 감염은 동물의 날고기를 먹거나 분변의 접촉이 주요 감염경로로 알려져 있다. 세계 인구의 30%가 이 균에 감염되었다고 추정이 된다. 감염 부위는 '근육'과 '뇌'다.

더욱 충격적인 점은 조현병 환자에게서 항체 검출률이 높다는 것이다.

톡소플라스마 증식에는 유성생식과 무성생식 두 가지가 있다. 유성생식은 유일하게 고양이의 몸속에서만 가능하다고 한다. 진정한 '숙주(기생생물이 기생의 대상으로 삼는 동물이나 식물)'가 고양이다.

다시 말해 톡소플라스마는 어떻게든 고양이의 몸속에 숨어 들어가 번식을 해야 한다. 그래서 일생일대의 목표를 달성하기 위해 '쥐의 뇌'에 감염되는 기묘한 전략을 취한다. 뇌에 감염된 쥐는 고양이에 대한 공포가 줄어들면서 움직임이 둔화되어 포식을 당할 확률이 높아진다. 근육에 감염된 톡소플라스마는 고양이의 입을 통해 몸속으로 들어간다. 트로이 목마와도 같은 기막힌 침투 작전이다.

체코 프라하 카렐대학교 야로슬라프 플레그르 교수 연구팀은 쥐뿐만 아니라 사람에게도 같은 현상이 생긴다는 사실을 발견했다. 이것에 감염된 사람은 고양이를 집착에 가까울 정도로 좋아하게 된다고 주장한다.

마찬가지로 우리 영혼의 적, 사탄이라는 존재가 인간의 영혼과 삶에 침투하는 방법도 이와 비슷하다. 어떻게든 사탄은 인간의 삶을 파괴하려고 한다. 그러한 원충을 돈과 성, 권력, 명예와 부귀영화라는 것에 심어 사람에게 침투시킨다. 그래서 성경은 이렇게 경고한다.

「마귀에게 틈을 주지 마십시오.」(에베소서 4장 27절)

'틈'이라는 말은 헬라어로 '토포스(τόπος)'인데, '지점', '어떤 영역'이라는 말이다. 사람들의 마음속이나 뇌, 행동, 어떤 영역에도 원충(마귀)이 기생하여 숙주 노릇을 하지 않게 해야 한다. 그냥 두면 무섭게 번식하여 삶을 완전히 파괴한다.

자신도 모르게 마귀의 숙주가 된다는 것이다.
어쩌면 이미 감염돼 있는지 모른다.

Victory. 21 10시 10분

어느 여자가 남편과 차를 타고 가다 보니 차량의 시계가 본인의 것과 맞지 않았다. 그래서 남편에게 시간을 맞춰 달라고 부탁을 했다.

정시보다 10분 빠르게 맞춰 달라고 했다.

왜냐하면 무슨 일이든 일찍 준비하는 것이 좋을 뿐만 아니라 약속 시각을 맞출 때도 자연스럽게 다른 사람보다 일찍 도착할 수 있기 때문이었다. 남편은 시계를 10분 빠르게 맞춰 줬다.

자! 여기서 질문! 그때 정확한 시간은 10시였다. 그렇다면 아내가 맞춰준 차량의 시계는 몇 시 몇 분으로 맞췄을까요? 여러분의 생각을 듣고 싶어요.

이 글로 인해 모 카페에서 많은 사람이 9시 50분과 10시 10분으로 나뉘어 새벽까지 댓글로 싸우고 있더란다. 당연히 9시 50분이지 했다. 그러나 다시 주변 사람들에게 실제로 물어보니 진짜 의견이 극과 극으로 갈렸다고 한다.

지금 이 글을 읽고 있는 당신의 생각은 어떠한가?

세상 모든 문제에 진짜 정답이 있을까?

이에 대한 생각과 의견도 참으로 다양할 것이다. 문제는 모두 자기 생각, 자기 의견이 바르다고 생각한다. 그래서 내 생각과 맞지 않으면 화를 내고 짜증을 부린다. 정답이 없는 세상에 살면서 정답을 찾기에 혈안이 되어가는 자신이 이해가 안 되고 답답할 때가 있다. 그래서 하나님께서도 이렇게 말씀하셨나 보다.

「내 생각은 너희 생각과 다르고 내 길은 너희 길과 다르다.」(이사야 55장 8절)

사람과 사람 사이에도 생각이 서로 맞지 않는데 하나님과 인간과의 생각은 얼마나 차이가 있을까 생각하면 뇌에서 땀이 날 지경이다. 분명 정답은 존재하는데 어떻게 그 정답을 찾을 수 있을까가 문제이다.

성경은 그래서 끊임없이 하나님의 뜻을 찾으라고 한다.

찾아도 정답이 하나님의 뜻에 맞는지, 맞지 않는지 알 수가 없다. 그것은 또 어떻게 증명이 되는 것일까? 모두가 내 생각이 최고라 하며 하나님의 뜻이라고 주장하는 세상에서 과연 하나님의 뜻이 사람들의 뜻을 이길 수 있을까? 이래저래 고민만 깊어진다.

하나님의 진정한 뜻을 찾기가 가장 어렵다. 매사 모든 문제에는 분명 답은 있다.
위의 문제의 정답은 10시 10분이다.

곰 한 마리가 외롭게 살고 있었다. 먹이를 찾으러 집에서 나와 남쪽으로 10km를 간 후, 방향을 서쪽으로 돌려 10km를 더 갔다. 그곳에서 다시 북쪽으로 방향을 돌려 북쪽으로 10km를 갔다가 자기 집으로 되돌아왔다. 이 곰의 색깔은 무슨 색인지 알아보시오.

'관점을 바꾸어 해결하기'에 나온 문제다.

문제란 정답을 정해 놓고 만든다. 그리고 정답을 만들어 놓았다면 거기에 접근하지 못하도록 온갖 방법으로 복잡하게 만들어 놓는다.

삶은 어쩌면 정답을 찾아가는 과정이다. 그런데 정말 정답이 있을까 싶을 만큼 혼란스럽고 고통스러울 때가 많다. 문제를 풀어가고 삶을 살아가는 세상의 모든 사람마다 생각이 다르다. 보는 관점은 물론 판단하는 기준을 달리 하여 문제 해결에 접근한다. 자기만의 방법이 있기 때문이다. 그런데 성경은 이렇게 말씀하신다.

「육에 속한 사람은 하나님의 영적인 일들을 받아들이지 않습니다. 그에게는 이런 것이 어리석고 이해할 수 없는 일들입니다. 이런 일들은 영적으로만 분별이 되기 때문입니다.」(고린도전서 2장 14절)

성경은 육적으로 문제에 접근하는 사람, 영적으로 문제에 접근하는 사람으로 구분한다. 보는 관점이 다르다는 것이다. 출제자의 의도를 제대로 알면 정답도 쉽게 보인다.

그래서 사도 바울은 이런 극단적인 발언도 마다하지 않았다.

「육신의 생각은 죽음이지만 성령의 생각은 생명과 평안입니다.」(로마서 8장 6절)

사람들은 여전히 실패하고 고통을 당하고 있으면서도 육적인 일을 그만 두지 못한다. 끌어안고 있어야만 안심이 되고 놓으면 죽는 줄 안다. 그리고 내 생각이 최고인 줄 알고 서로에게 고집을 부린다. 우리는 그것을 영적으로 분별할 수 있는 관점을 가져야 한다. 세상만사는 단순하다. 육적으로 되는 일과 영적으로 되는 일, 두 개뿐이다. 정답은 둘 중 하나를 고르면 된다.

우리는 영적인, 성령의 사람들이다.

답은 하나인데, 세상은 자꾸 둘 중의 하나를 고르라 한다.

정답을 잘 고르려면 문제를 잘 이해해야 한다.

이해력이 없으면 답을 찾을 확률이 점점 낮아진다.
문제를 영적으로 볼 줄 아는 능력이 필요하다.

여자가 놓치면 안 되는 남자의 조건은 이런 것이라 한다.

① 내가 바람피운 걸 용서해주는 남자.
② 나만 바라보고 다른 여자와의 관계를 다 끊는 남자.
③ 우리 부모님께 잘 해주는 남자.
④ 나에게 쓰는 돈을 아끼지 않는 남자.
⑤ 생각하지 못한 깜짝 이벤트를 해주는 남자.
⑥ 가끔은 친구들과 클럽 가는 걸 모르는 척 해주는 남자.
⑦ 나의 '남자인 친구들'을 이해해주는 남자.
⑧ 나에게 질투는 하되, 집착하지 않는 남자.

이걸 본 대다수 사람이 '한마디로 정신 나갔군'이라고 댓글을 달았다. 자기가 어떻게 할 것인가를 고민하는 것이 아니라 상대가 자기에게 이렇게 해주기만을 바라는 전형적으로 이기적인 사람의 특징이다. 그러나 과연 남녀관계만 그렇겠는가!

성경에 나오는 산상수훈에서 예수님은 이렇게 말씀하셨다.

「그러므로 모든 일에 너희가 대접받고 싶은 대로 남을 대접하여라. 이것이 바로 율법과 예언서에서 말하는 것이다.」(마태복음 7장 12절)

사람들은 누군가 자기를 존중해 주고 대접해주면 더없이 행복해한다. 그런데 자세히 살펴보면 거기까지다. 그 다음은 생각하지 않아서 불행이 시작되는 것이다. 예수님 말씀처럼 본인이 그런 대접, 대우, 존중을 받고 싶으면 자기도 그렇게 시도하기 시작하면 놀라운 관계, 축복의 문이 열리는 것이다. 남들이 왜 나를 존중해 주지 않을까를 고민하는 것이 아니라 내가 누군가를 어떻게 존중해 줄까 고민하기 시작하면 행복의 문은 저절로 열린다. 스스로 그 행복의 문을 닫아 놓고서 아우성을 쳐봐야 소용없는 일이다. 영화, '완벽한 타인'의 끝은 이런 자막으로 끝난다.

"사람들은 누구나 세 개의 삶을 산다. 공적인 하나, 개인적인 하나, 그리고 비밀의 하나…."

세 개의 삶이 하나로 통일되는 것이 바로 성경적인 삶이 아니겠는가! 개인적이든, 공적이든, 비밀이든, 부끄러움이 없으면 그것이 바로 최고의 인생이 아니겠냐는 질문이다. 마찬가지다.

내가 원하는 모든 것은 남들도 원한다.
대접받고 싶은 만큼 남을 대접하면 행복의 문은 저절로 열린다.

쓰스 신神

평소에 좀 잘난 체하는 집사가 목사에게 물었다.

"목사님! 요즘 베스트셀러인 김혜자 선생님의 '꽃으로도 때리지 마라'라는 책, 읽어 보셨어요?"

"아직 못 읽어봤는데요."

"아직도 못 읽어보셨어요? 그거 나온 지 1년도 넘었는데요. 안 읽은 사람이 없어요. 우리 목사님 큰일 났네"

그러자 목사님이 다시 물었다.

"혹시 욥기 읽어보셨습니까?"

"아니요, 아직 못 읽었어요. 무슨 책입니까?"

"아직도 못 읽었다고요? 그 책이 나온 지 벌써 2500년이 훨씬 넘었는데요!"

집사님이 어리둥절해 하며 다시 물었다.

"어디 가면 살 수 있어요?"

목사님이 정중하게 말했다.

"집사님이 들고 계신 그 성경책 안에 있습니다."

그렇다. 많은 크리스천이 성경은 물론 기독교 서적도 잘 읽지 않는다.

성경에 이런 말씀이 있다.

「그들이 서로 물었습니다. 길에서 그분이 우리에게 말씀하시고 성경을 풀어 주실 때 우리 마음이 뜨거워지지 않았느냐?」(누가복음 24장 32절)

성경을 읽을 때 마음이 뜨거웠던 적이 있느냐? 이렇게 물어보면 예, 라고 답할 사람이 얼마나 될까? 한국인의 독서량은 세계적으로 부끄러운 수준이다. OECD 회원국 가운데 최하위는 물론 전 세계 191개국 가운데에서도 166위에 머문다. 성인들의 연간 평균 독서량은 채 한 권도 안 된다고 한다. 연간 여섯 권이 넘는 미국, 일본, 프랑스 등에 비할 바가 못 된다. 조사한 내용에 따르면 우리나라 인구 71.4%가 연간 한 권의 책도 읽지 않는다고 한다. 통탄할 노릇이다. 그러니 성경을 읽고 있는 성도들이 얼마나 있을까 싶다. 이유가 뭘까? 읽어도 이해가 안 돼서 그렇다.

개역 성경에 '쓰스(사도행전 14장 12, 13절, 19장 35절) 신(神)'이 등장한다. 나 역시 이해하지 못하고 도대체 이런 신이 있었나 싶었다. 이렇게 잘못 번역된 성경을 우리는 100년을 읽었다. 다행히 개역 개정판에는 '제우스'신으로 번역이 됐다. 이게 성경에 대한 불편한 진실이다. 현재 성경으로는 백 번을 읽어도 정확한 의미를 이해하기 어렵다. 차라리 영어, 독일어 성경이 편하다고 말하는 이들도 있다.

그만큼 번역된 성경이 어렵다. 그래서 '우리말 성경(두란노)'을 권하고 싶다.
신세계가 펼쳐질 것이다.

절약정신

모든 입사시험에는 면접이 있다.

필기시험만으로 합격되지 않는다. 면접을 통하여 인성과 지식을 점검하는 것 이상의 그 무엇이 있다.

어떤 청년이 한 회사의 면접시험을 봤다. 면접관이 질문을 하면 답하기를 반복하는데 그런 대로 대답을 잘했다는 생각이 들었다. 마지막 질문은 이런 것이었다.

"자신의 최대 장점이 무엇이라고 생각합니까?"

이런 질문을 예상하지 못했던 청년은 잠시 당황하다가 이렇게 대답했다.

"저는 절약 정신이 투철합니다. 저는 이 회사에 들어오면 전기를 허투루 쓰지 않겠습니다."

그런데 면접관이 황당해하면서 되물었다.

"그걸 어떻게 알죠?"

그 청년이 당황해 하면서 어,어, 하다가 결국 면접이 끝나고 말았다. 청년은 좌절하면서 문을 나섰다. 그런데 그 청년이 면접관실 문을 나서면서 습관적으로 전기 스위치를 끄고 나왔다. 이 청년은 합격했을까? 낙방했을까? 다음날 합격 통보가 날라 왔단다.

절약 정신이 습관이 됐다는 것을 증명한 것이다. 습관의 사전적 의미는 '오랫동안 되풀이하여 몸에 익은 채로 굳어진 개인적 행동'이란 뜻이다. 습관이라는 말은 생활습관만이 아니다. 신앙에도 습관이 있다. 사고방식에도 습관이 있다. 성경에 이상한 습관에 관한 말씀이 등장한다.

「네가 평안할 때 내가 네게 말했지만 너는 '내가 듣지 않겠다!'라고 말했다. 이것이 어릴 적부터 네 습관이 됐다. 너는 내 목소리에 순종하지 않았다.」(예레미야 22장 21절)

사람들은 몸과 마음이 평안해지면 신앙이 나태해진다. 그리고 귀가 막힌다. 영적 감각 또한 둔해진다. 하나님이 말씀해도 '내가 듣지 않겠다'고 한다.

이것이 어릴 적부터 습관이 됐다. 습관적으로 하나님의 음성에 순종하지 않게 됐다는 것이다. 무서운 습관이다. 부모의 말을 듣지 않는 것이, 누구의 충고도 듣지 않는 것이 습관이 되면 삶은 거기서 끝이다. 이 구절에서 '습관'은 '데레크(דֶּרֶךְ)'인데, '길'이란 뜻이다. 불순종이 길이 된 것이다. 그가 가는 곳 모두가 불순종이 된다.

가장 탁월한 신앙인은 평안할 때 하나님의 음성이 들려오는 사람이다.

Victory. 26 고구마 씻어 먹는 원숭이

1950년대의 일본 학자들이 고지마(幸島) 지역의 야생 원숭이들이 흙이 묻은 고구마를 어떻게 먹는지 관찰을 했다.

어느 날 생후 18개월 된 암컷 원숭이가 고구마를 강물에 씻어 먹기 시작했다. 그 또래와 어미 원숭이도 고구마를 씻어 먹었고, 다른 어린 원숭이와 암컷 원숭이를 중심으로 그렇게 씻어먹는 버릇이 널리 퍼져나갔다.

그러다 고구마를 씻어 먹는 원숭이가 100마리라는 임계점에 도달하자 고지마의 모든 원숭이가 고구마를 씻어 먹게 됐다. 게다가 멀리 떨어져 있는 다카자키야마(高崎山)의 원숭이까지 고구마를 씻어 먹었다.

저명한 동식물 학자인 라이얼 왓슨은 이러한 행동을 '100번째 원숭이 효과'라고 명명했다. 이후 이 용어는 어떤 행위를 하는 개체의 수가 일정 수준에 이르면 그 행동이 급격히 확산되는 현상에 쓰이게 되었다.

인간은 누군가 모범을 보이고 선한 일을 하면 모방하고 따라 하는 습성이 있다. 이것은 선한 영향력이다. 그러나 악한 것은 가르치지 않아도 잘 한다. 하지만 선한 것은 가르치거나 모범이 없이는 불가능하다.

사순절 기간은 예수님의 십자가와 죽음을 묵상하는 계절이다. 그 죽음을 예견하고 준비한 사람이 성경에 등장한다.

「그 여인은 옥합을 깨뜨려 향유를 예수의 머리에 부었습니다.」(마가복음 14장 3절)

옥합에 담긴 향유는 300데나리온, 성인 남자 300일분의 임금, 1년 치 연봉에 해당하는 비싼 것이었다. 하지만 그 여인은 예수님의 살아있는 시신에 향유를 붓는 행위로 죽음을 준비한 것이다. 고지마의 18개월 된 암컷 원숭이가 고구마를 씻어 먹듯 모든 사람에게 죽음을 묵상하도록 그 시작을 알린 것이다.

진짜 신앙은 죽음을 묵상하는 것이다. 예수님의 죽음, 나의 죽음, 그리고 그것을 통하여 새로운 세상이 펼쳐지는 부활을 예견하는 것이 탁월한 신앙이다. 역시 신앙도, 헌신도, 삶도 모방이다.

그런데 세상에는 모방할 대상이 많이 없다는 것이 문제다. 모방도 창조의 한 방법이니 아쉽기도 하다. 그러나 실망할 필요는 없다.
내가 먼저 고구마를 씻어 먹으면 된다.

비탈위로 풀을 뜯으러

히말라야 고산족들이 양을 사고 팔 때는 크기나 나이에 따라 값을 정하는 것이 아니라 행동을 보고 정한다고 한다.

살 사람과 팔 사람이 매매하려고 하는 양을 가파른 산비탈에 놓아두고 함께 지켜본다. 그때 양이 험한 산을 거슬러 비탈 위의 풀을 뜯으러 올라가면 비록 비쩍 마른 양이라도 값은 올라가고, 반대로 비탈 아래로 내려가면 살이 쪘더라도 값이 내려간다고 한다.

위로 올라가려는 양은 현재는 힘이 들더라도 넓은 산허리에 있는 풀의 미래를 갖게 되지만, 아래로 내려가는 양은 현재는 수월하나 협곡 바닥에 이르러서는 굶주려 죽기 때문이다.

사도 베드로가 부활 후 첫 번째 설교에서 이렇게 말했다.

"이 예수는 하나님께서 정하신 뜻과 미리 아심을 따라 내주셨고 여러분은 법 없는 사람들의 손을 빌려 그분을 십자가에 못 박아 죽였습니다."(사도행전 2장 23절)

예수님의 죽음과 부활에 대한 정확한 해석이라 할 수 있다. 예수님의 죽음과 부활이 하나님께서 정하신 뜻에 따라, 영문에서는 definite plan, 확실하고 명확한 계획에 따라 이루어졌으며 심지어는 악한 자들의 손을 빌려 성취하셨다는 것이다.

오늘 우리의 현실, 가정, 교회, 국가 모두 불안하고 힘든 여정의 기로에 서있지만 하나님을 믿는 사람들에게는 이 말씀이 힘을 준다. 하나님은 나와 가정을 향한, 그리고 교회와 국가를 향한 확실하고 분명한 계획이 있다.

그리고 지금 나를 힘들게 하는 사람들을 사용하여 나를 빚으시고 만들어 가시는 하나님만의 비밀과 방법이 있음을 믿는다.

이것을 믿고 사는 것이 마치 히말라야 고산에 사는 양들처럼 위를 보고 향하여 계속 올라가고 도전하는 모습일 것이다. 하나님은 당신을 향한 분명하고 확실한 계획이 있다. 그 계획은 우리가 이해하지 못하는 놀라운 방법으로 당신을 인도하실 것이다.

문제는 내가 문제를 해결하기 위해 산비탈로 거슬러 올라갈 것인가, 아니면 밑으로 내려가 포기할 것인가!

우리는 선택해야 한다. 올라갈 것인가 내려갈 것인가! 올라가는 자는 승리자가 된다.
그 방법은 묵상과 기도, 그리고 인내다.

Victory. 28 쏠트라인(Salt(소금) line)

솔트라인(Salt line)은 내륙에서 흘러온 강물이 바닷물과 만나는 지점을 이르는 말이다. 민물과 바닷물이 만나는 지점이기도 하다. 그래서 소금이라는 솔트가 들어간 모양이다.

이 솔트라인은 수시로 변한다. 가뭄으로 육지에서 흐르는 민물이 줄어들면 강 위쪽에서 형성이 되고, 비가 와서 강물이 묽어지면 바다쪽으로 깊어진다.

미국 뉴욕의 허드슨 강에도 솔트라인이 있다. 날이 가물어서 강물이 약해지면 소금을 머금은 바닷물이 역류해서 허드슨 강 쪽으로 올라온다. 그러면 식수를 공급하는 수원지가 위협을 받게 된다. 그러다가 비가 적당히 내려서 어느 정도 강물이 많아지면 민물이 바닷물을 밀어내어 수원지를 안전하게 보호하게 된다. 지금도 허드슨 강의 '솔트라인'은 끊임없이 밀고 당기고 있다.

신앙인에게도 이 영적 솔트라인이 형성되어 있다. 은혜가 풍성하면 영성이 충만하여 믿음의 길을 걷다가도 어느 날 사탄과 마귀, 그리고 육적인 욕심이 살아나면 믿음의 길을 포기한다. 성경은 이렇게 경계를 주신다.

「마귀에게 틈을 주지 마십시오.」(Do not make room for the devil.)[에베소서 4장 27절]

'틈'은, '토포스(τόπος)'인데, '지점, 장소, 조건, 기회, 연안, 면허, 방'이라는 다양한 뜻이 있다. 영어 성경은 방, Room으로 번역했다.

사탄과 마귀의 육적인 것의 공격에 조건이나 기회, 면허, 방을 내주지 말라는 말이다. 어떠한 유혹에도 흔들리지 말라는 말이다. 쉽지가 않다. 그리고 제공하는 원인은 '나' 자신이다. 본인이 자신도 모르게 사탄에게 방을 내주는 일이 너무나 많다.

사탄과 마귀가 밀고 들어올 때, 그럼에도 불구하고 주님이 주시는 내 안의 강물 같은 은혜가 넘쳐흐른다고 생각해 보라. 나의 영적 솔트라인은 분명 바다 깊숙이 그리고 멀리 물러갈 것이다.

이것뿐이겠는가!

두려움과 좌절, 실망감과 포기하고 싶은 사탄의 마음같은 바닷물이 밀고 들어올 때도 있다. 오로지 강물 같은 은혜, 담대함과 믿음의 강물을 내 안에서 흘려보내면 솔트라인은 점점 내려간다.

당신의 안방을 사탄에게 함부로 내주지 마라. 점령되고 오염되는 것은 시간의 문제다.
가장 좋은 것은 솔트라인이 없는 상태다.

Victory. 29 누전차단기

몇 년 전 주일 오후의 일이다.

사택에 갑자기 전기가 나갔다. 화장실 콘센트에 물이 들어가 배전반 누전차단기가 저절로 내려갔기 때문이었다. 수리기사를 부를 수도 없는 밤 11시였다. 아무리 배전반을 들여다봐도 도무지 알 길이 없었다. 할 수 없이 촛불을 켜고 월요일 아침까지 기다려야 했다.

TV, 냉장고, 핸드폰 충전, 컴퓨터, 와이파이 등 모든 것이 무용지물 됐다. 할 수 있는 것이 아무 것도 없었다.

다음날 수리기사를 새벽같이 불렀다. 그런데 그 기사가 와서 한 일은 그저 누전차단기를 올린 것뿐이었다. 그냥 전기가 들어왔다. 물이 들어간 콘센트가 마르니 저절로 해결된 것이었다. 그것을 몰랐을 뿐만 아니라 배전반을 아무리 살펴봐도 원인을 찾을 수 없었던 무지가 최대의 원인이었다.

우리 삶도 문제가 생겼을 때 원인을 찾아야 하는데 도대체 원인을 찾을 수가 없을 때가 있다. 어디서부터 잘못된 것일까? 성경은 이렇게 지적한다.

「그러자 그들의 마음이 철렁 내려앉았습니다. 형제들은 놀라서 서로에게 말했습니다. '하나님께서 우리에게 왜 이런 일을 행하셨을까?」(창세기 42장 28절).

요셉을 이집트의 장사꾼에게 팔아먹고, 기근으로 열 명의 형들이 곡식을 사러 이집트로 왔을 때 요셉은 순순히 곡식을 내주지 않고 주머니에 곡물 값을 다시 넣는다든지, 스파이로 누명을 씌워 감금한다든지, 자신들이 예상치 않은 일들이 너무 빈번이 발생하니 신세를 한탄하며 형들이 고백한 말이다.

이해되지 않는 상황! 그러나 이 상황은 최상의 축복이 기다리고 있는 시점이기도 하다. 그야말로 형용할 수 없는 기적의 일이 준비되어 있기 때문이다. 그러나 지금 당장은 이해가 되지 않는다. 원인을 알 수도 없고 도저히 이해가 되지 않는 상황이 발생하거든 그것은 곧 하나님이 자신을 축복해 주실 계획임을 알아차려야 한다.

내 삶의 어느 버튼을 눌러야 전기가 들어오는지 살펴야 하고, 그래도 이해가 안 된다면 조금만 기다리면 이해가 된다. 전기가 나갔어도 당황하지 말라, 곧 전기는 들어온다.

전혀 예상치 않는 방법으로, 전혀 예기치 않았던 사람으로부터, 예상치 않는 시간에 문제가 해결된다.

여기가 부산이냐 이놈아

정신병자가 병원을 탈출해서 택시를 탔다.

운전사에게 다급한 목소리로 부산까지 가자고 했다. 이상하게 생각한 운전사는 병원 주위를 50바퀴쯤 돌고 나서 다 왔다며 내리라고 했다. 그러자 환자가 운전사의 뒷머리를 후려치며 말했다.

"이 썩을 놈아! 나를 속여! 여기가 부산이냐? 대구지, 이놈아, 내가 속을 줄 알아!"

둘 중에 진짜 환자는 누구일까?

세상은 이미 정신이 혼미한 상태다. 가치와 신념이 송두리째 흔들리고 있다. 진영의 논리에서 한치도 빠져나오지 못한 채 죽고살기의 치킨게임에 몰두하고 있다. 누구를 믿어야 할지, 어디까지 믿어야 할지, 올바른 소식과 거짓 소식들이 난무하여 진실의 실체를 도무지 알 수가 없다. 그렇게 혼돈의 상태다. 사탄의 저주가 아닐 수 없다.

'신명기'는 축복의 책이며, 저주의 책이기도 하다. 지금의 상황을 예측이라도 하듯 이렇게 기록하고 있다.

「여호와께서 정신병과 눈이 머는 것과 정신착란증으로 너를 치실 것이다.(The LORD will afflict you with madness, blindness and confusion of mind.)」(신명기 28장 28절)

하나님의 저주의 항목에는 미치는 것(madness), 눈머는 것(blindness), 그리고 정신착란증(confusion of mind)이 언급되어 있다. 미치고, 정신병이 난무하는 세상, 우리가 할 일은 과연 무엇일까? 미치고, 정신병이 난무하는 세상에서 내가 할 일이 있을까?

하나님은 말씀하신다.

「만물의 마지막이 가까이 왔습니다. 그러므로 여러분은 정신을 차리고 깨어 기도하십시오. (Therefore be clear minded and self-controlled so that you can pray.)」(베드로전서 4장 7절)

마음을 깨끗이(clear minded) 하고, 절제(self-controlled)하고 기도(pray)하라고 하신다. 우리가 지금 할 수 있는 일은 세상과 함께 미치고 정신병에 걸리든지, 아니면 기도하든지, 선택하라는 것이다.

기도밖에 할 수 없는 세상이 때론 원망스럽기도 하다. 하지만 기도가 최선의 방법이다. 오직 이 기도가 혼란의 터널을 빠져나오게 하실 줄 믿으며 용기를 얻는다.

저주와 축복은 항상 눈앞에 있다.
선택은 당신에게 있다.

저의 왼쪽 눈을 빼 주세요

두 친구가 길을 가다 왕을 만났다.

둘 중 한 명은 욕심이 많았고, 다른 친구는 시기심이 많았다. 왕은 두 사람에게 말했다.

"만약 너희 중의 한 명이 무엇을 요청하면 무엇이든 그대로 주겠다. 단 옆 사람에게는 요청한 것의 두 배를 주겠다."

시기심이 많은 친구는 먼저 나서서 요구하려 하지 않았다. 왜냐하면 옆 친구가 두 배로 받는 것이 달갑지 않았기 때문이었다. 욕심 많은 친구도 마찬가지였다. 자신이 친구보다 더 많이 차지하고 싶었기 때문이었다.

그래서 서로 머뭇거리며 눈치를 보면서 도무지 먼저 요청하려 들지 않았다. 기다리던 왕이 짜증을 내며 없었던 일로 하겠다고 했다. 그러자 시기심 많은 친구가 먼저 입을 열었다.

"임금님! 저의 왼쪽 눈을 빼 주십시오!"

지금의 세상 돌아가는 상황을 관심 있게 보고 있으면 늘 이 이야기가 떠오른다. 자기의 한 눈을 빼서라도 남의 두 눈을 빼기 위해 안간힘을 쓰는 지경이 됐다. 자기의 유익보다 상대방의 손해가 더 기쁘다는 인간의 속성을 그대로 보여주는 우화가 아닐 수 없다.

이 이야기에는 세상의 상대적 논리가 그대로 담겨 있다. 축구의 경우를 보자. 골에 성공하고 환호하고 있는 동안 골을 막지 못한 골키퍼는 울고 있다는 것을 잊고 있다. 이런 인간의 모습에 빗대어 예수님께서는 이렇게 말씀하셨다.

「사람 속에서 곧 사람의 마음에서 나오는 것은 악한 생각, 음란, 도둑질, 살인, 간음, 탐욕, 악의, 거짓말, 방탕, 질투, 비방, 교만, 어리석음이다. 이런 악한 것들은 모두 안에서 나오고 사람을 '더럽게' 한다.」(마가복음 7장 21~23절)

아담이 타락한 이후 사람에게 기대할 수 있는 것이 무엇이 있을까 싶다. 너무 비관적인가! 그렇지 않다. 사실 사람에게서 기대할 것은 없다. 그러니 세상에 대하여 너무 화를 내거나 불평하거나 마음 아파할 필요는 없다.

그렇다고 망연히 손을 놓고 있자는 말도 아니다. 사람의 속에, 마음에 무엇이 있는지 알고 있는 것만으로 해결책은 이미 나온 것이나 마찬가지다.

이런 악한 마음들이 비집고 나오지 않도록 그 마음에 다른 선한 것으로 가득 채우면 된다. 채우려면 비워야 가능하다. 그것을 우리는 이미 다 알고 있다.

IX. 인내

(Endurance)

곧 순금이
될 테니 조금만 더 견뎌라.

얼어붙은 눈물(Frozen Tears)

서양에서는 어머니가 시집가는 딸에게 진주를 주는 풍습이 있다. 이 진주를 '얼어붙은 눈물(Frozen Tears)'이라고 부른다.

딸이 시집살이를 하다가 속이 상할 때, 조갯살 속에 모래알이 박힌 고통을 이겨내고 아름다운 진주를 만들어 내는 것처럼 잘 참고 견뎌내라는 뜻이다.

어쩌다 조개의 몸속에 들어온 모래알은 여린 살 속에 박혀 형용할 수 없는 고통을 준다. 그때 조개는 '진주층(nacre)'이라는 생명의 즙을 짜내어 모래알 주변을 덮어 싸고 또 덮어 싼다. 그렇게 몇 년이 흐르면 그것이 바로 진주가 되는 것이다.

살아가다 보면 우리의 삶에도 이런저런 모래알이 들어올 때가 있다. 그것을 우리는 고난이나 시련이라고 부른다. 말로 표현할 수 없는, 예상치 못한 모래알이 들어왔을 때 우리는 어떻게 해야 할까? 성경에 이런 말씀이 있다.

「그때 내가 네 곁을 지나가다가 네가 핏덩이인 채로 발길질하는 것을 보았다. 핏덩이인 네게 나는 '살아나라' 하고 말했다.」(에스겔 16장 6절)

핏덩이 된 여자아이는 이스라엘을 지칭하는 상징어지만, 이 구절은 '눈물로 범벅이 된 고통의 때'를 말한다. 그때 핏덩이라도 살아있어야 한다고 강력하게 권고한 것이다.

시련과 고통 중에 '내가 지금 값진 모래알을 품고 있는 핏덩이'라고 생각하고 끝까지 버티고 살아있어야 한다. 그렇게 하면 언젠가 내게 들어온 모래알이 진주로 바뀌는 때가 올 것이다. 그때까지 핏덩이라도 살아있어라.

모래알이 들어 왔을 때 무시하거나 그냥 두면 조개 자체가 썩어 죽는다. 생명의 즙, 모래알을 싸는 행위, 모두 기도와 예배와 말씀이다.

그리고 핏덩이라도 끝까지 살아있어라. 스스로 포기하지 말고, 원망도 말고, 그냥 피투성이라도 끝까지 살아있는 자가 곧 승리하는 사람이다. 이 고백은 부족한 종, 나에게 적용하고 싶은 말씀이기도 하다.

당신 역시 핏덩이라도 끝까지 살아있어라.

우리는 역사에서 남의 나라를 한 번도 침범하지 않은 평화의 나라라고 배웠다.

반드시 그런 것은 아니었다. 우리나라 역사에도 남의 나라의 전쟁에 참여했던 적이 있었다. 바로 월남 전쟁이다. 수많은 장병들이 참전해서 아까운 피를 흘렸다. 그때 파병되어 사망했던 박동 중위라는 군인의 묘비에 이런 글이 있다. 그의 젊은 아내가 쓴 글이다. 철자법이 틀린 것을 그대로 인용한다.

> "창안에 켜있는 저 촛불이여
> 네 몸 타 흐르는 촛방울이
> 내 눈에서 흐르는 눈물과 갖구나
> 촛불아 너는 누구와 이별했기에
> 소리 없이 눈물 흘이느냐
> 이 몸도 눈물 흘려 오즈람 적시네
> 꺼젓든 불은 다시 사는데
> 온다고 가신 님 언제나 보나
> 아~이 밤도 눈물 흘러 우리아기 얼굴 적시네."
> (1970년 六月六日 처 김선애)

남편과의 이별을 소리 없이 흐르는 촛불에 비유하며 쓴 절규에 가까운 아낙네의 시, 어린 자식을 남겨놓고 먼저 가신 남편을 그리워하며 쓴 글이다. 왜 이 여인은 이 같은 한 맺힌 눈물을 흘리며 살아야 하나! 왜 이런 슬픔을 혼자서 감당해야 하나! 누가 이 슬픔을 보상해 줄까!

세상에는 이같이 이유 없고 원인도 알 수 없는 고난과 역경을 겪는 이들이 예상외로 많다. 성경에도 있다. 그 대표적인 인물이 바로 욥이다.

「그 후에 욥이 입을 열어 자기의 생일을 저주하니라.」(욥기 3장 1절)

욥이 갑자기 닥친 고난에 자신의 생일을 저주하며 시작된 3장은 고난에 대한 처절한 절규다. 성경에는 죄 없이 고난을 겪은 분으로 세 명을 거론하고 있다. 바로 요셉, 욥, 예수님이시다.

이들은 한결같게도 고난을 마다하지 않으시고 묵묵히 견뎌내며 하나님의 뜻을 이루셨다. 고난에는 하나님의 뜻이 분명히 있다. 그래서 욥은 고백한다.

「그러나 그분은 내가 가는 길을 아시는데 그분이 나를 시험하시고 나면 내가 순금같이 나올 것이다.」(욥기 23장 10절)

금은 불로 단련하여 불순물을 제거하고, 사람은 고난으로 단련하신다. 끝까지 견디면 순금이 되고, 그렇지 못하면 함께 타버린다. 어떻게 할 것인가!
곧 순금이 된다. 조금만 더 견뎌라.

사탕속에 씨가

똑똑한 한 아이가 있었다.

그 아이가 감기에 걸렸다. 엄마가 알약을 사 왔는데 아이는 먹으려 하지 않는다. 고민하던 엄마가 기발한 생각을 했다. 달콤한 사탕 속에 알약을 넣어서 같이 먹게 하는 것이었다. 계획대로 사탕 속에 알약을 넣어서 줬더니 아이가 다 먹었다. 엄마는 자기의 계획대로 잘 되었다고 쾌재를 불렀다. 그때 아이가 와서 하는 말을 듣고 엄마가 뒤로 넘어졌다.

"엄마! 사탕이 맛있긴 맛있었는데 씨가 있었어. 그래서 씨는 쓰레기통에 뱉어버렸어! 잘했지!"

이 사실을 어떻게 이해해야 할까?

작금의 한국의 기독교가 이렇다. 점점 더 기독교의 본질을 상실하고 있다. 성경은 이렇게 말씀하신다.

「그리고 예수께서 제자들과 그분을 따르는 사람들을 다 불러 놓고 말씀하셨습니다. 누구든지 나를 따르려거든 자기를 부인하고 자기 십자가를 지고 따라야 한다.」(마가복음 8장 34절)

십자가는 예수님이 지셨던 '죽음의 위협에 노출됨'의 상징어다.

현재를 살고 있는 크리스천들에게 과연 십자가란 무엇일까? 전 국민의 25%가 기독교 인구라고 한다. 이와 같은 현실 앞에서 크리스천들에게 과연 십자가란 무엇일까!

'따를 것이니라'는 말은 '함께 같은 길에 있다'라는 말이다. 과연 '예수님과 함께 같은 길에 있다'라고 말할 수 있을까? 신앙인들이 사탕의 달콤함만 즐기고 씨는 뱉어버리는 신앙생활을 하고 있지는 않은가?

그렇다 치자. 심각한 질문을 하고 싶다.

제자들인 당신에게 지금 십자가는 무엇이고, 사탕은 무엇인가? 십자가는 지는 것이지 회피의 대상이 아니지 않은가? 그런데 모두 사탕만 내놓으라고 아우성을 친다. 나 역시 사탕만 즐기며 주의 종노릇을 했던 것을 통렬하게 회개한다. 나아가 종노릇이나마 제대로 했던가! 요즘 부쩍 이런 자괴감이 든다.

속담에 철들면 죽는다는 말이 있다. 정말이지 철이라도 들고 십자가를 져보고라도 죽고 싶다. 져보지도 못하고 죽는 사람들이 얼마나 많은가! 죽기 전에 철이라도 들까 고민이 된다. 단 한번만이라고 제대로 된 십자가를 지고 싶다. 그렇다.

사탕은 제거하고 씨는 삼켜야 한다. 그래야 모두가 산다.
당신에게 있어 사탕은 무엇이고, 씨는 무엇인가!

개 그림 통조림

아들이 집에 돌아와 보니 아버지가 통조림 깡통을 열심히 따고 계셨다.

깡통에는 강아지 그림이 그려져 있는 것으로 보아 반려견인 강아지에게 주려고 하시는구나 생각하며 옷을 갈아입고 나왔다. 그런데 밖으로 나와 보니 아버지가 그 통조림을 드시고 계시는 것이었다. 놀란 아들이 물었다.

"아버지, 그걸 왜 드시는 거예요!?"

"이거 개고기로 만든 통조림 아니냐?"

아뿔싸!

현대인들은 뭔가 잘못 먹고 있다. 천지창조 이후에 하나님은 인간에게 먹거리를 지정해 주셨다.

「내가 땅 위의 씨 맺는 온갖 식물과 씨가 든 열매를 맺는 온갖 나무를 너희에게 주니 이것이 너희가 먹을 양식이 될 것이다.」(창세기 1장 29절)

그때 인간의 수명은 므두셀라가 969세를 살 만큼 장수했다. 현대인들과는 비교할 수 없는 수치다. 그리고 노아의 홍수 후에 하나님은 다른 먹거리를 더해 주셨다.

「살아 있어 움직이는 모든 것들이 너희의 양식이 될 것이다. 푸른 채소와 같이 이 모든 것을 너희에게 주었다.」(창세기 9장 3절)

살아 움직이는 것, 즉 고기를 먹어도 된다고 하신 것이다. 그 이후로 인간의 수명은 120세 이하로 떨어진다.

현대인의 모든 질병은 바로 고기와 연관되어 있다. 이 질병은 먹거리와의 싸움에서 어떻게 이기느냐가 중요하다. 당신이 지금 병들어 있다면 잘못 먹고 있기 때문이다. 인간이 먹지 말아야 할 것이 고기뿐이겠는가!

먼 훗날 성경은 빵을 만드는 방법을 알려주셨다.

「너는 밀과 보리와 콩과 팥과 조와 귀리를 가져와 한 그릇에 담고 그것으로 네 자신을 위해 빵을 만들어라.」(에스겔 4장 9절)

사람이 어릴 때부터 이렇게만 먹으면 100세를 넘기지 않을까 싶다. 소가 먹는 우유를 사람이 먹는 것부터가 이상하지 않은가?

인간의 행복은 최초로 허락해주셨던 먹거리를 회복함에 달려있다.
그런데 이미 고기 맛을 알았으니 어이 하란 말인가!

일본 최고의 공과대학을 우수한 성적으로 졸업한 한 청년이 모교에서 마련해 준 기회들을 거절하고 세계적인 기업인 마쓰시타 회사의 입사시험에 응모했다.

그러나 그는 최종 합격자 명단에 이름이 빠져있었다. 발표 당일 수치심과 분노에 괴로워하던 학생은 그만 다량의 수면제를 먹고 자살을 했다. 다음 날 전보가 왔다. 수석 합격자인데도 불구하고 전산 처리에 문제가 생겨 제대로 전달되지 못했다는 내용이었다.

가족도 회사 책임자도 아쉬움과 안타까움을 금치 못했다. 그러나 이 소식이 그룹의 총수인 일본 경영의 신(神)이라 불리는 마쓰시타 고노스케(松下幸之助)의 귀에 전해졌을 때 그의 반응은 전혀 엉뚱했다.

"이 청년이 젊은 나이에 세상을 떠난 것은 참으로 애석하고 안타까운 일입니다. 하지만 우리 회사가 이 청년을 받아들이지 않게 된 것은 큰 행운입니다."

그 정도의 좌절을 이겨내지 못한 정신적인 의지를 문제 삼은 것이라 추측할 수 있다. 그런 심리적 자질로 회사의 중요한 자리에 올라 좌절을 만나게 될 경우를 상정했을 때, 다분히 충동적이고 비극적인 방법으로 일을 처리할 가능성이 클 것이라고 생각한 것이다. 그럴 경우 회사에 막대한 손실을 초래하게 되는 것이 불을 보듯 명확하다는 이유였다. 성경은 이렇게 말씀하신다.

「그러므로 여러분은 이제 온갖 시험을 당해 잠시 근심하게 됐으나 오히려 크게 기뻐합니다.」(베드로전서 1장 6절)

인생을 살아가는 동안 여러 가지 시험이 다가온다, 운명이고 숙명이다. 여기서 중요한 것은 '잠깐'이라는 단어다. 잠깐은 '올리고스(ὀλίγος)'라는 뜻이다. 이 단어는 '아주 작은 범위, 기간'을 말한다. '아주 짧은 시간'이다.

어떤 어려운 일이 닥치더라도 잠깐만 참으면 길이 보이고 열린다. 오히려 '크게 기뻐하는 순간'이 곧 온다. '크게 기뻐하다'는 '아갈리아오(ἀγαλλιάω)'는 '기뻐 날뛴다. 미칠 듯이 기뻐하다'라는 뜻이다.

잠깐만 기다리면 미칠 듯이 기뻐하게 된다는 것이다. 당신에게도 이런 순간이 곧 온다.
아주 잠깐만 숨 고르기를 하면서 기다려보라.
좋은 소식이 온다.

에반 올마이티(Evan Almighty)

'에반 올마이티(Evan Almighty)'라는 영화는 현대판 방주 이야기다.

주인공 에반은 정치인들의 단골 공약인 '세상을 바꾸겠다.'라는 표어로 의원에 당선된다. 그러나 당선이 되자마자 좋은 차를 사고 부자 동네의 큰 저택으로 이사를 한다.

그런데 어느 날 하나님이 창세기 6장 14절을 보여주며 방주를 지으라고 한다. 말도 안 되는 소리에 순종할 수 없다며 안간힘을 쓴다.

그때마다 이상한 일들이 일어나기 시작한다. 정신병 환자로 놀림을 받는가 하면 아내는 집을 나가고 의원직까지 박탈을 당한다. 그는 결국 방주를 짓기로 한다. 그리고 세상을 바꾸는 건 '방관하지 않고 사랑을 주는 것이다'라는 깨달음을 얻는다. 그 주인공은 이런 명대사를 남겼다.

"누가 인내를 달라고 기도하면 하나님은 그 사람에게 인내심을 줄까요? 아니면 인내를 발휘할 기회를 주시려 할까요? 용기를 달라고 기도하면 용기를 주실까요? 아니면 용기를 발휘할 기회를 주실까요? 만일 누군가와 더 가까워지게 해 달라고 기도하면 갑자기 하나님이, 뿅 하고 묘한 감정이 느껴지도록 할까요? 아니면 서로 가까워질 기회를 마련해 주실까요?"

그런데 비가 온다는 날이 되어도 비는 오지 않았다. 하지만 인공호수 둑이 무너지기 시작한다. 자신이 지은 방주로 모든 동네 사람들을 구조하는 해피엔딩으로 마무리가 되는 영화다.

하나님은 우리에게 방주를 만들 기회를 주신다. 물 혹은 홍수는 세상의 온갖 환난과 어려움, 질고와 문제를 상징한다면 우리는 당연히 그 물에 침몰당하지 않는 자기만의 방주를 만들어야 한다.

방주는 교회요, 직장이요, 직업, 가정, 삶의 자리다. 하나님은 방주를 만들 기회만 주신다. 성경은 이렇게 말씀하신다.

「믿음으로 노아는 아직 보지 못하는 일들에 대해 경고를 받고 자기 집안의 구원을 위해 경외함으로 방주를 지었으며… 또한 그는 믿음으로 인해 의의 상속자가 됐습니다.」[히브리서 11장 7절]

하나님은 지금 당신에게 방주 만들 기회를 주신다.
나는 방주를 만들 기회를 여러 번 놓쳤었다. 지금부터라도 방주를 잘 만들어 보자.

15대 심수관

우리나라 도자기는 세계적인 예술성을 자랑한다.

일본의 대표적인 도자기 가문도 역시 한국인이다. 정유재란 당시 전북 남원의 도공이었던 심당길 일가가 왜군에게 끌려가 1597년 가고시마 사츠마 마을에 정착하여 시작된 도예 명가가 마침내 15대인 심수관까지 이어지고 있다.

도자기는 흙으로 빚어서 만든 그릇을 통틀어 이르는 말이다. 점토에 장석, 석영 따위의 가루를 섞어 구워서 만든다. 구울 때 어느 온도에서 굽느냐에 따라 제품이 결정된다고 한다.

① 유약을 바르지 않은 것, 800℃ 이하의 낮은 온도에서 구운 것, 특히 굽지 않은 것까지 포함해서 '토기'라고 한다.
② 900~1,000℃에서 구운 것을 '도기'라고 한다.
③ '자기'가 되는 온도에 도달하지 못해 1,000℃ 내외에서 구운 그릇을 '석기'라고 한다.
④ 1,100~1,400℃에서 구운 것을 '자기'라고 하는데 이 넷을 통틀어 '도자기'라고 한다.

즉, 흙으로 만든 그릇이 얼마만큼의 온도에 견디느냐에 따라 가장 낮은 토기(土器), 도기(陶器), 석기(石器), 자기(瓷器)로 나뉜다.

그 온도를 비유하여 성경에서는 고난과 역경, 그리고 시험이라고 한다. 그 고난의 온도가 높을수록 '위대한 성도(사람)'이 되는 것이다. 성경에 이런 말씀이 나온다.

「그분은 내가 가는 길을 아시는데 그분이 나를 시험하시고 나면 내가 순금같이 나올 것이다.」(욥기 23장 10절)

이 말씀은 마치 욥이 1,100~1,400℃의 고난을 겪고 난 후 '자기와 같은 사람'이 되어 고백한 내용이다.

보통 사람이나 성도 역시 강력한 최고의 온도를 참고 견딘 '자기 같은', 그 다음 온도를 견딘 '도기 같은', 그리고 '석기 같은', 또 '토기 같은' 등급이 있을 지도 모른다.

가장 강력한 온도를 견디고 인내하면 백자와 청자 같은 사람이 되는 것이다. 내가 가는 길, 처지, 환경, 현실을 하나님은 알고 계신다.

당신은 지금 어느 온도에서 견디고 있는가?
그 시험을 통과하면 곧 최상급의 '도자기(瓷器)'가 된다.

태클을 걸지마

미스트롯이라는 여자가수 경연대회가 대박을 터트렸다.

올해는 미스터트롯이라는 남자가수 경연대회가 시작됐다. 클래식(작곡)을 전공한 필자로서도 트롯가사를 보면 어찌 그리도 삶을 잘 표현할 수 있을까 감탄을 하게 된다. '태클을 걸지 마'라는 노래 가사다.

"어떻게 살았냐고 묻지를 마라. 이리저리 살았을 거라 착각도 마라. 그래 한때 삶의 무게 견디지 못해 긴긴 세월 방황 속에 청춘을 묻었다. 속절없는 세월 탓해서 무얼 해. 되돌릴 수 없는 인생인 것을. 지금부터 뛰어. 앞만 보고 뛰어. 내 인생에 태클을 걸지 마!"

삶의 무게로 긴 세월 방황하며 청춘을 소비했지만, 세월을 탓하지 말고 이제 앞만 보고 뛰자. 이제 내 인생에 그 무엇이든 태클을 걸어도 앞만 보고 뛰자고 한다.

태클(tackle)은 축구, 럭비, 레슬링에서 상대방의 공을 빼앗거나 쓰러트리기 위한 기술이다. 태클을 잘 피하고 대처하느냐가 선수의 능력을 가늠하는 척도가 된다. 인생에도 이런 태클이 시도 때도 없이 들어오는데 어떻게 방어하고 피하느냐가 중요하다.

신앙적으로 보면 사탄은 우리 삶의 모든 분야에서 태클을 걸어온다. 성경은 이렇게 말씀하신다.

「그 후 예수께서 성령에 이끌려 광야로 가셔서 마귀에게 시험을 받으셨습니다.」(마태복음 4장 1절)

「이에 사탄이 여호와께 대답했습니다. 욥이 아무런 이유 없이 하나님을 경외하겠습니까?」(욥기 1장 9절)

예수님과 욥도 사탄의 태클을 거칠게 받았다.

사탄은 태클을 걸 때 사용하는 도구가 있다. 돈, 명예, 쾌락, 권력, 욕심이다. 이것뿐이겠는가! 남편이, 아내가, 자식이, 친구가, 동료가, 직장 상사가, 후배가, 모든 도구를 사용하여 거칠고 태클을 건다.

그런데 아무리 태클을 걸어와도 일어나면 된다. 포기하면 지는 것이다.

그래서 성경에는 '의인은 일곱 번 넘어져도 다시 일어나지만'(잠언 24장 16절)이라고 했다. 아니 70번을 넘어져도 다시 일어나야 한다.

태클에 넘어지면서 남을 탓하지 마라. 그냥 벌떡 일어나면 된다.
생각도, 머뭇거리지도 말고, 벌떡 일어나라.

초인(超人)

고등학교 때 제2외국어로 독일어를 했다.

담당은 여자 선생님이셨다. 거친 독일어 발음이 예쁜 선생님하고는 잘 어울리지 않은 기억이 있다. 그렇게 어설프게 배운 독일어가 철학책을 읽을 때 아주 유용하게 쓰일 줄 몰랐다.

독일어에 '위버멘쉬(Übermensch)라는 단어가 있다. 한국어로 번역하기가 정말 애매하다. 굳이 하자면 초인(超人)이라면 근접한 표현인 듯하다. '인간을 넘어선 어떤 존재'라고 번역하면 나을 것 같다. 철학자 니체가 쓴 '자라투스트라는 이렇게 말했다'에 나오는 단어다.

"자라투스트라는 군중을 향해 이렇게 말했다. 그대들에게 초인(Übermensch)을 가르치려 하노라. 인간은 극복되어야 할 그 무엇이다. 그대들은 자신을 극복하기 위해 무엇을 했는가?"

니체에 따르면 인간은 '위버맨쉬'와 '짐승' 사이의 존재라고 한다. 이쪽으로 가면 초인, 저쪽으로 가면 짐승이다. 짐승이 아닌 초인, 진짜 인간이 되려면 자기를 넘어선 사람, 자기를 극복한 사람이 돼야 한다. 즉, 자기와 싸워 이긴 사람을 지칭한다.

이것을 예수님은 「누구든지 나를 따르려거든 자기를 부인(否認)하고 자기 십자가를 지고 따라야 한다.」(마가복음 8장 34절)고 하셨다. 부인(否認)은 '어떤 사실을 그렇다고 인정하지 않음'이다.

부(否)라는 한자를 뜯어보면 입 구(口)자 위에 아니 불(不)자를 올려놓은 형상이다. 자기의 경험, 생각, 판단, 자신을 내세울 수 있는 그 어떤 것에 대하여 인정하지 않고, 말을 하지 않는 것이다.

이것이 사람됨의 시작이자 신앙인이 되는 첫걸음이다. 십자가를 지는 것은 두 번째다. 말이 많으면 초인은 물론 신앙인도 될 수가 없다. 예수님은 십자가를 지시는 동안 말이 없으셨다. 자기를 부인하신 것이다. 그래서 십자가를 질 수 있었다.

말이 없고 십자가를 지는 분이 진짜 신앙인이다. 바울은 이렇게 고백했다.

「그러므로 나 자신은 마음으로는 하나님의 법을, 육신으로는 죄의 법을 섬기고 있습니다.」(로마서 7장 25절)

'육신'이 '마음'과 싸워 이긴 적이 없다. 인간은 짐승에 가깝다.
처절하게 싸움을 해야 마음이 이긴다.

노력 복리의 법칙

A4 용지 1장의 두께는 0.1㎜다.

한 번 접으면 0.2㎜, 두 번 접으면 0.4㎜가 된다. 같은 방법으로 30회를 접으면 얼마나 될까? 계산하면 1.073㎞ 하고도 741.824m가 된다. 여기서 한 번 더하면 상상을 초월한 값이 나온다. 이것을 노력이라는 것에 적용하면 '노력 복리 법칙'이 된다.

축구선수 이영표가 간증에서 축구선수의 연봉을 예로 들면 쉽게 이해할 수 있다고 했다.

A 선수가 49가지 기술을, B 선수가 51가지 기술을 갖고 있을 때 두 선수의 연봉 차는 얼마나 될까? A 선수의 연봉이 3,200만 원이라면, 기술 2개를 더 가진 B 선수는 산술적으로 3,600만 원이면 충분할 것이다.

그러나 실제로는 3억 원이 넘는다고 한다. 왜냐하면 치열한 승부의 순간에 0.1%의 차이는 하늘과 땅의 차이를 가져오기 때문이라고 한다.

노력, 기도, 그밖에 삶에서 뭔가 할 수 있는 모든 것에 이 법칙을 적용한다고 하자. 한 번을 더 노력하면 그 효과와 열매는 상상을 초월하게 된다고 할 수 있다.

성경에 이런 말씀이 있다.

「선한 일을 하다가 낙심하지 맙시다. 포기하지 않으면 '때'가 이르면 거두게 될 것입니다.」(갈라디아서 6장 9절)

유대인들에게 '때'는 '크로노스(χροονς)'라는 일반적인 시간과 '카이로스(καιρος)'라는 하나님의 시간이 있다. 여기서 언급한 '때'는 카이로스다.

그 '하나님의 때'를 우리가 알 수 없으니 어떤 일이든 낙심하지 말고, 포기하지 말고, 한 번만 더 시도해 보면 더욱 많은 열매를 거둘 수 있다. 지금 포기하고 싶은 사람이라도 한 번 더 시도해 보라. 그만두려고 했던 그 무엇이든 한 번 더 해보라.

물은 100도에서 끓지만, 99도까지는 전혀 반응이 보이지 않다가 1도만 더 높아지면 펄펄 끓는 것과 마찬가지다.

노력도 한 번 더, 기도도 한 번 더, 인내도 한 번 더, 공부도 한 번 더, 그렇게 해보라.
그러면 기적이 눈앞이다.

예수를 업고 가는 아프리카 당나귀

스티븐 롱구가 쓴 <예수를 업고 가는 아프리카 당나귀>에 나오는 흑인 소년의 이야기다.

소년은 빈민촌에서 태어나 백인들 집의 쓰레기통을 뒤져 하루하루 살고 있었다. 어느 날 백인 선교사 부인이 소년에게 집안 청소 일을 시켰다.

그런데 흑인 소년이 볼 때는 자기가 살던 움막에 비해 선교사의 집은 너무 깨끗해 청소할 것이 없었다. 그래서 온종일 놀다가 집에 갔다. 그렇게 며칠 시간을 보내다가 결국엔 쫓겨나고 말았다. 그런데 소년은 자신이 무엇을 잘못했는지 이해할 수가 없었다.

성경은 이런 상황에 대해 이렇게 설명을 한다.

「사람의 행위가 자기 눈에는 다 깨끗해 보여도 여호와께서는 그 마음을 꿰뚫어 보신다.」(잠언 16장 2절)

「사람의 행위가 자기 눈에는 다 옳게 보이지만 그 마음은 여호와께서 살펴보신다.」(잠언 21장 2절)

사람들은 모두 자기가 옳다고 주장한다. 인간들의 가장 큰 오류다. 그러나 자신을 제대로 볼 줄 알고, 자신의 내면의 소리를 들을 수 있어야 한다. 객관적이어야 한다는 것이다.

가수는 공연 때 귀에 이어폰을 끼고 노래를 한다. 그것을 '삽입형 이어폰 모니터'라고 한다. 여러 사람과 함께 노래하거나 반주에 맞춰 노래할 때 '자기 목소리를 듣는 기구'다. 즉, 자신의 소리를 듣는 것이다. 큰 공연장이나 교회에도 무대 앞에 청중석과 반대로 되어 있는 스피커도 마찬가지다. 자기 목소리를 듣기 위한 것이다.

자신의 목소리를 정확하게 듣지 못하는 것은 모두로 하여금 서로 망하게 하는 결과를 초래한다. 자기 내면의 소리를 정확하게 듣고 분석할 수 있는 삶의 자세가 필요한 이유다.

밖으로부터 오는 소리도 정확하게 듣는 것은 물론 내부에서 나오는 소리도 정확하게 구분할 줄 아는 것이 신앙인의 가장 기본자세다. 그런데 내 안의 소리가 너무 크면 밖의 소리가 들리지 않는다. 내 소리에 함몰되지 않고 냉철하게 분석하는 길이 깨달음으로 가는 첩경이 된다.

마음의 소리를 듣는 '이어 모니터'는 없을까?
시내로 나가볼까?

미국외교 역사상 가장 훌륭한 업적

알래스카는 원래 러시아 영토였다.

그 당시 러시아는 오스만 터키와 크림전쟁을 치르면서 국고가 바닥이 날 형편이었다. 어쩔 수 없이 러시아 황제 알렉산드로 2세는 주미 러시아공사 에두아르트 스테클에게 알래스카 매각을 위한 협상을 미국과 벌이도록 지시했다. 미국 측 협상 당사자는 국무장관 윌리엄 슈워드(W.H.Seward)였다.

두 사람은 밤새 밀고 당기는 협상을 벌인 결과 1867년 3월 30일 새벽 4시에 720만 달러에 알래스카를 매매한다는 계약서에 서명을 했다. 같은 해 미국은 10월 18일 알래스카에 성조기를 올렸다.

이 금액을 환산하면 100평당 2원이 조금 넘는 헐값이었다. 이 사실이 알려지면서 슈워드는 엄청난 비난에 시달렸다. 동물이나 잡아서 모피를 얻는 것 외에 아무짝에도 쓸모없는 땅을 거금을 주고 샀다고 언론과 국민에게 모욕을 당했다.

하지만 알래스카는 남한 면적의 7배의 크기, 금을 비롯한 각종 광물과 매장량 45억 배럴의 석유, 천연가스, 주석, 니켈 등 자원은 물론이고 군사 전략적 가치는 돈으로 계산이 나오지 않는 땅이었다. 미국 교과서에는 알래스카 매입을 미국외교 역사상 가장 훌륭한 업적으로 소개하고 있다.

보이지 않는 것을 볼 수 있는 눈이 필요하다. 사람들은 보이지 않으면 믿지 못하는 중병에 걸려 있다. 그래서 성경에 이렇게 충고한다.

「네가 보고 싶으면 안약을 사서 네 눈에 발라라.」(요한계시록 3장 18절)

보이지 않는다고 없는 것이 아니다. 또한 보이는 것만이 전부가 아니다. 사실 눈에 보이지 않는 암묵의 세계가 말이나 글로 표현할 수 없을 만큼 넓고 크고 많다. 따라서 눈에 보이지 않는 세계, 눈에 보이지 않는 것을 볼 수 있는 깊은 눈을 가져야 한다.

눈에 보이지 않는 것 중에서 무엇인가를 선택하는 것이 가장 중요하다. 그 출발은 눈에 보이지 않는 세계, 부분, 영역이 있다는 것을 인지하는 것이다. 무슨 일이든 눈에 보이지 않는 부분이 있다는 것을 인식하고 판단하는 것이 중요하다. 그것을 믿음의 눈이라고도 한다.

믿음의 안약을 사서 바르라.
그리고 그들이 결정한 것에 욕하거나 비난하지 말고 기다려보라.

Endurance. 13 킵 샤프의 늙지 않는 뇌

CNN의 의학 전문기자이며 신경외과 의사인 산제이 굽타가 지은 <킵 샤프 : 늙지 않는 뇌>라는 책이 있다.

에미상을 받기도 한 신경외과 의사인 산제이 굽타는 아마존 건강 분야 1위를 차지한 적 있는 이 책에서, '나이가 들면 잘 잊어버린다는 말은 부분적으로만 진실'이라고 말한다. 많은 사람들이 뇌를 만지거나 개선할 수 없는 일종의 블랙박스라고 믿고 있지만 이것은 사실이 아니다. 뇌는 나이와 경제적 능력에 상관없이 평생 꾸준히 지속해서 세밀하게 조정할 수 있다고 한다. 산제이 굽타가 추천하는 뇌 건강법은 이러하다.

① 운동은 이를 닦듯 매일 한다.
② 외국어, 요리, 악기 등 뭔가 새로운 걸 배운다.
③ 생선이나 녹색 잎채소 등 건강한 음식을 먹는다.
④ 하루 7~8시간 충분히 잔다.
⑤ 친구나 이웃과 활발히 교류하며 긍정적으로 사고한다.

그런데 이 모든 것은 시작하는 것이 문제다. 시작해 놓고 끝내지 못하면 말짱 도루묵이다. 어떤 사람이 SNS에 헬스장에 안 가는 이유 9가지가 있다고 글을 썼다.

① 더운데 가지 말까? ②추운데 가지 말까? ③ 피곤한데 가지 말까? ④ 어제 운동했는데 가지 말까? ⑤ 어차피 몸짱 안 될 것 같은 데 가지 말까? ⑥ 몸짱 돼도 얼굴이 그대론데 가지 말까? ⑦ 비 오는 데 가지 말까? ⑧눈 오는 데 가지 말까? ⑨ 그냥 가지 말까?

왜 이렇게 가지 않는 이유만 있을까?

사람들은 모두 뭔가를 시작하기가 어렵고 끝내기는 더 어렵다고 한다. 시작이 반이라는 속담 역시 그만큼 시작하기가 어렵다는 말이다. 성경은 말씀하신다.

「만약 기초만 잘 닦아 놓고 일을 마칠 수 없다면 보는 사람마다 비웃으며 말할 것이다. 이 사람이 짓기 시작만 하고 끝내지는 못했구나.」(누가복음 14장 29~30절)

집을 짓기 위해 기초를 닦았다면 끝까지 마쳐야 한다.

나이가 들어가도 뇌의 상태를 건강하게 유지하기 위해서는 뭔가를 끊임없이 시작해야 한다.

그리고 아무리 귀찮고 힘들어도 끝까지 마무리를 해야 한다는 독한 마음이 필요하다.
끝을 봐야 한다.

미국 스탠퍼드대학교 파비지(J.Parvizi) 교수의 연구팀이 '사람의 ACC에 전기 충격을 가하면 어떤 감정이 생길까?'라는 의문에서 출발하여 대담한 인체 실험에 나섰다.

ACC는 전문용어로, Anterior Cingulate Cortex라는 단어를 줄여 부르는 뇌의 '전방대상피질'이다. ACC는 고통을 관장하는 뇌 부위로 자극을 주면 당연히 괴로움을 느낀다고 추측했다. 그런데 뜻밖의 실험결과를 보고 모두 엄청난 충격을 받았다고 한다.

실험 참여자의 경험담은 이러했다. 운전 중 폭풍우를 만나 쩔쩔매는 장면이 떠올랐다고 한다. 그런데 그 상황에서 느낀 감정은 순수한 고통이 아니었다고 했다. '이 난관을 어떻게든 극복 하겠다'라는 강렬한 의지가 동시에 불끈 솟아났단다. '저 고갯길을 넘으면 폭풍우를 뚫고 나갈 수 있다. 좋아, 간만에 운전 실력 좀 발휘해볼까!'라는 생각이 들었다는 것이었다. 정말 흥미로운 발견이었다.

사람의 뇌에는 '현재 상황을 타파하기 위해 직면한 곤란을 극복하자'라는 욕망을 자극하는 회로가 깔렸다는 것을 새삼 발견하게 된 것이다.

그렇다. 사람이 고통과 고난 앞에서 주눅이 들어 포기를 하면 그것은 인간이기를 포기하는 것이다. 이에 관하여 성경에 아주 유명한 말씀을 남겨 주었다.

「내가 고난을 받는 것이 내게는 잘된 일(유익)입니다. 이는 내가 주의 율례를 배우게 되기 때문입니다.」(시편 119편 71절)

인간의 고난이 유익이요, 내게 잘된 일이라는 것은 반어법이거나 위로의 말씀이 아니다. 하나님은 사람에게 이미 고난과 고통을 이길 수 있다는 '의지의 회로'를 깔아 놓으신 것이다. 그리고 고난을 통해서 율례를 배우게 되었다는데, 율례는 물론 하나님의 말씀을 포함하고 있다. 그리고 이 단어의 뜻에는 기막힌 표현이 하나 더 내포되어 있다.

그것은 '지불되어야 하는 것'이라는 뜻이다. 즉, 고난을 통해 내 삶에서 '지불되어야만 하는 것'이 있다는 것을 배우게 된다는 것이다.

대가가 없는 성공, 공짜 성공, 노력이 없는 성공은 없다는 것이다. 고난은 성공으로 가는 통로라는 것이다.
다시 한 번 힘을 내보라.

Endurance. 15 허니버터 칩

한때 아주 인기 있는 과자 중에 '허니 버터 칩'이라는 것이 있었다.

그렇게도 구하기 어렵다고 했을 때 막내아들이 사와서 맛있다고 막무가내로 권하는 것이었다. 그저 그런 과자의 한 종류였지 큰 감동은 없었다. 이 과자는 발매한 지 얼마 안 되지 않아 103억 원어치가 판매가 되는가 하면 마트에 가도 구할 수가 없었다.

1년 9개월간 연구한 개발원들도 못 먹는 과자라고 했다. 이 과자가 어느 날 하늘에서 떨어졌을까? 그것은 아니다. 앞에서도 언급했듯이 1년 9개월 동안의 피나는 노력의 산물이다.

중국에 '모소'라는 대나무가 있다. 지구상에서 자라는 특이한 식물 가운데 하나로 알려져 있다., 이 대나무를 심으면 5년 동안은 어린 새싹밖에 볼 수가 없다고 한다.. 4년째가 되면 겨우 죽순이 25cm 정도 자란다고 한다.

그러다가 5년이 지나면 이 대나무는 기절할 정도로 빨리 자란단다. 6주 만에 약 27m나 자라게 된다고 한다. 결국 6주 만에 빨리 자라는 것이 아니라 5년 동안 보이지 않는 땅 밑에서 27m로 성장할 수 있는 체계를 갖추고 있었다는 것이 타당한 결론이다.

눈에 보이는 성장만을 추구하는 시대이다 보니 느리게 자라거나 눈에 보이게 성장하지 않는 것에 대한 불안감이나 못마땅함이 있는 모양이다.

우리가 말하는 인생 전체를 '모소'라는 대나무라고 볼 때 우리는 아직 땅 밑에서 성장을 준비하는 과정이 있다고 할 수 있다. 성경은 말한다.

「의인들은 종려나무처럼 번성하고 레바논의 백향목처럼 자랄 것입니다.」(시편 92편 12절)

우리가 사는 사회에서 사실 악인들이 종려나무같이 번성하고 백향목같이 성장해버리면 이런 사실을 어떻게 감당하겠는가! 반대로 우리가 먼저 의인이 되어 종려나무같이 번성하며 레바논의 백향목같이 성장하시기를 기도할 뿐이다.

우리가 제대로 성장하기 위해서는 모소 대나무처럼 5년 동안의 준비 기간이 필요하다. 그동안 묵묵히 미래를 설계하고 기다리면 순식간에 성장하여 큰 나무가 될 것이다. 그전에 실망하거나 좌절하지 말 일이다. 우리는 상상할 수 없을 만큼 성장할 것이다.

씨를 뿌리고 싹이 나고 성장하는 과정은 모두 같지가 않다. 씨를 뿌리는데 10년, 싹이 나는 시간이 10년, 그리고 성장하는 시간은 30년이 될 수도 있다. 그 어떤 순간이든 인내와 기다림이 필요하다.

벼를 심고 이삭이 늦게 올라온다고 이삭 자체를 뽑아 올려버리면 그 농사의 결과는 너무나 명확하다. 망쳐버리는 것이다.

단 1m아래에서

미국에 금광을 찾아 서부로 몰리던 골드러시 시대가 있었다.

그때 '더비'라는 사람과 그의 숙부도 광맥을 찾기 위해 서부로 떠났다. 광맥을 찾아낸 그들은 친척과 이웃에게 막대한 자금을 빌려 필요한 장비를 사서 금을 찾기 위해 바위산을 캐기 시작했다. 그런데 어느 날 갑자기 금광맥이 사라져버렸다. 그들의 꿈은 그렇게 허무하게 끝이 났다. 하는 수 없이 채굴 설비를 몽땅 헐값으로 고물상에게 넘겨버리고 맨손으로 고향으로 돌아갔다.

그런데 설비를 산 고물상 주인이 혹시나 하여 광산 기사를 데리고 가서 다시 조사해 보았다. 오래되지 않아 더비 일행이 광산을 포기한 이유를 밝혀낼 수 있었다.

그들은 단층에 관한 지식이 전혀 없었던 것이다. 광산 기사의 계산에 의하면 금광맥은 그들이 채굴을 단념한 지층으로부터 약 1m 아래에 있었다. 고물상은 수백만 달러의 가치를 지닌 광산의 주인이 되었다. 성경에 이런 이야기가 있다.

「그러다가 그들이 마라에 이르렀는데 그곳 물은 써서 마실 수 없었습니다. 그래서 그곳 이름을 마라라 했습니다.」(출애굽기 15장 23절)

그리고 그 다음의 이야기가 흥미롭다.

「그들은 마라를 떠나 엘림으로 갔습니다. 거기에는 12개의 샘물과 종려나무 70그루가 있었습니다. 그들은 거기에 진을 쳤습니다.」(민수기 33장 9절)

그런데 말씀을 비교해보면 마라와 엘림과의 사이는 약 10Km 내외의 거리였다. 물이 써서 마실 수 없는 곳 마라와 복된 땅 엘림과의 거리는 의외로 가까웠다.

마라에 도착한 백성들은 모세와 하나님을 향하여 원망, 불평, 실망, 좌절하지 말아야 할 이유가 있었다. 엘림이 코앞에 있기 때문인데 그걸 모르기 때문에 원망한 것이었다.

삶의 시간표도 마찬가지다.

지금 당신은 그 위치에서 쓴 물을 마시고 있는가? 아주 가까이, 얼마 지나지 않아 엘림에 도착한다. 마라에서 마냥 원망과 불평을 널어놓으며 좌절하고 있을 것인가? 곧 엘림에 도착한다.

당신의 코앞에 바로 성공의 오아시스, 샘물과 같은 승리가 있다. 조금 더 참고 기다리면 된다. 마라와 엘림과의 거리는 겨우 10km였다.
당신의 삶에도 그대로 적용이 된다.

KBS 1TV 아침방송인 '아침마당'에 수요일마다 '7분 스피치'라는 프로그램이 있었다.

방송된 내용 중에 기억에 오래 남는 한 분이 계신다. 최순용씨에게는 상환이라는 이름의 아들이 있었다고 한다. 정신지체아였다. 17년간 온갖 고통을 당하다가 수술 도중에 사망을 하고 말았다. 사랑하는 아들은 이 험한 세상에서 제대로 귀한 대접 받으며 살아 보지 못한 채 세상을 등졌다. 엄마는 아들을 가슴에 묻었다.

그리고 화장터에 가서 시간을 기다리고 있었다. 그 와중에 식당에서 갈비탕이 나왔다고 한다. 그런데 그 엄마는 자신이 이전에 먹어본 모든 음식 중에서 그렇게 맛있는 갈비탕은 처음이었다는 것이다. 이전에는 먹어본 적이 없을 만큼 훌륭한 갈비탕이었다며, 그렇게 서럽게 우는 모습을 보았다.

그렇다. 몸은 그렇게 반응하게 되어 있다.

성경에 이런 이야기가 나온다. 위대한 신앙고백을 한 후 사탄의 작업에 반응하는 베드로에게 예수님께서 말씀하셨다

「사탄아, 내 뒤로 물러가거라! 너는 나를 넘어뜨리는 걸림돌이다! 네가 하나님의 일은 생각하지 않고 사람의 일만 생각하는구나.(for you are setting your mind)」(마태복음 16장 23절)

영문번역은 이 표현을 '네 마음속에 세팅(setting)'이 되었다고 했다. 베드로가 사탄에게 활동할 공간을 제공했다는 것이다. 몸이 음식에 반응하도록 세팅이 되었듯이 말이다.

지금 당신과 더불어 가정과 교회, 직장과 기타의 삶의 자리에는 어떻게 세팅이 되어 있는가! 사탄이 마음껏 활동할 수 있도록 좋은 무대를 만들어 주고 계시지는 않았는지? 사탄은 항상 우리 마음에, 가정에, 교회에, 직장에 자신의 공간을 만들려고 지속적으로 공격하고 있다.

우리는 지금부터 사탄에게 활동할 공간을 무의식 중에 제공할 것이 아니라 하나님에게, 성령님에게 활동할 수 있는 무대를 만들어 드려야 하지 않을까?

사람은 참 어리석은 존재다. 그렇게 사탄의 활동무대를 세팅해 놓은 것도 모른 채 이유도 없는 고통을 당하는 경우가 너무나 많다.

그렇게 세팅이 된 무대는 당장 철거해야만 한다.

Endurance. 18 말 안 해도 알지?

혈액형을 가지고 사람의 성격을 말하는 유머가 있다.

A형은 소시지 : 소심하고, 세심하고, 지랄 같다.
B형은 오이지 : 오만하고, 이기적이고, 지랄 같다.
O형은 단무지 : 단순하고, 무식하고, 지랄 같다.
AB형 : 3(Three)가지가 모두 지랄 같고 지랄 같고 지랄 같다.

이 유머에 내재된 결론은 이렇다고 할 수 있다. 표현이 다소 거칠기는 하지만 모든 인간에게는 그 성격, 품성, 모습에 다 지랄 같은 모습이 있다는 말이다. 이런 지랄 같은 사람도 하물며 남을 정죄하고 비판하며 살아가고 있다. 예수님은 말씀하셨다.

「어째서 너는 네 형제의 눈에 있는 티는 보면서 네 눈에 있는 들보는 깨닫지 못하느냐?」(누가복음 6장 41절)

'들보'는 '도코스(δοκός)'인데, 재목의 토막, 대들보를 말한다. 티는 '카르포스(κάρφος)'인데, 마른 줄기나 가지, 또는 왕겨를 말한다. 눈 속에 대들보가 있는 사람이 왕겨, 나뭇가지 가진 자를 탓한다는 말이다. 영문에서는 들보를 통나무(log)로 번역했다. 과장이 아니다. 이 말은 형제의 눈 속에 조그만 흠과 티끌을 찾아 비판하고 험담할 줄만 알았지 자기 눈에 통나무가 박혀 있는 것을 모르는 무지를 꾸짖은 말이다.

가정에서 남편은 아내에게서, 아내는 남편에게서, 회사에서는 사장은 직원, 직원은 사장에게서, 교회에서는 목사는 교인에게서, 교인들은 목사에게서 티끌을 찾느라 혈안이 되어 있다.

사람의 눈은 항상 앞만 볼 수 있다. 거울을 통하지 않고는 자기의 모습을 절대로 볼 수 없다. 거울이라는 사물의 도움을 받지 않고는 일평생 자기의 모습을 직접 눈으로 볼 수 없다. 이것이 인간의 한계이자 비극이다.

말씀을 거울이라고 했듯이 우리는 말씀을 통하여 자신을 볼 수 있는 길이 마련되어 있음이 참으로 다행이다.

부잣집 담장 밑을 지나는 아가씨에게 그 집의 앵무새가 '못생긴 아가씨'라고 놀려댔다. 아가씨는 주인에게 가서 입단속을 해달라며 치를 떨며 항의 했다. 그 다음 날 담장 밑을 지나는데 그 앵무새가 조용하게 있는 것이었다. 속으로 생각하기를 주인한테 혼났구나 생각하며 지나치려는데 그만 앵무새와 눈이 딱 마주쳤다. 그때 앵무새가 짤막하게 한마디를 했다.

"말 안 해도 알지?"

핵심을 찌르는 유머다.

누가 말하지 않아도 자신의 들보를 볼 줄 아는 사람이 현명한 사람이다.

5번은 우리집 강아지

아들이 어머니를 모시고 한집에서 살고 있었다.
어느 날 밤이었다. 어머니는 아들과 며느리가 대화하는 것을 우연히 들게 되었다. 며느리가 말했다.
"여보, 세상에서 누가 제일 좋아?"
"그야 물론 당신이 나의 영원한 ①번이지"
"그럼 2번은?"
"②번은 멋진 아들, ③번은 예쁜 딸, ④번은 당신을 낳아준 장모님, ⑤번은 우리 집 강아지, ⑥번은, 음, 그것은 우리 엄마!"
어머니가 충격을 받아 밤새도록 잠을 설치다가 새벽에 집을 나가면서 냉장고에 이렇게 써 붙였다.
"아들과 ①번 보아라. ⑥번 집 나간다. ⑤번 끼고 잘 먹고 잘 살아라."
아들의 마음속에는 어머니는 없었다는 익살스런 유머다. 강아지에게도 밀렸다는 슬픈 현실이다. 성경에 이런 말씀이 나온다.
「내게 '주님, 주님' 하는 사람이라고 다 하늘나라에 들어가는 것이 아니다. 하늘에 계신 내 아버지의 뜻대로 행하는 사람이라야 하늘나라에 들어갈 것이다.」(마태복음 7장 21절)

여기서 '주님'은 '퀴리오스(κύριος)'다. 권위에 있어서 최고이며 주인, 마음대로 하는 사람이라는 복합적인 뜻이 있다. 한글로써는 표현할 수 없는 엄청난 의미가 담겨 있다. '나의 주인!'이자 내 삶의 주인이라는 것이다. 보통의 내 삶의 주인은 '나'다. 그래서 세상은 '나'와 '나'가 만나 싸우고 피를 흘리며 다투는 것이다.
성령 충만, 은혜 충만, 믿음 충만이 무엇인가? 바로 내 삶의 주인을 하나님으로 바꾸는 작업이다. 내 삶의 '모든 영역'에서 주인을 하나님을 바꿀 때 진정으로 이런 고백이 나오는 것이다.
"주여!"
그러나 말로는 주인이라고는 하지만 여전히 주인이 '나'가 된다면 우리의 신앙과 믿음은 정말 헛것이 아니겠는가? 신앙생활의 기나긴 여정은 바로 내 삶의 주인을 '나'에서 '하나님'으로 바꾸는 과정이다. 이런 관점으로 성경을 보면 큰 맥락이 보일 것이다.

당신의 삶의 중심의 의자에 앉아 있는 '나'를 '하나님'으로 바꾸시는 놀라운 역사가 있기를 소원한다.
우리의 영원한 1번은 '하나님'이시다.

아이의 시력은 괜찮습니까?

항상 남의 나쁜 점만 골라 이야기하는 남편이 있었다.

그의 현명한 아내는 남편의 이런 행동을 어떡해든 고쳐보려고 무척이나 노력을 했다. 어느 날 양쪽 귀가 없이 태어난 아이가 있는 집에 초대를 받았다. 남편의 습성을 알고 있던 아내는 수없이 주의를 시키며 약속을 했다. 양쪽 귀가 없는 부분에 대하여 절대 언급하지 않기로 한 것이다.

식사 후 화기애애하게 대화를 하던 중 마침 그 아이가 들어왔다. 아내는 긴장했다. 남편이 말했다.

"아이가 참 건강하게 보이는군요."

부모는 조심스럽게 대답을 했다.

"예, 아무 일 없이 잘 크고 있어요."

그때 남편이 다시 물었다.

"아이의 시력은 괜찮습니까?"

"그럼요, 두 눈의 시력이 다 1.2입니다."

아내는 남편이 귀가 아닌 눈에 관하여 이야기를 하자 안도의 한숨을 쉬었다. 그때 남편이 말했다.

"참 다행스런 일이군요. 하나님도 참 고마우신 분이시지. 어떻게 안경을 걸칠 곳이 없는 줄 아시고 시력을 좋게 하셨을까!"

구제불능의 남편이다. 참으로 심하다.

어떻게든 다른 사람들의 약점을 파헤치는 것은 그 어떤 질병보다 더 심한 중증의 질병이다. 성경은 말씀하신다.

「남을 판단하지 말라. 그러면 너희도 판단 받지 않을 것이다. 남을 정죄하지 말라. 그러면 너희도 정죄 받지 않을 것이다. 용서하라. 그러면 너희도 용서받을 것이다.」(누가복음 6장 37절)

'판단'은 '크리노(κρίνω)', '나누다, 조각내다 결정하다. 재판하다'라는 뜻이다. '정죄'는 '카타디카조(καταδικάζω)'인데, '불리한 선고를 한다. 불리한 판결을 내리다'는 뜻이다. 이 말은 다른 사람을 나누고 조각내서 불리한 선고나 불리한 판결을 내린다는 말이다. 그 기준이 뭘까?

자기의 생각, 자기의 경험, 자기의 논리가 그 기준일 것이다. 그 기준이 전부인 줄 착각하고 유죄선고를 내리는 것과 마찬가지다.

이 같은 중병을 고치기는 암 수술보다 더 힘들다. 적어도 그 기준을 정할 수 있는 교재가 필요하다. 그것이 바로 성경이다.

읽고 읽어 기준을 정해서 마음에 새기는 작업이 신앙인의 귀한 길이다.

재미없는 설교를 5번이나

어느 교회가 주일예배를 5부까지 드렸다.

5부 예배의 설교를 마친 후 녹초가 되어 집으로 돌아온 목사님이 꼼짝도 하지 않고 앉아있는 사모님께 말했다.

"뭐 그리 피곤하다고 그래? 다섯 번 예배를 인도하고 설교한 사람도 있는데."

그때 사모님께서 기가 찬다는 듯 이렇게 대꾸를 했다.

"재미도 없는 같은 설교를 다섯 번이나 듣는 사람의 입장을 생각이나 해 봤수?"

사람마다 자기 처지에서 생각하고 판단하고 행동에 옮긴다. 그 사람은 자기 생각의 함정에 빠져 있다. 성경에 이런 말씀이 있다.

「그리고 예수께서 제자들과 그분을 따르는 사람들을 다 불러 놓고 말씀하셨습니다. 누구든지 나를 따르려거든 자기를 부인하고 자기 십자가를 지고 따라야 한다.」(마가복음 8장 34절)

사람마다 '자기'에 해당하는 요소들이 제각각 있다.

'부인'이라는 말은 '아파르네오마이(ἀπαρνέομαί)'인데, '아주 거절하다'라는 뜻으로, '자기 생각, 자기 판단, 자기 느낌' 같은 것을 명확하게 거절하라'는 것이다. 쉬운 말로 예수님을 따르려면 자기 생각, 자기 판단, 자기 사고방식을 철저하게 거절하는 것부터 출발한다고 할 수 있다.

사사 시대의 최대 오점은 '자기소견에 옳은 대로 행했다'는데 있듯이 현대인들은 자기 생각이 너무 많다. 어느 사람은 그것을 '내가 복음'이라고도 했다. 인터넷 댓글 수준을 보면 요즘 이런 언어가 있었던가 싶을 정도로 과격하게 욕하고 대안도 없이 비판하는 요소들이 수두룩하다. 모두 자기 생각에 맞지 않는다고 생각하는 편협 된 버릇에서 시작된다고 할 수 있다.

그들은 중력의 법칙을 모를 뿐만 아니라 상대성의 원리를 아예 모르는 맹아들이다. 그리고 익명의 그늘에 숨어 무책임한 발언을 원색적으로 내뱉는다는 것은 정상적인 영역의 사람이 할 일이 아님을 그들 스스로가 더 잘 알 것이다. 비겁한 사람은 햇살 아래서 떳떳하게 살 수가 없다. 내 생각이 다 맞는 것도 아니고, 다 틀린 것도 아니다. 그러므로 자신을 냉정하리만큼 부인할 수 있는 능력이 정말 위대한 능력이 아닐까?

당신이 지금 고집하고 있는 바로 그것이 꼭 정답이라고 할 수가 없다. 고집하면 하나님의 뜻이 비집고 들어올 틈이 없다. 이 질문에는 무리와 제자가 함께 포함되어 있다. 예외는 없다. 내 뜻을 포기하면 더 좋고 탁월한 것들이 몰려온다. 물러서는 것이 이기는 길일 수도 있다. 나아가 공격하기도 쉽다. 자기를 부인하는 것은 스스로 십자가를 질 수 있는 선행조건이다.

이런 말도 있다. 미국의 경제, 사회평론가이자 작가인 데이비드 브룩스라는 사람의 말이다.

"자신의 세계관을 고수하며 비판에 맞서야 할 때가 있다. 그러나 때로 달라진 세상에서 견해를 재구성하고, 새로운 시각으로 봐야 할 때가 있다." 내가 틀릴 수도 있다는 사실을 명심해야 한다. 내가 틀릴 수도 있다는 사실을 인정하는 일이 얼마나 가치가 있는 일인지를 우리는 겸허하게 수용해야 한다.

Endurance. 22 배탈입니다

첫 아이를 가져 출산을 앞둔 아내가 갑자기 배가 아팠다.

남편은 아내에게 묻지도 않고 황급히 차에 태워 산부인과로 갔다. 남편은 진찰실 밖에서 아기가 나오기를 초조하게 기다리고 있었다. 마침내 진찰실에서 의사가 걸어 나오자 남편은 다급하게 물었다.

“아들입니까? 딸입니까?”

의사가 정중하게 대답했다.

“배탈입니다.”

초보 남편의 귀여운 행동이다. 그러나 우리의 일상을 냉철하게 되돌아보자. 우리는 너무 조급하게 혹은 성급하게 일을 추진하거나 몰아붙이지 않았나 생각해 볼 일이다. 기도하며 심사숙고하지 않고 성급하게 판단해 버린 결과 일을 그르친 기억들이 몇 개쯤은 가지고 있을 것이다. 솔직히 말해 우리는 모든 일에 너무 급하다. 성경에 이런 말씀이 있다.

「조급하게 화를 내지 않는 사람은 큰 명철이 있지만, 성질이 급한 사람은 어리석음을 드러낸다.」(잠언 14장 29절)

‘조급함’은 ‘카쩨르(קָצַר)’인데, ‘크기, 수, 생명, 힘, 또는 기질에 있어서 참지 못 한다’는 말이다. 이 말을 뒤집어 생각해 보면 모든 일에 조급함은 금물이라는 말이다.

또한 조급하고 성질 급함은 어리석다는 것이다. 노하기를 더디하고 오래 참는 자는 크게 명철(great understanding)하게 되고, 조급한 자는 어리석은 사람으로 전락된다는 것이다. 성질이 조급한 사람(quick-tempered)은, ① 성급한 ② 성마른 ③ 걸핏하면 화내는 사람이라는 뜻이 포함되어 있다. 최악의 상황만 연출될 뿐이다.

사람들은 불안하거나 성공하고 싶은 욕망이 강하면 조급하거나 성급할 수도 있다. 그러나 무엇인가를 결정하기 전에 하나님의 말씀을 묵상해 보거나 기도나 혹은 주변 사람들에게 조언을 구해보고 결정하는 것이 올바른 방법이다.

사도 바울은 말세의 현상을 이렇게 묘사했다.

「배반하고 무모하고 자만하고 하나님을 사랑하기보다 쾌락을 더 사랑하고 경건의 모양은 있으나 경건의 능력은 인정하지 않게 될 것이다. 너는 이런 사람들을 멀리하여라.」(디모데후서 3장 4~5절)

말세의 증상 중 하나가 ‘조급하다’라고 진단한다. 조급함보다 느긋함이 삶의 가장 현명한 자세다.
급할수록 돌아가라는 말도 있지 않는가!

어느 아파트에서 이른 아침인데도 다급한 목소리로 이런 내용의 안내 방송을 하는 것이었다.

"어젯밤에 남편이 안 들어왔다 하시는 부인들이 계시면 지금 경비실 화단에 잠들어 있는 분이 자기 남편인지 확인을 부탁드립니다."

주인공 새댁은 그 방송을 듣고 화들짝 놀라서 누가 알아볼까 싶어 머리에 모자를 깊숙이 눌러 쓰고 재빠르게 경비실 화단으로 달려갔다.

그런데 자기뿐 아니라 이곳저곳 아파트 출입문에서 6~7명의 모자 쓴 새댁들이 뛰어나오고 있더란다. 술 마시고 밤새 들어오지 않은 남자들이 그만큼 많다는 것이다.

요즘 라디오에서, 길거리 간판에서 자주 듣고 보는 광고 중 대리운전 광고가 많다. '좌우가 똑같은 번호 1577' 등등이 그것이다. 대리운전 광고가 많이 등장한다는 것은 그만큼 술을 먹는 사람들이 많다는 것이고, 음주운전을 하면 안 되니까 대리운전이 필요한 사람들이 많다는 방증이다. 성경은 이렇게 말씀하신다.

「또한 술에 취하지 마십시오. 잘못하면 방탕에 빠지기 쉽습니다. 오히려 성령으로 충만하게 되십시오.」(에베소서 5장 18절)

방탕은 '아소티아(ἀσωτία)'인데, 허랑방탕을 뜻하는 말이다. 술에 취하면 '허랑방탕하게 된다'는 것인데, 방탕에는 '무절제'의 뜻이 숨어 있다. 무절제는 성령의 9가지 열매 중 '절제(Self-control)'의 반대인 '절제할 수 없는 상태'를 말한다. 술에 취하면 인간의 이성, 도덕, 감정을 통제하기 어렵다는 것이다.

그런데 성경은 하필 왜 술과 성령을 비교했을까?

성령의 충만한 상태가 되면 이성과 도덕, 감정, 온갖 종류의 인간의 마음을 스스로 통제할 수 있기 때문에 그렇게 비교했을 것이다. 성령이 우리 속에 충만하게 자리잡고 있으면 나의 모든 것을 하나님의 방법으로 살아갈 수 있도록 통제하고 인도받을 수 있다는 말이다.

아쉬운 것은 사람들이 어디 술에만 취하겠는가! 돈에 취하고, 권력에 취하고, 명예에 취하고….

세상의 온갖 것에 취해 정신을 잃고 있다.
나는 지금 무엇에 취하고 있을까?

쌍권총 크로울리

1931년 5월 7일 뉴욕 시. 전대미문의 범인, 희대의 살인범인 일명 '쌍권총 크로울리'가 애인의 아파트에 몸을 숨겼다가 가까스로 검거가 된다.

그가 검거될 당시 뉴욕 시민 중에서 무려 1만여 명이 흥분하며 그 장면을 지켜봤다. 당시 경찰국장 말루니는 이렇게 말했다.

"이 쌍권총의 사나이는 뉴욕 시 역사상 가장 흉악한 범인 중 한 사람으로', '아주 하찮은 것'에서도 간단하게 사람을 죽였다."

이런 희대의 살인마 크로울리는 자기 자신을 과연 어떻게 생각하고 있었을까? 그는 지인에게 보낸 편지글에서 이렇게 썼다.

"피로에 지쳐 있기는 하지만, 나의 가슴속에는 온화하고 다정한 마음이 있다. 그것은 어느 사람에게도 해를 주지 않는 부드러움이다."

미국에서 성경 다음으로 많이 판매된다는 데일 카네기의 '인간관계론'에 나오는 이야기다. 사람은 누구나 자기는 옳고, 바르고, 착하고, 순하고, 진실하다고 생각한다. 그런데 성경은 다르게 말씀하신다.

「누구든지 나를 따르려거든 자기를 부인하고 자기 십자가를 지고 따라야 한다.」
(마가복음 8장 34절)

'자기 부정'이 무엇일까? 그것은 바로 자신에게서 나오는 온갖 것들을 객관적 입장에서 볼 줄 아는 눈이 아닐까! 자기의 판단, 경험, 생각, 기준, 욕망 등을 부정할 줄 아는 힘이 바로 자기 부정이며, 그래야 예수님의 제자가 될 수 있다는 것이다. 사도 바울처럼. 그는 이렇게 고백했다.

「오호라, 나는 곤고한 사람이로다. 이 사망의 몸에서 누가 나를 건져내랴?」(로마서 7장 24절)
「죄인 중에 내가 괴수니라.」(디모데전서 1장 15절)

스스로 곤고한 사람, 죄인 중의 괴수라고 고백하는 것은 확실한 자기 부정의 증거다. 사도 바울은 적어도 자기 자신을 볼 줄 아는 사람이었다. 자신을 죄와 더불어 사는 사망의 몸으로, 죄인 중에 괴수로 보았다는 것은 철저한 자기 부정의 출발이 아닐까!

나에게 부정할 것이 과연 무엇일까! 그걸 찾으면 비로소 새로운 길이 열릴 것이다. 자기 부정의 길목에 서 있어도 자기 십자가를 찾고 그걸 직접 지지 않으면 완성이 어렵다.

자기 부정과 십자가는 동전의 양면과 같다.

Endurance. 25 지금 술집에서 뭐하고 계세요?

어느 목사님이 교회 사무실에서 성경을 보며 묵상하고 있었다.

그때 어느 여자의 전화를 받았다. 전화한 여자는 자기소개도 없이 그냥 '맥주 두 박스 배달해 주세요.' 하더란다. 잘못 걸려온 전화가 분명했다. 그런데 목소리가 어디서 많이 들어본 음성이었다. 가만히 생각해 보니 자기 교회의 교인의 목소리였다. 목사님은 위엄이 서린 목소리로 말했다.

"성도님, 저는 성도님 교회의 담임 목사입니다."

그러자 그 여자가 화들짝 놀라며 말했다.

"아니, 목사님, 도대체 지금 술집에서 뭐하고 계세요?"

도대체 이게 무슨 소리야!

사실 성도들과의 관계에 있어서 예배와 삶의 현장과는 상당한 거리가 존재한다. 주일이나 수요예배 때 하나님 앞에서의 신앙의 형태와 삶의 현장의 개인적 생활에서는 전혀 다른 사람이 된다.

엘리야는 하나님 곁을 떠난 백성들 틈에서 사역을 하다 마침내 850:1의 신적 전투에서 승리한다. 이기기는 했어도 너무나 피곤하여 낙담하면서 광야로 피신하여 하나님께 떼를 쓴다. 이제는 도저히 버틸 힘이 없으니 데려가 달라고. 그때 천사를 보내 먹고 마시게 하고 달래서 하나님 앞에 서게 한다.

「그리하여 그는 일어나 먹고 마셨습니다. 그 음식으로 기운을 차린 뒤 엘리야는 밤낮으로 40일 동안을 걸어가서 하나님의 산인 호렙 산에 이르렀습니다.」(열왕기상 19장 8절)

하나님 앞에 실존적으로 서기까지가 쉽지 않다는 것을 보여주는 장면이다. 예배에 한번 참석하기가 40일을 걸어가야 할 만큼 힘들고 어렵다. 이 40일 거리를 매주 오고 간다고 생각해 보라. 얼마나 어렵겠는가!

많은 신앙인 역시 마찬가지이다. 하나님 앞에서의 삶과 현장의 거리가 마치 40일의 거리가 있는 것과 같다. 물리적인 거리이거나 정신적인 거리라 하더라도 우리는 이 거리를 좁혀야 한다. 하루의 거리에서 더욱 나아가 시간 단위로 좁혀야 한다. 아직도 누군가를 설득하며 달래야 하나님 앞에 가는 성도가 있다면 깊이 반성해 보라.

이제 자기 힘으로 가야 한다. 자기의 의지로 하나님의 산 호렙으로 가야 한다. 우리는 하나님 앞에 서려고 사경회도 기도회도 하는 것이다.

자! 이제 누구의 도움도 없이 홀로 하나님 앞에 서도록 힘을 내보자.
신앙의 길은 예나 지금이나 혼자서 자기 팔을 자기가 흔들며 가는 것이다.

앙투안 라부아지에

물(H_2O)이 산소(O)와 수소(H)로 이루어진 화학물질이라는 사실을 최초로 밝혀낸 사람은 프랑스의 화학자인 '앙투안 라부아지에'였다.

1783년 라부아지에가 이 같은 사실을 발표했을 때 사람들은 이러한 사실에 무척 충격을 받았다고 한다. 더욱 놀란 사람은 그같은 사실을 알아낸 라부아지에 자신이었다고 한다. 수소는 불을 붙이면 폭발하는 기체이다. 산소 역시 불에 무섭게 타는 기체의 한 종류이다. 그러나 이 두 물질이 결합하게 되면 불을 끄는 물이 된다는 사실을 최초로 알았을 때 라부아지에는 자연의 신비에 전율하지 않을 수 없었다고 한다.

이것이 창조의 원리다. 독립된 개체로 있을 때는 그냥 하나의 존재였다가 둘 이상이 합쳐지면 새로운 창조물이 나오는 것이다. 이것은 세상의 논리와도 같다. 문제는 누구와 합하느냐이다. 성경은 이렇게 말씀하셨다.

「그러므로 우리는 그리스도의 죽으심과 연합해 세례를 받음으로써 그분과 함께 묻혔습니다. 이는 그리스도께서 아버지의 영광으로 인해 죽은 자들 가운데서 살리심을 받은 것처럼 우리도 또한 새 생명 가운데서 살게 하려는 것입니다.」(로마서 6장 4절)

'죽으심과 연합해'라는 구절이 참으로 신비롭다. 물 같은 내가 산소 같은 그 무엇과 결합이 될 때 상상 이상의 놀라운 현상과 역사가 일어날 수 있다고 하지 않았는가. 세상에는 이해되지 않는 것들이 너무 많다. 그리고 이해되지 않는다고 진리가 진리가 아니라는 말은 아니다.

결과를 확인하기 전에는 앞으로 나타날 현상을 예측하거나 상상을 할 수 없다. 그러나 세상의 모든 이치의 진행 방향을 모두 이해해야 할 열린 마음을 가지고, 이해할 수 있다고 믿는 전향적인 자세에서 새로운 창조물이 나오는 것을 목격할 수 있다.

우리는 그냥 '예수 그리스도의 죽으심과 합하는 것' 이상도 이하도 아니다. '죽으면 산다'라는 진리 또한 영원하다. 누군가 죽어야 한다고 외치지 말고, 내가 죽으면 모두가 사는 길이 보이지 않을까! 내가 죽지 않고 누군가를 향하여 죽어야 한다고 한다면 새로운 기적과 행복은 영원히 없다.

누군가를 죽여야 내가 사는 세상이라고 상대를 탓하지 말고 오늘 내가 어떻게 희생해야 하는가를 생각하기만 해도 기적이 바로 눈앞이다.

분노의 방아쇠

"생각이 엔진이라면, 감정은 가솔린(휘발유)이다."

프로이트의 말이다. 감정은 어떤 일이나 현상, 사물에 대하여 느끼면서 나타나는 심정이나 기분을 말한다. 사람은 일곱 가지의 감정이 있다고 한다. 기쁨(喜)·노여움(怒)·슬픔(哀)·즐거움(樂)·사랑(愛)·미움(惡)·욕심(欲)이 바로 그것이다.

그런데 문제는 이 일곱 가지 감정이 마치 휘발유와 같다는 말이다. 휘발유는 평범한 액체로 보이지만, 점화가 되면 무시무시한 폭발력을 내뿜는다. 감정도 거의 존재감이 없다가 느닷없이 터져 나오는 속성을 지니고 있음을 말하는 것이다.

이 일곱 가지 감정에 불을 붙이면 상상을 초월하는 결과가 나타난다. 특별히 이 일곱 가지 중에서 우리 안에 노여움이 가장 큰 작용을 한다. 우리는 분노의 방아쇠에 손가락을 넣은 채 살고 있다.

특히 한국인들에게 특별한 속성으로 꼽히는 감정의 기복이 문제라고 할 수 있다. 우리는 분노의 감정에 많은 에너지를 쏟고 있다. 감정이 폭발하여 부부싸움을 하다 불을 지르고, 대화를 하다 참지 못하고 상대방을 폭행하고, 술을 마시고 시비하다 폭력을 휘두르는 모습이 도처에 널려 있다. 감정을 잘 다스리지 못해서 그렇다. 나아가 사회에 대한 분노, 정치에 대한 분노, 정의롭지 못함에 대한 분노 등 그 형태도 참으로 다양하다.

성경에 귀신 들린 딸을 둔 여인이 예수님께 고쳐 달라고 했을 때의 일이다. 예수님은 여인의 예민한 감정을 건드렸다.

「예수께서 여인에게 말씀하셨습니다. '자녀들을 먼저 배불리 먹게 해야 한다. 자녀들이 먹을 빵을 가져다가 개에게 던져 주는 것은 옳지 않다.」(마가복음 7장 27절)

그때 당황한 여인이 분노의 방아쇠를 당기지 않고 이렇게 대답했다.

「그렇습니다, 주여. 하지만 개들도 식탁 밑에서 자녀들이 떨어뜨린 부스러기를 주워 먹습니다.」(28절)

그리고 그 딸은 고침을 받았다. 그때 여인이 당황한 감정에 분노의 방아쇠를 당겼다면 어떻게 되었겠는가! 한발 더 나가서 예수님은 이렇게 말씀하셨다.

「너희를 저주하는 사람들을 축복하고 너희에게 함부로 대하는 사람들을 위해 기도하라.」(누가복음 6장 28절)

현대인의 수없이 많은 인간관계에서는 너무나 많은 감정선이 교차되고 있다. 아무리 그 결과를 예측하지 못한다.

오늘도 누군가 당신의 감정에 불을 붙인다면 믿음으로 감당하며 폭발하지 않도록 해야만 한다. 더 큰 은혜가 준비되어 있을 것이다.

B.C 와 A.D

해가 바뀔 때마다 큰 고민이 있다.

그 해를 표현하는 한자어 단어 때문이다. 이 단어는 정통 기독교인이라면 절대로 쓰면 안 되는 단어다. 그런데 목회자들조차 이 말을 즐겨 쓴다.

'신축년'의 예를 들어보자. 이 용어는 천간 10개와 지지 12개를 순서대로 조합하여 만든 60간지 중의 하나다. 이 간지는 중국에서 유래된 것으로 신화적인 내용에 사용하거나 제사, 제례의 목적으로 만든 용어다. 도대체 왜 사람을 소에 비유하는가?

이슬람교도들은 이슬람력을 쓴다. 소위 히즈라력이라고 하는데, H. 혹은 A.H(라틴어로 Anno Hijrae/히즈라 이후의 해)라고 한다. 2021년은 이슬람력으로는 1443~1444년이다.

불교도들은 부처가 온 날을 기점으로 해서 불기 2565년이다. 히브리력(유대력)으로는 5781~5782년이다. 우리나라는 단기 4354년이다.

기독교(서양력)에서는 B.C와 A.D로 표기한다. B.C는 'Before Christ'의 약자다. 그리스도 예수님 이전의 시대라는 뜻이다. 그리고 A.D는 라틴어로 'Anno Domini'다. 'Anno'는 '년'이고 'Domini'는 '주'라는 뜻이다. 즉, '주님이 오신 해'라 뜻이다.

우리는 예수님이 이 땅에 오신 해를 원년으로 계산한다. 따라서 올해는 A.D(주님이 오신 후) 2021년이다. 예전 신앙의 선배들이나 아버지께서는 항상 편지를 쓸 때 마지막 '주 후 2021년 1월 1일' 이런 식으로 썼다. '주님이 오신 후'라는 말이다.

앞으로는 '신축년'과 같은 한문의 단어는 될 수 있으면 신앙인들은 쓰지 말아야 한다. 성경에 이런 말이 나온다.

「나는 알파(α)와 오메가(Ω)요, 처음과 마지막이요, 시작과 끝이다.」(요한계시록 22장 13절)

성경에서는 시간의 개념을 직선으로 본다. 그 시간 속에서 개인이든, 가정이든, 국가든, B.C와 A.D.에 있다.

신앙인으로 당신에게 B.C.와 A.D가 있는가?

새해에는 당신에게 '주님을 만난 후'의 시간이 되시기를 기도한다. 하나님이 함께 하시는 한해가 되시기를 축복한다.

> 당신의 생애에 가장 기억되고 복되고 형통한 원년 A.D가 되시기를 기원한다.
> 나는 모태 예수님 띠다. 감사하게도 태어날 때가 A.D 였다.

Endurance. 29 처음 장례식 집례했을 때

어느 목사님이 안수를 받은 후 처음 장례식 집례를 하게 되었다.

고인은 어린 꼬마였다고 한다. 그 아이는 그 가정에서 첫째 아들이자 첫 손주였다. 생전에 그 가정을 심방한 적이 있었다. 기억에 그 아이가 부모의 말을 전혀 듣지 않았다.

그야말로 대놓고 무시하는 반항아였다. 오라 하면 가고, 앉으라 하면 일어섰다. 그렇게 행동해도 부모는 나무라기보다는 오히려 귀여워하면서 사랑스럽게 여겼다.

어느 하루, 집앞의 마당 문이 열려 있었다. 그 아이가 마당을 가로질러 도로 쪽으로 가고 있는 것이 부모의 눈에 들어왔다. 바깥 도로 한쪽에서는 차 한 대가 빠른 속도로 달려오고 있었다. 아이는 주차해 둔 자동차 사이로 빠져나가 도로 쪽으로 내달렸다. 그때 부모는 다급하게 절규하듯 외쳤다.

"안 돼! 돌아와!"

그때 아이는 잠깐 서서 부모를 보고 씨익 웃더니 돌아서서 도로로 달려갔다. 그 순간 자동차가 그 아이를 세차게 들이받아 사망하고 말았다.

부모는 처음 얻은 아들이라 너무 사랑스러운 나머지 아무런 제재도 하지 않으며 버릇없이 키운 것이었다. 결국 잘못을 했을 때 제때에 훈육하지 않고, 어리광을 무조건적인 사랑으로만 키웠기에 결국 그런 사고를 당한 것이었다. 성경은 말씀하신다.

「회초리를 아끼는 것은 아들을 사랑하지 않는 것이다. 아들을 사랑하는 사람은 제때에 징계한다.」(잠언 13장 24절)

아이는 사랑으로만 키울 것이 아니다. 안 되는 것은 안 된다고 반드시 가르치고 때로는 매로 다스릴 줄 알아야 한다. 세상의 모든 아이들에게는 부모와 선생님과 어른들이 있다.

그런데 어른은 누가 벌을 줄 수 있을까? 그것은 하나님의 몫이다. 징계와 고난과 연단은 하나님이 돌아오라고 외치는 음성이다. 성경은 일러 주신다.

「모든 연단이 당시에는 즐거움이 아니라 괴로움으로 보이지만 나중에는 그것을 통해 연단된 사람들에게 의로운 평화의 열매를 맺게 합니다.」(히브리서 12장 11절)

연단과 고난은 하나님 앞으로 돌아오라는 소리다. 때로는 나에게 고난과 역경이 겹치면 먼저 자신을 돌아볼 일이다. 그 소리가 지금도 곳곳에서 들려오고 있다.

그 소리를 듣고 돌아오는 사람은 복되고 형통할 것이다.

Endurance. 30 아들만 다섯

SNS에 올라온 글이다.

사촌 언니가 아들 둘을 낳고 10년 차에 늦둥이 딸을 낳으려고 노력을 하고 있었다. 혹시나 쌍둥이 생각은 해도 세쌍둥이 생각은 전혀 하지 못했다고 한다. 근데 세 쌍둥이를 임신하고 말았다. 성별이 모두 아들. 이제 아들만 다섯, 사촌 언니는 그냥 울었다고 한다. 댓글에 모두 하나같이 울었다는데 공감했다.

소통전문가로 많은 이들에게 용기와 희망을 주는 신앙인 김창옥씨가 강의하는 '포프리쇼'에서 나온 이야기다.

부천에 사는 한 여자분이 아들 하나를 낳고는 다시 딸을 낳고 싶어서 임신을 했다고 한다. 그런데 낳고 보니 세 쌍둥이 딸을 낳았다는 것이다. 아들 하나에 딸이 셋이 됐다. 난감했다고 그 분은 그렇게 말씀을 하셨는데, 그것 역시 참으로 축복된 일이 아닐 수 없다.

세상만사 모든 일이 사람의 마음대로 되지 않는다. 사람들은 모두 자기만의 계획을 세운다. 그리고 그 계획이 이루어지기를 소망하고 기도한다. 하지만 그 계획대로 되기는 쉽지 않다. 쉽지 않을 뿐 아니라 어렵다. 그래서 성경에서의 욥은 이렇게 탄식하며 말했다.

「내 인생이 지나갔고 내 계획과 내 마음의 생각마저도 부서졌도다.」(욥기 17장 11절)

그리고 잠언에도 이런 말이 나온다.

「사람의 마음에는 많은 계획이 있으나 오직 여호와의 뜻만이 이뤄진다.」(잠언 19장 21절)

문제는 사람의 마음으로 세우는 계획에 선한 것만 있겠는가! 사람의 마음은 부패하여 오로지 선한 계획만 있는 것이 아니다. 크게 양보해도 50%는 악한 뜻도 있다. 생각해 보자. 사람의 계획대로 다 이루어지면 지구는 5분 안에 망한다. 그래서 오직 하나님의 뜻만이 이뤄져야 한다.

내 계획대로 이루어지지 않았을 때는 반드시 점검해 볼 필요가 있다. 내 뜻이 정말 하나님의 뜻과 일치한 것이었을까! 내 뜻이 하나님의 뜻이라고 우기지는 않았을까 깊이 생각해 볼 일이다. 부모가 아들딸 구분해서 낳을 수 있다면 세상은 남자가 많을까, 여자가 많을까?

하나님께서 하시는 일에 끼어들지 말자. 내 뜻이 이뤄지지 않았다고 짜증을 내지 말자.
오직 하나님의 뜻만 이뤄지도록 기도하면 오히려 편하다.

X. 소망

(Hope)

겨울이
왔다면 봄도 멀지 않다.

중학교 때 음악 시간이었다.

"낳으실 제 괴로움 다 잊으시고, 기르실 제 밤낮으로 애쓰는 마음…."

이 노래를 끝까지 부르지 못하고 울어버린 김성운. 네 살에 엄마가 가출했다. 아버지는 보육원에 자신을 맡기며 '네가 4학년 되면 데리러 오마.' 했다. 형들의 지속적인 괴롭힘을 참아내며 4학년 되기를 기다렸지만 아버지는 끝내 오시지 않았다. 5학년이 되자 아버지가 돌아가셨다는 소식이 왔다.

중학교 2학년 때부터 보육원을 나와 혼자 자취를 했다. 늘 배가 고팠다. 하루 한 끼, 학교 급식뿐이었다. 지독한 외로움을 껴안고 살았다. 그렇게 한 해 버티다 다른 보육원을 찾아갔다. 이후로 '미쳤다'라는 소리를 들으며 공부에 정진했다. 꿈을 이루는 길은 공부밖에 없었다.

2008년, '사회적 배려'를 받지 않고 수학·과학 특기자로 서울대 동물생명공학과에 합격했다. 아르바이트 월급을 쪼개 친구들에게 밥 한 끼 사주며 커다란 행복을 느꼈다는 김성운.

일반 전형 공채를 거쳐 생명공학 의약품 회사 삼성바이오로직스에 입사했다. 그가 부산서 열린 삼성그룹 토크 콘서트 '열정락서(樂書)'에 연사로 나섰다. 젊은이들의 '열정'과 꿈, 고민을 함께하고 '낙서'처럼 즐겁게 소통하자는 자리였다. 2011년부터 삼성 CEO들과 여러 분야 멘토들이 24만 명의 젊은이를 불러 모은 무대에 신입사원이 연설자로 오르긴 처음이라고 했다. 3,500여 명의 대학생들 앞에서 희망과 나눔과 행복을 말했다.

그의 삶에서 가장 중요한 키워드가 '그럼에도 불구하고'라고 그는 말했다.

"나 역시 몇 달 전만 해도 취업을 고민했습니다. 생각대로 안 풀리거나 감당키 어려운 시련이 와도 '그럼에도 불구하고'를 되새기세요. 그럼에도 불구하고 행복은 반드시 옵니다."

아래 대신 위를 보고, 뒤 대신 앞을 보고, 안쪽 대신 밖을 보고 뛰어왔다고 했다. 그러자 불행도 제풀에 지치더란다.

스물여섯 살의 젊음이 하도 눈부셔서 더 보탤 말이 없다.

이 말에 나는 목이 메었다. '그럼에도 불구하고!' 이 말은 26살 김성운이라는 청년의 좌우명이다. 성경에 이런 말씀이 있다.

「무화과나무가 싹이 트지 않고 포도나무에 열매가 없다고 해도, 올리브 나무에서 수확할 것이 없고 밭은 먹을 것을 생산하지 못해도, 우리 안에 양떼가 없고 외양간에 소가 없다 해도, 나는 여호와를 기뻐할 것이고 나의 구원이 되시는 하나님을 즐거워할 것입니다.」(하박국 3장 17~18절)

그럼에도 불구하고는 신앙인에게만 적용되는 것은 아니다.

모스크바 광장에서 한 소경 걸인이 앉아 구걸을 하고 있었다.

한겨울, 얇은 누더기만 걸치고 처량한 목소리로 한 푼 줍쇼를 외치고 있었다. 그러나 돈을 주는 사람들이 없었다. 한 행인이 지나가면서 이렇게 말했다.

"나 역시 가난한 형편이라 줄 돈은 없고 대신 글씨를 몇 자 써 주겠소. 그걸 몸에 붙이고 있으면 좋은 일이 있을 거요."

행인의 예상대로 깡통에 돈이 쌓이기 시작했다. 놀라운 일이었다.

얼마 후 그 행인이 지나가는 것을 걸인이 어찌 알고 다급하게 말했다.

"선생님! 목소리를 들으니 얼마 전 그 글씨를 써준 분이 맞는군요. 하나님이 도와서 좋은 분을 만나게 해주셨나 봅니다. 근데 도대체 뭐라고 써주셨는지요?"

"별거 아닙니다. '겨울이 왔으니 봄도 멀지 않으리!'라고 썼습니다."

그 글을 써준 사람은 러시아의 시인 알렉산드르 푸시킨이었다. 그의 시를 적는다.

"삶이 그대를 속일지라도 슬퍼하거나 노하지 말라. 우울한 날들을 견디며 믿으라. 기쁨의 날이 오리니. 마음은 미래에 사는 것, 현재는 슬픈 것, 모든 것은 순간적인 것, 지나가는 것이니. 그리고 지나가는 것은 훗날 소중하게 되리니"

삶을 대하는 기본적인 자세를 보여주는 아름다운 문구다. 현실을 보지 말고 미래의 봄을 연상만 해도 상황이, 삶이 풍요로워지고 바뀔 수 있다. 그래서 고난을 견디면 지금보다 아름답고 더 나은 미래가 보장된다는 것이다. 그런 사람이 바로 성경에 등장하는 욥이다.

「욥이 그 친구들을 위해 기도를 마치자 여호와께서는 욥의 상황을 돌이키셨고 전에 있었던 것보다 두 배로 더해 주셨습니다.」(욥기 42장 10절)

욥이 고난을 이기고 오히려 남을 위해 기도했더니 이전보다 소유가 갑절로 늘어날 뿐 아니라 모든 것이 회복되었다는 이야기다. 욥의 상황이었던 '곤경'을 영문에서는 fortunes(재산, 행운, 부)로 번역했다. 그리고 '돌이키시고'라는 말은 '회복시켰다'고 번역했다. 즉, 재산을 두 배로 회복했다는 말이다.

당신에게 겨울이 왔다면 봄도 멀지 않다.
욥처럼 곤경을 회복시키셔서 갑절의 복이 될 것이다.

그루터기

옛날 아파트 이름은 참 단순했다.

현대아파트, 삼성아파트, 롯데아파트. 그러다가 시간이 지나면서 아파트의 이름이 길고 복잡해졌다. 우아하기까지 하다.

거기에 복잡한 영어까지 더 해졌다. 타워 팰리스, 미켈란 쉐르빌, 아카데미 스위트, 현대 하이페리온 등으로 바뀌었다. 이유는 시어머니가 서울에 사는 아들집을 쉽게 찾지 못하도록, 그런 며느리들을 배려하기 위해서 그렇게 한 것이었다고 한다. 유머가 감각적이다.

그러다 다시 아파트의 이름이 쉬운 것으로 다시 바뀌었다고 한다. 왜 그런지 이유를 알고 보니 이것 역시 재미있다. 아파트 이름을 어렵게 만들어 놨더니 시어머니가 시누이 손을 잡고 오기 때문이란다. 누가 만들어 낸 이야기인지는 모를 일이지만 세태를 날카롭게 반영한 이야기라는 생각이 든다.

사람들이 안고 있는 하나의 문제를 해결하면 또 다른 문제가 생기기 마련이다. 산 넘어 산이라는 말이다. 그런데 아무리 문제가 있어도 우리가 용기와 희망을 버리지 말아야 할 이유가 있다. 성경에 이런 말씀이 있다.

「나무는 베일지라도 다시 싹이 돋고 부드러운 가지가 또 나오리라는 희망이 있습니다.」(욥기 14장 7절)

이 말씀은 욥의 고난에 대하여 세 친구가 와서 대화할 때 욥이 한 기도다.

우리는 나무다. 나무는 찍히고 베어져 모든 것이 없어진 것처럼 보이지만 그렇지가 않다. 그루터기가 남아 새로 움이 나고 연한 가지가 끊이지 않아 새롭게 큰 나무로 성장해 갈 수 있기 때문이다. 온 산이 불에 탔어도 때가 되면 진달래꽃이 핀다. 희망이 있다는 말이다.

혹시 당신의 삶에 문제가 생겨 찍히고, 단절되고, 희망이 없어 포기하고 싶은 순간이 있다면 그냥 포기하지 말아야 한다. 다가올 미래에는 당신의 모든 생애에서 움이 나고, 연한 가지가 끊이지 않는 놀라운 역사가 기다리고 있다. 쉽게 절망하거나 포기하지 말아야 할 이유다. 아무리 문제 뒤에 문제, 또 다른 문제가 산처럼 밀려와도 희망만은 버리지 말아야 한다.

우리는 나무이기 때문이다. 그래서 당신에게는 아직도 희망이 있다. 불에 탄 나무에도 그루터기와 뿌리는 남아 있다.

희망의 그루터기는 남아 있으니 곧 싹이 돋아날 것이다.

Hope. 4 레드 퀸 효과(Red Queen Effect)

생물학 이론에 '레드 퀸 효과(Red Queen Effect)'라는 것이 있다.

레드 퀸은 루이스 캐럴(Lewis Carroll 1832~1898)이 쓴 '이상한 나라의 앨리스'의 속편 '겨울 나라의 엘리스'에 등장하는 '여왕과 엘리스의 이야기'에 나오는 용어다. 소설에서 여왕은 엘리스의 손을 잡고 숲속으로 뛰는데 엘리스는 한 걸음도 앞으로 나아가지 못하는 것처럼 느낀다. 이유를 묻는 엘리스에게 여왕은 이렇게 말한다.

"제자리라도 지키려면 온 힘으로 달려야 하고, 더 앞으로 나아가려면 지금보다 두 배는 더 빨리 뛰어야 한다."

현대인들의 속도 경쟁과 삶에 자세에 대한 정확한 지적이라는 생각이 든다. 현대를 속도 시대라고 한다. TV, 인터넷, 핸드폰, 모두 속도 경쟁을 하고 있다. 뒤진다는 것은 모든 것의 패배를 뜻한다. 느림은 비난의 대상이다. 성경에 빠름과 느림을 비교한 구절이 있다.

「내 사랑하는 형제들이여, 이것을 명심하십시오. 사람마다 듣기는 빨리(quick) 하고, 말하기는 천천히(slow) 하며, 노하기도 천천히(slow) 하십시오.」(야고보서 1장 19절)

듣기는 빨리, 말하고 성냄은 느리게 하라는 말씀이 큰 울림으로 다가온다. 그러나 우리는 반대로 살고 있다. 말하고, 성내는 것은 빠르게, 듣는 것은 느리거나 아예 귀를 닫는다.

빠름과 느림의 적용은 우리 삶에 있어서 '밖의 문제'가 아니라 '내면의 문제'라고 생각해야 한다. 세상이 아무리 빠르게 돌아가고 움직여도 내면으로는 속도조절을 해야 한다. 빠르게 할 것은 빠르게, 느리게 할 것은 느리게 적용하여 절제하며 사는 것이 복된 삶이 아니겠는가! 그것을 구분하는 분별력이 지금 우리에게 절실하게 필요하다. 그렇지 않으면 발을 헛디뎌 구덩이에 빠질 것이 뻔한 일이다. 혹은 낭떠러지로 떨어질지도 모를 일이다. 세상은 성경이 지적한 그대로 움직이고 있다.

「그들의 발은 나쁜 일을 하려고 뛰어다니고 무고한 사람을 죽이려고 빨리 다닌다. 그들의 생각은 못된 궁리뿐이고 그들이 가는 길에는 폐허와 파멸만 깔려 있다.」(이사야 59장 7절)

그렇다. 지금 나는 나의 발을 가지고 무엇을 위해 어느 방향으로 움직이고 있고 있는지 되물어봐야 할 시점이다.나의 발이 머무는 곳은 반드시 천국이어야 한다.
속도가 결정해 줄 것이다.

3.3kg입니다

몸무게가 100kg이 넘게 나가는 한 남자가 병원에 왔다.

당뇨와 혈압 등 건강에 문제가 생긴 것은 물론 살이 자꾸 쪄서 큰 고민이라고 했다. 상담 의사가 기대치를 살펴보려고 이렇게 물었다.

"가장 적게 나갈 때의 몸무게는 얼마였나요?"

그러자 남자가 자신 있게 대답했다.

"3.3kg이요"

태어났을 때의 몸무게다.

사람들은 과거에 산다. 그것도 과거에 잘 나갔던 때를 시도 때도 없이 들먹인다.

"나도 옛날에 주일예배, 정기예배는 물론, 새벽기도, 심야기도, 산기도, 심지어는 기도원에서 아예 살았고, 교사, 성가대, 안 해 본 것 없이 다 해봤지."

그런데, 오늘은? 이렇게 물으면 얼른 대답을 못하고 머뭇거리고 만다.. 성경에는 오늘날이라는 단어가 많다. 신앙생활은 어제와 내일의 문제가 아니다. 오늘의 문제다. 성경에 이런 말씀이 있다.

「내가 오늘 너희에게 주는 그분의 규례와 명령을 지키라. 그래야 너희가 잘되고 너희 후손이 잘될 것이며 너희가 너희 하나님 여호와께서 주시는 그 땅에서 영원히 오랫동안 살게 될 것이다.」(신명기 4장 40절)

'오늘'은 '욤(יוֹם)'이다. 일출에서 일몰까지를 말하며 제한된 시간이란 뜻이다.

'오늘'이라는 날은 참으로 귀하고 신기한 날이다.

내가 살아온 가장 마지막 날이며, 내가 살아갈 날 중에 가장 젊을 때인 동시에 가장 나이 많을 때이며, 어제 죽은 사람들이 가장 갖고 싶었던 시간이다.

오늘! 이 소중한 하루를 선물로 받았으니 아무리 힘들고 어려워도 오늘을 버티면 된다. 어제의 생각도, 내일의 생각도 말고, 오늘만 성실하게, 기쁘게 힘들고 죽고 싶더라고 오늘만 버티면 된다. 사람들은 '어제의 일들'로 너무 상심해 있고 고통에 잠겨 있다.

에벤에셀(אֶבֶן עֵזֶר)은 '여기까지 도우신 과거의 하나님'을 말한다.

여호와 이레(יְהוָה יִרְאֶה)는 "앞서 가셔서 좋은 것을 예비하시는 미래의 하나님"을 경험하려면, 임마누엘(עִמָּנוּאֵל), 지금, '오늘, 나와 동행하시는 하나님'을 인정해야 한다.

자! 오늘은 자리에서 일어나 잘 버티고 견디면 우리가 생각하는 것과 전혀 다른 세상이 펼쳐지게 될 것이다. 꿈이 아니라 현실로 말이다.

Have a good day!
참 좋은 인사다.

Hope. 6 돌아갈 고향이 없었다

1980년 3월, 프랑스 파리의 부르세 병원에 한 세기를 풍미한 한 지성인이 폐부종으로 입원했다.

이 사람은 한 달 내내 문병하러 온 사람들에게 고통스러운 표정으로 미친 듯이 고함을 질러댔다. 죽음에 대한 불안과 공포로 그로 하여금 그런 행동으로 내 몬 것이다. 그리고 자기 병명이 무엇인지 곁에 선 아내에게도 묻지 못했다.

그는 바로 실존주의 철학자 '사르트르'였다. '자유'란 주제로 수많은 글을 쓰고 '죽는 문제에서도 자유를 찾으라'고 외친 위대한 철학자이자 문인이었다. 결국 그는 1980년 4월 16일 입원한 지 한 달 만에 세상을 떠났다.

그가 세상을 떠난 후 프랑스 신문들은 왜 사르트르가 그렇게 수치스럽게 죽었는가?, 죽음으로부터의 자유를 그렇게 외쳤던 그의 말로가 왜 그렇게 비참했을까를 두고 수없이 많은 논쟁의 글을 실었다. 그리고 신문들은 이렇게 결론을 내렸다고 한다.

"그에게는 돌아갈 고향이 없었기 때문이다."

실제로 그는 임종 때 이렇게 탄식했다고 한다.

"내게는 돌아갈 고향이 없구나!"

사람마다 나이가 들어갈수록 고향에 대한 향수가 많아진다고 한다. 태어난 곳에 대한 그리움은 상상을 초월한다. 수구초심(首丘初心)이라 하지 않았는가!

갈 수 있는 고향은 상황이 조금 덜하다. 하지만 갈 수 없는 고향은 더 애틋하고 심하다.

인간은 궁극적으로 가야 할 곳이 있다. 사망의 문을 통과해야 한다. 성경은 이렇게 말씀하신다.

「한 사람으로 인해 죽음이 들어왔으니 한 사람으로 인해 죽은 사람들의 부활도 옵니다.」(고린도전서 15장 21절)

죽음은 터널로 묘사가 된다. 터널을 통과하면 다시 밝은 세상이 나오듯 우리는 부활을 통하여 터널을 빠져나올 수 있다. 죽음에서 부활하는 믿음을 갖는 것이 우리 신앙의 기초이자 시작이며 또한 끝이기도 하다.

아무리 어려운 일을 만나도 죽음에서조차 승리하는 부활의 신앙을 간직할 때 담대해지고 용감해지는 것이다. 언젠가 세상을 떠나 주님 앞에 서야 하는 존재로 우리는 오늘을 살아간다. 죽음과 마주했을 때 부활도 함께 마주할 수 있다면 진짜 신앙인이 되는 것이다.

우리는 돌아갈 고향이 있다. 험한 세상을 떠나 눈물이 없고 이별이 없는 우리의 고향으로 돌아가야 한다.
그래서 우리는 오늘 행복하다.

'효도 관광'이라는 제목으로 어떤 분이 라디오에 보낸 사연을 들었다.

딸을 꼭 낳고 싶어 했지만 아들만 셋을 둔 집사님이 있었다. 아들만 셋, 바람 잘 날이 없었다. 생활비의 반은 식비로 나갈 정도로 힘든 시간을 보내고 있었다. 하루는 6학년 큰아들이 이렇게 말했다.

"난 나중에 커서 돈 벌어서 엄마 아빠를 미국으로 여행을 보내 줄거예요."

힘든 세월을 보상받기라도 하듯 두 사람은 마음이 뿌듯했다. 드디어 내게도 봄이 오는구나 싶었다. 호기심이 생겨서 둘째 아들에게도 물어봤다. 그런데 다섯 살 막내아들이 먼저 나서며 말을 했다.. 당시는 런던올림픽이 열리는 해라 생각이 거기에 닿은 모양이었다.

"난 엄마 아빠를 런던으로 보내 줄게요."

그때 둘째는 눈만 뜨면 방송에서 나오는 그 유명한 런던을 막내에게 뺏기고, 세상에서 제일 좋다고 생각했던 미국도 큰 형한테 뺏기고 말았다. 그렇게 고민하며 한참을 머리를 굴리더니 드디어 이겼다는 듯이 비장한 표정으로 이렇게 말했다.

"난 엄마 아빠를 천국으로 보내 줄 거야!"

너무나 좋은 말인데도 불구하고 그 말이 왜 무섭게 들렸을까?

효도 관광으로 엄마 아빠를 천국 보내 주겠다는 이 둘째의 믿음이 나쁘지는 않다. 그러나 엄마 아빠는 아직 젊다. 성경은 말씀하신다.

「내가 진실로 너희에게 말한다. 누구든지 어린아이와 같이 하나님 나라를 받아들이지 않는 사람은 거기에 들어가지 못할 것이다.」(누가복음 18장 17절)

어린아이들과 같이 천국을 순수하게 받아들이는 것이 진정한 믿음이다.

사실 천국으로 가고 싶을 때는 삶이 최악일 때다. 당신은 지금 천국 가고 싶은가! 그렇다면 지금의 삶이 조금 힘든 때일 것이다.

직장 일을 하면서 20년 동안 뼈가 빠지게 돈을 모아 40평 아파트를 사서 내일 당장 입주를 하는데, 그날로 천국에 가고 싶은 사람은 없다. 죄를 많이 지었어도 더 살고 싶다. 당장 지금의 행복을 누리고 싶다.

그래서 순수한 믿음은 지금 바로 가장 행복하고 기쁘며 삶에 있어서 아무런 문제가 없을 때의 그 간절함이라고 할 수 있다. 욕심을 비우기가 이렇게 어렵다. 그 간절함으로 우리는 살아가야 한다.

우리는 과연 천국에 대한 소망은 갖고는 있는 것일까! 토마스 아켐피스는 말했다.
사람들은 자그마한 유익을 위해서라면 긴 여행도 서둘러 떠나지만, 정작 영원한 생명을 위해서는 한 걸음도 떼지 않으려고 한다고.

빅터 프랭클의 '죽음의 수용소'라는 책에 나오는 이야기다.

죽음의 그늘이 음울하게 드리워진 수용소에 들어오기 전에 꽤 유명한 작곡가이자 작사가였던 F라는 사람이 있었다. 그가 어느 날 의사에게 이렇게 물었다.

"의사 선생! 내가 꿈을 꾸었는데 어떤 목소리가 소원을 말하라는 거예요. 알고 싶은 것을 말하래요. 질문에 모두 답을 해주겠다고 하더군요. 그래서 나를 위해 이 전쟁이 언제 끝날 것이냐고 물었어요. 우리의 고통이 언제 끝날 것인지 알고 싶었거든요."

"언제 그런 꿈을 꾸었습니까?"

"지난 2월에요."

그때는 1945년 3월이 시작되었을 때였다.

"그래, 꿈속의 목소리가 뭐라고 대답합디까?"

그가 의사의 귀에다 나직하게 속삭였다.

"3월 30일이래요."

F는 그 희망을 굳게 믿고 있었다. 꿈속의 목소리가 맞다고 확신하고 있었다. 하지만 약속의 날이 임박했을 때에도 상황은 나아질 기미가 보이지 않았다. 수용소로 숨어들어온 뉴스를 들어보면 꿈속에서 약속한 날에도 불구하고 자신이 자유의 몸이 될 가능성은 거의 없어 보였다.

3월 29일. F는 갑자기 아프기 시작했고 열이 아주 높게 올랐다. 30일, 꿈속의 예언자가 말한 것처럼 전쟁과 고통이 그에게서 떠나갔다. 헛소리를 하다가 의식을 잃었기 때문이었다. 그리고 다음날인 31일에 그는 사망했다.

인간의 정신상태에 관한 이야기다. 용기와 희망이 있을 때, 그리고 그것의 상실이 육체의 면역력과 얼마나 밀접한 연관이 있는지를 보여주는 사례다. 희망과 용기의 갑작스러운 상실이 인간에게 얼마나 치명적인 결과를 초래하는지를 보여주는 사건이었다. 실제로 1944년 성탄절부터 1945년 새해에 이르기까지 일주일간 사망률이 급격히 증가했다고 한다. 성탄절에는 집에 갈 수 있을 것이라는 막연한 희망이 무너졌을 때 오는 충격 때문이었다. 성경은 말한다.

「악인은 자기의 악함 때문에 쓰러지지만, 의인은 죽음이 닥쳐도 소망이 있다.」(잠언 14장 32절)

F를 악인이라고 할 수는 없다. 그러나 믿음의 사람들인 의인은 죽음에 임박해서도 소망을 잃지 않는다. 어떤 상황이 와도 절대로 소망을 잃지 않는 것이 탁월한 믿음의 소유자다.

당신의 삶에 죽음이 코앞에 다가왔는가? 그래도 소망을 가져야 한다.
소망만이 당신을 살린다.
죽음 안에서도 소망과 부활을 믿는 것이 성경의 가장 강력한 메시지다.

코끼리 노예 만들기

태국의 정글 속에 사는 야생 코끼리를 잡아 사람들이 원하는 대로 길들이는 방법은 바로 이것이다.

일단 미리 파놓은 깊은 웅덩이나 덫을 만들어 자연스럽게 유인하여 포획을 한다. 그리고 그 코끼리의 발에 굵은 쇠사슬로 동여매어 벵갈 보리수 같은 튼튼한 큰 나무에 묶어 놓는다. 묶인 코끼리는 몇날 며칠 쇠사슬을 끊으려고 몸부림친다. 그러다 끝내 코끼리는 자기 힘으로는 도저히 그 사슬을 뽑지 못한다는 것을 깨닫게 된다. 그 뒤로는 조금만 신호를 주어도 금방 반응을 하게 된다..

그때부터 쇠사슬의 한쪽 끝에 그저 작은 기둥 같은 막대기나 쇠말뚝에 묶어만 놓아도 꼬끼리는 알아서 반응을 한다. 조금만 힘을 쓰면 뽑힐 만한 말뚝이라 하더라도 코끼리는 포기를 한다고 한다. 코끼리는 그렇게 사람에게 순종하게 되어 서커스에 이용되거나 짐꾼이 되어 평생 인간의 노예로 살아가게 된다.

사람의 경우도 마찬가지다. 보이지 않는 쇠사슬 같은 것에 얽매여 벗어나지 못하고 평생 자신이 노예로 살아갈 수 있는 그 무엇들이 존재한다. 성경은 말한다.

「지나간 일들을 기억하지 말라. 과거에 연연하지 말라. 보라, 내가 새 일을 하고 있다! 이제 막 솟아나고 있는데 너희는 느끼지 못하느냐? 내가 광야에 길을 내고 사막에 강을 만들고 있다.」(이사야 43장 18~19절)

사람을 지독하게 얽매고 있는 사슬 중에 하나는 과거의 기억이다. 지나간 일들 중에는 유독 슬프고 실패한 경험들만 또렷이 남아 있어 그것의 기억에서 헤어 나오지 못한 경우가 허다하다. 그러나 광야에 길을 내고 사막에 강을 만들고자 하는 새로운 역사의 힘 앞에서 과거의 사슬은 과감하게 잊어버려야 한다. 기억도 하지 말고 연연하지 말아야 한다.

과거의 기억과 상처 때문에 다가올 미래에로의 전진이 이루어질 수 없다면, 당신은 노예로 전락한 코끼리가 될 수 밖에 없다. 실패한 과거의 사슬을 끊어라. 상처로 얼룩진 과거가 있다면 이제 기억하지 마라. 발로 차버려라. 성경의 이 말씀은 참으로 인간적이다.

「이전의 일은 기억나지 않을 것이고, 마음에 떠오르지도 않을 것이다.」(이사야 65장 17절)

코끼리를 묶은 쇠사슬이 되지 않도록 과감히 잘라내야 한다.

우리는 코끼리가 아니다.
잘라낼 수 없다면 그냥 움직여라. 움직이면 끊어진다.
과거를 잊는 것, 가장 큰 축복을 획득하는 것이다.

소진영 작사, 작곡, '나의 한숨을 바꾸셨네'의 가사다.

'고달픈 삶에 은혜도 무뎌지고, 곧 사라질 것에 내 맘 두네.
헛되고 헛된 것들을 바라보며 그 은혜를 놓치며 살았네.
주어진 삶을 묵묵히 살아가며 날 붙드신 주 예수를 보네.
사망 가운데 놓여진 나의 삶의 날 건지신 그 이름 예수.
나의 한숨을 바꾸셨네.
주를 향한 노래로 소망의 노래로 나의 눈물을 거두신 주.
예수 이름 안에 살게 하소서.'

성악가는 말할 것도 없지만 성가대나 단전호흡, 요가를 하는 사람들에게 제일 먼저 주문하는 것이 복식호흡이다. 복식호흡을 글로 설명하기가 어렵다. 복식호흡은 들이쉴 때 가슴과 배 아래에 있는 횡격막이 아래로 내려간다. 내쉴 때 가슴과 배 사이의 아래에 있는 횡격막이 위로 올라간다.

그 반대가 흉식호흡이다. 흉식호흡은 가슴으로 숨을 쉬기 때문에 어깨가 올라간다. 그 흉식호흡이 바로 한숨이다.

사람이 일상생활에 있어 답답하거나 이해하지 못하는 황당한 사건을 만났을 때 순간적으로 한숨을 쉬게 된다. 희한하게도 '나의 한숨을 바꾸셨네' 이 노래를 들으며 한숨을 쉬는 사람들이 의외로 많다고 한다. 인생의 길에 있어 도무지 해결책도 보이지 않고, 끝이 없는 터널은 계속되어 도저히 가망이 없다고 생각하는 사람들이 의외로 많다.

한숨은 눈물을 동반한다. 다윗은 이렇게 말했다.

「나는 신음하다 지쳐 버렸습니다. 내가 밤새도록 울어 눈물로 침대를 적셨으며 내 이불도 푹 젖었습니다.」(시편 6편 6절)

눈물로 침대를 적시는 상황에 직면한 현실은 곧 다윗의 곤경이 너무도 극심하다는 것을 보여주는 장면이다. 천하의 다윗도 그랬다면 지금 현재도 한숨으로 눈물짓는 사람들이 너무도 많다. 그러나 이 눈물을 닦아 줄 분은 오직 한 분 뿐이시다. 천국으로 가면 우리를 맞이해 주실 분이 계신다.

「하나님께서 그들의 눈에서 모든 눈물을 닦아 주실 것입니다.」(요한계시록 7장 17절)

그런데 희한한 일은 남의 눈물을 닦아 주면 내 눈물이 없어진다는 사실이다. 당신이 누군가의 눈물을 닦아 주면, 하나님은 당신의 눈물을 닦아 주실 것이다.
이것이 삶의 시크릿, 곧 비밀이다.

2차 대전을 치른 후의 독일은 완전히 폐허가 되어버렸다.

미국의 한 사회학 교수가 조교와 함께 폭격으로 허물어진 건물 밑에서 사는 사람을 인터뷰를 했다. 암흑의 상태인 그 조건은 사람이 살기에는 최악이었다. 인터뷰 후 교수가 조수에게 물었다

"과연 저들이 나라를 재건할 수 있을까?"

조수는 단연코 어렵겠다고 말했다. 그러나 교수는 저들은 반드시 재건할 수 있다고 확신에 차서 말했다고 한다. 그 이유를 묻자 교수는 이렇게 대답했다.

"그 어두운 지하실의 탁자 위에 무엇이 있었는지 자네는 기억하는가? 거기엔 생화가 꽂힌 꽃병이 있었네. 최악의 재난을 당한 상황에서도 여전히 탁자 위에 꽃 한 송이를 놓아둘 수 있는 민족이라면 반드시 나라를 재건할 수 있을 것이네. 아직도 희망의 힘을 가지고 있다는 뜻이니까!"

최악의 상황에서도 꽃병을 준비하는 마음의 여유로움이 바로 희망의 상징이라는 말이었다. 이 이야기는 한 해 동안 전 세계인이 인터넷에서 검색한 성경 구절 말씀의 연장선상에 있다.

「여호와의 말이다. 내가 너희를 위해 갖고 있는 계획들을 내가 알고 있으니, 그것은 평안을 위한 계획이지 재앙을 위한 것이 아니며, 너희에게 미래와 소망을 주기 위한 것이다."(plans to prosper you and not to harm you, plans to give you hope and a future.)」(예레미야 29장 11절)

'계획'은 '마하솨바(מַחֲשָׁבָה)'인데, '고안, 의향, 궁리'라는 뜻이다.

하나님의 의향, 궁리, 계획(Plan)은 내가 슬퍼하거나, 좌절에 빠져 있는 것을 의미하는 것이 아니다. 모든 상황을 슬기롭게 극복하고, 다시 마음을 잡고 일어서서 미래에의 희망을 갖고 새롭게 출발해야 한다는 뜻이다. 하나님은 절대로 사랑하는 자기 백성들에게 재앙을 준비하지 않으신다.

사람에겐 희망과 내일이 필요하다. 하나님이 그것을 주신다고 하셨다. 다른 사람들은 비판과 문제만 이야기할 때라도 당신만이라도 희망과 미래를 말할 수 있기를 소망해 본다.

이 말씀이 선포될 당시 처한 재앙 같은 상황에서도 하나님의 속마음을 이해하는 것이 하나님을 아는 것이라고 나는 믿는다.

Hope. 12 도道를 아십니까?

고등학생인 철수가 서점 한쪽에서 책을 보고 있었다.

한복을 입은 한 중년 남자가 다가오더니 철수에게 물었다.

"도(道)를 아십니까?"

철수는 즉각 반말로 대답했다. "아니."

그 남자는 황당한 표정을 지으며 대답했다.

"보아하니 나이도 어린것 같은데, 반말하면 됩니까?"

"그건 내 마음이지."

"그래도 그런 것이 아니지요."

"남이야 반말하든지 말든지!"

그러자 그 중년 남자는 얼굴이 점점 뻘게지더니 벌컥 화를 내기 시작했다.

"야! 인마. 내가 집에 가면 너 만한 아들이 있어. 어디서 반말이야, 이놈아?'

그때 철수는 공손히 인사를 하면서 이렇게 말했다.

"당신이 말하는 도의 수행이 아직은 부족하시군요."

우리는 사랑을 이야기하고 미움과 축복을 이야기하며 저주를 말하기도 한다. 결국에는 본질을 벗어나 살아갈 때가 많다. 성경은 말씀하셨다.

「그분께서 내게 물으셨다. '사람아, 이 뼈들이 살아날 수 있겠느냐?' 나는 말했다. '주 여호와여, 주께서 아십니다.」(에스겔 37장 3절)

지금 세상의 사람들은 온통 뼈들만 가득하다고 외친다. 희망이 없다고 아우성치는 것이다. 그러나 좋은 소식은 있다. '이 뼈들이 살 수 있다'라고 하는 것이다. 죽음에서 생명을, 저주에서 축복을, 불행 속에서 희망을 보는 눈을, 그러한 관점을 갖는 것이 중요하다. 성경은 이렇게 기록하고 있다.

「마른 뼈에게 생기가 그들 안에 들어갔다. 그러자 그들이 살아나서 두 발로 일어서서는 엄청나게 큰 군대가 됐다.」(에스겔 37장 10절)

생기가 들어가면 사람은 새로 태어나 살아갈 수 있다. 아담을 흙으로 만드시고 불어 넣었다는 바로 그것, 성령의 바람, 생기를 모든 사람에게 불어 넣어야 살아나는 것이다. 정치도, 사업도, 가정도, 교회도, 개인도, 마른 뼈들도 살아날 것이다.

당신의 삶에도 하나님이 생기를 불어 넣을 때 받을 수 있도록 노력해 보라. 반드시 살아날 것이다. 우리게게 스스로 생기를 불어 넣는 방법은 예배와 말씀과 묵상, 그리고 기도다.

평범한 일상의 사람들에게 생기를 불어넣는 방법은 여러 가지가 있다. 운동, 여가, 여행, 독서, 데이트 등등의 일상적인 방법이 좋은 예다. 더 나아가 자기만의 생기를 불어 넣는 특별한 방법을 만들어 보는 것도 나쁘지 않다. 자신은 자신이 키운다. 그런 시간이 지속되면서 스스로 성장한다.

죽어가는 뼈가 다시 살아나는 기적을 볼 수 있다.

Hope. 13 갈치가 천원

공주병에 걸린 한 할머니가 길을 걷고 있었다.

그런데 자꾸 뒤에서 '같이 가 처녀'하고 부르는 소리가 들리는 것이었다. 자기를 부르는 줄 알고 할머니는 뒤를 돌아보았다. 하지만 그럴만한 사람이 보이지 않았다. 그래서 계속 길을 걸어가는데 어김없이 같은 소리가 들려오고 있다. 기분이 나쁘지는 않았다. 집에 돌아와서는 손자한테 자랑을 널어놓았다. 그 이야기를 듣고는 손자가 웃으면서 말했다. 할머니가 귀가 어두워 잘못 들은 것 같다며 내일 다시 보청기를 끼고 가보시라고 권했다. 기분이 나빠진 할머니는 이튿날 보청기를 고쳐 끼고 어제의 그 장소로 갔다. 어제와 같은 목소리가 들리고 있었다. 그러나 어제의 그 소리가 아니었다. 할머니의 귀에 들리는 정확한 소리는 이런 말이었다.

"갈치가 천원~!"

골목 끝에서 갈치를 파는 생선 장수가 마이크로 떠들고 있었다.

사람들은 듣고 싶은 소리만 듣는다. 베드로가 그랬다.

「그때부터 예수께서는 자신이 마땅히 예루살렘에 올라가서 장로들과 대제사장들과 율법학자들의 손에 많은 고난을 당해야 할 것과 죽임을 당했다가 3일 만에 다시 살아나야 할 것을 제자들에게 드러내기 시작하셨습니다. 그러자 베드로는 예수를 붙들고 거칠게 소리 높였습니다. '주여! 절대로 안 됩니다! 그런 일이 주께 일어나서는 절대로 안 됩니다!」(마태복음 16장 21~22절)

베드로는 예수님이 '죽임을 당하고'라는 소리만 들은 것이었다. 중요한 것은 '제3일에 살아나야 할 것'이라는 소리는 듣지 못했다. 아니, 들으려고 하지 않았다. 그래서 항변을 하며 이런 일이 벌어지지 않을 것이라고 소리를 친 것이다.

우리가 살아가면서 겪게 되는 모든 사건과 모든 일, 모든 상황에서 '죽음'의 소리와 '제3일에 살아날 것'이라는 소리를 듣느냐의 문제는 굉장히 중요하다. 오늘 이 시간 당신이 당면한 모든 문제에서 '살아날' 것과 '부활함'의 소망을 잊지 않기를 간절히 바랄 뿐이다. 죽음에만 집착할 것이 아니라 그 이후의 일도 예측하는 것은 물론 모든 말이나 행동에 숨어있는 깊은 맥락을 잘 헤아려야 한다는 것을 강조하고 싶다.

신앙인은 죽음에서 부활을 믿는 것이 가장 핵심적인 복음임을 명심해야 한다. 죽음 이후의 부활은 천국에의 소망을 갖는다는 것이다. 오늘 이 시간 이후로 당신이 부활해야 할 요소, 사건, 문제, 모든 상황에서 부활의 기쁨을 갖기를 소망해 본다.

죽음과도 같은 상황에서도 하나님은 부활하게 하시는 능력이 있다.
어떤 경우에도 '제3일에 살아날 것'이라고 스스로에게 선언해보자.

교인들을 위한 묘지를 운영하는 교회가 있었다.

어느 날 오랫동안 그 교회에서 시무하신 후 은퇴하신 목사님이 돌아가셔서 묘지 위쪽 좋은 위치에 묻어 드렸다. 장례를 마치고 내려오며 제일 연장자인 원로장로님이 말했다.

"목사님 오른쪽에 있는 빈자리는 내가 묻혀야겠어."

그러자 또 다른 원로장로님이 발끈하며 말했다.

"무슨 말씀이에요? 거긴 제 묘지로 쓸 생각입니다만!"

두 원로장로님이 장지를 두고 티격태격 다투기 시작했다. 처음에는 말로 시작했으나 시간이 지나면서 얼굴이 붉어졌고 멱살잡이라도 할 기세로 분위기가 험악해졌다.

이 장면을 지켜보든 젊은 장로님이 한 마디로 깨끗하게 정리해 주셨다.

"뭘 그런 것을 가지고 다투세요. 두 분 중 먼저 돌아가시는 분을 거기 모시도록 할게요."

사실 천국에 소망을 두고 산다는 신앙인들도 우선의 현실에 소망을 두는 경우가 많다. 실제로 걱정해야 할 일은 이승이 아니라 천국이 아니겠는가! 성경은 이렇게 말씀하셨다.

「그러므로 어떤 피조물이라도 하나님 앞에 숨을 수 없고 오히려 모든 것은 우리에게서 진술을 받으실 그분의 눈앞에 벌거벗은 채 드러나 있습니다.」(히브리서 4장 13절)

성경은 이 구절에서 하나님을 '우리의 진술을 받으실 그분'이라고 정의했다. 개역개정에는 '결산을 받으실'로 번역했다. 결산할 날이 우리를 기다리고 있다는 것이다. 달란트의 비유에 등장하는 주인처럼 우리를 냉철하게 평가하여 결산하신다는 것이다.

사람은 누군가에 의해 결산 당하는 것을 좋아하지 않는다. 그러나 그것은 현재의 삶이나 내세의 삶이나 반드시 거쳐야 하는 과정이다. 우리는 누구도 예외가 없이 언젠가 하나님 앞에 가서 두렵고 떨리는 마음으로 '결산보고'를 해야 한다는 것이다. 어디에 어떻게 묻히는 것이 중요한 것이 아니고 결산보고에서 어떤 평가를 듣느냐가 중요한 것이다.

결산보고를 하는 날이 다가왔을 때, 그러기 위해서는 결산보고 할 만한 실적을 미리 준비해야 한다. 심장이 밖으로 튀어나올 만큼 흥분과 감격이 넘치는 결산을 기대해본다.
그만큼 우리가 열심히 살아야 할 이유이기도 하다.

Hope. 15 걷는 것은 워뗘?

식당에서 70대 할머니 일행 5~6명이 식사를 하시는 중이었다.

시간이 지나면서 자연스럽게 대화가 이어지고 있었다. 자식 이야기, 특히 손주 이야기가 가장 많았다. 그중 제일 고상해 보이는 할머니가 자리에서 일어나며 자랑을 했다.

"애들아! 어제 길거리에서 나 번호 따였다!"

그 고상한 할머니는 젊은 아이들이나 쓰는 은어를 써가며 좌중에게 자랑했다. '번호 따였다'는 말은 길을 걷다가 남자가 핸드폰 번호를 물어봤다는 말이다. 이 말에 다른 할머니들이 환호를 했다.

'좋겠다. 어쩐다냐! 니가 그래도 제일 젊다'라는 등 여러 말이 오고 갔다. 그 중 할머니 한 분이 이렇게 말했다. 가장 현실적이며 결정적인 질문이었다.

"날씨는 추워진다. 걷는 것은 워뗘! 잘 걸어 다녀?"

이 말에 할머니 모두가 호기심 어린 표정과 눈짓으로 번호 따인 할머니를 쳐다봤다.

"그럼 잘~~걸어."

그 말이 떨어지자마자 동시에 할머니는 대답을 했다.

"그럼 됐어!"

나이가 들어보니 인물, 학력, 돈과 기타 등등의 그 무엇보다 잘 걸을 수 있느냐를 물은 것이었다. 절묘한 표현이다.

신앙도 마찬가지다. 50년 동안의 신앙생활을 했으면서도 여전히 홀로서기를 못하고 주변의 많은 사람들을 괴롭히는 이들이 있다. 이런 말씀을 상기해 볼 필요가 있다.

「인자 역시 섬김을 받으러 온 것이 아니라 섬기러 왔고, 많은 사람을 구원하기 위해 치를 몸값으로 자기 생명을 내어 주려고 온 것이다.」(마가복음 10장 45절)

섬기는 사람보다 섬김을 받으려는, 섬김을 받아야만 유지되는 신앙이 있다. 가정이나 교회, 사회생활 어디에서든 자기를 섬겨주지 않으면 불안해하고 답답해한다. 사람은 누구든지 일정한 시간이 지나면 누구의 도움도 없이 걷고 뛰어다녀야 하지 않겠는가! 컵에 물이 차면 흘러넘친다. 용기도, 사랑도, 섬김도, 은혜도 내 안에 차면 넘친다.

지금 나 때문에 힘들어하는 사람이 있을까! 있다면 아직 홀로서기를 못 한 것이다. 보행기를 걷어차고, 목발을 던져버리고, 홀로 서라.

「그러므로 여러분은 피곤한 팔과 연약한 무릎을 강하게 하십시오.」(히브리서 12장 12절)

홀로 서서 신앙의 마라톤에 도전하라.
몇 등을 했느냐는 중요한 것이 아니다.

우편 배달부

어떤 형제가 한 자매를 너무 좋아했다.

형제가 서로서로 그 자매에게 사랑을 고백했지만 자매 쪽에서는 전혀 반응이 없었다. 그래서 형제는 하루에 한 통씩 사랑의 고백 편지를 쓰기 시작했다. 이 자매는 일주일이면 각각 7통의 편지를 받았지만 그래도 아무런 반응을 하지 않았다. 형제는 더 독한 마음을 가지고 하루에 3통씩 쓰기로 마음먹었다.

결국 이 자매는 감동을 했다. 드디어 결혼했다. 그런데 이 자매가 감동하여 결혼한 상대는 편지를 보낸 형제가 아니라 그 편지를 배달했던 우편 배달원이었다. 마음을 담은 편지도 중요하지만 '행동이 중요하다'라는 원리를 설명하기 위한 예화이다.

기독교 신앙인의 약점은 기도만 한다는 것이다. 비유로 말하면 편지 쓰는 것은 기도하는 것과 같다. 그런데 기도만 한다고 일이 되지 않는다. 그래서 예수님은 이렇게 말씀하셨다.

「구하라(Ask), 그러면 너희에게 주실 것이다. 찾으라(Search), 그러면 너희가 찾을 것이다. 문을 두드리라(Knock), 그러면 너희에게 문이 열릴 것이다. 구하는 사람마다 받을 것이며 찾는 사람이 찾을 것이며 두드리는 사람에게 문이 열릴 것이다.」(마태복음 7장 7~8절)

'구하라'의 원뜻은 '갈망하다'이고, '찾으라'는 '물어보다, 질문하다'라는 뜻이고, '두드리라'라는 말은 뜻 그대로 '누군가에게 직접 가서 두드리라'는 뜻이다. 차라리 이 형제가 그 자매의 집을 직접 찾아가서 문을 두드렸다면 어떻게 되었을까?

기도만으로도 그 가치와 능력이 있다. 그러나 이렇게 기도만 하고 있다고 모든 문제가 해결되지 않는다. 기도가 마치 도깨비방망이처럼 무조건 해결이 되는 것이 아니다. 그래서 예수님의 조언과 충고는 기도하고 행동하라는 것이다.

오늘 내가 구하고, 내가 찾고, 두드린 대상은 과연 무엇이었을까?

지금 당면한 문제가 있다면 책상 앞이나 소파에 앉아 있지 말고 즉시 밖으로 나가라. 그리고 구하고, 찾고, 문을 두드려라.
그러면 모든 문제의 출입문이 열린다.

Hope. 17 햄버거 세트를 시켜 놓고

가끔 햄버거를 먹고 싶을 때가 있다.

마침 지나가는 길옆에 롯데리아가 있어 들렀다. 막내아들과 함께 먹으려고 세트 2개를 주문하고 기다리고 있었다. 매장 안을 둘러보니 중학교 2~3학년쯤 보이는 남자아이들 일곱 명이 옹기종기 모여 햄버거와 감자튀김을 각자 앞에 놓고 먹고 있었다.

그런데 다섯 명은 각자 앞에 세트가 놓여 있는데 두 명에게는 없었다. 두 명은 돈이 없었는지 알 수 없지만 돌아가며 친구들 눈치를 보며 감자튀김을 하나씩 집어 먹고 있었다. 그때 햄버거를 먹던 친구는 옆 친구에게 한 입 먹으라고 주기도 하면서 같이 사이좋게 나누어 먹고 있었다. 보기에 참 좋았다.

그런데 유심히 지켜보고 있으니 그 중 한 명만이 주문한 것을 자기 앞에만 놓고 옆 친구에게 먹어보라고 하지도 않고 오직 자기 혼자만 먹고 있었다. 돈이 없어 햄버거를 시키지 못하고 눈치를 보며 먹는 두 친구가 가엾게 보였다. 내가 사주고 싶었다. 만약 '내 아들이 돈이 없어서 저렇게 얻어먹는다면'하는 생각이 들어 순간 마음이 더 아팠다.

그런데 더 마음 아픈 것은 그 얻어먹던 두 명이 아니었다. 혼자서 아무에게도 주지 않고 먹던 한 명의 친구였다. 그 친구가 더 불쌍해 보였다. 왜 친구와 나누어 먹을 생각을 못 할까! 성경에 이런 말씀이 있다.

「이처럼 내가 모든 일에 모범을 보였으니 여러분도 약한 사람들을 도우며 '주는 것이 받는 것보다 복이 있다'라고 하신 주 예수의 말씀을 기억해야 합니다.」(사도행전 20장 35절)

주는 것에 복이 있다는 말씀이시다. 받으며 사는 일상이 더 부끄럽다는 것이다. 돈도, 사랑도, 마음도, 지식도, 친절함도 주는 자가 더 복이 있다. 스스로 반성해본다. 일곱 명의 어린 친구 중 한 명과 같이 받으며 살아온 내 인생이 부끄럽다. 줄 수 있는 사람은 행복하고 복된 사람이다. 그래서 성경은 이렇게 말씀하신다.

"고결한 사람은 고결한 계획을 세우고 고결하게 살아간다."(이사야 32장 8절)
나도 고결하게 살고 싶다.

Hope. 18 차범근 100%

스마트폰이 새로운 세상을 열고 있다.

바야흐로 앱의 세상이다. 그 많은 앱 중에 연예인 닮은꼴, 혹은 닮은 유명인을 찾아 주는 앱이 있다. 어느 가정에서 딸이 엄마에게 신기한 것을 보여준다며 연예인 닮은꼴 찾아 주는 앱을 소개했다. 딸이 일단 자기 사진을 찍어 올렸더니 '송혜교'가 나왔다며 엄마도 해보라고 권했다. 그런데 그 엄마는 외모가 여성스럽기보다는 남자다움이 강하고 성격은 소심했다. 엄마는 별로 내키지 않았지만 딸이 권하는 것이라 일단 사진을 찍어 올렸더니 잠시 후 이런 결과가 나왔다.

"차범근 100%."

의외의 결과에 엄마는 금세 삐치고 말았다. 마음이 상해서 밥도 먹지 않고 자기 얼굴을 원망했다. 딸은 엄마가 마음이 상한 것을 위로하며 가끔 오류도 날 수 있으니 이번에는 각도를 좀 조절해서는 다시 사진을 찍어 올려보자고 달랬다. 엄마는 마음을 고쳐먹고 각도와 조명, 머리 등을 손질하고 다시 사진을 찍어 올렸다. 잠시 후 나온 결과에 엄마는 기절에 가까운 비명을 질렀다.

"차두리 100%."

여자들은 연예인과 닮았다고 하면 내심 무척이나 좋아라 한다. 하지만 그것은 허상일 뿐, 우리가 닮아야 할 것은 외모가 아니라 내면이다. 예수님께서 이렇게 말씀하셨다. 「나는 마음이 온유하고 겸손하니 너희는 내 멍에를 메고 내게서 배우라. 그러면 너희 영혼이 쉼을 얻을 것이다.」(마태복음 11장 29절)

외모는 연예인을 닮고 내면은 예수님의 마음을 닮으면 최상이겠다. 거기에 더해 가장 큰 덕목인 온유와 겸손이라는 멍에를 겸비한다면 더할 나위가 없을 것이다. 멍에는 소 한 마리가 끄는 쟁기에 사용하는 '굽은 멍에'와 두 마리가 끄는 커다란 쟁기에 사용하는 '곧은 멍에' 두 종류가 있다.

예수님께서는 2명이 끄는 '곧은 멍에'를 함께 메자고 제안한다. 예수님과 멍에를 같이 메면 예수님을 조금이나마 닮아가지 않을까 싶다. 누구와 멍에를 멜 것인가? 선택과 결단은 어렵지 않다.

온유와 겸손은 신앙인의 가장 큰 덕목이자 최종적인 목표다.
앱으로 사진을 찍었더니 '예수님 100%'라는 결과가 나오면 얼마나 좋을까!

Hope. 19 아이스크림과 과자를

어느 청년이 아주 간절히 원했던 대기업에 취직을 했다.

스스로 이룬 성취에 자존감은 하늘을 찌를 듯 했지만 금세 김빠진 콜라처럼 환상은 사라지고 말았다. 미칠 듯 과도한 업무 강도와 실적에의 압박, 군대 같은 위계질서에 얼마 못가 지쳐버린 것이다.

평소보다 더 피곤한 어느 날이었다. 채 어둡지 않은 여름철 저녁 7시, 붉게 물든 석양의 노을이 감정을 건드렸다. 그때 파리바게뜨의 환한 불빛이 눈에 들어온 것이었다. 사실 빵을 좋아하지 않지만 자기도 모르게 상점으로 가서는 엄마와 여동생이 좋아하는 빵을 골랐다. 집에 가서 먹을 것 좀 사 왔다고 하니 다들 다소 놀라는 표정이었다. 가족들은 갑자기 무슨 빵이냐며 묻고는 맛있게 먹는 모습을 힐끔 보고 청년은 아무 말 없이 자기 방으로 들어갔다.

힘들게 돈을 버는 이유를 자신도 모르게 찾고 싶었기 때문이었을 것이다. 그때 문득 어릴 때 군것질을 질색하시던 아버지가 아무 말 없이 아이스크림과 과자를 사 오셔서, 말없이 식탁에 올려두고 방으로 들어가시던 것이 생각났다. 아마 그날은 아버지가 평소보다 더 힘든 날이었다는 것을 10년이 넘은 지금에야 알게 되었다.

사람들은 누구나 삶의 의미를 찾고 싶어 한다. 살아야 할 이유, 존재해야 하는 이유, 아마 아버지도 삶의 의미를 찾고 싶어 했듯이, 아들도 그 길목에 선 것이다. 사도 바울은 이렇게 말했다.

「그리스도 예수 안에서 하나님께서 위에서 부르신 그 부르심의 상을 위해 푯대를 향해서 좇아갑니다.」(빌립보서 3장 14절)

푯대는 '스코포스(σκοπός)'인데, '보이는 먼 표적, 보고 있는 목표'라는 뜻이다. 보이는 것의 암시다. 과연 우리에게 힘주어 달려가야 할 만큼 절실하고 중요한 목표, 그 푯대가 있는가. 그리고 그 목표가 주는 의미를 찾지 못한다면 삶의 무게는 몇 배의 무게로 가중될 것이다.

삶의 의미를 잊은 채 목표도 없이 그저 KTX보다 빠르게 달려가다가 뒤돌아보면, 전혀 예상치 못한 사건에 직면하게 될 수도 있다. 온 나라, 온 국민들이 마스크를 쓰고 사망의 음침한 골짜기를 지나고 있다. 이쯤에서 우리로 하여금 삶의 목표를 다시 한번 점검해 볼 시간을 가지라고 하나님께서 이런 경험의 기회를 주신 것이 아닐까. 바이러스 하나 때문에 모두가 정신을 잃고 있다. 이제 정신를 차리고 위에서 부르시는 소리를 들을 때다.

일단 보이는 표적과 목표를 정해라.
그리고 의미를 찾아라.

머피의 법칙

나쁜 결과만 이어지는 경우를 '머피의 법칙', 좋은 결과만 이어지는 경우를 '샐리의 법칙'이라고 한다.

미 공군의 머피 대위는 전투기 조종사들에게 초음속으로 비행을 하고 지상에 내렸을 때 신체상태 급감속 적응실험을 했는데 모두 실패하고 말았다. 원인은 기술자가 전극봉의 배선을 잘못 연결했기 때문이었다. 그는 이런 결론을 내렸다.

"어떤 일을 하는 데는 여러 가지 방법이 있고 그중 하나가 문제를 일으킬 수 있다면 누군가는 꼭 그 방법을 사용한다."

원하지 않는 방향으로 일이 진행되는 상황, 바로 머피의 법칙이다.

반대로 샐리의 법칙은 '해리가 샐리를 만났을 때'라는 영화에서처럼 해리와 샐리가 시카고에서 뉴욕으로 가는 차에서 만나 사랑하고 헤어지는 과정에서, 잇따른 일들이 좋은 방향으로 이어지는 경우를 말한다. 동양에서는 운이라 표현하기도 한다.

긍정의 심리학자인 미국 심리학회장 마틴 샐리그먼 박사는 그것은 운이 아니라 일에 임하는 사람의 심리상태에 따라 결정되는 것이라고 말한다. 긍정적으로 생각하고 행동하는 사람에게는 좋은 일이 이어지고, 부정적으로 생각하고 안 될 거라고 믿으며 행동하는 사람에게는 나쁜 일들이 이어진다는 것이다. 머피의 법칙이 발생하는 원인은 사람의 몸과 마음이 별개의 것으로 연결되었으며, 부정적인 생각으로 마음이 불안해지면 행동도 불안하게 되어 결국 나쁜 결과로 이어질 가능성이 크다. 성경은 이렇게 말씀하신다.

「너희 믿음이 이 겨자씨 한 알 만큼만 있어도 이 뽕나무에게 '뿌리째 뽑혀 바다에 심겨라!'라고 하면 그 나무가 너희에게 순종할 것이다.」(누가복음 17장 6절)

겨자씨는 크기가 1~2mm 정도밖에 안 되는 아주 작은 씨다. 우리 마음에 겨자씨같이 작은 믿음만 있어도 그 큰 뽕나무까지 순종한다고 했다. 삶의 모든 문제가 운이나 생각이 아닌 믿음의 문제라는 것이다.

머피의 법칙도 샐리의 법칙도 믿음의 문제 앞에는 무용지물이다. 작은 씨가 자라서 또 다른 열매를 맺듯 겨자씨만한 믿음은 상상을 뛰어넘는 결과로 나타난다.

머피든, 샐리든, 겨자씨 앞에서는 함부로 논하지 마라.

Hope. 21 서울 가 살자

TV조선 케이블 방송 미스트롯 2에서 포항 동해중학교 2학년인 전유진 학생이 '서울 가서 살자'라는 노래를 불렀다.

첫 가사에 무척 감동을 받았다. 가스펠 송도 아닌데 깨달음이 왔다. 그 가사다.

> '그 이불솜 베게 다 버리고 우리 이제 서울 가서 살자.
> 그대야가 말한 천 번의 약속은 괜찮으니 서울 가 살자.
> 저 달이 건너가 먼저 비춘다니 우리 무슨 어떤 걱정 있을까요…….
> 이젠 그래서 또 살아보는 세월일 건데 미련 없이 버리고 서울 가 살자.'

'우리 이제 서울 가서 살자'라는 가사를 듣는 순간 가슴이 먹먹했다. 다시 시작할 수 있다는 기대와 그리고 그 기회가 다시 주어졌다는데 새삼 감동한 까닭이다.

만약 옥천에 살고 계시는 80대의 나의 어머니에게 이렇게 말했다면 어떻게 답하셨을까? 이렇게 대답하셨을 것이다.

"아니야. 서울은 왜 가. 그냥 여기서 살다 천국 갈래"

어느 곳이든 다시 가서 시작할 기회, 나이, 청춘, 시험, 그 무엇이든 이런 기회가 있는 사람은 행복한 것이다. 그 다음 가사 '저 달이 건너가 먼저 비춘다니 우리 무슨 걱정 있을까요'라는 가사에서 성경 구절이 생각났다.

「내가 네 앞에 천사를 보내 네가 가는 길 내내 너를 보호하고 내가 준비한 곳으로 너를 데려가게 할 것이다.」(출애굽기 23장 20절)

가사를 쓴 사람은 신앙인이 아닐 수도 있을 텐데, 달이 먼저 가 비춘다는 말은 희망과 꿈이 준비되어 있다고 말하고 있음에 새삼 마음이 울컥했다. 그렇다. 질병의 공포와 아픔에서 모두가 숨죽이며 속앓이하고 신음 끊이지 않았던 시간들 미련 없이 버리고 다시 시작하자.

저 달이 아닌 하나님이 보내신 천사가 먼저 가서 보호하시고 준비해 주신다고 하셨다. 서울 가서 살든, 부산 가서 살든, 광주 가서 살든, 미국 가서 살든, 이불솜, 베게, 코로나, 근심, 걱정 다 버리고 다시 살아보자.

다시 시작할 수 있는 시간을 주신 것은 우리에겐 가장 큰 축복이다. 가는 길 내내 복되고 형통하시기를….

당신도 서울 가서 살 수 있다.

SNS에 익명으로 올라온 글이다.

예전에 아는 분이 신내림을 받아서 무당이 된 분이 계셨거든. 하루는 그분이 우리 엄마랑 밥을 먹다가 갑자기 몸을 부르르 떨고 눈을 까뒤집더니 엉엉 울면서, 'OO아' 하고 엄마 이름을 부르고는, 왜 이리 늙었어, 나 엄마야! 이러더래.

근데 우리 엄마가 이 분한테 엄마가 안 계신다고 얘기한 적이 있는데, 그게 돌아가신 게 아니라 어릴 때 이혼 하신 거란 말이야. 그래서 엄마가 '우리 엄마 살아계셔' 하고 말했더니 갑자기 이 분이 차분해지더니 밥 먹는 둥 마는 둥 하시다가 일이 있다고 급하게 집에 가셨어.

나 진짜 이 얘기 듣고 무당 안 믿잖아.

인간의 가장 큰 약점은 미래를 모르는 것이다. 안다고 하는 사람들은 모두 가짜다. 기독교인들 가운데에도 기도 응답을 핑계로 미래를 예견하여 말해주는 사람들도 있다. 모두 가짜다. 여기에 속으면 안 된다.

그런데 성경에서 미래에 대하여 언급한 구절이 있다. 아브라함이 이삭을 번제물로 바치라는 명령에 순종했던 사건에서 하신 말씀이다. 아쉽지만 이 구절은 사건 후에 고백한 간증이다.

「그리고 아브라함은 그곳을 '여호와 이레'라고 불렀습니다. 그래서 오늘날까지도 사람들이 '여호와의 산에서 준비될 것이다'라는 말을 합니다.」(창세기 22장 14절)

아브라함은 이삭을 번제물로 바치라는 말씀에 순종했을 뿐, 미래를 바꿔 달라고 기도한 적이 없다. 하지만 하나님은 이미 수풀에 걸려 바둥거리는 숫양을 준비해 놓았다. 이 말을 히브리어로 '여호와 이레(יְהוָה יִרְאֶה)'라고 한다. 불확실한 미래, 알 수 없는 미래, 무슨 일이 일어날지 모르는 미래, 하지만 순종하고 믿음으로 나가면 하나님은 반드시 여호와의 산에서 준비할 것이다.

그 여호와의 산은 상징이다. 지금 내가 처한 장소, 직장, 가정, 사업, 우리가 겪어 내야할 미래의 그 어느 시점이 여호와의 산이다.

그 미래의 곳에서, 하나님은 가장 좋은 방법, 내게 필요한 조건을 완벽하게 준비하고 계신다. 따라서 미래를 궁금해 하거나 불안해할 필요가 조금도 없다.

Hope. 23 성악가 조수미 공연 티켓

서울 이문동 교회 부목사로 있을 때 일이다.

성도 수가 너무 많아서 성도들 각 사람의 성향을 자세히 파악하기란 불가능했다. 활동적이지 않지만 조용히 신앙생활을 하며 눈에 잘 띄지 않은 여자 집사님 한 분이 계셨다. 내가 음악을 전공한 줄 알고는 예술의 전당에서 열리는 음악회 티켓 2장을 주셨다. 반갑게 감사하다고 인사하고 보니 이름을 잘 모르는 성악가였다. 인터넷이 발달하기 전이어서 알아볼 수도 없고, 이럭저럭 하다 바빠서 그만 음악회 시간을 놓쳐버렸다.

그리고 1년이 지난 어느 날, TV에 세계적인 성악가의 탄생을 알리는 내용의 다큐멘터리 방송이 있었다. 우연히 방송을 보게 되었는데 바로 그분이 바로 세계적인 성악가 조수미 씨였다.

순간 어디서 이름을 본 기억을 더듬어 보니 1년 전 그 집사님이 주신 음악회 티켓이었다. 아뿔싸! 1인당 10만원 S석 티켓이었다. 아찔했다. 세계적인 성악가의 공연을 눈앞에서 놓쳤다.

가치를 모르면 기회도 상실한다. 성경은 이렇게 말씀하신다.

「내가 해 아래에서 또 다른 것을 보았는데 발 빠르다고 경주에서 이기는 것이 아니고 강하다고 전쟁에서 승리하는 것도 아니며 지혜롭다고 먹을 것이 생기지 않고 총명하다고 재물이 생기지 않으며 배웠다고 총애를 받는 것도 아니다. 오직 그들 모두에게 때와 기회가 있을 뿐이다.」(전도서 9장 11절)

좋은 것, 성공, 행복이 손안에 있어도 그것이 나에게 하나님이 시기와 기회인지 모르면 놓친다는 말이다. 각자 모두에게 때와 기회가 왔을 때 잡지 못하면 허사가 된다는 말이기도 하다.

혹시 지금까지 그랬다면 이제부터는 정신을 차려야 한다. 방귀 뀐 이불과 여자의 과거는 들추면 안 된다는 말도 있지 않은가! 과거는 잊고 생각지도 말며 하나님이 나에게 주신 시기와 기회를 놓치지 말아야 한다. 선하신 하나님은 돌아온 탕자에게 기회를 주듯 당신에게도 좋은 기회를 주실 것이다.

그리고 현재의 사건과 환경으로 미래를 함부로 예단하지 말라.
미래의 시간은 오직 하나님의 시간이다.

수영 못하는 오리

서울의 한 회사에서 서비스 직종에 근무하던 김 과장이 파주로 발령이 났다.

시골이라 그런지 사람들의 왕래가 많지 않았다. 심심하고 울적한 마음을 달랠 겸 창고 옆에 작은 연못을 만들어 출근할 때 봐둔 오리 농장에 가서 청둥오리를 한 마리 사서 기르기로 했다. 다음 날 아침 설레는 마음으로 출근해보니 오리가 죽어 있었다.

이유를 찾아봤다. 짐승에게 물린 것도 아니고 깊이 30cm도 안 되는 얕은 물에 빠져 죽을 리도 없었다. 그 길로 오리 농장에 가서 따졌단다. 왜 그런 허약한 오리를 팔았냐고! 자초지종을 들은 농장주인은 핀잔을 주듯 이렇게 말했다.

"이 오리는 농장에서 부화하고 키운 오리입니다. 그래서 수영을 못합니다. 게다가 이 오리는 어릴 때부터 물속에 집어넣지 않았기 때문에 깃털에 기름이 분비되지 않아 물에 잘 뜨지도 못합니다."

수영을 못하는 오리와 같은 교인도 많다. 30cm 정도가 되는 세상의 물통에서 수영도 하지 못하는 죽은 믿음의 소유자들이 있다. 예수님께서 제자들을 선발하여 파송하시면서 이렇게 말씀하셨다.

「예수께서 열두 제자를 부르셔서 그들에게 더러운 귀신들을 쫓아내는 권능을 주시고 모든 질병과 모든 아픔을 고치게 하셨습니다.」(마태복음 10장 1절)

예수님이 제자들을 부르셔서 문제 해결의 권능(ἐξουσία, 엑수시아)을 주셨다. 특권, 힘, 재능, 능력, 초능력 인간, 권위를 이미 주셨다. 이 단어에는 선택할 능력, 육체적이며 정신적인 힘, 통치할 능력이라는 뜻도 포함되어 있다.

세상의 모든 문제 앞에서 해결할 수 있는 능력을 이미 주셨다는 말이다. 그렇다면 오늘날 예수를 믿는 모든 신앙인들에게도 이 능력을 주셨다는 것인데, 우리는 이런 사실을 모르고 있다. 문제만 생기면 울고, 불고, 허둥대고, 원망하고, 좌절한다. 충분히 수영할 수 있는 능력, 해결 능력, 이미 우리게도 힘을 주셨다.

이제부터는 두려워하지 마라. 좌절하지 마라. 주저앉아 있지 마라. 충분히 세상의 물통에서 수영하며 살아남을 수 있다. '왜 염려하느냐! 믿음이 적은 자들아', 예수님이 자주 하신 말씀이다.

이제부터라도 수영할 수 있다는 믿음을 갖고 그 능력을 회복해야 한다.
당신도 더할 나위 없이 충분히 가능하다.

Hope. 25 열쇠는 20층에 놓고

중국 사람인 장신, 장차오 형제는 80층짜리 고층 아파트의 맨 윗층에 살고 있었다.

어느 날 두 형제가 여행을 갔다 돌아왔다. 시간은 이미 새벽 2시, 엘리베이터가 전기회로 고장으로 운행이 중지되어 있었다. 두 형제는 무거운 가방을 등에 진 채 로비에서 어떻게 할지 의논을 했다.

뚜렷한 방법이 없어 결국 계단으로 걸어 올라가기로 했다. 20층까지 올라갔을 때 동생 장신이 말했다.

"가방이 너무 무거우니까 복도에 가방을 놓았다가 엘리베이터가 운행되면 다시 찾으러 오자."

가방을 놓고 훨씬 가벼운 몸으로 40층까지 왔을 때 둘은 다시 서로를 원망하기 시작했다. 여행을 가기 전에 왜 안내문을 못 보았느냐는 등 각기 다른 상황을 설명하며 서로 네 탓 공방을 했다. 60층에 도달했을 때는 서로 다툴 힘조차 없었다. 그러나 서로 부축하며 남은 20층을 모두 올라갔다. 형제가 문 앞에 도착했을 때 둘은 서로를 마주 보다가 아주 중요한 한 가지 사실을 떠올렸다. 열쇠가 없었다. 열쇠는 20층에 놓아둔 가방 안에 있었다. 우스갯소리 같은 이야기지만 이 글을 보는 순간 섬뜩한 기분이 들었다.

80층을 나이로 환산해 계산해 보자. 어떤 사람은 20세의 아주 중요한 시기에 열쇠를 잃어버린 경우가 있다. 어떤 이는 40세에 방황하고 허튼짓하다가 삶의 방향키를 분실하는가 하면 어떤 이는 60세에 이미 열쇠조차 갖추지 못한 채 황혼의 나이에 도달하는 경우도 있다.

몇 살 때 무슨 열쇠를 어떻게 잃어버렸는지 깊이 생각해 볼 일이다. 80층에 도달한 형제는 힘을 되찾아 다시 내려가서 열쇠를 가져오면 되지만 이미 지나온 세월은 어떻게 할 수 없어 한숨만 나온다. 하지만 위안이 되는 성경의 말씀이 있다.

「지나간 일들을 기억하지 말라. 과거에 연연하지 말라.」(이사야 43장 18절)

과거는 이미 지나갔고, 미래는 아직 오지 않았다. 오직 현재 이 시점에서는 과거는 무조건 감사로, 미래는 무조건 좋은 것을 예비하시는 하나님의 손길에 맡길 뿐이다.

지금 이 순간 우리가 해야 할 일은 열쇠를 찾아 챙기는 것이다. 앞으로 올라가야 할 층수가 많이 남아 있다.
지금 열쇠를 잃어버리면 다시 찾을 길이 없다는 사실을 확실하게 명심해야 한다.

간신히 기도했습니다

국민일보에 연재되는 '겨자씨 칼럼'에 올라온 글이다.

시골교회에서 목회하던 친구에게서 들은 이야기란다. 집사 임명을 받은 한 교우가 수요 저녁예배의 대표기도를 맡게 됐다. 처음 대표기도를 하는 것이라 많이 떨렸다고 한다. 그래서 정성껏 준비한 기도문을 들고 일찍 교회로 향했다. 순서가 되어 강단에 선 집사님은 떨리는 목소리로 기도문을 읽기 시작했다.

그런데 이게 무슨 날벼락인가. 갑자기 정전되더니 모든 조명이 꺼져버렸다. 깜깜해진 것은 예배당만이 아니었다. 보고 읽던 원고가 하나도 보이지 않았다. 어디까지 했는지, 어떻게 이어가야 하는지 아무런 생각도 생각나지 않았다. 진땀을 흘리고 있을 때 맨 앞자리에 앉아 있던 노 권사님이 말했다.

"예수님 이름으로 간절히 기도했습니다, 하고 마쳐."

그 말을 듣고 집사님은 이렇게 기도를 마쳤다.

"예수님 이름으로 간신히 기도했습니다."

간절히든 간신히든 하나님은 그 기도를 받으셨을 것이다. 아쉽게도 현대인들에게는 간절함이 없다. 절박함도 없다. 다윗이 유다 광야에서 쫓겨 다닐 때 이렇게 기도했다.

「오 하나님이여, 주는 내 하나님이시니 내가 주를 간절하게 찾습니다. 물이 없어 메마르고 지친 땅에서 내 영혼이 주를 목말라하며 내 육체가 주를 간절히 바랍니다.」(시편 63편 1절)

'간절히'라고 하는 원어 '샤하르(שָׁחַר)'는 '날이 새다'라는 뜻이 있다. 어떤 일을 함에 있어 '일찍 일어난다'는 뜻도 있다. 다윗은 광야에서 날이 새도록 기도하고 아침 일찍 일어나서 이렇게 고백한 것이다. 절체절명의 위기의 순간에 할 수 있는 일이라고는 기도밖에 없는 환경에서 날이 새도록 하나님을 찾았다. 우리 삶에 날이 새도록 기도해 본 적이 있는가?

「그리고 야곱은 홀로 남아 있었는데 어떤 사람이 나타나 동틀 때까지 야곱과 씨름을 했습니다.」(창세기 32장 24절)

다윗도, 야곱도, 날이 새도록 기도했다. 아직 응답의 순간이 오지 않았다면 날을 새지 않았기 때문이다. 날을 새지 않아도 아직 잘 살고 있다면 그것은 전적으로 하나님의 은혜다. 그래도 날을 새면 기적이 온다. 성령의 새벽이 온다.

이 흙 모두 수저로 다 퍼먹게

진공청소기 외판원이 외딴 농가의 문을 두드렸다.

할머니가 문을 열어 주었다. 외판원은 호기로운 목소리로 단도직입적으로 말했다.

"자! 지금부터 할머니께서 평생 잊지 못할 놀라운 일을 보여드리겠습니다!"

그러더니 외판원은 마당에 있는 흙을 퍼오더니 그대로 방바닥에 뿌리는 것이었다. 그리고는 말했다.

"할머니, 저랑 내기하시죠. 제가 이 신제품 진공청소기로 이 흙들을 모두 빨아들이면 할머니가 청소기 한 대를 사시고, 못 빨아들이면 제가 이 흙을 모두 먹어 버리겠습니다. 어때요?"

그러자 할머니는 멍하니 안됐다는 듯한 표정으로 외판원을 한참 쳐다보다가 부엌으로 들어갔다. 그리고 커다란 숟가락을 하나를 들고 나와 외판원에게 건네주었다.

"안됐어, 젊은이! 자네가 이 수저로 흙을 다 퍼먹어야겠네! 여기는 전기가 안 들어온다네."

아무리 좋은 청소기, 만능 세탁기, 고화질 TV, 핸드폰, 컴퓨터, 그 어떤 뛰어난 전자제품이라도 전기가 없으면 무용지물이다. 단 1초도 사용할 수 없다. 현실이 그러하지 않은가? 성경은 이와 같은 말씀을 이렇게 표현했다.

「나를 떠나서는 너희가 아무것도 할 수 없다.(You can do nothing.)」(요한복음 15장 5절)

그런데 우리는 이걸 잊고 있다. 신앙인들은 이런 중증의 질병을 앓고 있으면서도 그 사실을 모르고 있다. 예수님의 공생애 사역 중 한센병을 치료한 적이 있다. 이 나병에 걸리면 최소한 1년이 지나야 증상을 알 수 있다. 5~7년 후에 나타날 수도 있으며 20~30년이 지나 증상을 발견하기도 한다. 특히 말초신경의 감염으로 인한 촉감 악화로 통증과 온도를 느끼지 못해 화상을 입어도 모른다. 이 병은 신체 부위가 잘려나가도 통증을 모르는 무서운 질병이다.

현대 기독교인들이 바로 이 질병에 걸려 있다. '예수님을 떠나서도 살 수 있다'는 중증의 병이다. 통증과 그 원인을 모르니 더욱 큰 문제라고 할 수 있다. 나아가 증상이 나타났는데도 여전히 치료받을 생각을 하지 않아서 상처가 더욱 크고 깊다.

치유의 방법은 오직 하나다. 스스로 자각(自覺)하는 것이다. 오직 이 방법밖에 없다.
모든 병이 그렇듯 치료시기를 놓치면 돌이킬 수가 없다.

Hope. 28 가야 할 곳은 가정법원인데

어느 초등학생의 일기다.

'12월 10일 월요일. 엄마랑 아빠랑 또 싸웠다. 아빠는 엄마에게 이혼하자며 내일 구청에 가자고 했다. 불쌍한 우리 아빠. 이혼할 때 먼저 가야 할 곳은 가정법원인데. 아빠에게 가정법원에 가라고 알려줄까 하다 내 입을 틀어막았다. 아빠가 네이버 법률을 보지 않기만 바란다.'

우리는 요즘은 궁금한 것은 모두 인터넷으로 검색을 해서 해결을 한다. 컴퓨터뿐만 아니라 핸드폰으로도 모든 것을 검색하면 알 수가 있다. 법률, 일반상식, 언어, 역사, 심지어 요리까지 만능이다.

예전에는 모르는 것을 발견하게 되면 사전을 찾거나 어른이나 선배들에게, 혹은 부모에게 묻곤 했다. 하지만 요즘은 그렇지 않다. 지금은 만능의 모바일이 있다. 손안에서 해결이 된다. 그러다보니 사람들과의 모든 관계가 단절되어 있다. 모르는 것에 대한 두려움도 없다. 더욱 문제인 것은 굳이 많은 것을 알려고도 하지 않는다.

그럼에도 불구하고 성경은 하나님께 묻기를 권한다. 성경에 등장하는 인물들뿐만 아니라 현재까지 살다간 신앙의 위대한 선배들은 항상 하나님께 질문을 했다. 심지어 전쟁을 하면서 그 여부에 대해 하나님께 질문했다. 하나님께 묻지 않았다가 실패한 사람이 사울이었다.

「여호와께 묻지 않았습니다. 그리하여 여호와께서는 사울을 죽이시고 이새의 아들 다윗에게 그 나라를 넘겨주셨습니다.」(역대상 10장 14절)

인간은 아주 탁월하고 똑똑한 존재인 것 같은데 사실은 그렇지 않다. 우매하고 미련하다. 그러면서도 하나님께 묻지 않고 자기 마음대로 해야 직성이 풀린다. 사실 사람들 모두는 자기 마음대로 하고 싶어 한다. 이기적 본성이 만연해 있기 때문이다.

그런데 위대하고 지혜로운 사람일수록 하나님께 묻고, 사람에게도 묻는다.

"어떻게 할까요?"

이런 사람들이 사랑을 받는다. 몰라서 그러는 게 아니다. 소통을 할 줄 알기 때문이기도 하거니와 자기를 낮춤으로서 사람들과의 유대관계를 향상시킨다. 경계심 없이 사람에게 접근할 줄 아는 능력을 갖춘 사람들이다. 하나님도 그런 사람을 형통케 하신다.

「그는 하나님을 두려워하도록 가르쳐 준 스가랴가 살아 있는 동안 하나님을 구했습니다. 웃시야가 여호와를 찾는 동안은 하나님께서 그가 하는 일을 잘되게 해 주셨습니다.」(역대하 26장 5절)

묻는 자에게 복이 있다.
하나님께 묻는 것이 검색하여 얻는 정보보다 유익한 것이 많다.

Hope. 29 나 말고 한 놈 더 있어

어떤 40대 남자가 지하철을 탔다.

그런데 시간이 많이 지나도 문이 닫히지 않았다. 이상하게 생각한 그 남자가 무슨 일이 있나 궁금해서 문밖으로 목을 내밀었다. 그 순간 문이 닫히면서 목이 끼어 버렸다. 그런데 그 남자는 목이 낀 채로 계속 신나게 웃고 있었다. 옆에 있던 꼬마가 신기해서 그 남자에게 소리쳐 물었다.

"아저씨! 안 아프세요?"

그러자 그 남자는 이렇게 대답했다.

"나 말고 한 놈 더 있어!"

인간의 심리에는 남들이 잘못되는 것에 대해 희열을 느끼는 본성이 있다. 그것뿐만 아니라 잘 되는 것에도 시기하는 본성도 있다. 잘 되는 것에 대한 시기와 잘못되고 망하는 모습을 보면서 희열을 느끼는 것, 이것을 제어할 차원 높은 그 무엇이 지금 우리에게는 필요하다. 성경은 말씀하신다.

「우리가 너희를 위해 피리를 불어도 너희는 춤추지 않았고 우리가 애도하는 노래를 불러도 너희는 슬피 울지 않았다.」(마태복음 11장 17절)

누군가 피리를 불 때 함께 춤을 추고, 슬픈 노래가 나오면 함께 슬피 울어 줄 사람들이 우리에게는 필요하다. 그러나 지금 우리는 나와 관계된 일이 아니면 아무런 관심도 가지지 않는다. 세상은 남들이 어떻게 살든, 무슨 고민을 하든 상관하지 않고 오직 자신밖에 모르는 사람들이 많다. 함께 공감할 수 있는 신앙의 에너지, 영적 힘이 필요하다. 공동체의 영성의 회복이 시급한 시대이다.

지금 옆에 피리를 부는 사람이 있는가? 함께 축하하고 진심으로 기뻐해 주고 즐거움을 공유할 이웃이 있는가 심각하게 되돌아 보라.

우리는 믿음과 위로의 부자가 되어야 한다. 한걸음 더 나아가 교회가 지금 어떤 형편에 있는지, 나라에 어떤 상황이 벌어지고 있는지, 그런 사실을 살피고 기도할 수 있으면 당신은 정말 큰 사람이다. 그런 믿음의 사람 한 사람만 있어도 가정도 살고, 교회도 살고, 나라도 산다. 그런데 문제는 그런 사람은 찾기 어렵다는 사실이다.

그래서 하는 말이다. 굳이 찾지 말라. 다만 당신이 그런 사람이 되면 된다.

다른 곳에서 찾지 말고 내가 그런 사람이 되면 당신이 있는 곳이 바로 천국이 된다.
오직 한 사람, 그런 사람만이 있으면 소돔과 고모라는 되지 않는다.

Hope. 30 새벽안개

KBS 2TV 1:100에 방영된 퀴즈프로그램에 나와서 5천만 원 상금을 탄 응급실 의사 남궁인 씨가 에피소드로 말한 내용이다.

70대 할아버지가 통증이 심하다며 응급실로 왔다. 검진해 보니 말기 암 환자로 앞으로 1개월밖에 살 수 없다는 시한부 선고를 내릴 수밖에 없었다. 의사는 통증이 심할 테니 병원에 입원해서 치료를 받으라 권했지만, 집에 가서 죽음을 맞이하겠다며 대담하게 돌아가셨다.

그리고 이튿날 교통사고로 심하게 다친 한 여자가 응급실로 실려 왔다. 그리고 곧 사망했다. 그런데 사망 사고를 낸 분도 함께 응급실에 왔는데, 놀랍게도 어제 집에서 죽음을 맞이하겠다고 가셨던 70대 암 환자 할아버지였다. 사고 당일 집에서 통증이 너무 심하여 다시 병원으로 오다가 교통사고를 내서 그 젊은 여자가 사망한 것이었다.

암으로 1개월밖에 살지 못할 할아버지는 멀쩡히 살고, 더 많은 세월을 살아야 할 분은 안타깝게도 허무한 죽음을 맞이했다.

과연 죽음은 왜 우리에게 이런 모습으로 곁에 있으며, 또한 불공평할까! 우리 삶에서 죽음의 경계는 과연 무엇일까 고민하게 하는 사례였다. 성경에 이렇게 말씀하신다.

「여러분은 내일 무슨 일이 일어날지 모르며 여러분의 생명이 무엇인지 알지 못합니다. 여러분은 잠깐 있다 없어지는 안개입니다.」(야고보서 4장 14절)

새벽안개는 사람들이 보지도 못한 채 사라질 때도 많다. 우리가 몸부림치며 살아내야 할 치열한 삶의 현장은 곧 사망의 음침한 골짜기이기도 하다. 언제 우리 삶이 끝나고 하나님 앞에 서야 할 날이 올는지는 아무도 예측하지 못한다. 천상병 시인은 언젠가 이생의 소풍을 끝내고 즐거웠다고 말해야 할 바로 그날이 '귀천'의 날이라고 했다. 과연 그럴 수 있을까? 이 말씀을 기억하자.

「만물의 마지막이 가까이 왔습니다. 그러므로 여러분은 정신을 차리고 깨어 기도하십시오.」(베드로전서 4장 7절)

죽음을 기억하면 우리의 생명의 가치가 높아진다.

죽음의 경계를 넘기 전에 우리에게 맡겨진 사명을 잘 감당할 수 있다면 우리 앞에는 생명의 면류관이 준비되어 있다.

Hope. 31 레밍이라는 들쥐 떼

스칸디나비아 반도의 고원지대에는 '레밍'이라는 이름의 들쥐 떼가 살고 있다.

이 쥐떼들은 가끔 집단으로 절벽에서 뛰어내려 자살을 한다고 한다. 이유는 이렇다.

먹이가 부족한 고원지대, 쥐 한 마리가 먹이를 찾아 선두에서 달린다. 그러면 옆의 쥐들도 달리기 시작하면서 선두를 형성하고 있던 쥐들 역시 영문도 모르고 달리기 시작하여 무리 전체가 무작정 달린다는 것이다. 그러다가 절벽에 다다르게 되지만 뒤에서 밀려오는 쥐들의 압박 때문에 멈출 수가 없어 할 수 없이 뛰어내리게 된다. 먹이를 찾아 무작정 질주하다가 절벽 아래로 추락해 죽는다는 것이다.

사람도 비슷한 데가 있다. 사람들은 어떤 길에서 걷고 있느냐가 중요하다. 많은 사람이 걷고 있다고 해서 반드시 올바른 길은 아니다. 사람들은 혼자 있는 것보다 많은 사람, 많은 군중 속에 있을 때 안정감을 느낀다고 한다. 많은 사람이 함께 걷고 있다면 안심이 된다고 한다. 군중심리라고 해석할 수밖에 없다. 하지만 성경은 그렇게 말하지 않는다.

「좁은 문으로 들어가라. 멸망으로 인도하는 문은 크고 그 길은 넓어 그곳으로 들어가는 사람이 많다. 그러나 생명으로 인도하는 문은 좁고 그 길은 험해 그곳을 찾는 사람이 적다.」(마태복음 7장 13~14절)

'좁은'이라는 헬라어는 '스테노스(στενός)'이다. 그 좁은 이유가 '장애물이 가까이 서 있음으로' 그렇다는 뜻이다.

좁은 문은 걷기가 답답하고 힘든 길이다. 본래 생명으로 인도하는 문, 올바른 길에는 사람들이 적다. 많은 군중이 모였을 때 예수님도 진리의 선포보다 수준이 낮은 말씀만 전하셨다. 그리고 소수의 제자들만 있을 때 다시 해설을 하셨다.

현대인들은 다수의 힘을 즐긴다. 그렇다고 다수가 정의는 아니다. 그렇다고 소수가 정의라는 말도 아니다. 다만 멸망으로 인도하는 문에는 사람이 많고, 생명으로 인도하는 문에는 그 길이 험해 찾는 사람이 적다는 것이다. 확률적으로 소수의 사람이 있는 곳이 더 올바른 길이 될 수 있다. 내가 지금 걷고 있는 이 길이 정말 바른 길인가 고민하며 살 일이다. 지금 내가 믿고 있는 모든 것들이 정말 가치가 있고 올바른 것인지 점검이 필요하다.

많은 이들이 모여 있는 곳은 일단 피해라.
예수님을 십자가에 못 박으라고 소리친 것도 군중이었다.

XI. 지혜

(Wisdom)

반드시 당신이
몰랐던 더 좋은 길이 있다.

<펭귄을 날게 하라>는 책이 있다.

일본에는 전국에 97개의 동물원이 있다고 한다. 그중 홋카이도(北海道) 아사히야마 동물원이 서비스를 포함한 모든 평가에서 전국적으로 꼴찌를 하게 되었다고 한다. 그래서 시 의회와 시장이 이 부지에 아파트를 지어 재정을 충당하고자 했단다. 행정의 입장에서 보면 당연한 결과였다.

이에 충격을 받은 동물원에 소속된 수의사와 사육사, 직원들이 어떻게 하면 이 난관을 돌파할 수 있을까를 고민하며 토론하고 연구하기 시작했다. 그 결과 일본 최악의 동물원을 전국 최고의 동물원으로 만든 과정의 이야기를 담은 것이 이 책의 주요내용이다. '날지 못하는 펭귄도 날게 만들 수 있다.'는 발상의 전환이 놀라운 결과를 낳게 했다는 것이다. 직원들의 헌신도 무시를 못할 일이지만 없는 것에서 새로운 것을 만들어내겠다는 창조의 개념으로 접근하여 좋을 결과를 이루어 낸 것이다. 성경에 이런 말씀이 나온다.

「보라. 내가 새 하늘과 새 땅을 창조할 것이니 이전 일은 기억나지 않을 것이고 마음에 떠오르지도 않을 것이다.」(이사야 65장 17절)

새 하늘과 새 땅을 창조하려면 선행조건이 있다는 말이다. 이전 일은 기억하지 말고 마음에 떠올리지 않음을 전제해야 한다는 것이다. 실패한 과거는 잊으라는 말이기도 하다.

요즘 창조경제라는 말이 회자되듯, 모든 사람은 옛것을 모방하여 성공을 꿈꾼다. 완벽한 창조라는 것은 없다는 말이기도 하다. 빵집, 커피전문점이 프랜차이즈로 답습하는 것에서부터 시작하여 새로운 발상의 전환, 창조가 필요하다고 역설하는 것이다.

하나님은 천지를 창조하셨고, 새 하늘과 새 땅을 창조하셨고, 늘 새로운 역사의 문을 열어 가시는 분이시다. 침체, 불황, 좌절, 포기 같은 지점에 머물 것이 아니라 뭔가 새로운 것을 만들어내는 영적 감각과 도전이 필요한 시기다.

97등에서 1등이 되는 길이 있다. 우리도 당신도 포기하고 접어야 할 일속에 1등의 DNA가 내재되어 있어 그것이 발현이 되어야 한다. 하나님께 지혜를 구하고 기도하면 반드시 이 같은 기적을, 날지 못하는 펭귄을 날게 할 수 있는 창조의 역사가 펼쳐지게 될 것을 나는 확신한다.

펭귄도 날 수 있다는 꿈과 함께 포기하지 말고 새로운 것을 만들어내는 창조의 역사가 전개되기를 기대하라.
당신도 날아다니는 펭귄이 될 수 있다.

Wisdom. 2 안녕하셨어요? 시아주버님!

어느 부부가 저녁을 먹고 바람이나 쏘일 겸 시외로 드라이브를 갔다.

그러나 보통의 부부가 언제나 그렇듯 사소한 일로 말다툼을 벌였다. 서로 말도 걸지 않고 썰렁한 분위기로 서둘러 집으로 돌아와 아파트 단지 입구에 들어서는데 문득 차창 밖으로 애완용 개 한 마리가 눈에 띄었다. 말다툼엔 항상 남자가 완패하듯 참고 운전하던 남편이 아내에게 그 개를 가리키며 빈정대며 말했다.

"당신 친척이잖아? 반가울 텐데 인사나 하시지."

한방에 역전을 노리는 남편의 말투였다. 그런데 아내가 이 말에 잠자코 있을 것인가! 남편의 말이 떨어지기 무섭게 아내가 그 개에게 소리쳤다.

"안녕하셨어요? 시아주버님!"

또 아내의 완승이었다. 성경에 이런 말씀이 있다.

「여러분은 언제나 소금으로 맛을 내는 것같이 은혜롭게 말하십시오. 그러면 여러분은 각 사람에게 어떻게 말할 것인지 알게 될 것입니다.」(골로새서 4장 6절)

감정이 상하면 말이 과격해진다. 싸우면 얼굴이 변하고 말이 변한다. 세상에는 말로 상처받은 영혼들이 너무나 많다. 악한 말을 서로 주고받고, 악한 말로 댓글을 달고, 과격한 말들의 잔치가 참으로 풍성하다. 성경은 일찍이 이렇게 경고를 했다.

「혀는 불입니다. 혀는 우리 지체 안에 있는 불의의 세계이며 온몸을 더럽히며 인생의 바퀴를 불사르며 지옥 불에 의해 불살라집니다.」(야고보서 3장 6절)

혀는 불이다. 잘못하면 온 집을 태우고 주변을 태우는 것도 모자라 태산도 태운다. 개인을 태우고, 가정을 태우고, 교회를 태우고, 세상을 온통 불바다로 만드는 출발점이다. 그러나 이 불은 '은혜로운 말'로 끌 수가 있다.

은혜로운 말은 소방관의 강력한 도구다. 소방차에 물을 가득 채워 늘 대기하는 것처럼 당신 안에 은혜로운 말로 가득 채워 불이 난 곳에 언제든 출동하여 진압하게 되시기를 축복한다.

「그녀는 입을 열면 지혜가 나오고 그녀의 혀에는 따뜻한 훈계가 있다.」(잠언 31장 26절)

입만 열면 지혜가 나온다니, 신기하고 놀라운 일이다.
당신의 혀에 이런 축복의 말이 넘쳐나기를!

역사학자 아놀드 토인비는 국가이든 개인이든 고난의 상황과 맞닥뜨리면 다음과 같은 네 가지의 행동으로 반응한다고 말했다.

① 과거로 돌아간다.
② 미래에 대한 공상에 빠진다.
③ 몸을 움츠리고 누군가가 도와주기를 기다린다.
④ 위기에 맞서 위기를 유용한 것으로 바꾸기 위해 도전한다.

고난을 겪는 사람은 늘 화려했던 과거를 자랑하고 그리워하며 현실보다 나은 미래에 생각을 빼앗겨 현실을 도외시하는 경향이 있다. 자신의 노력은 하지 않고 누군가 도와주기만을 기다리는 행태를 말하는 것이다. 위기가 올 때는 스스로 노력하고 기회로 바꾸기 위해 도전하라고 한다. '도전과 응전이라는 말은 그래서 나왔다. 성경에 보면 이런 말씀이 있다.

「네가 바람이 어디서 오는지 알지 못하고 임신한 여인의 배 속에서 태아의 뼈들이 어떻게 자라는지 알지 못하는 것처럼 모든 것을 지으신 하나님의 일도 알지 못한다.」
(전도서 11장 5절)

모든 것을 창조하신 분은 하나님이시라는 말씀이다. 아울러 어떤 위험이나 위기도 하나님의 손안에 있음을 믿고 도전하라는 말씀이다. 즉, 내게 능력을 주시는 하나님의 힘으로 승리하라는 것이다.

유대인 발명가 에디슨은 천재란 99%의 땀과 1%의 영감으로 이루어진다고 했다. 그런데 이 말을 보통의 사람들은 99% 노력에 초점을 맞추지만 사실은 1%의 영감이 더 중요하다는 사실을 강조하는 말이다. 그 1%의 영감은 바로 하나님이 성취하게 해 주시는 위로부터 오는 지혜와 능력을 상징적으로 제시한 말이다. 또한 이 말은 사람이 99%의 노력으로 죽기 살기로 최선을 다한다 하더라도 그 시발점이 되는 1%의 영감이 없으면 절대로 성공하거나 위기를 극복할 수 없다는 것이다.

그렇다고 99% 노력이 중요하지 않다는 것이 아니다. 99%의 최선의 노력을 기울이다가 진짜 고난과 역경으로 힘들고 어려울 때 하나님께 도움을 요청하면 그 노력에 대한 성과를 이루어주신다는 것을 잊지 말아야 한다.

우리에게 잘 알려진 진인사대천명(盡人事待天命)이란 말도 같은 맥락으로 이해할 수 있다. 사람이 할 수 있는 일을 진력을 다하고 나서 그 다음에 하늘의 뜻을 기다린다는 말이다.

고난과 위기, 어려움을 반전의 기회로 바꾸시는 99%의 노력과 1%의 하나님의 도우심의 절묘한 조화를 우리는 항상 마음속에 새기며 살아야 한다.

그거는 와사비 아이가

어느 바닷가에 있는 교회, 아동부 성경공부 시간에 시편 23편을 공부하던 중이었다.

"여호와는 나의 목자시니 그가 나를 푸른 초장에 누이시며 쉴만한 물가로 인도하시는 도다."

'푸른 초장'이란 단어를 읽어 내려갈 때 한 아이의 눈이 반짝거리더니 바로 질문을 하는 것이었다.

"샘요?" "와?"

"초장 색깔은 본래 빨~건 색인데 여는 와 푸른색이라 카능교?"

그때 교사는 잠시 당황해 하며 설명할 방법을 찾고 있는데 바로 옆에 있는 친구가 태연하게 대신 설명을 하는 것이었다.

"얌마! 그거는 와사비 아이가!"

개정판 성경에는 푸른 초장을 '푸른 풀밭'으로 번역했다. 훨씬 전달이 편하고 바로 이해가 되는 번역이었다. 양은 푸른 풀밭과 잔잔한 물이 있을 때가 가장 행복하다. 푸른 초장이 와사비라는 유머에 담긴 뜻을 생각하다가 언뜻 와사비를 너무 많이 찍어 먹다 눈물이 났던 때가 떠올랐다. 조금만 먹으면 환상적인 맛인데, 많이 먹으면 왈칵 눈물이 난다. 와사비 역시 지금 당장 고추냉이로 고쳐야 하나!

때론 푸른 풀밭이 축복의 자리이다. 그러나 우리가 너무 푸른 풀밭에만 머물러 있으면 탈이 날 수도 있다. 왜냐하면 감사를 모르고 하나님의 은혜를 잊을 가능성이 농후하기 때문이다. 심지어는 그 상황이 자기의 능력 때문이라고 짐작하고는 짐짓 교만해질 가능성을 배제할 수 없다. 성경에 이런 상황이 나온다.

「그때 사무엘이 돌을 들어 미스바와 센 사이에 두고 '여호와께서 여기까지 우리를 도우셨다'라고 말하며 그곳을 에벤에셀이라고 불렀습니다.」(사무엘상 7장 12절)

초장이든, 와사비든, 에벤에셀의 하나님을 우리는 기억해야 한다. '하나님께서 여기까지 우리를 도우셨다.' 이 고백은 신앙인의 가장 위대한 고백 중 하나다. 하나님의 도우심이 없었다면 현재의 우리는 없다. 일분일초라도 하나님의 도우심과 섭리가 아니었다면 진짜 푸른 초장이 독한 와사비의 구덩이가 되었을 지도 모른다. 하나님은 왜 그러셨을까?

「당신의 이름을 위해 의로운 길로 인도하십니다.」(시편 23편 3절)

참 고귀한 말씀이라는 생각이 든다. 오직 '당신의 이름' 그대로 의로운 길로 인도하신 것이다. 그리고 다윗은 또 다른 뜻으로 이렇게 고백했다. '나' 때문이 아니라 '하나님'의 이름 때문이라고도 했다. 이 말의 궁극적인 뜻은 하나님과 당신이 함께 윈윈(winwin) 하시기 위한 위대한 계획 때문이다. 나의 성공이 하나님의 성공이라는 말이다. 정말 감사하지 않은가!

욕심의 와사비를 먹고 찔끔 눈물 흘리지 말고 푸른 풀밭을 바라보며 감사의 눈물을 흘려야 하리라.
당신은 성령의 보금자리다.

일본 아오모리현 (青森県)은 사과 산지로 유명한 곳이다.

어느 해에 태풍이 불어 사과의 90%가 떨어져 버렸다. 재앙에 가까운 수준이었다. 한해 수입의 90%가 날아간 셈이다. 이때 한 농부가 기막힌 발상을 했다. 끝까지 남아 있던 사과를 수확하여 초속 50m의 태풍에도 견딘 특별한 사과라면서 홍보를 시작했다. '합격 사과', '회복기원 사과'라는 이름을 붙였다. 일반사과의 10배가 넘는 가격으로 시장에 내놓았다.

소문이 돌자 수험생을 둔 부모와 병원에 입원한 환자의 가족들이 부적처럼 사과를 샀다. 사과는 불티나게 팔려나갔다. 그 결과 풍작 때보다 오히려 더 많은 수익을 올릴 수 있었다고 한다.

이러한 역발상의 사고를 '수평적 사고'라고 한다. 1960년대 에드워드 보노라는 학자에 의해 처음 소개되어 세계적으로 사고의 혁명을 일으켰다. 이는 수직적 사고의 상대적인 의미로 대비가 되는데, 수직적 사고가 논리적 직선적이라면 수평적 사고는 직관적이고 곡선적인 사고에 가깝다. 수직적 사고가 수학이라면 수평적 사고는 음악이나 미술이다.

수학 문제에는 정답이 하나뿐이지만 그림 그리기에는 정답이 없다. 베토벤의 피아노곡도 연주자의 해석에 따라 다르게 표현이 된다. 거기에는 정답이 없기 때문이다. 수직적 사고는 '앞으로 나란히'라면 수평적 사고는 '옆으로 나란히'다. 수직적 사고가 목표물 하나만 보고 필사적으로 추격하는 사냥이라면, 수평적 사고는 나물을 뜯듯이 여기도 살피고 저기도 살피는 방식이다.

일반적으로 남자는 수직적, 여자는 수평적 사고를 한다고 한다. 인생사도 마찬가지다. 인생을 수직적으로 볼 것만이 아니라 수평적으로도 이리저리 여기저기 살피면 여러 개의 답이 존재한다는 것을 깨닫게 된다. 이것은 삶의 방법이기도 하다. 성경은 이렇게 말씀하신다.

「우리가 잠시 당하는 가벼운 고난은 그것 모두를 능가하고도 남을 영원한 영광을 우리에게 이뤄줄 것입니다.」(고린도후서 4장 17절)

고난과 어려움이 생길 때마다 돌파할 길이 하나라고 생각한다면 빠져나올 방법이 없다. 그리하여 스스로 무너져 고통에 갇혀 크나큰 상처만 입고 만다. 그러나 길은 수만 갈래다. 한쪽 벽이 막히면 다른 창문이 열린다. 당신이 가려고 하지 않았을 뿐이다.

사방이 다 막히면 하늘의 문이 열린다. 수직적 사고에서 수평적 사고로 생각을 바꾸면 놀라운 길들이 생긴다. 그러니 고난이나 문제가 발생했다면 하나의 길에 집착하지 말고 다른 길을 찾아봐라.
당신이 몰랐고 가지 않았던 더 좋은 길이 있다.

다 지워버릴 화장을

어느 부부가 세차장에서 고급 승용차를 세워놓고 싸우고 있었다. 여자가 남편이 광택을 내는 약품을 바르는 것을 보고 신경질적으로 소리를 높였다.

"여보, 무슨 차에 그렇게 돈을 들여요!"

쓸데없이 돈을 낭비한다고 생각했던지 여자는 계속 딴죽을 걸었다.

"왁스가 얼마예요! 3만 원? 5만 원? 도대체 얼만데?"

여자의 호들갑에도 아랑곳하지 않고 남자는 말없이 차에 왁스를 바르고 있었다. 계속해서 닦달하자 남자가 버럭 소리를 질렀다.

"29만 원이다. 왜?"

그 말에 여자가 드디어 폭발하고 말았다.

"여보! 왁스 한 통에 29만 원! 기가 막혀! 그래 29만 원 들여서 2, 3일 효과 보자고 이 짓을 해? 비 오면 싹 벗겨져 버릴 텐데!"

그 말에 남자도 지지 않고 한마디를 했다.

"그럼 당신은 저녁때만 되면 다 지워버릴 화장을, 왜 그렇게 비싼 화장품을 사서 아침마다 찍어 바르는데!"

싸움은 무승부로 끝났다. 두 사람은 머쓱하게 다툼을 그치고 세차장을 떠났다. 자동차든, 물건이든 그것을 아끼고 유지하는 데는 그에 합당한 비용이 든다. 낭비와 합당한 소비는 다른 의미이다. 성경에 보면 이런 말씀이 나온다.

「심령으로 새롭게 돼 하나님을 따라 의와 진리의 거룩함으로 지으심을 받은 새사람을 입으라는 것입니다.」(에베소서 4장 23~24절)

화장은 영어로 'makeup'이다. 새롭게 '되어'라는 말도 'make'다. 화장도 새로운 사람으로 탈바꿈하도록 만드는 것이다. 여자들은 맨얼굴을 보이는 것을 극도로 싫어한다. 그런 행동을 반칙이라고도 한다. 마찬가지로 좋은 차의 광택을 유지하기 위해서는 왁스가 필요하다. 남자들은 자동차를 자신의 인격과 능력으로 취급하는 경우도 허다하다.

그런데 사람들은 마음이 '생얼'로 다니는 것을 부끄러워하지 않는다. 생얼로 다니면서도 철면피다. 성경은 마음을 화장하는 방법을 알려주셨다. 방법은 이렇다. '하나님을 따라 의와 진리, 거룩함으로 창조된' 원형을 회복하는 것으로 화장하라는 말씀이다. 교회로 올 때는 생얼로 와서 말씀으로 화장하고 밖으로 나가야 하지 않을까 싶다.

얼굴에 바르는 화장품 구매비용을 자연스럽게 소비하듯, 마음을 화장하는 데는 얼마나 투자를 할까? 투자가 과연 아까운가! 주저하지 말고 마음을 꾸미는 화장품을 구입해 보라.
그 중에 하나가 책이다.

교회 앞에서 두 거지가 나란히 앉아서 동냥을 하고 있었다.

그런데 한 거지는 손에 목탁을 들고 있었고 또 다른 거지는 성경책을 들고 있었다. 예배를 마치고 나오던 교인들은 모두 성경책을 들고 있는 거지에게만 돈을 주었다. 목탁을 들고 있는 거지에게는 단 한 푼도 주지 않고 오히려 노려보면서 지나갔다.

성경을 들고 있던 거지의 깡통은 돈으로 가득 찼지만 목탁을 든 거지는 한 푼도 얻지 못했다. 잠시 후 그 교회 목사님이 나와서 보더니 손에 목탁을 든 거지에게 안타까운 마음으로 충고해 주었다.

"이봐요, 여기는 교회 앞이요, 당신이 목탁을 들고 있으면 온종일 있어도 아무도 안 도와줄 거요."

그러자 목탁을 든 거지가 옆의 거지에게 말했다.

"이봐, 저 목사가 지금 우리에게 뭐라고 하는 거야? 이제 사람들이 다 나왔나 봐, 자리를 옮겨서 저쪽 절 앞으로 가자고…."

협업을 잘 아는 지혜로운 거지 동업자였다. 성경에 이런 말씀이 나온다.

「내가 너희를 보내는 것이 양을 늑대 소굴로 보내는 것 같구나. 그러므로 뱀처럼 지혜롭고 비둘기처럼 순결해야 한다.」(마태복음 10장 16절)

사탄을 상징하는 뱀의 지혜를 배우라고 한 것이다. 아담을 고도의 언어유희로 타락시킨 뱀을 예로 든 것이다. 뱀은 아담을 공격하지 않고 하와를 공격해서 인간을 타락시켰다. 교묘하게 생각하고 지혜롭게 작전을 나름의 방법으로 수행했다. 복음전파든 세상살이든 늑대의 소굴에서 사는 것인데, 사탄의 상징인 뱀같이 지혜로워야 한다고 조언을 하신 것이다.

신앙이 좋은 사람들 중에서도 기도만 하고 생각하거나 방법을 찾지 않는다. 하나님이 다 알아서 해주시는 줄 안다. 그렇지 않다. 사탄도 어떤 방법을 생각했다면 신앙인 역시 생각하고 방법을 찾아 문을 두드려야 한다. 모든 환경에서 지혜롭게 행동하는 것은 기도하는 것과는 별개의 문제다.

지혜의 출발은 생각하는 것에서 시작이 된다. 생각하는 법을 훈련해야 한다. 생각이 발전해서 묵상이 되고 묵상을 통하여 또 다른 지혜가 생긴다.

어느 달걀 장사가 골목에서 이렇게 외치더란다.

"달걀이 왔어요. 달걀이 왔어요! 공룡알인 줄 알았어요."

나름의 지혜다. 또 이렇게 외치는 것이었다.

"아줌마들 나오시라고 했더니 온통 아가씨들만 나오셨네요!"

당연히 달걀은 완판이 되었다.

오늘 당신의 문제를 풀 지혜를 찾아보라. 방법은 반드시 있다.
진지하게 생각부터 시작해야 한다.

어느 동네 청년이 짜장면 한 그릇을 시켰다.

반쯤 먹었을까, 그 안에서 바둑알이 나왔다. 심심하던 차에 큰 건 하나 했다고 생각하며 사진을 찍고 자료를 수집한 다음에 중국집으로 전화를 했다.

"주인장 바꿔! 이게 짜장면이야 뭐야, 너희들 이제 다 죽었어, 인터넷에 다 올리고 손해 배상시킬 거야, 이거 어쩔 거야?"

청년은 의기양양하게 소리치며 난리를 부렸다. 주인은 큰 충격을 받았다. 이제 이 동네에서 장사 다 했구나, 어쩌다 바둑알이 들어갔을까! 주방 안에 바둑알 놓고 티비를 보다가 그냥 들어갔나? 그 순간, 순식간에 거짓말같이 한 가지 생각이 떠올라 이렇게 말했다.

"축하드립니다, 손님. 우리 가게 경품 이벤트에서 방금 탕수육 대자 하나가 당첨되었습니다."

청년은 그 말을 듣는 순간 거짓말처럼 온순해졌다. 위기의 순간에 발휘한 주인장의 탁월한 지혜 덕분에 그 중국집은 아무런 탈도 없이 장사를 할 수 있었다. 앞의 장에서 언급한 성경 구절을 다시 생각한다.

「내가 너희를 보내는 것이 양을 늑대 소굴로 보내는 것 같구나. 그러므로 뱀처럼 지혜롭고 비둘기처럼 순결해야 한다.」(마태복음 10장 16절)

물론 이 말씀은 복음을 전파하는 것에 대한 예수님의 경고와 충고다. 이리(늑대)가 득실거리는 곳에서는 잡아먹힐 가능성이 100%다. 그러나 그런 곳에 가더라도 뱀의 지혜로 무장하고 비둘기처럼 순결하라고 하셨다. 아담을 공격하지 않고 하와를 공격해 성공한 뱀의 지혜, 비둘기가 가진 '섞지 않는 순수함'으로 승부하라는 것이다.

승리의 방법이 꼭 지식이나 스펙에 있는 것은 아니다. 그것만이 모든 것의 해결책은 아니라는 것이다. 지혜와 순결로 나아가다 보면 모든 문제에는 해답이 있다. 해답을 모색하기도 전에 미리 포기하는 것 또한 신앙인의 자세가 아니다. 어떤 경우에도 정답이 있다는 것을 잊지 말고 견디면 반드시 해결이 된다. 어느 드라마에서 보았다. 어떤 중3 학생이 자신은 스트레스를 받으면 어려운 수학 문제를 풀면 그것이 풀린다고 말하는 것을 보았다. 생각의 차이, 삶의 자세가 문제가 아니겠는가!

기도하면 스트레스가 풀린다는 말 이해하실는지!
스트레스가 쌓이고 이유 없이 화가 날 때가 있다.
이때에 예배하고, 기도하고, 찬양하면 마음이 편안해지면 그 사람은 진짜 신앙인이다.

옛날 이야기다. 어느 깊은 산골에 젊은 사냥꾼이 살고 있었다.

하루는 사냥을 나가 산속에서 나무 위에 앉아있는 독수리를 발견하고 화살을 겨누었다. 하지만 그 독수리는 자신이 죽을 줄도 모르고 어딘가를 계속해서 노려보고 있었다. 자세히 봤더니 독수리는 뱀을 잡아먹으려고 집중하느라 사냥꾼을 전혀 의식하지 못하고 있었다. 그런데 뱀도 어딘가를 응시하고 있었는데, 개구리를 잡아먹으려고 독수리를 전혀 의식하지 못하고 있었다. 개구리도 마찬가지로 무당벌레를 잡아먹으려고 미동도 하지 않고 노려보고 있었고, 무당벌레도 진딧물에 정신이 팔려 개구리를 의식하지 못하고 있었다. 사냥꾼은 이러한 먹이 사슬을 보다가 슬그머니 활을 내려놓고 갑자기 자신의 뒤를 돌아보았다.

"혹시 누군가가 자신을 잡아먹으려고 뒤에서 노려보는 건 아닐까?

사냥꾼은 눈으로는 아무 것도 볼 수 없었지만, 이때 그를 뚫어지게 노려보고 있는 적 아닌 적이 있었다. 그것은 바로 '죽음'이라는 모래시계였다. 당신은 지금 무엇에 집중하고 있는가?

시간이라는 적이 당신이 그 무엇에 집중하고 있는 동안 죽음이라는 무기를 가지고 노려보고 있다. 성경은 이렇게 충고하고 있다.

「세월을 아끼십시오. 때가 악합니다.」(에베소서 5장 16절)

성경의 언어 헬라어에는 시간을 나타내는 단어가 크게 두 개가 있다.

'크로노스(χρονος)' 이것은 우리가 늘 맞이하고 보내는 흐르는 시간이다.

'카이로스(καιρός)' 이것은 기회, 정해진 시간, 하나님의 시간이라고 일컫는 개념이다.

'세월을 아끼라'에서 '세월'은 '카이로스'다. 그러니 기회가 왔을 때 그 시간을 잘 활용하라는 것이다. 시간이든 기회든 아낄 수 있다. 그것을 버릴 수 있다면 그것은 개인의 능력에 달린 것이다.

내가 다른 그 무엇에 집중하고 있는 동안, 시간은 죽음이라는 무기를 장착하고 우리를 주시하고 있다. 죽음을 담보로 집중해도 좋은 일이라면 계속 집중하라. 그렇지 않다면 포기해야 한다.

가치 없는 것에 집중하고 있을 때도 내 등 뒤의 모래시계는 조금은 망설임도 없이 아래로 떨어지고 있다.
지금 죽어도 여한이 없다는 말이 가장 무섭다.

Wisdom. 10 '링반데룽'(Ringwanderung)

알프스에서 조난을 당하여 길을 잃어버린 사람이 있었다.

13일 동안 넓고 험준한 얼음산을 방황하다가 가까스로 구조를 받을 수 있었다. 어떻게 그 긴 시간 동안을 이런 악조건 속에서 살아남을 수 있었느냐고 물었다. 그는 얼어 죽지 않으려고 계속 걸었다고 했다. 걷고 잠깐 쉬는 것을 반복하면서 졸면 죽는다는 생각으로 계속 걸었고 했다. 그런데 구조대가 이상해서 그가 걸어온 과정을 검토해 보았더니 그는 반경 6㎞ 내를 그냥 돌고 있었다. 본인은 직선으로 간다고 생각을 하면서 걸어갔는데 결국은 같은 길을 반복적으로 돌고 있었다는 것이었다.

이런 현상을 등산용어로 '링반데룽'(Ringwanderung)이라고 한다. 독일어 '링'(Ring, 고리 혹은 둥근 원)과 '반데룽'(Wanderung, 걷는 것)이 합해진 등산용어다. 즉, '등산 도중에 짙은 안개 또는 폭우나 폭설 등 악천후로 인해서 방향 감각을 잃어버리고, 제대로 길을 찾아간다는 것이 같은 지역만 계속 맴돌게 되는 현상'을 가리키는 말이라는 것이다. 자신은 앞으로 나아간다고 열심히 걸어가는데 사실은 똑같은 자리를 맴돌게 되는 윤형방황(輪形彷徨), 환상방황(環狀彷徨) 현상의 한 종류하는 설명이었다.

사람은 어려움을 만나거나, 고통 중에 머물러 있거나, 복잡한 삶의 현상에 처하게 되면 자신은 난관을 뚫고 앞으로 나아가는 것 같지만 결국에는 현재에 머물 수밖에 없는 불완전한 존재로 전락하고 만다.

당신은 지금 길을 잃고 방황하고 있는가! 성경은 말씀하신다.

「사람이 마음으로 자기 앞길을 계획한다고 해도 그 걸음은 여호와께서 이끄신다.」(잠언 16장 9절)

아무리 사람이 마음으로 자기 앞길을 계획하고, 준비하고, 노력한다고 해도 한계가 있다. 하나님이 이끄시고 인도하지 않으시면 방법이 없다.

자기 생각으로 가면 항상 그 자리다. 그래서 우리는 마음의 문을 열어 놓고 솔직하게 물어야 한다.

"하나님! 어느 길로 가야 하겠습니까?"

묻는 것이 곧 기도이며 신앙인의 자세다. 친구에게도 묻고, 부모에게도 묻고, 가족에게도 묻고, 하나님에게도 묻게 되면 길이 보인다. 사람들은 묻지 않아서 길을 찾지 못하고 엉뚱하게 방황하고 있다.

질문을 잘하는 학생이 공부도 잘한다.

Wisdom. 11 3 대 33

숫자 3 과 33. 사람들은 자신에게 도움을 준 사람을 남에게 칭찬할 때는 3사람에게만 하고, 내게 해를 끼친 사람을 욕할 때는 33명에게 한다고 한다. 그리고 3명에게는 소극적으로 칭찬하지만 33명에게는 도시락을 들고 찾아다니며 적극적으로 욕을 한다는 통계도 있다. 성경은 이렇게 날카롭게 지적하고 있다.

「이 간사한 혀야, 너는 집어삼키는 말들이라면 뭐든지 좋아하는구나.」(시편 52편 4절)

'집어삼키는, 잡아먹는'이라는 말은 '베라(בָּלַע)'인데, '게걸스럽게 먹어 치우는'이라는 뜻이다. 죽이는 말이라는 것이다. 현재 우리 현실은 남을 해치는 말들, 죽이는 말들로 난무하고 있다. 비판, 비난, 판단, 정죄, 자기 생각, 심지어 하나님만이 하실 수 있다는 '심판'이란 말들을 서슴없이 한다.

지금 우리에게 필요한 말은 위로, 격려, 세워주는 말이다. 잠언에 이런 말씀이 있다.

「칼로 찌르는 듯 아픔을 주는 말이 있으나 지혜로운 사람의 혀는 병을 고친다.」(잠언 12장 18절)

지혜로운 사람의 말은 병든 사람을 고치기도 한다. 심지어 이런 말씀도 있다.

「죽고 사는 것이 혀의 능력에 달려 있으니 혀 쓰기를 좋아하는 사람들은 그 열매를 먹을 것이다.」(잠언 18장 21절)

죽고 사는 것은 말하는 사람에게 해당하는 말이기도 하지만, 그 말을 받는 사람에게도 적용이 된다. 내가 하는 말로 사람을 죽일 수 있고 자신도 죽고, 내가 하는 말로 남을 살리는 말도 되고 나도 사는 말이 있다.

3:33! 나에게 해를 끼친 사람은 3명에만 말하고, 나에게 이익을 준 사람은 33명에게 적극적으로 찾아다니며 자랑하고 칭찬해주면 정말 놀라운 일이 일어나지 않을까? 방법은 수없이 많다. 문자로, 말로, 전화로 좋은 말, 사람을 살리는 말로 죽어가는 사람들을 살려내는 것이 하나님의 뜻이다. 불평, 불만, 원망, 비판, 비난, 사탄의 소리엔 귀를 닫는 것은 물론 입마저도 닫아 하나님이 주시는 생명의 말로써 당신의 주변에 있는 사람들에게 생수와 같은 사람이 될 수 있기를 간절히 소망한다.

3명에게도, 33명에게도 모두 1가지, 칭찬하라고만 하면 너무 무리한 희망일까?

검은 풍선도

뉴욕의 거리에서 풍선을 파는 사람이 있었다.

장사가 신통치 않은 날은 평온한 모습으로 풍선을 하나씩 하늘로 날려 보내곤 했다. 그러면 그 모습을 보고 사람들이 모여들어 풍선을 사주곤 했다. 한번은 흑인 어린 아이가 다가와서 물었다.

'아저씨, 검은 풍선도 하늘 높이 날아갈 수 있나요?"

풍선 장수는 아이의 마음을 얼른 알아채고는 이렇게 말했다.

"얘야, 풍선이 하늘로 올라가는 것은 색깔 때문이 아니고 풍선 안에 무엇이 들어있느냐에 달렸단다."

그는 비록 거리에서 풍선을 파는 사람에 불과했지만 평소에 잘 닦은 탁월한 마음을 소유한 어른이 아니었을까 짐작이 된다. 아마도 진솔한 크리스천일 가능성이 높다. 왜냐하면 이미 성경에 이런 상황을 표현한 바가 있기 때문이다.

「그러나 여호와께서 사무엘에게 말씀하셨습니다. '겉모습이나 키를 보지 마라. 나는 그를 이미 버렸다. 내가 보는 것은 사람이 보는 것과 다르다. 사람은 겉모습을 보지만 여호와는 마음의 중심을 보신다.」(사무엘상 16장 7절)

사람들은 겉으로 보이는 모습에 관심을 두고 그렇게 무책임하게 판단을 한다. 그러나 하나님은, 그리고 하나님을 가까이 모시고 사는 사람들은 그 중심을 본다.

'중심'이라는 단어는 '레바브(לֵבָב)'라는 단어인데, '마음, 정신, 기분, 의식, 심정, 감정, 사고방식, 목적, 지성, 분별력, 이해력, 현명함'으로 번역될 수 있다. 이 말은 눈으로 볼 수 없는 것을 볼 수 있는 능력을 말한다.

사울은 겉으로 보기엔 브래드 피트같이 잘 생기고 키도 크고 외모가 준수했으나 하나님이 버리셨다. 하지만 다윗은 사울의 모습과는 정반대였지만 위대한 왕으로 역사에 길이 남을 행적을 남기지 않았는가! 내 눈을 씻고, 겉에 보이지 않는 내면을 볼 수 있었으면 좋겠다.

그러나 이것은 일차적이다. 더욱 중요한 것은 나의 내면을 무엇으로 채우느냐가 더 중요한 문제다. 다른 사람 볼 때는 그의 내면을 측량할 마음의 눈이 있고, 나의 내면 역시 무엇으로 가득 채울 수 있기를 노력하는 사람이 진정한 신앙인이다.

당신이 그렇게 되기를 진정으로 바란다. 그것은 내 안을 무엇을 채우느냐에 따라 무엇을 볼 수 있는 눈이 되기 때문이다.
아는 만큼 보이고, 가진 만큼 보이고, 마음에 채워져 있는 그것만큼 보인다.

Wisdom. 13 얼어 죽은 양 한 마리

나이아가라 폭포로 향하는 강 위쪽에 커다란 얼음덩어리가 떠내려 오고 있었다.

그 얼음덩어리 위에는 죽은 양 한 마리가 붙어 있었다. 그때 하늘에서 날고 있던 커다란 독수리 한 마리가 쏜살같이 내려와 발톱을 양털 깊숙이 박고 양고기를 뜯어 먹기 시작했다. 독수리는 죽은 양고기를 먹느라 점점 폭포와 가까워지고 있다는 사실을 까맣게 잊고 있었다. 하지만 폭포의 굉음을 듣고 정신을 차렸을 때는 이미 천 길 낭떠러지가 눈앞이었다. 그러나 날아오르면 되기 때문에 문제는 없어 보였다. 그런데 폭포에 이르러 독수리가 힘차게 날개를 펴려는 순간 몸이 움직여지지 않았다. 양털 속에 깊이 박힌 발톱이 빠지지 않았기 때문이었다. 결국 독수리는 양의 사체와 함께 폭포에 떨어졌다.

당장 즐거운 쾌락의 양고기에 취해 몸과 영혼이 죽는 줄도 모른 채 인생을 사는 사람들이 있다. 문득 정신을 차렸을 때는 이미 죄악에 박힌 발톱이 빠지지 않는다. 죄는 달콤하지만, 결과는 참혹하다. 성경은 이렇게 말씀하신다.

「악인의 길은 어둠 같아서 넘어져도 무엇에 걸려 넘어졌는지조차 모른다.」(잠언 4장 19절)

더 큰 문제는 '걸려 넘어져' 파멸로 향해 폭삭 망해가면서도 그것이 무엇 때문인지 깨닫지 못함에 있다. 어디서부터 어떻게 잘못되었는지를 모른다는 말이다. 죄악의 길에 한 번 잘못 발을 들여놓으면 쉽게 빠져나오지 못한다. 얽히고설켜 있기 때문이다. 그래서 빠져나오고 싶어도 쉽지가 않다. 그래서 우리는 순간순간 주위를 점검하며 깨달아야만 한다. 제일 중요한 것은 처음부터 거기에 발을 넣지 않는 것이다.

지금 무언가 잘못되어 가고 있다면, 어디서부터 어떻게 잘못되었는지 즉시 점검해 보는 시간을 가져야 한다. 우리는 그 행위와 용어를 '기도'라 말하기도 하고 '묵상'이라고도 한다. 그러면 서서히 살아날 길이 기적같이 보일 것이다.

나의 발톱에 무엇을 움켜쥐고 있는지 깨닫는 것이 우리가 사는 길이다. 적어도 내가 날고자 할 때 발톱이라도 용케 빠지면 그나마 다행이다. 하지만 가장 좋은 것은 처음부터 움켜쥐지 말아야 할 것에 대한 인식을 정확하게 하는 것이다.

선한 것이 아니면 바로 지금 손을 떼라. 내 손안에, 내 생각 안에 깊이 박혀 있는 바로 그것을 매 순간 점검하라
기회는 바로 지금이다.

Wisdom. 14 타잔

한 엄마가 집 안을 청소하고 있는데 밖에서 놀던 어린 아들이 허겁지겁 뛰어 들어와서는 다급하게 물었다.

"엄마! 내가 누구야?"

엄마는 아들이 장난을 한다고 생각하고 심각하게 말했다.

"타잔!"

물론 엄마의 장난이었다. 그런데 갑자기 아이가 조용해졌다. 가까이 가보니 아들이 혼잣말로 이렇게 중얼거리고 있었다.

"정말 그 아저씨 말이 맞구나! 내가 워낙 까마귀같이 더러워져서 엄마가 못 알아볼 거라고 했는데. 정말 못 알아보네. 나는 이제 어떡하지?"

아이가 바깥에서 어떤 질문을 받았는지 모를 일이지만 예기치 않게 자신의 본질에 대한 질문을 엄마에게 하게 된 것이다. 이 이야기의 본질은 이렇다. 현대인들은 자신이 누구인가에 대해 묻지 않는다. 본질에 대해 깊이 있게 성찰하는 시대가 아니라는 말이다. 자신이 현재의 모든 상태, 직분, 신앙, 자신의 본질에 관하여 도무지 묻지 않는다.

'나는 과연 누구인가!'

가치가 혼재된 시대를 살면서 스스로에게 이런 질문은 정말 필요하다. 그리고 거기서 상황이 정리가 되면 좋은데 이상하리만치 남에 대해서는 필요 이상으로 질문을 한다. 온통 남의 일에만 관심이 있다.

"너는 누구냐?, 너는 잘하고 있느냐?, 너는 왜 그렇게 했느냐?"

왜 그렇게도 남에게 관심이 많은지 도무지 알 수 없는 일이다. 그러나 나는 누구일까에 대한 본질적인 질문을 스스로에게 심각하게 질문을 하면서 탐구를 한다면 남에게 묻지 않아도 답을 찾을 수 있다. 나의 행동에 따라 상대가 즉각적으로 반응을 하므로 그것으로 해결책이 나온다.

나를 알려면 하나님을 알아야 한다는 것은 성경의 기본 진리다. 내가 누구인지 몰라도 하나님을 알면 나를 알 수 있다는 것이다. 예수님은 이렇게 물으셨다.

「그러면 너희는 나를 누구라고 하느냐?」(마태복음 16장 15절)

이 물음에 확실한 답을 하지 못하면 내가 누구인지를 절대 모른다. 사실 이 질문에 대하여 베드로처럼 답을 한다면 내가 누구인지 몰라도 상관이 없다. 엄마가 아들을 몰라본다고 해도 아들은 엄마가 누구인지만 정확하게 안다면 뭐가 문제일까? 다행히 예수님은 세상에서 마지막으로 제자들에게 이렇게 말씀하셨다.

「보라. 내가 세상 끝날 때까지 너희와 항상 함께 있을 것이다.」(마태복음 28장 20절)

예수님은 내가 누구인지 알고 계신다. 잊지 않고 계신다. 그러니 걱정하지 말라. 근심하지 말라. 그러니 이 질문에만 집중해라.
"나는 누구인가?"

조수석에 앉아 있었네

두 형제가 있었다. 한밤중에 동생에게서 전화가 왔다.

"형, 차 안에 있는 물건들 전부를 도둑맞은 거 같아."

"그러면 먼저 경찰에 신고부터 해."

"아니야. 비싼 물건이나 돈을 잊어버린 건 아냐. 핸들이랑 브레이크, 액셀러레이터가 없어졌어. 요새 도둑들은 이상한 놈들인가 봐. 별 걸 다 훔쳐가네. 그나저나 나 좀 데려가 줘."

형이 차를 운전하여 아파트 단지를 막 빠져나오는데 다시 전화가 왔다.

"형, 안 와도 되겠어."

"왜?"

"내가 술에 많이 취했나 봐. 조수석에 앉아 있었네."

하나님이 사람에게 제일 먼저 한 질문이 무엇인지 아시는가? 선악과를 먹은 후에 숨어 있던 아담에게 하나님은 이렇게 물었다.

「여호와 하나님께서 아담을 부르시며 '네가 어디 있느냐?(Where are you?)」(창세기 3장 9절)

신앙적인 관점에서 가장 중요한 질문이 바로 이것이다. 이 질문에 정확하게 대답할 수 있으면 당신은 정직하고 행복한 사람이다. 하나님은 모세와 이사야, 바울에게도 같은 질문을 하셨다.

이 본질적인 질문을 날마다 자신에게 할 수 있는 사람은 정말 행복한 사람이다. 답에 거리낌이 없다면 그 사람이 바로 온전한 사람이 아니겠는가! 술, 명예, 돈, 쾌락, 그 밖의 무언가에 취해서 내가 지금 어디에 있는지도 모르고, 아니 자리를 바꿔 앉아 있으면서도 깨닫지 못하고 있다면 이게 어디 보통 단순한 문제이겠는가!

술 깨면 자기가 어디 있는지 알 수 있다. 명예, 돈, 쾌락 그 무엇에 취했든지 그곳에서 빨리 깨어나면 자기의 자리를 알 수 있다. 술에 취해 운전하는 것도 큰 문제지만 그래도 금장 깨어나 자신의 위치를 발견한 동생은 그나마 다행이다. 아직도 술에 취해 운전하는 이들이 부지기수다. 나는 지금 온전한 자리에서 온전한 정신으로 운전하고 있는지 늘 살펴볼 일이다.

나는 지금 무엇에 취해 있는가? 그렇다면 빨리 깨어나야 한다.
그리고 하나님께 즉시 전화하자.
나 깨어났다고!

찰리 채플린 흉내내기 대회

찰리 채플린이라는 유명한 희극배우가 있다.

하루는 잠시 머리도 식힐 겸 시골로 여행을 떠났는데 어느 마을에서 '채플린 흉내내기 대회'가 열리고 있었다. 채플린이 워낙 유명했기에 가능한 대회였다. 참가자 모두 분장과 수염을 제대로 갖추고 흉내를 내고 있었다.

장난기가 발동한 진짜 채플린이 슬그머니 대회에 출전했다. 모든 참가자의 공연 뒤 심사 결과가 나왔다. 채플린은 과연 몇 등을 했을까? 결과는 진짜 채플린이 3등을 했다고 한다.

진짜가 가짜에게 졌다. 우리는 예수님을 본받는다고 하면서도 정작 근처에도 가지 못하고 있음을 생각하면 마음이 무거워진다. 성경은 말씀하신다.

「내가 그리스도를 본받는 것처럼 여러분은 나를 본받는 사람들이 되십시오.」(고린도전서 11장 1절)

예수님-바울-나로 연결되는 고리를 묵상해 본다. 또한 예수님과 나, 그리고 또 다른 누군가가 예수님을 본받는 고리가 형성된다고 생각해 보자. 이 얼마나 무섭고 떨리는 말씀인가!

우리는 왜 그렇게 하지 못하고 있을까? 성경은 다시 지적하신다.

「저녁 식사를 하는 동안 마귀는 이미 시몬의 아들 가룟 유다의 마음속에 예수를 배반할 생각을 넣었습니다.」(요한복음 13장 2절)

마귀와 사탄이 예전부터 지금까지 사람들의 마음에 잘못된 생각을 넣는 작업을 지속적으로 하고 있으므로 우리는 늘 실패하고 있다. 예수님의 생각과 말씀이 우리 생각으로 들어와야 하는데 여전히 사탄의 생각이 들어오고 있다. 그것을 차단해야만 승리할 수 있다고 나는 믿는다. 그래서 이렇게 충고했다.

「마귀에게 틈을 주지 마십시오.」(에베소서 4장 27절)

'틈'은 '토포스(τόπος)'인데, '지점, 기회, 조건, 특별히 칼집, 그리고 행동에서 있어서의 기회'라는 뜻이 있다. 마귀에게 이런 틈을 주지 말라고 했다.

오늘 내 생각 속으로 들어오는 그 무엇이 예수님의 말씀인지 사탄의 생각인지 분별할 수 있는 신앙인이 될 수 있기를.

소원이 무엇이냐?

열심히 기도하는 거지에게 하나님이 소원을 물었다. 거지가 이렇게 대답했다.

"제 밥그릇이 찌그러졌습니다. 새 밥그릇을 주세요."

얼마 후 다시 소원이 무엇이냐?

"금으로 된 밥그릇을 주세요."

얼마 후 또다시 물었다. 때는 겨울이었다.

"겨울이 되니 춥습니다. 따뜻한 밥을 먹을 수 있도록 보온밥통을 선물로 주세요."

한숨만 나오는 이야기다. 사람들은 현실에 얽매이다 보니 눈앞에 있는 것밖에 보지 못하는 어리석음을 반복한다. 찌그러진 밥그릇에서 금 그릇을 얻었으니 그것을 팔아서라도 자신의 생활을 변화시켜야 한다. 성경은 이렇게 말씀하신다.

「이 일이 갑작스럽게 이루어졌으나 하나님께서 백성을 위해 준비하셨으므로 히스기야와 온 백성이 기뻐했습니다.」(역대하 29장 36절)

갑자기, 뜬금없이 우리가 전혀 예상하지 못했음에도 불구하고 어떤 일이 일어나는 경우가 있다. 그러나 그건 우연이 절대 아니다. 그것은 하나님이 예비하신 것이다. 다만 우리가 그것을 모르고 있으니 문제다.

우리가 일상적으로 드리는 기도 제목도 그런 경우가 많다. 짧은 내 생각에 갇혀 있어 눈앞에 있는 사소한 것에만 집중할 때가 있다. 꿈, 기도 제목, 비전을 한 단계 업그레이드 해야 한다. 저 거지와 같은 기도는 이제 그만 두어야한다. 한 차원 높은 기도, 남들이 구하지 않는 것들을 갈구해 보라. 늘 하는 지금의 기도의 제목에서 벗어나 다른 제목의 기도를 찾아보라.

<야베스의 기도>라는 책에 이런 이야기가 나온다. 한 사람이 천국에 가보니 안내자가 포장된 선물꾸러미로 가득한 방을 소개해주더란다. 이게 무엇이냐고 물었더니 하나님이 지금 선물꾸러미를 포장해 놓고 기도하기만 하면 주시려고 하는데 사람들이 기도하지 않아서 지금 배달 대기 중이라고 하더란다. 그 준비하신 선물이 천국에 가득하다는 말씀이다.

그렇다. 지금 하나님은 일상의 자잘한 것을 너머 상향된 목표의 차원 높은 기도로 간절히 원한다면 예비하고 계신 것을 기꺼이 주실 것이다.

하나님은 그래서 '무엇이든지' 구하라고 하셨다. 그러나 그 무엇이든지에 포함된 것은 일상의 것이 아닐 수 있다. 그걸 넘어야 한다.

거지같은 기도가 있다. 그러나 눈앞에 보이는 사소한 것에 목숨을 거는 거지를 말한다. 이제는 그만할 때가 됐다.
그런 자잘한 기도를 거두어 들이면 예상치 못한 놀라운 축복이 기다리고 있다.

Wisdom. 18 영적 보청기 구입

비행기가 공항에 도착하여 수화물을 찾고 있을 때 이런 안내방송이 나왔다.

"비행기 안에서 보청기를 주웠습니다. 보청기를 분실한 분은 고객 서비스 카운터에 와서 찾아가시기를 바랍니다."

그러나 아무리 기다려도 보청기의 주인이 나타나지 않았다. 그도 그럴 것이 주인은 들을 수가 없기 때문이었다. 그 안내방송을 듣지 않아도 될 사람은 듣고, 꼭 들어야 할 사람은 듣지 못한다. 안타까운 일이다. 성경은 이렇게 말씀하셨다.

「귀 있는 사람은 성령이 교회들에게 하시는 말씀을 들어라.」(요한계시록 3장 22절)

여기서 '귀'는 '우스(οὖς)'이다. 물론 '육체적인 귀'를 말하는 것과 동시에 '정신적인 귀와 마음으로 인지하는 능력, 이해력'을 포함한 말이다. 사람들은 육체적인 귀가 있지만, 여기서는 영적인 귀를 말한다.

필자가 청주 상당교회에서 부목사로 있을 때 농아부가 있었다. 농아인들은 듣지 못하기 때문에 말을 못 한다는 것을 그때 처음 알았다. 구강의 구조가 말을 하는 데 전혀 문제가 없어도 듣지 못하면 말을 못 한다는 것을 말이다. 듣고 깨닫는 귀가 있어야 정상적인 말을 할 수가 있다.

우리 역시 듣지 않고 말하니 사오정이 될 수밖에 없다. 아무리 성령의 하나님이 말씀하셔도 귀가 없으니, 혹은 보청기가 없으니 들을 수가 없다. 듣고 나서야 그 다음의 행동인 성령의 말, 긍정의 말, 위로의 말을 하지 않겠는가? 100명이 예배를 드려도 모두가 은혜를 받고 감격하는 것은 절대 아니다. 영적인 귀가 열려있어야만, 적어도 보청기라도 끼어야 제대로 듣고 은혜를 받고 정확한 말을 할 수 있다.

보청기를 낀다는 말이 무슨 말일까? 듣고자 하는 의지의 마음이 아닐까? 주변에서 아우성치는 모든 사람이 무슨 말을 하고 있나 생각하며 경청하려는 자세를 가지면 어떤 소리라도 제대로 들려오지 않을까?

영적 보청기는 어디에서 사야 할까?

Wisdom. 19 바퀴는 어떻게 돌아가는거야?

한 가족이 차를 타고 소풍을 가는 도중에 다섯 살 아들이 아빠에게 물었다.

"아빠, 자동차 바퀴는 어떻게 돌아가는 거야?"

아빠는 고민 끝에 아는 지식을 총동원하여 자세하게 설명하기 시작했다.

"바퀴는 연료가 연소하면서 발생하는 열에너지를 기계 에너지로 바꿔 동력을 얻는단다. 후륜 자동차의 경우 클러치-변속기-추진축-차동기-엑셀축-후차륜 순서로 동력을 전달해 움직인단다."

아빠는 자기가 아는 범위 안에서 최대한 고급용어를 써서 자세하게 설명을 했다. 그러나 아들은 도대체 이 말을 알아들을 수가 없었다. 아들은 고개를 갸우뚱하더니 엄마에게 다시 물었다.

"엄마, 자동차 바퀴는 어떻게 돌아가는 거야?"

그러자 엄마는 단숨에 한마디로 대답했다.

"응, 빙글빙글!"

참 쉽다. 아들은 간단하게 이해를 했다.

사람들은 의도했건 아니면 그렇지 않든 간에 참으로 복잡하게 산다. 몰라 될 지식과 뉴스에 파묻혀 질식할 것 같은 세상을 살고 있다. 뉴스를 듣다 보면 전혀 몰라도 상관없는 내용이 대부분이다. 성경에 이런 말씀이 나온다.

「부와 명예가 주께로부터 나옵니다. 주께서는 모든 것을 다스리시는 분입니다. 주의 손에는 힘과 능력이 있어 모든 사람을 누구든지 높이시고 힘을 주실 수 있습니다.」(역대상 29장 12절)

다윗이 성전 건축을 준비하면서 백성들에게 한 말씀이다. 부(큰 재물), 존귀함, 통치, 지배, 힘, 승리, 크게 하시고 강하게 하심이 모두 하나님의 손에 있다고 한다. 아버지의 설명과 달리 엄마처럼 간단하게 정리하면 이렇다.

"내가 원하는 모든 것이 주께로부터 오고, 주의 손에 있다."

이 말씀이 내 것이 되려면 그냥 믿음으로 받으면 된다. 매일 편파적인 정보를 퍼뜨리는 뉴스, 구매를 강요하는 과대광고, 아무짝에도 쓸모없는 쓰레기 같은 소식들은 믿으면서 왜 성경의 말씀을 믿지 못할까! 이런 사실이 부끄럽지 않은가?

우리는 오늘도 부와 귀, 권세, 능력, 성공, 강함을 찾아 이른 아침에 일어나 하루 일과를 시작하지 않는가? 과연 무엇을 구함인가? 그럼에도 불구하고 이 모든 것이 주의 손에 있다고 하지 않는가! 그렇다면 어디로 가서 이런 것을 구해야 할까?

무릎 꿇고 기도하며 의심 없이 믿으라. 상상을 초월하는 놀라운 것들이 나의 곁으로 들어올 것이다.

매사에 부정적인 한 남자가 전쟁 중 상관에의 명령불복종으로 총살형을 언도 받았단다. 그런데 형 집행 전에 총살형에서 교수형으로 바뀌는 행운을 맞았다. 그러나 그 남자는 이렇게 불평하며 말했다.

"이놈의 나라, 그렇게 전쟁을 하더니 결국엔 총알이 다 떨어졌군."

얼마 후 무기징역으로 감형됐다는 소식이 전해졌다, 그는 이렇게 말했다.

"망할 놈의 나라 이제 밧줄도 떨어졌나 보네."

시간이 지나 다행히 얼마 뒤 사면이 된다는 통보를 받았다. 이 남자의 불평은 여전했다.

"이런 빌어먹을. 이제는 죄수들에게 먹일 식량도 다 떨어졌나 보네."

재미있는 유머다. 그러나 명확한 것은 부정적인 마음은 질병이라는 것이다. 고쳐야 할 중병임에 틀림이 없다. 성경에도 이런 사람들이 있었다. 모세는 이집트에서 나와 하나님의 명령으로 열두 명의 정탐꾼을 가나안에 보냈다. 돌아온 정탐꾼 중 열 명이 부정적인 관점의 결과를 보고했고, 여호수아와 갈렙 두 명만이 긍정적인 보고를 했다.

「모세가 그 땅을 살펴보라고 보냈는데 돌아와서 그 땅에 대해 좋지 않은 이야기를 퍼트려 온 회중이 여호와를 거슬러 불평하게 만든 사람들, 곧 그 땅에 대해 좋지 못한 나쁜 이야기들을 퍼뜨린 사람들은 여호와 앞에서 재앙을 받아 죽었습니다. 그 땅을 살펴보러 간 사람들 가운데 눈의 아들 여호수아와 여분네의 아들 갈렙만이 살아남았습니다.」(민수기 14장 36~38절)

부정적인 보고를 했던 열 명의 정탐꾼은 가나안, 결국 천국에 가지 못했다. 하나님에 대한 믿음으로 정탐했던 여호수아는 모세의 후계자가 되었고, 갈렙 역시 생존하여 가나안에 들어가는 축복을 받았다.

신앙인은 모든 사건을 바라볼 때 하나님의 능력을 볼 것이냐, 문제를 크게 볼 것이냐의 차이에서 그 결과가 판가름이 난다. 당신은 부정적인 신앙인가? 그렇다면 중병에 걸린 것이다. 아니면 하나님의 능력을 믿는 신앙인인가?

선택은 오직 당신이 해야 한다.

긍정의 사람은 여호수아와 갈렙처럼, 쉽게 가나안에 입성할 수 있다.

선택하라. 여호수아와 갈렙의 길을.

자네야!

술꾼인 언니를 둔 동생이 있었다.

어느 날 언니가 고주망태가 되어 들어 왔다. 그런데 한밤중에 자는 동생을 급하게 깨우더란다.

"얘, 일어나봐! 위층 집 앞에다 토하고 온 것 같아. 같이 치우고 오자."

그래서 얼른 가서 봤더니 누가 치웠는지 물 한 방울 없이 깨끗했다. 덕분에 안심하고 잤다고 한다.

그리고 다음 날 언니랑 외출하기 위해 밖으로 나갔다가, 일을 마치고 귀가 중에 승강기 층수 버튼을 누르고 기다리고 있는데 지하에서 누군가가 올라오는 것이었다. 승강기를 타고 보니 자기 집 위층에 사는 아저씨였다. 어제 일도 있고 해서 긴장하고 있는데 그 남자가 물었다.

"자네야?"

두 자매는 식겁을 했다. 어제 언니가 토한 것이 맞고 이 아저씨가 그것을 치운 것임이 틀림없었다. 몸 둘 바를 몰라 하고 눈치를 보고 있는데 다시 묻는 것이었다.

"자네야?"

"네?"

자매는 시치미를 떼고 되물었다. 그러나 남자는 웃으면서 물었다.

"자매냐고?"

두 사람은 '자매'를 '자네'로 알아들은 것이었다.

왜 사람들은 남의 말을 잘못 알아들을까! 성경에 이런 말씀이 있다.

「내가 문 앞에 서서 두드리니 누구든지 내 음성을 듣고 문을 열면」(요한계시록 3장 20절)

사람은 자기가 듣고 싶고 아는 것만 듣는 속성이 있다. 자기 수준 이상은 듣지 못한다. 그래서 세상에는 많은 외국어가 있지만 익히지 않으면 하나도 알아들을 수가 없다. 소리는 있되 의미를 깨닫지 못한다. 우리가 살아가다 보면 온갖 것들의 소리가 마음의 문을 두드린다. 그럴 때마다 벌컥 문을 열어줄 수는 없다. 하나님의 음성과 도둑의 소리를 구분하지 못하고 열어주면 큰 낭패를 당하기 십상이다. 소리를 잘못 듣고 문을 열면 삶은 망가지고 회복할 수 없는 지경에 빠질 수도 있다. 그래서 성경은 이렇게 말씀하신다.

「귀 있는 자는 성령이 교회들에게 하시는 말씀을 들을지어다.」(요한계시록 3장 22절)

여기서 말하는 '귀'는 육체적인 귀는 물론 정신적인 귀를 포함한다. 세상의 온갖 소리가 서로 시끄럽다. 어떤 소리를 듣느냐는 본인의 판단에 달려 있다.

엉뚱한 소리에 마음과 정신을 빼앗기지 말고 귀를 기울여 구분하여 바른길을 찾아야 한다. 진리를 구분하여 듣는 귀를 가지는 것보다 큰 능력은 존재하지 않는다.

아빠! 술 마시러 가자!

평범한 어느 한 가정에서 발생한 일이다.

이른 아침에 핸드폰 알람이 요란하게 울렸다. 아빠의 핸드폰이었다. 몇 번을 울려도 피곤한 아빠는 일어나지 못했다. 엄마가 출동했다. 갖은 방법으로 설득하고 잠을 깨워도 일어나지 않았다. 딸 바보인 아빠를 깨울 수 있는 유일한 사람은 유치원에 다니는 여섯 살짜리 딸이었다. 그렇게도 일어나지 않던 아빠가 딸의 말 한마디에 벌떡 일어났다고 한다.

"아빠! 술 마시러 가자!"

이런! 아빠한테서 어떻게 이런 지혜로운 딸이 태어났을까? 이 남자는 다른 어떤 소리나 말에도 반응하지 않다가 술이라는 말에 자기도 모르게 반응했음이 분명하다. 여섯 살짜리 딸아이는 아빠가 술을 제일 좋아한다는 것을 평소에 알고 있었다.

사람을 평가함에 있어 그가 무슨 말에 민감하게 반응하느냐가 그 사람의 수준과 삶의 상태를 말해주기도 한다. 당신은 무슨 말에 가장 민감하게 반응하는가? 기도하러 가자, 놀러 가자, 클럽 가자, 교회 가자, 영화 보러 가자, 밥 먹으러 가자. 하지만 사람의 소리에 어떻게 반응하느냐는 그리 중요하지 않다. 그래서 성경은 이렇게 말씀하셨다.

「그러므로 성령께서 이렇게 말씀하셨습니다. '오늘 너희가 그의 음성을 들으면 광야에서 시험받던 날에 반역한 것처럼 너희 마음을 완고하게 하지 말라.'」(히브리서 3장 7~8절)

사람은 성령의 음성, 하나님의 말씀에는 선천적으로 뒤늦게 반응한다. 그리고 이유와 변명이 많다. 프로이트가 '자기 합리화에 있어선 우리 모두가 천재다'라고 말한 것처럼 성령의 음성을 듣지 않고 자기 합리화를 시키며 위로하기에 바쁘다. 이유는 마음이 완고하고, 굳어있고, 듣고 싶은 소리만 듣기 때문이다.

「지혜가 길거리에서 소리치며 광장에서 외친다. 복잡한 길목에서 부르짖고 성문 어귀에서 외친다.」(잠언 1장 20~21절)

지혜의 소리가 곳곳에서 들리는 것처럼 하나님의 소리, 성령의 음성 역시 곳곳에서 들려온다. 듣는 귀가 있는 사람은 분명하게 들을 수 있다. 그런데 요즘은 성령의 음성과 사탄의 소리가 동시에 들려 분간하기가 정말 어렵다. 이렇듯 어려운 시기이므로 더욱 마음의 안테나를 높이 세워 제대로 들어야 한다.

성령의 음성이 현명한 딸의 목소리처럼 선명하게 들려오는 사람은 탁월한 신앙인이다.

Wisdom. 23 문간에 발 들여 놓기

추운 밤 사막에서 천막을 치고 야영을 하던 아라비아인 주인에게 낙타가 말했다.

"온종일 걸었더니 발이 피로한 데 발만 천막 안에 넣으면 안 되겠습니까?"

주인이 부탁을 들어주었다. 잠시 후 낙타는 이렇게 말했다.

"바깥 날씨가 쌀쌀해서 그러는데 머리도 좀 천막 안에 넣으면 안 되겠습니까?"

주인은 또 부탁을 들어주었다. 잠시 후 낙타는 자신의 엉덩이도 천막에 넣기를 청하였다. 주인이 받아들이자 천막 안이 비좁아졌다. 이에 낙타는 천막 안이 좁으니 주인에게 조금만 옆으로 물러나 주시면 안 되냐고 했다. 그러자 주인이 부탁을 들어주었다. 그렇게 시간이 흐르고 결국 주인은 밖으로 쫓겨나 밤새 추위에 떨며 지내게 되었다는 이솝 우화다.

여기서 낙타가 사용한 기법을 '문간에 발 들여놓기(The foot-in-the door)'라고 한다. 가인과 아벨이 제사를 지낸 후 가인의 제사를 받지 않자 안색이 변한 가인에게 하나님이 말씀하셨다.

「만약 네가 옳다면 어째서 얼굴을 들지 못하느냐? 그러나 네가 옳지 않다면 죄가 문 앞에 도사리고 있을 것이다. 죄가 너를 지배하려 하니 너는 죄를 다스려야 한다.」(창세기 4장 7절)

죄가 문 앞에 있다는 것이다. 우리 마음에 발을 들여놓으려는 것들이 너무 많다. 돈과 명예, 자존심, 권력, 거짓과 죄, 게으름, 욕심 같은 것들이 낙타의 발과 같이 비집고 들어오려고 한다. 죄가 문 앞에 도사리고 있는 가인에게 경고했지만, 가인은 아벨을 죽인다. 죄가 지배하기 전에 죄를 다스려야 했는데 실패한 것이다. 우리는 죄를 지배할 수 있다고 생각하지만, 사탄의 계략은 집요하고 끈질기다.

낙타의 발처럼 처음 내 마음 안에 들어오는 것을 처음부터 차단해야 한다. 일단 한 걸음만이라도 그것이 들어오면 그때부터 우리는 감당하기 어렵다. 그래서 이렇게 말씀하신 것이다.

「마귀에게 틈을 주지 마십시오.」(에베소서 4장 27절)

영어 성경은 '틈'을 foothold(발판, 기지)라고 번역했다.

지금 당신의 문 앞에 낙타의 발이 택배로 도착해 있다.
즉시 반송해야 한다.

<세렌디피티의 세 왕자들>이라는 책에 이런 이야기가 나온다.

왕자들이 보물을 찾아 먼 길을 떠나지만 늘 실패를 하고 만다. 하지만 보물 대신 연속된 우연으로 인생을 훌륭하게 살아갈 수 있는 지혜와 용기를 얻는다. 그래서 '준비된 우연'을 '세렌디피티(Serendipity)의 법칙'이라 부른다.

심리학자들은 준비된 우연은 우뇌가 활성화되었을 때만 나타난다고 한다. 인간의 뇌는 논리적·연역적 사고를 주관하는 좌뇌(左腦)와 아이디어, 영감 등 초 논리적인 것을 주관하는 우뇌(右腦)가 있다고 한다.

옛날 사람들은 우뇌가 발달해서 창의력이 뛰어났지만 현대인들은 수학과 과학과 같은 논리적인 학문에 매달리다 보니 좌뇌만 발달하고 우뇌는 위축되어 있다고 한다. 그래서 창의적인 아이디어가 부족하다는 것이다.

그럼 우뇌를 활성화하는 방법이 무엇일까? 간단하다. 좌뇌를 모두 고갈시켜 버리는 것이다. 어떤 문제가 발생하면 일단 좌뇌를 써서 해결을 시도한다. 좌뇌가 고갈될 때까지 모든 노력을 기울인다. 좌뇌가 더는 활동을 할 수 없게 되면 그때야 비로소 우뇌가 활성화되면서 아이디어와 영감이 샘솟는다는 것이다.

현대인들은 스스로 똑똑한 것에 매몰되다 보니 과학과 수학에만 의지하다 진짜 창의적인 것을 놓치고 있다. 그래서 현대에는 모차르트나 베토벤과 같은 위대한 창작자가 나오지 않는 것인지도 모른다. 좌뇌를 의지하는 사람들에게는 불편한 이야기겠지만 성경은 이렇게 말씀하신다.

「네가 하는 일을 여호와께 맡겨라. 그러면 네가 생각(경영)하는 것이 이루어질 것이다.」(잠언 16장 3절)

여기서 '맡기다'는 '위탁하고', '흘러 내려온다'라는 개념이고, '생각(경영)'은 '상상력, 계획'을 말한다. '맡긴다'라는 것은 하나님께 맡겨서 그분에게서 무엇인가 '흘러내려 오게 만드는 것'이다.

유대인 발명가 에디슨이 말한 99%의 노력과 1%의 영감을 말한 이유는 사람이 기를 써서 좌뇌를 사용하여 99% 노력해도, 1%의 영감, 우뇌와 하나님의 도우심이 없으면 창의적 발전과 성공은 없다는 것이다.

지금 당신은 좌뇌를 고갈시키는 중이라면(고난/고통) 머지않아 우뇌가 활성화될 것이다.

Wisdom. 25 최소량의 법칙

독일의 화학자 J.F.리비히는 식물의 성장을 눈여겨 관찰하다가 특이한 점을 발견했다.

얼핏 보기에 아주 좋은 환경에 있는 식물들의 성장이 오히려 뒤처지는 경우가 많다는 점이었다. 이에 관심을 가지고 연구하던 중 식물의 성장은 필요한 요소들의 총합이 아니라 필요한 요소 중 양이 가장 적은 어느 한 요소에 의해 제어된다는 사실을 밝혀냈다.

식물의 성장에 질소, 인산, 칼리의 세 가지 영양소가 필요하다고 가정해보자. 여기서 인산, 칼리가 아무리 풍부해도 '질소' 성분 하나가 부족하면 식물은 '질소가 소진할 때까지만 성장한다'는 말이다.

이를 '최소량의 법칙'이라고 했다. 이것을 사람에게 비유해 가정해 보자. 성공에 있어 노력과 재능 이 두 가지 요소가 기본적으로 필요하다. 노력과 재능이 있다고 성공을 보장 못한다.

예를들어 10의 노력과 10의 재능이 있다고 하자. 아무리 뛰어난 재능이 10이 있다고 하더라도 5%의 노력만으로는 성공할 수 없다는 이치와 같은 것이다. 둘 다 10+α가 필요하다.

성경에도 이와 관한 이야기가 있다. 어떤 관리가 예수님께 왔다. 어떻게 하면 영생할 수 있느냐 질문을 했다. 그때 예수님께서 계명을 언급하면서, 간음, 살인, 도둑질, 거짓으로 증언하지 말고 네 부모를 공경하라 했다. 그랬더니 그 사람은 이것들은 어려서부터 다 지켰단다. 그때 예수님께서 말씀하셨다.

「네게 아직 부족한 것이 한 가지 있다. 네가 가진 것을 모두 팔아 가난한 사람들에게 나눠 주어라. 그러면 하늘에서 보물을 가질 것이다.」(누가복음 18장 22절)

613가지 율법을 다 지키고, 우리나라 기본 법전(헌법, 민법, 민사소송법, 형법, 형사소송법, 상법, 어음법, 수표법)을 다 지켜도 조그만 가게에서 만 원짜리 하나 절도를 하면 벌을 받는다. 이것이 최소량의 법칙이다.

지금 나에게 부족한 것이 무엇인가? 신앙도 인성도 그 부족한 그것 하나 때문에 삶이 곤고해지고 고통을 받으며 행복의 정상에 오래 머무르지 못한다.

그 한 가지 부족한 것이 무엇인지 철저하게 깨닫는 것을 철들었다고도 한다.

세계 최고 거짓말쟁이 대회

영국의 센턴 브리지라는 마을에서는 매년 11월 '세계 최고의 거짓말쟁이 대회'가 열린다.

19세기 이 동네에 살았던 '윌 릿슨'이란 노인을 기리는 행사다. 술집 주인이었던 릿슨은 늘 그럴듯한 거짓말로 손님들을 즐겁게 했다고 한다. 이 대회에는 누구나 출전할 수가 있지만, 다만 정치인과 변호사는 참가할 수 없다고 한다. '거짓말 기술이 너무 뛰어나기 때문'이라고 한다.

우리가 정치인과 변호사가 아니라고 안심하기에는 이르다. 인간은 모두 예외 없이 거짓말쟁이다. 그래서 인간의 비극은 멈추지 않는다. 성경은 말씀하신다.

「너희는 너희 아비인 마귀에게 속해 있고 너희는 너희 아비가 원하는 것을 하고자 한다. 그는 거짓말을 할 때마다 자기 본성을 드러낸다. 이는 그가 거짓말쟁이이며 거짓의 아비이기 때문이다.」(요한복음 8장 44절)

인간의 아비는 마귀다. 본성이다.

'너의 목소리를 보여줘'라는, 일명 '너목보'라는 TV 프로그램이 있었다. 노래를 잘하는 사람과 완전 음치인 사람을 모아 그럴듯하게 설정해 놓고 진짜와 음치를 구분하는 프로그램이다. 진짜는 음치인 척, 음치는 진짜 노래 잘하는 사람인 척 속인다. 그렇게 하면 가수로 활동하는 패널도 청중도 혼란에 빠진다. 마침내 진짜와 가짜를 구분하기 위해 노래를 시작하면 모두가 숨죽이며 지켜본다.

그런데 진짜와 가짜는 첫 소절을 시작하자마자 탄성을 지른다. 반주가 시작되어 첫 마디와 첫 소절, 첫음절을 내면 진짜와 가짜가 금방 구분이 된다. 속은 사람과 속지 않은 사람들은 서로 뒷목을 부여잡고 탄식을 내뱉는다.

그런데 여기서 아주 중요한 사실을 발견했다. 진짜 실력자는 가짜를 흉내 낼 수 있다. 가짜인 척 음치 흉내를 아주 잘 낸다. 하지만 가짜는 절대로 진짜를 흉내조차 내지 못한다. 아! 세상은 그렇다.

적어도 진짜가 가짜인 척 흉내를 내거나 모방을 하면 그나마 다행이다. 그런데 문제는 가짜가 진짜인 척하는 것이 가장 큰 문제다. 가짜가 정말 진짜인 척 태연하게도 사람들을 너무나 잘 속인다.

속지 말아야 한다고 굳게 마음을 먹어도 나도 가짜여서 속는다.
속지 않으려면 내가 진짜가 돼야 한다.

Wisdom. 27 영구동력기관

인류가 오랫동안 버리지 못하고 아직도 동경하는 실현 불가능한 꿈이 세 가지가 있다.

① 불로장생의 약초를 찾는 것
② 납, 구리, 주석 등 값싼 금속으로 황금을 얻고자 했던 연금술
③ 외부 에너지의 유입 없이 영구적으로 작동하는 영구 동력기관.

이 중 불로초와 연금술은 19세기 이후 꿈을 접었지만, 영구동력은 지금도 많은 사람들이 집념을 쏟아가며 연구하고 있다고 한다. 세계 각국의 특허청 직원들을 가장 곤혹스럽게 하는 것도 영구 동력기관을 발명했다며 찾아오는 몽상가들이라고 한다. 우리나라도 예외가 아니다. 영구기관을 만들었다며 출원하는 특허 건수가 매년 증가하는 추세라고 한다. 1998년 45건, 99년 42건, 2000년 79건, 2001년 96건, 2002년 110건으로 집계가 되어 있다. 그러나 이것은 절대 사기이고 있을 수 없는 일이다.

과학에서 말하는 에너지보존 법칙(열역학제1법칙)이 있다. '물체가 지닌 에너지는 내부, 역학적, 화학, 전기 에너지 등과 그 양상이 바뀌어도 에너지의 총량은 항상 일정하게 유지된다고 하는 법칙'이다. 즉, 외부의 에너지 없이는 다른 에너지는 발생하지 않는다는 것과 투입된 에너지만큼만 생성된다는 것이다. 따라서 영구동력기관은 만들 수 없다는 결론에 이르게 된다.

인간도 마찬가지다. 자체 동력으로 모든 것이 가능하다고 믿는 것은 어리석은 일이다. 스스로 존재하고, 움직이고, 뭔가 할 수 있다고 하는 것은 교만에 지나지 않는다. 그래서 성경은 이렇게 단언하셨다.

「나(하나님)를 떠나서는 너희가 아무것도 할 수 없다.」(요한복음 15장 5절)

즉 하나님, 신을 떠나서는 우리는 아무 것도 할 수가 없다. 그것은 외부에서 공급하는 어떤 힘이나 에너지 없이 존재할 수 없다는 사실과 부합한다. '혼자서도 할 수 있어요', 이 말은 어린이가 철이 없을 때 외치는 구호일 뿐이다. 장성한 사람이 되었어도 이렇게 외친다면 그보다 더 어리석고 불쌍한 사람은 없다. 세상에 존재했던 그 어떤 사람도 예외는 없다.

이 말씀을 뼈저리게 깨닫게 되는 순간을 경험했다면 당신은 그때부터 진짜 인생을 살고 있는 것이다.

엔트로피의 법칙

에너지의 총량은 일정하다는 것이 열역학 제1법칙이라면, 에너지가 흘러가는 방향을 가리키는 것, 즉, 열은 높은 곳에서 낮은 곳으로 흐른다는 것이 열역학 제2법칙이다.

외부 에너지의 유입이 없는 닫힌 상태에서 에너지는 높은 곳에서 낮은 곳으로만 흐를 뿐 그 반대로 흐르지 못한다는 법칙이다. 그리고 높은 곳에서 낮은 곳으로 에너지가 흘러가는 동안 일을 할 수가 있다. 흐르는 강물을 막아 댐을 만들어 그 낙차를 이용하여 수차를 돌려 에너지를 얻는다. 그러나 한번 흘러내린 물은 다시는 물레방아를 돌릴 수 없다. 즉 자연계의 에너지는 일할 수 있는 형태에서 일할 수 없는 형태로 바뀐다. 그 이유를 설명한 유머가 감각적이다.

이처럼 에너지가 '흐름을 멈춘 상태, 평형을 이루고 있는 상태'를 독일의 물리학자 루돌프 클라우지우스는 '엔트로피(Entropy)'라 했다. 그리하여 마침내 세상은 '쓸모없는 에너지의 상태로 나아가고 있다'라는 것이 '엔트로피의 법칙'이다.

세상은 외부 에너지가 없으면 멈추게 된다. 사람도 외부에서 에너지가 유입되지 않으면 엔트로피 상태가 된다. 그래서 물체, 세상, 사람, 모두 외부로부터 유입되는 에너지가 필요하다. 이 법칙에 따라서 물질세계이든, 정신세계이든 누군가가 시작하지 않았다면 존재하지 않는다는 것이다. 그래서 성경은 명확하게 지적하고 있다.

「나는 알파α와 오메가Ω요, 처음과 마지막이요, 시작과 끝이다.」(요한계시록 22장 13절)

무엇인가 시작했다는 것은 외부로부터 공급, 유입되어 이루어졌다는 것이다. 거기에는 출발의 근원이 존재한다는 뜻이다.

이렇듯 누구든 무엇이든 정상적인 상태로 존재하려면 외부로부터 무엇인가 공급이 돼야 한다. 핸드폰의 배터리도 충전하여 사용하듯 삶도 에너지를 충전하여 엔트로피 지수를 낮춰야 한다. 엔트로피 지수가 높아질수록 사회든, 개인이든 그 생활은 피폐해질 수밖에 없다. 그렇다면 나는 세상에, 사람에게, 누군가에게, 힘과 에너지를 공급하는 사람인가, 아니면 엔트로피 지수를 한없이 높이는 사람인가! 우리는 이런 질문에 대답할 의무가 있다.

문제는 공급을 받는 자만이 남에게 공급 할 수가 있다.

Wisdom. 29 원근의 법칙

멀리 있는 큰 산과 가까이 있는 언덕 중 어느 것이 크게 보일까?

당연히 가까이 있는 언덕이 더 크게 보인다. 언덕 가까이로 좀 더 다가가면 산은 언덕에 가려져 아예 보이지도 않게 된다. 사람은 좁고 얕은 생각이나 의견을 갖기 쉽다는 세상의 이치를 비유적으로 설명한 이야기다. 이것을 '원근의 법칙'이라고 한다.

중국 송대의 문인 소동파의 시(詩) 중에 여산(廬山/루산)을 보고 지은 제서림벽(題書林壁)이다.

> 가로로 보면 고개요
> 세로로 보면 봉우리라.
> 멀리서 가까이에서
> 높은 데서 낮은 데서 각기 다르구나.
> 여산의 참모습을 알 수 없는 것은 단지 내가 이 산 가운데 있기 때문이리라.

산속에 있기 때문에 산의 모습을 제재로 볼 수 없다는 역설의 시다. 전체를 보기 위해서는 한발 뒤로 물러나 멀리서 보아야 한다. 이런 원리는 개인이든, 교회든, 사업이든, 국가든 모두에게 적용이 된다. '나무를 보지 말고 숲을 보라'는 말이다. 인생사 모두, 우리는 지금 나무만 보고 있다. 숲을 보듯 멀리, 그리고 미래를 볼 수 있는 눈을 가져야 한다.

인생의 헛됨 속에서 진리를 발견한 솔로몬은 이렇게 말했다.

「내가 이 모든 것을 생각하고 나서 결론을 내리기는 의인들과 지혜로운 사람들과 그들이 하는 일은 모두 하나님의 손에 달려 있고, 그 누구도 '자기 앞에 놓인 것'(개정판에는 미래)이 사랑인지 미움인지 알지 못한다는 것이다.」(전도서 9장 1절)

우리가 하나님의 손안에 있음과 미래는 알 수 없다는 진솔한 고백이다. 인생은 여산과 같다. 당면한 문제에 함몰되어 있으면 내일에 대한 소망과 꿈을 볼 수 없다. 현재에 생각이나 에너지를 너무 소진하면 내일 꺼내 쓸 에너지가 없어진다. 결국 하나님의 손안에 과거도 현재도 미래도 다 존재하고 있다.

하나님은 악을 선으로 바꾸시기도 하시고 나쁜 일을 좋은 일로 바꾸시는 전화위복의 존재시다. 눈앞에 있는 언덕을 보고 너무 높다 하지 마라. 지나 보면 아무것도 아니다. 실체를 알아야 한다.미래에 도달했을 때 후회할 짓들은 정말 하지 말아야 한다.

시퍼렇게 살아계신 하나님이 보고 계신다.

Wisdom. 30 安寧하세요!

잠언은 지혜서다. 모두 31장으로 구성되어 있다.

마지막 31장 10절부터 예상치 않는 결론을 맺는다. '현숙한 여자'에 관한 내용이다. 왜 지혜서인데 현숙한 여자로 결론을 맺을까? 지혜는 여자를 통해서 온다는 것이다. 19장 14절에는 '집과 재물은 아버지에게서 상속받지만 현명한 아내는 여호와께 받는다'고 했다.

잠언 31장 10절부터 여자들은 반드시 읽어보라. 남자가 아닌 여자가 지혜를 가져야 할 이유와 팩트를 제시하고 있다. 잘되든 못되든 모두 여자 탓일 수 있기 때문이다. 시편 128편 3절에도 이런 말씀이 있다.

"네 아내는 네 집안 곳곳에서 열매 맺는 포도나무 같다"

우리는 '안녕하세요!'라고 인사한다.

안녕은 한자로 '安寧'이다. 파자를 해보면 집 면(宀) 부수에서 만들어진 한자다. 안(安) 자는 집 면에 여(女) 자가 있다. 집에 여자가 있어야 안녕의 첫 단계다. 집에 여자가 없으면 안녕이 안 된다. 불가능하다. '안녕히' 되려면 집에 여자가 있어야 한다.

그리고 녕(寧)자 역시 집 면 밑에 세 자가 들어 있다.

먼저 마음 심(心) 자다. 집에 마음이 있어야 한다. 여자의 마음이, 남자의 마음이 집에 있어야 한다. 이 마음이 가출하면 안녕히 될 수가 없다. 마음이 가출한 집은 불행의 시작이다. 그리고 그릇 명(皿)자다. 집에는 그릇이 있어야 한다. 그릇은 먹거리에 대한 문제다. 집에 먹을 것이 있어야 안녕히 된다. 컵라면이라도 있어야 한다. 나머지는 고무래 정(丁)자다. 이것은 농사를 지을 때 사용하는 도구인데, 요즘 말로 하면 직업이다. 또한 정(丁)은 일꾼 정, 즉 직업을 가진 남자라는 뜻이다.

안녕히 되려면, '집에 여자가 있고, 집에 남자든 여자든 마음이 집에 있어야 하며, 먹거리와 직업을 가진 남자가 있어야 한다.'는 것이다. 그 기초가 바로 여자다. 집에 여자가 없이는 옛날이나 지금이나 안녕할 수 없다. 현숙하고 슬기로운 여자가 있으면 가정도 교회도 나라도 안녕할 수 있다.

이 글을 읽는 당신이 여자라면 더 명심할 일이며 남자라면 여자의 말씀을 잘 들을 일이다. 지혜는 여자를 통해서 온다는 것이 잠언의 하이라이트다.

XII. 사명

(Mission)

당신이 지금 하고
있는 일이 바로 로또다.

40대 아들이 그의 어머니에게 주일날 교회에 가기 싫은 이유 세 가지를 말했다.

① 주일 아침 일찍 일어나기 힘들고,
② 예배 중 성가대원들이 자주 음이 틀려 귀에 거슬리고,
③ 장로님들 기도 시간이 너무 길어서 긴장된다고 했다.

그때 그 아들에게 어머니는 교회 가야 할 이유 세 가지를 말했다.

① 예배드리는 것은 하나님의 명령이다.
② 그중에서 주일예배는 신앙생활의 가장 기본이 되는 것이며,
③ 가장 중요한 이유는 네가 그 교회 '담임목사'이기 때문이다.

리더스 다이제스트에 나온 이야기다.

그렇다. 누구나 자기 맡은 일에 대하여 부담감이 생긴다. 직업이든, 직분이든 짐의 무게는 크다. 그래서 자기 일을 기쁘게 감당할 수 있다면 복된 일이다. 성경은 말씀하신다.

「이렇듯 사람이 기쁘게 자기 일을 하는 것보다 더 나은 것이 없음을 내가 알았다. 그것이 그가 받은 몫이기 때문이다."(because that is their lot.)」[전도서 3장 22절]

'몫'은 영어 성경에 배당, 제비뽑기(lot)이다.

'자기 일'은 하나님께 '받은 몫'이라고 한다. 이 몫의 영어 lot(배당)과 + ery(상태)가 더해져 합성어 'lottery'가 되는데, 이것이 바로 복권이다. 이 단어에서 바로 그 유명한 'Lotto', 즉 로또가 생겼다. 로또를 맞을 확률은 약 800만분의 1이라고 한다. 무슨 뜻인지 이해하겠는가! 지금 당신이 하는 일은 로또 맞을 확률로 하나님이 주신 직업과 직분이다.

그러므로 로또를 맞은 사람처럼 기쁘고 감사하게 자기 일을 해야 한다. 먼저 세상에서의 직업이나 교회에서 맡은 직분이나 모두 '하나님이 나에게 주신 몫', 즉 '받은 몫'이라고 고백해야 한다. 힘들고 어렵고 스트레스가 생기더라도 로또 맞은 것으로 여기면 좀 나아지지 않을까? 당신이 지금 하는 일은 로또 맞게 하신 하나님의 축복 결과다.

당신이 지금 하고 있는 일이 바로 '로또'다.

32년간 외식업에 종사하면서 자신의 바쁜 업무에도 불구하고 시간을 할애하여 수많은 식당의 성공과 실패를 면밀히 연구한 사람이 있었다. 참 부지런한 사람이라 하지 않을 수 없다. 그의 관찰에 따르면 망하는 식당들은 공통점은 대체로 이랬다.

① 입지선택의 잘못으로 준비한 메뉴가 먹히지 않는 상권
② 과도한 가격정책의 실패
③ 인근 주민의 세대를 고려하지 않아 입맛이 맞지 않는 음식
④ 주인과 종업원들의 불친절로 인한 손님과의 불화
⑤ 위생 관념이 없어 철저하지 않은 지저분한 매장 환경
⑥ 주인이 존재하지 않는 '리모컨 판매장'.

이런 예는 많다. 실례로 한때는 하루 매출이 2천만~3천을 넘어서는 가게가 있었다. 멀리 지방에서도 손님이 찾아와 줄을 서서 먹을 만큼 문전성시를 이루던 갈빗집이었다. 그러나 한순간에 무너져 지금은 흔적도 없이 사라진 식당이 있다.

처음엔 식당을 살리려고 부부가 죽을 각오를 하고 매장에 나와 곳곳을 청소를 하는가 하면서 먼지 하나 나오지 않게 위생적 환경을 만들었다. 신선한 식자재를 사기 위해 꼭두새벽부터 가락동 농수산물시장에 나가 구입하고, 매장에서는 허리가 끊어지도록 친절하게 정성을 다해 가게를 운영했다. 그런데 조금씩 돈이 벌리자 남자는 회장 명함을 만들어 사업가 모임을 기웃거리며 행세를 하기 시작했다. 국내외 골프장을 열심히 드나들었다. 이에 뒤질세라 여자도 그 분위기에 휩쓸려 열심히 과시를 하고 다녔다. 소위 말하는 리모컨 판매장이 된 것이다. 결국 폐업했다.

'팔십 주인장 한 명이 머슴 스무 명보다 낫다'라는 말이 있다. 교회도 마찬가지다. 주인 같은 성도, 머슴 같은 성도가 있다. 성경은 말씀하신다.

「내가 진실로 너희에게 말한다. 주인은 그 종에게 자기 모든 재산을 맡길 것이다.」(마태복음 24장 47절)

교회의 머리다. 주인은 물론 예수님이시다. 과연 내가 주인인가?

맡겨주신 가정과 교회, 그리고 직장, 내가 있는 곳 어디든 주인 같은 마음으로 생각하고 행동하면 정말 놀라운 일들이 생길 것이다. 식당에 가보면 안다. 누가 주인인지 손님들은 안다. 주인 행세하라는 것이 아니다.

'주인 같은 마음'으로 사람을 섬기고 그렇게 정성을 쏟는다면 세상의 모든 일이 형통하다. 이치가 그러하다.
결국에는, '주인 같은 마음'으로 섬기고 힘쓰면 하나님이 일하시기가 훨씬 수월하다.

어느 화가의 화실을 찾은 손님이 그림을 감상하고 있었다.

그 손님이 화가에게 물었다.

"이 모든 그림 중에서 선생님이 생각하는 최고의 작품은 어떤 것인가요?'

그때 화가는 잠시의 주저함도 없이 이렇게 대답했다.

"저의 최고의 걸작품은 다음에 그릴 작품입니다."

한때 유행했던 명언 가운데 '가장 좋은 것은 아직 오지 않았다'라는 말이 있다.(The best is yet to be)

사람들은 과거에 갇혀 살 때가 많다. 실패한 사람일수록 더욱 그렇다. 때론 후회하기도 하지만 여전히 좋았던 때를 떠올리며 산다. 힘든 시간일수록 그것이 당의정으로 작용하기 때문이다. 미래를 예측하기 어렵기도 하지만 당장의 삶이 너무 어려워 거기에서 만족을 얻으며 주저앉고 만다. 이런 사람들에게 하나님은 이렇게 말씀하셨다.

「여호와의 말이다. 내가 너희를 위해 갖고 있는 계획들을 내가 알고 있으니 그것은 평안을 위한 계획이지 재앙을 위한 것이 아니며, 너희에게 미래와 소망을 주기 위한 것이다.」(예레미야 29장 11절)

너희를 향한 생각(the plans), 그러니까 하나님의 계획은 미래와 희망,(a future with hope) 소망 안에서 미래를 갖는 것이라고 하셨다.

우리가 실패했던 과거의 모습들, 후회만 가득한 삶의 사건들, 포기로 일관했던 흔적들, 잊고 싶은 과거의 모습들이 차고 넘친다. 누구나 그런 경험들이 있다. 그러나 이런 과거로의 회귀는 스스로 감옥으로 들어가는 것이다. 떨치고 일어나야 한다. 아무리 미련을 두고 후회를 하며 걱정을 해도 과거는 바뀌지 않는다. 그러나 우리가 스스로의 힘으로 바꿀 수 있는 것은 오직 미래라는 희망이 아닐까. 판도라의 상자에는 그것이 남아 있었다.

하나님은 당신을 향한 계획이 분명히 있다고 말씀하셨다. 얼마나 든든하고 용기를 주는 말씀인가. 그러므로 당신의 미래를 간절히 소망하고 힘을 내야 할 이유다. 그 하나님의 계획이 실현되는 날이 바로 당신의 최고의 날, 걸작품이 되는 날이 될 것이다.

하나님이 준비하신 계획이 있음을 한순간도 잊지 말라.
당신의 최고의 날은 아직 오지 않았다.

어느 시골 동네에서 목사님 두 분이 오토바이를 타고 방문을 나섰다.

시간이 촉박해서 본의 아니게 과속으로 달렸다. 교통경찰이 급히 뒤따라와서 오토바이를 세웠다. 안면을 보니 아는 목사님들이었다. 그래서 웬만하면 봐주려고 주의만 주고 보내드리려 했다.

"아실만한 분들이…. 천천히 다니십시오. 사고 납니다!"

그러자 목사님이 해맑게 웃으며 말했다.

"걱정하지 마십시오. 예수님이 함께 타고 계시니 안전합니다."

그 말을 들은 경찰은 흠칫 놀라면서 이렇게 말했다.

"그럼 스티커를 끊겠습니다. 두 명이 타는 오토바이에 세 명이 타는 것은 위법입니다."

사실 누구와 더불어 동행하느냐는 인생에 큰 주제라고 할 수 있다. 넘어져도 일으켜 세워주는 사람이 있다는 것, 힘이 들 때 어깨동무를 할 사람이 있다는 것은 돈으로 환산할 수 없는 소중한 자산이다. 그러나 예수님과의 동행이 이런 식이라면 곤란하다. 나의 안전을 보장해 준다는 기복과 같은 예수님과의 동행은 바람직하지 않다. 그러나 의외로 이런 식의 예수님과의 동행을 바라고 행동하는 신앙인들이 너무나 많다. 안일한 인식이자 무책임한 신앙이다. 동행이란 일정한 곳으로 뜻을 같이 하여 길을 가는 것이다. 책임을 회피하거나 가치의 전도를 말하는 것이 아니다. 나의 이익을 위한 동행은 이미 동행이 아니다. '나의 행동'에 예수님을 동참시키는 것이 아니라 '예수님의 행동과 뜻'에 내가 동참하는 동행이 절실하게 필요한 시대다. 에녹이 그랬다.

「에녹은 하나님과 동행하다가 세상에서 사라졌는데 하나님께서 그를 데려가셨기 때문입니다.」(창세기 5장 24절)

신앙이라는 것은 하나님의 뜻을 찾아 함께 가는 것이다. 그런데 하나님 뜻을 올곧게 그리 찾기가 쉬운가?

그러나 쉽다. 내 뜻을 포기하면 된다. 하나님의 뜻보다 내 뜻은 내가 더 잘 알고 있을 것이 아닌가! 내 몸이 급히 원하는 것은 거의 죄에 가깝다. 내가 원하고 바라는 뜻을 숙고하여 포기하면 오히려 쉽지 않을까! 내 욕심, 내 정욕, 내 뜻을 접기가 쉽지는 않은 일이다.

끊임없이 스멀스멀 올라오는 내 뜻을 접기가 점심 먹은 후에 찾아오는 졸음을 참기보다 힘들다.
어찌할 것인가?

일본에는 '이케메소(イケメソ)'라는 독특한 서비스를 제공하는 기업이 있다.

이케메소는 잘생긴 남자를 뜻하는 '이케맨'과 훌쩍훌쩍 우는 모양을 의미하는 '메소메소'를 합친 단어다. 스트레스가 많은 직장 여성을 겨냥해 잘생긴 남자가 회사로 찾아가 슬픈 동영상을 함께 보며 흐르는 눈물을 닦아주는 이색 서비스다.

영화를 보며 감동해서 눈물을 흘리는 여성의 뺨을 손수건으로 부드럽게 닦아 주며 위로하는 게 이 남성들의 역할이다. 눈물을 흘리면 스트레스 해소에 상당한 도움이 되기 때문에 직장 여성들이 즐겨 찾는 서비스라고 한다.

해당 서비스는 직장 여성에만 한정적으로 운영되고 있다. 그 회사의 홈페이지에는 남동생 스타일, 터프가이 스타일, 꽃미남, 볼수록 매력 있는 남성 등 직접 고를 수 있게 프로필이 잘 구비되어 있다. 또한 눈물이 나게 하는 최루성 영화를 보는 것은 물론 성경 말씀을 들려주면서 의식적으로 눈물을 흘리는 '루이카츠 이벤트'도 수시로 만들어 공급한다고 한다. 이케메소의 1회 요금은 7900엔(약 8만 원)이다.

눈물의 의미는 숭고하다. 눈물은 훌륭한 카타르시스다. 그러나 현실의 우리는 겉으로는 모두 웃고 있지만 실은 진정으로 웃는 게 아니다. 성경에서 눈물을 많이 흘린 이로는 다윗과 예레미야, 바울을 꼽을 수 있는데 예수님조차도 많은 눈물을 흘리셨다.

눈물에는 두 가지 종류가 있다. 그것은 자신을 위해 흘리는 눈물과 남을 위해 흘리는 눈물이다. 오늘날의 현실에 비추어보면 어쩌면 남을 위해 흘리는 눈물이 부족함으로 우리는 스스로 더 많은 눈물을 흘리는 것이 아닐까?

누군가를 위해 울기 시작하면 자신의 눈물은 흘리지 않아도 될 지도 모른다. 성경 시편에 이런 말씀이 나온다.

「오, 여호와여! 주께서 내 영혼을 죽음에서 건져 주시고 내 눈에서 눈물을 거둬 주시며 내 발이 넘어지지 않게 하시어 내가 생명의 땅에서 여호와 앞에 다니게 하셨습니다.」(시편 116편 8~9절)

결론은 이미 정해져 있다. 모든 눈물은 하나님만이 해결하실 수 있다.

그러나 그 하나님을 대신하여 내가 누군가의 눈물을 닦아주려고 손수건을 내민다면 당신이 바로 하나님의 대리자이며 그곳이 바로 천국이 아니겠는가!

'요게벳'은 모세의 어머니다.

아론과 모세와 미리암을 낳았다. 염평안이라는 CCM 가수가 부른 '요게벳의 노래'라는 곡이 있다. 배경은 출애굽기 3장 2절로 보인다. '그러나 더 숨길 수 없게 되자 여자는 갈대 상자 하나를 준비하고 거기에다 역청과 송진을 바르고 아기를 그 안에 뉘었습니다.' 어머니가 아들을 갈대 상자에 넣어 강물에 띄워 보내는 심정을 상상력을 동원해 이런 가사로 묘사했다.

> 작은 갈대 상자 물이 새지 않도록 역청과 나뭇진을 칠하네.
> 어떤 마음이었을까? 그녀의 두 눈에 눈물이 흐르고 흘러
> 동그란 눈으로 엄마를 보고 있는 아이와 입을 맞추고
> 상자를 덮고 강가에 띄우며 간절히 기도했겠지.
> 정처 없이 강물에 흔들흔들 흘러내려 가는 그 상자를 보면
> 눈을 감아도 보이는 아이와 눈을 맞추며 주저앉아 눈물을 흘렸겠지
> 너의 삶의 참 주인 너의 참 부모이신 하나님 그 손에 너의 삶을 맡긴다.
> 너의 삶의 참 주인 너를 이끄시는 주 하나님 그 손에 너의 삶을 드린다.
> 그가 널 구원하시리. 그가 너를 이끄시리라.
> 그가 너를 사용하시리. 그가 너를 인도하시리.

조용하고 청아한 목소리로 읊조리는 노래가 애절하다. 어머니가 아들을 갈대 상자에 넣고 마지막으로 눈을 맞추며 이별하는 어머니의 마음이 고스란히 노래에 담겨있다. 이 노래를 들으면서 수많은 사람이 갈대 상자를 만들 듯 이해되지 않는 삶의 자리에서 고군분투하는 모습을 떠올린다.

당신은 갈대 상자를 만들어 보았는가? 아니면 지금 갈대 상자를 만들고 있는가? 아니면 갈대 상자 안에 누워 있는가?

어떤 상황에도 불구하고 삶의 참주인인 하나님께 내 삶을 맡기는 믿음이 필요하다. 마지막으로 아들과 눈을 맞추고, 입을 맞추고, 상자를 덮어 강물에 떠내려 보내는 심정은 말로 표현할 수 없는 극한의 고통이다. 하지만 하나님의 손에 맡기는 믿음으로 바라보았던 요게벳의 마음을 가져보자.

갈대 상자는 만들고 싶지 않다고 피해 갈 수 있는 것이 아니다.

강제로라도 만들어야 할 때가 있다. 그런 시련이 닥쳤을 때 이유를 묻지 않고 만들면 비로소 사는 길이 열린다.

우리는 지금 갈대 상자를 만들고 있다.
그 갈대 상자는 믿음의 상자다.

소위 레전드 오브 레전드라 불리는 차범근은 기독교인이면서 스타 축구선수이다. 그가 70년대 독일에서 선수 활동을 할 때 독일인들은 세 가지 점에서 매우 놀랐다고 한다.

① 동양에도 저렇게 축구를 잘하는 사람이 있다는 것,
② 그런데 그 선수가 대학을 졸업했다는 것, (독일 프로 축구 선수 중에는 대학 나온 사람이 드물다. 대학은 학문에 뜻을 둔 사람들이 가는 곳)
그런데 가장 놀란 사실은 부끄럽게도 이것이었다.
③ 대학 나온 사람이 영어를 한마디도 못 하더라는 것이다.(물론 후에 독일어를 잘함)

이 이야기를 들으며 자연스럽게 여러 가지 생각을 곱씹게 되었다. 세계 기독교인들이 한국의 크리스천들에 대하여 놀라는 것 역시 세 가지가 있지 않을까 하는 추측이었다. 개인적인 생각임은 물론이다.

① 동양, 그것도 한국에서도 예수를 믿는 사람들이 그렇게 많다는 것,
② 한국의 기독교인들은 예배는 물론 제자훈련과 성경 공부에 많은 시간을 투자하고, 성경을 읽고 암기하며 심지어 필사까지 하는 것에 놀란다.
그런데 문제는 이것이다.
③ 그렇게 열심히 예수를 믿는 사람들임에도 불구하고 영적인 언어를 사용할 줄 모르고, 사회와 문화 등 모든 분야에 여전히 타락과 부패가 여전하다는 점일 것이다.

안타까운 일이다. 물론 경제발전과 급속한 개발로 인한 후유증일 뿐만 아니라 속도와 성과를 중시하는 사회적 분위기의 결과일 수도 있다고 자위를 하지만 씁쓸한 기분은 어쩔 수 없다. 그러나 성경은 이렇게 위로를 한다.

「너희는 이 땅의 소금이다. 그러나 만일 소금이 짠맛을 잃어버리면 어떻게 다시 짜게 되겠느냐? 아무 데도 쓸데가 없어 바깥에 버려지고 사람들에게 짓밟힐 것이다.」(마태복음 5장 13절)

소금의 진정한 기능인 짠맛과 부패를 방지하는 것을 잃어버리면 단순히 물질로서의 역할로만 끝나는 것이 아니다. 두려운 것은 사람들에게 짓밟히는 수모를 겪는다는 것이다. 존재의 의미를 원천적으로 부정당하는 것은 받아들이기 힘든 일이다.

신앙인의 기능은 정화 능력이 아닐까! 짜다는 것은 맛의 정도를 조절하는 것만 아니라 부패를 방지하는 결정적인 역할을 수행한다. 이처럼 목사는 목사대로, 장로는 장로대로, 성도는 성도대로 소금의 하얗게 빛나는 기능을 제자리에서 제대로 발휘하면 세상은 결코 썩지 않을 것이다.

전 세계 바닷물의 염도는 3.5%라고 한다. 그래서 바닷물은 썩지 않는다. 한국의 기독교인은 전 인구의 20%를 상회한다고 한다. 그런데도 세상은 썩고 있다면 이유는 하나다. 소금이 맛을 잃었기 때문이다. 나도 맛을 잃었을지 모른다. 통렬하게 반성한다.
'어떻게 다시 짜게 되겠느냐?" 이 말씀이 소금을 뿌린 듯 아프다.

도스토옙스키는 이렇게 말했다.

"내가 세상에서 한 가지 두려워하는 것이 있다면 그것은 내 고통이 가치 없는 것이 되는 것이다."

<죽음의 수용소>라는 책을 쓴 빅터 프랭클은 또 이렇게 말했다.

"인생이 당하는 고통과 시련은 운명과 죽음처럼 우리 삶의 빼놓을 수 없는 한 부분이다. 시련과 죽음 없이 인간의 삶은 완성 될 수 없다."

독일의 철혈제상 비스마르크는 이렇게 말했다.

"인생이란 치과의사 앞에 있는 것과 같다. 그 앞에 앉을 때마다 최악의 통증이 곧 찾아올 것으로 생각하지만 그러다 보면 어느새 통증이 끝나고 마는 것이다."

니체는 덧붙인다.

"왜 살아야 하는지 아는 사람은 그 '어떤 상황'도 견딜 수 있다."

자살을 시도하는 사람들이 전형적으로 내세우는 가장 큰 명제는 삶으로부터 아무것도 기대할 것이 없다는 것이다. 그래서 리처드 도킨스는 이렇게 말했다.

"우리에게 종교가 필요한 이유는 삶이 예측 불허한 고통의 지뢰밭이기 때문이다."

이 지상에 삶을 살았던 수많은 이들 중에 예수님처럼 고통과 시련을 겪으신 분이 또 계실까! 죽음의 고통과 시련을 통하여 부활하심으로 승리하셨다. 십자가의 고통은 이렇게 시작되었다.

「얼굴을 땅에 대시고 엎드려 기도하여 이르시되 내 아버지여 만일 할 만하시거든 이 잔을 내게서 지나가게 하옵소서!」(마태복음 26장 39절)

세상에 많은 사람이 '이 잔이 내게서 지나가기를' 기도한다. 다윗이 고백한 대로 모두가 '사망의 음침한 골짜기'를 지나고 있기 때문이다. 우리는 우리 삶에 당면한 고난에 대하여 십자가를 묵상하며 용기를 가져보자. 어차피 살아가야 할 것이라면 예수님처럼 마땅히 승리해야 하지 않겠는가!<죽음의 수용소>의 마지막 문장은 다음과 같다.

"살아 돌아온 사람이 시련을 통해 얻은 가장 값진 체험은 모든 시련을 겪고 난 후, 이제 이 세상에서 하나님 이외에는 아무 것도 두려워할 필요가 없다고 하는 경이로운 느낌을 갖게 된 것이다."

맞다. 우리는 하나님 이외에는 두려운 일이 없다.
하나님을 두려워하는 것은 정말 경이로운 사건이다.

스티브 도나휴가 지은 <사막을 건너는 여섯 가지 방법>이라는 책이 있다.

미국 땅만큼 큰 사하라 사막을 차를 타고 횡단하면서 경험한 것을 비유로 삼아 인생을 설명한다.

① 지도를 따라가지 말고 나침반을 따라가라 - 방황을 통해 진정한 방향 감각을 얻을 수 있다. 내면의 나침반이 가리키는 방향을 알 수 있다면 길을 잃었을 때도 지도가 없는 곳에서도 앞으로 나아갈 수 있다.
② 오아시스를 만날 때마다 쉬어가라 - 이 프로젝트를 끝내고 나면 시간이 날 거라고 생각하며 오아시스를 지나친다. 그러나 사막은 계속된다.
③ 모래에 갇히면 타이어에서 바람을 빼라 - 자아에서 공기를 조금만 빼면 수많은 즐거움이 기다리고 있다.
④ 혼자서, 함께 여행하기 - 인생의 사막을 건너는 것은 고독과 외로움, 다른 사람과 함께 하는 것, 그리고 다른 사람의 도움을 받는 것 사이에서 춤추는 것 같다.
⑤ 캠프파이어에서 한 걸음 멀어지기 - 안전하고 따뜻한 캠프파이어가 비추는 것은 진짜 세상의 일부분에 불과하다. 정말 중요한 것을 얻기 위해서는 사막의 깜깜한 어둠 속으로 나아가야 한다.
⑥ 허상의 국경에서 멈추지 말라 - 사막은 끝이 없지만 종종 진정한 휴식을 안겨주는 경계선이 있다. 남편을 잃은 여인이 일 년 반 만에 처음으로 웃었을 때, 새 직업에 적응하고 첫 휴가를 가게 되었을 때, 아이가 학교에 들어갈 때, 집을 떠나 독립할 때, 진정한 경계선을 건너고 나면 또다시 새로운 여행이 시작된다.

이 책을 읽으면 출애굽 사건이 떠오른다. 이스라엘 백성들은 40년간 걸어서 사막을 건넜다. 특이한 것은 단 한 가지 원망만 했다는 것이다.

「너희가 그분께 원망하는 소리를 그분께서 들으신 것이다.」(출애굽기 16장 8절)

그래서 그 여정이 무려 40년이나 걸린 것이다. 그 광야와 인생의 사막 길에서 필요한 것은 단 한 가지, 원망하지 않는 것이다. 스티븐 도나휴에게는 사막을 건너는 여섯 가지 방법이 필요하겠지만, 우리가 인생의 사막을 건너는 오직 한 가지 방법은 '원망하지 않기'다.

사하라 사막이든, 거친 인생이든, 원망에 서린 남의 탓만 하지 않으면 넉넉하게 건널 수 있다.

<이상한 나라의 앨리스>에 나오는 이야기다. 엘리스와 붉은 여왕은 숨을 헐떡이며 내내 달렸다. 엘리스가 말했다.

"우리나라에서는 이렇게 열심히 달리면 어딘가에는 도착하게 돼요."

그러자 붉은 여왕이 무섭게 호통을 쳤다.

"이런 느림보 같으니, 여기서는 이렇게 달려야 겨우 제자리야. 어딘가에 닿으려면 2배는 더 열심히 달려야 해."

지금의 상황에서 앞서 나가려면 두 배는 더 열심히 달려야 한다는 것이 '붉은 여왕의 법칙'이다. 우리 모두 죽으라고 열심히 달린다고는 하지만 마뜩찮은 결과만 남는다. 주위를 살펴보면 언제나 그 자리에서 맴돌거나 아니면 뒤처지기 일쑤다. 나도 달리지만 다른 사람들은 더 열심히 달리기 때문이다.

영양과 얼룩말이 함께 사는 아프리카 초원에는 치타도 살고 있다. 치타가 살아남으려면 얼룩말보다 빨리 달려야 한다. 그래야 사냥이 가능하다. 영양은 치타보다 더 빨리 달려야 살아남는다.

지구상에 존재했던 생명체의 90%가 멸종됐다고 한다. 개별적 종의 입장에서 나름으로 열심히 달렸지만, 주위의 경쟁자들이 더 빠른 속도로 달렸기 때문이다. 약육강식도 한몫을 했겠지만 환경에 적응하는 것이 더욱 중요하다는 것이다.

문제는 속도보다 목표다. 마냥 달리기만 하다 보면 둘 중 하나는 진다. 하지만 목표가 다르면 조금 더 생각하며 조금 천천히 달려도 된다. 그런데 세상은 모두 돈과 권력이 목표가 돼 서로 경쟁하다 보니 결과가 살벌해진다. 거짓말도 두 배, 편법도 두 배, 사기도 두 배, 선동과 모함도 두 배로 커진다. 이렇게 서로를 짓밟지 않으면 이길 수가 없으므로 그것을 최종의 목표로 삼아 살고 있다. 그러다 함께 자멸하는 것이다. 사도 바울은 이렇게 말했다.

「그러므로 나는 목표가 없는 것처럼 달리지 않고 허공을 치듯이 싸우지 않습니다.」 (고린도전서 9장 26절)

바울의 목표는 사람을 살리는 것이었다. 내가 정한 목표가 누군가를 살리는 것이라면 빨리 달리지 않더라도 안심해도 된다. 이 말씀을 반드시 기억해야 한다.

「그들의 발은 나쁜 일을 하려고 뛰어다니고 무고한 사람을 죽이려고 빨리 다닌다. 그들의 생각은 못된 궁리뿐이고 그들이 가는 길에는 폐허와 파멸만 깔려 있다.」 (이사야 59장 7절)

나쁜 일을 하려고 열심히 뛰어다니고, 사람을 죽이려고 빨리 다니면 폐허와 파멸이 닥친다.
옛날이나 지금이나 세상사는 이치는 다르지 않다.
우리는 사람을 살리는 일에 두 배의 힘을 써보자.

시인 정현종의 '모든 순간이 꽃봉오리인 것을'이란 시가 있다.

> 나는 가끔 후회한다. 그때 그 일이 / 노다지였을지도 모르는데….
> 그때 그 사람이 / 그때 그 물건이 / 노다지였을지도 모르는데….
> 더 열심히 파고들고/더 열심히 말을 걸고
> 더 열심히 귀 기울이고 / 더 열심히 사랑할 걸….
> 반벙어리처럼 / 귀머거리처럼 / 보내지는 않았는가? 우두커니처럼….
> 더 열심히 그 순간을 사랑할 것을…
> 모든 순간이 다 꽃봉오리인 것을
> 내 열심에 따라 피어날 꽃봉오리인 것을!

그렇다. 나의 열심, 수고, 노력, 깨달음에 따라 성숙한 열매를 수없이 맺었을지도 모를 일이다. 더 파고들고, 말을 걸고, 타인의 말에 귀를 열어 놓고, 사랑했다면 현재의 나는 어디에 있을까 생각하게 하는 시다. 그럼에도 불구하고 스스로 반성하고 위로받는 것은 이 말씀 때문이다.

「하나님의 은사와 부르심에는 후회하심이 없느니라.」(로마서 11장 29절)

후회라는 원뜻은 '취소할 수 없는', '번복될 수 없는' 사건을 말한다. 그래서 우리말 성경은 '하나님의 은사와 부르심은 번복될 수 없습니다.'라고 번역했다. 나에 대한 하나님의 부르심과 은사는 취할 수도 없고 번복될 수도 없는 사실이다.

여기까지 왔으면 끝까지 가야 한다. 하나님의 부르심에는 반드시 이유가 있고, 뜻이 있고, 계획이 있다고 나는 믿는다. 따라서 오늘날 우리의 삶의 자리도 하나님의 귀한 섭리가 적용되고 있기에 후회할 수가 없다. 이제부터 수많은 시간이 지나 다시 이 시를 읽게 되었을 때 많은 열매를 거두었다는 감동의 눈물이 있을지 모를 일이다. 하나님의 부르심에 후회하심이 없이, 번복할 수 없을 만큼의 감동을 드려야 하지 않을까!

어느 부인이 남편의 눈을 바라보며 진지하게 말하더란다.

"당신은 내게 로또 같은 사람이에요!"

남편은 기분이 너무 좋아져서 얼른 대답을 했다.

"내가? 정말로?"

그러자 아내는 어이없다는 듯한 표정으로 철없는 남편을 보며 말했다.

"응, 안 맞아, 하나도 안 맞아!"

요즘 하나님이 이 아내와 같은 말을 하실까, 밤잠을 설친다.

SNS글이다. 그대로 옮겨본다.

커플인데 여자가 엄청 짜증을 내는 겁니다. 진짜 생짜증을 진심을 다해 남자에게 내는데, 말도 안 되는 생짜증을 옆에 듣고 있던 내가 폭발할 정도의 생짜증인데 남자가 보살이에요.

그걸 다 받아주고 있더니 결국 자리를 박차고 나가버리더군요. 아...이 커플의 엔딩을 내가 목격하는구나. 역사적인 순간이다 그러고 있는데 남자가 돌아옵니다.

한 손엔 허니 브레드 비슷한 걸 들고서 그걸 생짜증을 내던 여자 친구한테 먹이는 겁니다. 남자분이 점잖게 말합니다.

"배고프면 배고프다고 말을 해"

그러자 여자가 부끄부끄 엄청 작은 소리로 혀짧게 말합니다.

"나됴 내갸 배갸 고픈쥴 몰랐쪄..." 와! 아 놔...진짜.

그렇다. 사랑이란 게 별거냐? 짜증을 잘 받아 주는 게 사랑이다. 세상에는 2종류의 사람이 있다. 짜증을 내는 사람, 그리고 그 짜증을 받아내는 사람이다.

가정에서, 회사 직장에서, 교회에서, 모든 공동체에서 그 짜증을 잘 받아내는 사람이 큰 사람이다. 그리고 현명하게 짜증을 처리하는 사람이 지혜로운 사람이다.

성경에, 「온유한 대답은 진노를 가라앉히지만 과격한 말은 분노를 일으킨다.」(잠15:1)는 말씀이 있다. 짜증에 온유한 말로 하는 것이 어렵다. 또한, 「사랑은 오래 참고 온유하며」(고전13:4)라고 했다.

사랑을 설명하는 소설과 노래, 드라마, 영화, 시가 많다. 그러나 사랑을 짧게 설명하라고 하면 '짜증을 잘 받아주는 것'이라고 할 수 있다.

이해가 되지 않아도, 설명이 안 돼도, 유익이 없어도 '사람의 짜증을 잘 받아 주는 것이 진짜 사랑'이다. 이 짜증을 잘 받아주는 사람이 있는 가정, 교회, 공동체, 그 어느 곳이든 천국이 된다.

짜증을 잘 받아만 줘도 세상 살맛난다. 오늘도 당신에게 짜증을 내는 사람이 있다면, 한번 잘 받아 줘 보라. 기적이 시작될 것이다. 새로운 세상이 도래한다. 한 가지 더 중요한 것은 나한테 짜증내는 사람이 있다는 것 자체가 행복한 것이다.

소문이 자자한 희대의 소매치기 두 명이 산길을 걷고 있었다.

그런데 바로 앞에 우시장에 내다 팔려고 황소 한 마리를 끌고 가는 농부가 보였다. 소매치기 한 사람이 '내가 오늘 저 황소를 소매치기하겠다,'고 엄포를 놓았다. 다른 소매치기는 저렇게 큰 소를 어떻게 훔치느냐며, 말도 안 된다는 투로 응수를 했다.

그때 농부의 눈에 평소에는 구경하기도 힘든 가죽신 한 짝이 길가에 버려져 있는 것이 보였다. 소 주인은 얼른 가죽신을 주워들며 다른 짝을 찾기 시작했다. 그러나 다른 한 짝은 보이지 않았다. 에이, 좋다 말았네. 그리고는 가죽신을 풀숲으로 던져 버렸다.

농부는 다시 길을 나섰다. 그런데 또 한 짝의 가죽신이 떨어져 있는 것이 보였다. 농부는 조금 전의 그 가죽신과 짝이 맞겠구나 하고 생각했다. 아무도 없는 산 중이라 끌고 가던 나무에 황소를 묶어두고 버렸던 가죽신을 찾고자 되돌아 가보았다.

농부는 기뻐하며 가죽신을 들고 소가 있는 곳으로 돌아왔다. 그러나 황소는 사라지고 없었다. 성경에 이런 말씀이 나온다.

「그들이 곧 배와 아버지를 버려두고 예수를 따르니라.」(마태복음 4장 22절)
(Immediately they left the boat and their father, and followed him)

제자로 부르심을 받았을 때 그들은 모든 것을 버리고 예수님을 따랐다.

신앙이란? 더 큰 것을 지키기 위해 작은 것을 버리는 것이다. 반대로 작은 것을 지키려다 큰 것을 놓치는 경우가 많다. 제자들은 더 큰 것을 위해 배와 아버지까지 버리는 선택을 하게 된다. 한글 성경의 '곧'이라는 단어를 영어 성경은 'Immediately'(즉시)라고 번역했다.

지금 당장, 즉시, 가죽신을 버려야 한다. 버려야 따를 수 있다.

지금 당신의 주변에는 가죽신이 널려있다. 그것을 주우려다 참된 인생이 망가질 수 있다.
못 본 척 해야 한다.
눈길도 주지 말아야 한다.

실제로 있었던 일이다.

어느 고등학교 교무실에 중년 여성 한 분이 오셔서 이렇게 물었다고 한다.

"혹시 이거얌 선생님 계세요?"

동료 선생님들이 의아해하면서 되물었다.

"이거얌 선생님요? 그런 이름 가진 선생님은 우리 학교에 안 계시는데요."

중년 여성은 고개를 갸우뚱거리다 다시 교무실을 나갔다.

사실은 이랬다. 아들의 담임 선생님이 어머니를 상담하기 위해 부르셨다. 학교로 오면서 차 안에서 아들에게 이렇게 문자를 보냈다.

"아들! 지금 학교로 가는 중이야. 담임 선생님 이름과 전화번호 좀 알려줘!"

아들의 답장 문자가 왔다.

"이거얌! 선생님 전화번호 010-3536-0000."

흔히 아이들이 쓰는 용어로 대답한 것을 그 어머니는 미처 모르신 것이었다. 아들은 '이거예요'라고 답해야 했다. 믿거나 말거나.

지구상에 존재하는 모든 사람은 각자 이름이 있다. 신기하게도 우리나라의 대부분의 사람은 이름이 세 자이다. 그것은 관습을 뛰어넘는 존재의 확인이다. 조상의 인격까지 포함되어 있다. 자기 존재의 확인이기도 하다. 성경에 보면 이런 말씀이 나온다.

「사랑 가운데 진리를 말하며 범사에 머리 되시는 그리스도에게까지 자라나야 합니다.」(에베소서 4장 15절)

우리의 목표는 현재나 미래나 오직 '그리스도 예수님'이시다. 우리의 이름은 '크리스천' 혹은 '그리스도의 사람들'이라는 뜻이다. 소속이 이미 정해져 있다. 각자의 이름을 가졌으면서 우리에게는 공통의 이름이 주어졌다.

부끄러운 일을 당해 신분을 노출하고 싶지 않을 때, 엉뚱한 실수했을 때 우리는 자기의 이름을 숨긴다. 그러나 자랑스럽거나 넓게 알리고 싶을 때는 기꺼이 이름을 크게 알린다.

우리에겐 자랑스러운 이름으로 살아야 할 이유가 있다. 그리스도의 사람들, 크리스천이란 이름으로 살아갈 수 있기 때문이다. 더 크게 외칠 수만 있다면 얼마나 좋을까! 여기에 더하여 주어진 사명까지 감당할 수 있다면 그보다 더한 은혜로운 일은 없을 것이다.

'나는 예수의 사람이다.'

우리 이름은 크리스천, 그리스도인이다.

야곱(발꿈치를 잡다)의 이름은 이스라엘로 바꿀 수 있었지만, 크리스천이라는 이름은 바꿀 수가 없다.
그냥 자랑스럽다.

TV 광고에서 커피, 피자, 음료수, 햄버거 등을 광고하는 것을 자세히 보면 실제로는 먹지 않는다.

완벽한 영상을 위해 거듭 반복하다 보니 그럴 수밖에 없을 것이다. 먹는 시늉만 한다. 먹는 것도 간혹 있지만, 먹지 않고, 마시지 않고, 그냥 먹는 척, 마시는 척한다. 심지어 영어 학습지나 학원을 광고하는 유명한 개그맨 방송인이 '정말 쉽다'라고 말한다.

그런데 그 방송인은 방송에서 영어를 한마디도 못하는 것이었다. 속이는 것은 아닌데 속고 있다는 생각이 들었다. 자신은 하지도 못하면서 가능하다고 말하는 것은 속이는 것이 아닐까! 마셔 보지도 않고 맛있는 척 한다. 자기는 영어를 못하면서 잘 하는 척 한다.

신앙과 믿음도 마찬가지의 경우에 해당이 된다. 내가 전한 것을 내가 믿지 못하고, 내가 말한 것을 지키지 못한다면 사람들을 속이는 것이 아닐까 싶다. 길도 마찬가지다. 걸어 보고 가본 길, 직접 경험해 보고, 만져 보고, 느껴본 길이 제대로의 길이다. 증명할 수 있는 길, 간증할 수 있는 삶의 체험이 개인마다 있다. 가보지 않고 가봤다고 하는 것은 거짓이다. 성경은 말씀하신다.

「너희 하나님 여호와께서 40년 동안 광야에서 너희를 어떻게 이끄셨는지, 어떻게 너희를 낮추시고 너희를 시험해 너희 마음에 무엇이 있는지, 너희가 그분의 명령을 지키고 있는지 아닌지 알려고 하셨음을 기억하라.」(신명기 8장 2절)

영어 성경은 '기억하라'(Remember)는 문장이 처음에 등장한다.

사람마다 자기가 걸어 본 '광야의 길'이 있다. 자기가 잘못해서 걸었든, 하나님께서 걷게 하셨든, 어쩔 수 없이 그 길을 걷고 있거나 걸었다고 하자. 왜 걷게 하셨을까? 걷게 된 이유를 기억해 보라는 것이다. 광야의 길을 걷게 된 것은 잘못이 아니다. 그것을 기억하지 못하는 것이 잘못이다.

나비효과란 이론이 있다. '나비의 미세한 날갯짓 한번이 지구 반대편에서는 태풍을 일으킬 수도 있다'는 이론이다. 광야의 길을 걷게 된 이유를 기억하고 반성하는 미세한 날갯짓 한번이 먼 훗날 언젠가 축복의 태풍을 가져오는 삶의 혁명적 변화가 될 줄 누가 알겠는가!

감사하게도 나는 그 광야 길을 걸어 봤다. 복 받을 일만 남았다.
이제는 당신 차례다.

심리학에서 '스탕달 증후군(Stendhal Syndrome)'이라는 용어가 있다.

예술 작품을 본 사람이 '충격과 감동으로 인해 격렬하게 흥분하거나 어지러움 등을 느끼는 증상'을 말한다. 프랑스 작가 스탕달이 이탈리아 피렌체의 산타크로체 성당에서 미술품을 감상하고 나오던 중 무릎에 힘이 빠지며 탈진했던 것에서 유래했다.

스탕달은 당시 작품에 대한 감격으로 심장이 격렬하게 뛰고 현기증을 느껴서 이후 약 1개월간을 꼬박 치료를 받았다고 한다. 그런 작품을 창작해 낸 사람들과 그 작품을 보고 감동할 수 있는 사람들이 사는 곳이 부럽다. 우리는 문명은 발달해도 문화에는 둔감하다. 이런 것을 종교가 감당해야 한다.

현대인들은 감동이 없는 시대에 살고 있다. 감동이 없으니 눈물도 없다. 우리는 언제 감동을 했고 그로 인하여 눈물을 흘렸던 때가 있었는지 기억하는가?

엔도르핀이라는 호르몬은 암을 치료하고 통증을 해소하는 효과가 있다고 알려져 있다. 이것보다 4천 배의 효과가 있다는 다이돌핀이 생성될 때가 이런 경우라 한다. 엄청난 사랑에 빠졌을 때, 좋은 음악(노래)을 들을 때, 그랜드 캐년 같은 장엄하고 아름다운 풍경을 볼 때, 새로운 진리의 깨달음을 얻어 감동할 때라고 한다.

성경에도 제대로 감동한 이가 있다. 바로 다윗이다.

「사무엘은 기름이 담긴 뿔을 가져와 그 형제들 앞에서 다윗에게 기름을 부었습니다. 그날 이후로 여호와의 영이 크게 다윗에게 임했습니다.」(사무엘상 16장 13절)

다윗은 여호와의 영이 임할 때 감동되었다고 한다. 그렇다. 감동은 모두 밖으로부터 온다. 예수님과 바울이 말한 대로 인간의 마음은 전적으로 타락했으니 뭔가 감동할 만한 것이 없기 때문이다.

밖으로부터 들어오는 모든 통로를 열어 놓아야 한다. 막혀있는 통로를 뚫어 놓아야 한다. 그러면 현기증이 날 만큼 엄청나게 충격적인 감동의 순간이 올 것이다. 감동은 내 몸, 내 마음 밖에서부터 입력되는 것들에게서 비롯된다. 그것이 온다는 것을 깨닫게 되는 순간 다이돌핀의 감동이 된다.

하나님은 항상 당신을 감동하게 할 어떤 사건을 준비하고 계신다. 오늘 당신의 영혼에 무엇을 입력시킬 것인가? 감동의 순간은 거기에 달려 있다.
핸드폰도 충전이 필요하다.
외부입력이 돼야 제대로 작동되지 않는가!

1931년 미국 심리학자인 윈스럽 켈로그 박사는 인간의 성질은 유전적으로 정해지는지, 아니면 사회성에 의해 정해지는지를 실제로 실험을 통한 연구를 진행했다.

이 실험은 아들 '도널드 켈로그'와 침팬지 '구아'를 함께 키우는 실험이었다. 자기 아들과 침팬지를 9개월간 같이 키우며 그 연구 내용의 결과를 <유인원과 어린이>라는 제목의 책까지 펴냈다. 결과는 충격적이었다.

박사는 아들과 침팬지를 똑같은 상황에서 같은 대우를 하며 양육을 했다. 그런데 예상과는 달리 침팬지가 아들보다 훨씬 빠른 학습 능력을 보여주었다. 침팬지가 아들보다 먼저 대소변을 가리고 소통에서 훨씬 빠른 발달을 하는 것을 보면서 박사는 놀랄 수밖에 없었다. 애착과 애교마저 훨씬 빨리 배우는 것이었다. 사회적인 능력이 인간보다 낫다는 결론에 도달한 것이다.

그런데 문제는 인간처럼 잘 성장하는 침팬지와는 다르게 아들은 오히려 침팬지처럼 행동했다. 또래 아기들은 50개 정도의 언어를 배운데 비해 박사의 아들은 서너 개밖에 학습하지 못했다. 똑같은 조건의 아기로서 교육을 동등하게 받았는데도 불구하고 뒤처지는 아들의 모습을 보면서 충격을 받아 결국 9개월 만에 실험을 중단하고 말았다 한다. 더 큰 문제는 상대를 모방하는 것에서는 아들이 침팬지보다 훨씬 뛰어나다는 것을 발견한 것이었다.

모방은 학습의 기초단계다. 모방은 창조의 지름길이다. 모방은 예술의 대체재다. 습작이라 말하지 말아야 한다. 방법을 터득하기 위한 과정이기 때문이다. 대체로 모방을 잘할수록 학습 속도가 빠르고 그것을 응용하는 능력이 뛰어나면 지능지수가 높다고 볼 수 있다. 확실한 것은 부모가 아이를 바르게 키우면 사회가 더 건전해진다는 것이다. 인간은 모방의 천재다. 그래서 사도 바울은 이렇게 말했다.

「내가 그리스도를 본받는 것처럼 여러분은 나를 본받는 사람들이 되십시오.」(고린도전서 11장 1절)

'본받다'라는 헬라어는 '미메테스(μιμητής)'인데, 그 원뜻은 '모방자(imitator)'다. 누군가 예수님을 모방하고, 그 모방한 것을 보고 또 누군가가 모방해야 한다. 보고 배운다는 이론이다. 확대될수록 효과가 배가가 된다. 침팬지는 아들을 보고 배우고, 아들은 침팬지를 보고 배우는 원리와 같다.

지금 우리 옆에 침팬지 같은 종류의 사람들이 많으면 침팬지가 된다. 예수님을 모방하고자 하는 사람들이 있으면 또한 그렇게 된다. 누군가를 모방하는 것이 우리의 본능이기 때문이다. 나는 침팬지인가, 예수님의 모방자인가!

가히 인공지능(AI)이 대세다.

1980년대에 브라운관 TV를 관장하던 다이얼식 버튼은 리모컨으로 대체가 됐다. 가히 거실의 혁명이었다. 그러나 그마저도 과거의 이야기에 지나지 않는다. 지금은 손가락도 필요하지 않다. 몇 마디 말이면 충분하다. 천지개벽할 일들이 앞으로 엄청나게 준비되어 있다. 그 끝이 궁금하다. 일본인인 Nyachi(냐치)라는 사람이 자신의 SNS에 올린 글이다.

> 부엌에서 갑자기 '배터리가 부족합니다. 교환해주세요'라는 음성이 들렸다. 그런데 그 말을 한 기계가 '온수기'인지, '가스레인지'인지, '오븐'인지, '경보기'인지, '알렉사'(아마존 인공지능 비서)인지, 그리고 '인터폰'인지 알 수가 없었다. 가전제품들은 먼저 자기의 존재를 말해야 한다. 우리는 그것을 인지할 수가 없다. 누가 말하는가!

온통 AI 천지다. 편리함도 좋지만 적응에 시간이 필요하다. 그러나 기계는 사람을 생각하지 않는다. 제 일만 할 뿐이다.

문제는 그들이 내는 소리가 일률적으로 비슷한 것이 문제다. 어느 제품에서 무엇을 요구하는지 소리의 구분이 제대로 되지 않는다는 것이다. 다행인 것은 그나마 몇 개의 제품의 배터리만 점검해보면 된다는 것이다. 아직은 사람의 도움이 필요하다. 완벽한 것은 요원하다. 없을 지도 모른다. 오히려 우리는 기계에 세뇌를 당할지도 모른 일이다.

그런데 그렇게 배터리가 부족한 아우성이 인공 AI에만 있는 것이 아니다. 우리 주변 곳곳에서 부족함의 소리가 끊임없이 들려온다. 배터리가 부족하다는 소리를 비롯해 도움을 요청하는 소리가 수없이 울리고 있다.

「지혜가 길거리에서 소리치며 광장에서 외친다.」(잠언 1장 20절)

그 지혜의 소리를 듣는 주체는 바로 '나' 자신이어야 한다. 그런 소리에 어떻게 반응하느냐가 신앙의 수준과 삶의 수준을 결정한다. 우리는 민감하되 차분하고, 예민하되 슬기로워야 한다. 고통 받으며 산 욥은 이렇게 말했다. 「잘 들어보십시오. 천둥 같은 그분의 음성, 그 입에서 나오는 우레 같은 소리를 말입니다.」(욥기 37장 2절)

우리가 우매하여 우레 같은 소리도 듣지 못할 수도 있다는 말이다. 예수님도 말씀하셨다. 「내 양들은 내 음성을 알아듣는다. 나는 내 양들을 알고 내 양들은 나를 따른다.」(요한복음 10장 27절)

세상에는 선한 소리만 있는 것이 아니다.

「마귀는 이미 시몬의 아들 가룟 유다의 마음속에 예수를 배반할 생각을 넣었습니다.」(요한복음 13장 2절)

사탄도 함께 소리를 울리며 사람들을 현혹한다. 이런 소리가 곳곳에서 들린다. 너무나 비슷하여 구분할 수 없을 만큼 소리가 닮았다.

그 소리가 어디서 들려오는지, 그 주체가 누구인지 인지할 수 있는 능력이 바로 우리가 사는 길이다.

사마광은 중국 북송 시대의 학자로 우리에게는 <자치통감>이란 책으로 익숙한 사람이다. 사마광의 어릴 때 이야기다.

마을에서 한 아이가 커다란 장독대에 빠져 허우적거리고 있었다. 어른들은 사다리를 가져와라, 밧줄을 가져와라, 요란법석을 떠는 동안 물독에 빠진 아이는 숨이 넘어갈 지경이었다. 어른들 모두가 허둥지둥 부산을 떨고 있을 때, 꼬마 사마광이 옆에 있던 돌멩이를 주워 던져서 그 커다란 장독을 깨트려 버렸다. 순식간에 사건이 해결이 되었다. 그러나 나름 현명하다는 어른들은 그 순간에도 잔머리를 굴리고 있었다. 단지의 원가와 소비된 물의 가격, 사건에 대한 책임소재에 관심이 더 머물러 있었다. 그렇게 시간을 낭비하다가 정작 한 아이의 생명을 잃을 뻔한 사실은 애써 외면하고 있었다.

이런 경우가 예나 지금이나 마찬가지다. 그것도 비일비재하다. 인생은 멀리서 보면 희극이나 자세히 살펴보면 비극이라고 했다. 개인이나 공동체나 다르지 않다. 문제 앞에서 해결책을 찾느라 다투고 회의하다 결국에는 결론이 내려지지 않아 시간만 낭비하는 경우가 허다하다. 회의나 논의가 길수록 답도 멀어진다. 배가 산으로 간다.

염일방일(拈一放一)이라는 말이 있다. '하나를 잡기 위해서는 다른 하나를 놓아야 한다'는 뜻이다. '더 귀한 것을 얻으려면 덜 귀한 것을 버려야 한다'는 말이기도 하다. 이미 성경은 이렇게 지적을 했다

「그러므로 모든 더러운 것과 넘치는 악을 벗어 버리고 마음에 심긴 말씀을 온유함으로 받으십시오. 이 말씀은 능히 여러분의 영혼을 구원할 수 있습니다.」(야고보서 1장 21절)

「더러운 말을 버리고 거짓되고 남을 해치는 말은 입 밖에도 내지 마라.」(잠언 4장 24절)

사람에게는 버릴 것이 많다는 말이다. 집착은 소유가 아니라 버림으로 얻는 것이다. 그 구분을 잘 해야 한다. 집 안 청소도 그렇다. 잘 정리하는 것이 아니다. 오직 과감하게 버려야 한다.

사람마다 깨뜨려야 할 항아리가 있다. 진실이라고 생각하는 그 아집의 결과물들이다. 내가 생각하는 그것이 오직 바르다고 생각한다. 그러나 상대는 더 똑똑하다. 그리고 내 생각은 객관적이지 않다. 내가 안고 있는 그 항아리를 깨뜨리지 못하면 더 귀한 것을 놓친다.

금기는 없다.

깨뜨려야 할 항아리는 늘 갑자기 등장한다. 그래서 선택의 시간이 촉박할 때도 있다. 그렇지만 사마광처럼 전광석화처럼 선택해야 한다.
시간은 당신을 기다리지 않는다.

남편과 아내가 붐비는 쇼핑을 하고 있었다. 연말이라 준비할 것도 많고 선물할 것도 많아 미리 대비해 둘러보고 있었다. 쇼핑에 정신없던 아내는 갑자기 남편이 사라진 것을 알고는 전화를 했다.

"어디야? 우리 할 거 많은 거 알잖아?" 남편의 대답은 이랬다.

"10년 전 우리가 갔었던 보석상 기억나? 당신이 그 다이아몬드 목걸이에 반했었잖아. 그때는 마련할 형편이 안 되지만, 내가 언젠가 해 주겠다고 했었잖아."

이 남편의 고백에 아내의 뺨에는 눈물이 흘렀다. 아내는 목이 멘 채 답했다.

"응, 거기 당연히 기억나지." 아내는 그 목걸이를 오늘 사주는 줄 알았다. 그런데 남편은 이렇게 말했다. "나, 거기 옆 자전거 샵에 있어."

자기가 말하고 싶은 것과 자기가 아는 것만 믿는 심리를 인지심리학에서 '확증편향(確證偏向/Confirmation bias)'이라고 말한다. 이 말은 흔히 '사람은 자기가 보고 싶은 것만 본다'와 같은 현상을 이른 말이다. 사소하지만 경계해야할 부분이 많은 말이다. 내가 진리가 아니기 때문이다. 그러나 상대는 다르다. 나와 생각이 다를 뿐만 아니라 출발이 달랐다. 부정하시 말기기를.

아내는 남편이 이야기하는 내용에서 남편이 어디 있느냐에 대한 것보다 남편의 말에 자기가 듣고 싶은 것을 중점으로 듣고 있다. 확증편향은 원하는 정보를 선택적으로 알아듣는다. 같은 사실을 두고 비교해서 설명하더라도 다른 사람의 주장은 들리지 않는다. 그래서 자기 생각과 일치되는 의견만 받아들이는 심리상태를 말한다.

확증편향은 현대인들의 심리적인 보편적 특성이다. 많은 사람이 자기가 듣고 싶은 것만 듣기 때문에 사실이나 진실에는 전혀 관심이 없고 듣지 않으려고 한다. 정보가 넘쳐나다 보니 나름대로의 방어기제로 작동이 될 수도 있고, 그렇지 않다면 제대로의 목소리를 낼 수 없으니 진실의 유무와 관계없이 사고의 고착화로 함몰되는 것이다. 이것은 나의 존재감을 피력할 수 있고, 그러므로 정치나 경제에 있어서 힘의 우위를 점검하기 위한 선제적 전략으로 작동하기도 한다.

성경에 이런 장면이 나온다. 유대인 지도자 니고데모가 거듭남에 대하여 대화하는 장면에서 예수님은 이렇게 말씀하셨다.

「우리는 아는 것을 말하고 본 것을 증언하는데 너희는 우리 증언을 받아들이지 않고 있다.」[요한복음 3장 11절]

사실 니고데모는 자기가 듣고 싶은 것이 있는데 자신의 욕심과 다른 생각 때문에 진리를 듣지 못한다는 지적이 이 말씀이다. 우리는 말하고 싶은 것만 말하고, 또한 듣고 싶은 것만 선택해 듣는 오류에 빠져있다. 그래서 소통이 불가능하다.

편향은 무서운 말이다. 기울어진 운동장에서 외치는 말에는 메아리가 없다.상대가 없기 때문이다.
확증편향은 자신을 더욱 속박하는 굴레와 다름이 아니다

프랑스 요리에 '그레이뉴이에'(Grenouille)라는 개구리 요리가 있다.

이 요리는 손님의 식탁 위에 버너와 냄비를 가져다 놓고 직접 보는 앞에서 개구리를 산 채로 냄비에 넣고 조리하는 것이다. 처음부터 물이 너무 뜨거우면 개구리가 펄쩍 튀어나오기 때문에 처음에는 개구리가 가장 좋아하는 약 15°C의 미지근한 온도의 물을 부어주며 서서히 가열을 시킨다. 그러면 개구리는 기분이 좋아 가만히 적응하게 된다.

그리고는 서서히 올라가는 물의 온도 때문에 그 기분에 사로잡혀 자기가 죽어가고 있다는 사실도 모른 채 결국 한 가지의 요리로 변신하게 된다.

이것을 논리적으로 설명한 것은 1869년 독일의 생리학자인 프리드리히 골츠가 처음 실험한 연구의 결과에서 비롯되었다. 그 이후로 하인즈만과 프래처라는 과학자의 정밀한 실험을 한 검증한 결과를 토대로 이 말은 '삶은 개구리 증후군'이라고 명명되었다. 연구이긴 하나 오싹하다.

우리는 우리의 삶을 위해 얼마나 많은 희생을 강요하고 있을까, 챔팬지와, 그리고 몰모트라고 분류되는 하얀 쥐를 생각하면, 아득히 멀리 떨어진 인간성을 생각한다.

삶에 있어서의 대응의 방식은 개구리나 사람이나 별반 다르지 않다. 사람들의 삶 역시 하루아침에 폭삭 망하는 것이 아니다. 자신도 모르는 사이, 전혀 인식하지 못한 채 망가져가면서 저 깊은 구덩이에 빠지는 것이다. 깊은 수렁에 빠지고 나서야 비로소 깨닫게 된다. 그러나 늦었다. 주변 상황이 느리게 변화해도 민감하게 느끼고 깨닫게 되면 삶은 개구리가 되기 전에 박차고 나올 수 있다. 성경은 지적한다.

「그 여자의 발은 죽음으로 가고 그 걸음은 무덤을 향해 달려간다. 그녀는 생명의 길에는 관심이 없고 자기의 길이 비뚤어져도 그것을 깨닫지 못한다.」(잠언 5장 5~6절)

사람들은 죽음과 무덤을 향해 달려가고 있어도 생명의 길에는 도무지 관심이 없다. 자기의 길이 비뚤어져 있어도 깨닫지 못한다. 결국에는 익어가는 개구리가 되는 것이다.

당신의 생명이 서서히 익어가지 않도록 조심할 일이다.

독일의 심리학자 링겔만이 '줄다리기에 대한 심리학'을 연구했다.

그는 '줄다리기에 참여하는 사람의 숫자가 많아질수록 그 힘은 상승효과를 내지 않을까?' 하는 가설을 가지고 실험을 했다. 그러나 결과는 정반대로 나타났다. 한 명이 참여하는 줄다리기에서는 그 사람이 100%의 힘을 발휘한다고 한다. 그러나 참여자가 2, 3, 4로 늘어나면서 이들이 발휘하는 힘은 각기 93%, 85%, 49%로 줄어들더라는 것이었다.

이것을 '사회적 일탈 현상', 혹은 '링겔만 효과'라고 부른다. 일반적으로 다수가 동시에 내는 힘은 개개인의 힘의 단순한 합계보다 낮다. 사람의 수가 많으면 개개인의 힘의 합계가 반밖에 안 되는 보잘 것 없는 예도 있다. '모두가 하고 있기 때문에 나 한 사람 정도는 그렇게 하지 않아도 되겠지'하는 심리적 상태다. 얄팍하고 야비하고 무책임하다. 그러나 아무도 알 수가 없다. 그래서 예수님은 이렇게 말씀하셨다.

"누구든지 '자기' 십자가를 지지 않고 나를 따르는 사람은 내 제자가 될 수 없다."(누가복음 14장 27절)

그렇다. 십자가는 여럿이 어울려 함께 지는 것이 아니다. 각자의 분량대로 '개인'이 지는 것이다. 성경에서 말씀하시길 '십자가는 상징적으로 죽음의 위협에 노출됨'을 뜻하는 신앙인의 길이자 자세를 말한다. 이 십자가를 지지 않으면 하나님의 제자가 될 수 없다. 그런 마음이 없다면 진실한 신앙인이 아니라는 것이다. 가정이나 교회나 직장, 그리고 나아가 국가에도 이 십자가를 지는 사람들이 있어야 한다. 책임은 누군가의 것이 아니라 나의 것이기 때문이다. 그래야만 가정과 교회, 직장과 나라가 사는 것이다. 그 십자가라는 책임과 짐은 자신만이 질 수 있는 것이라 생각하고 감당할 수 있는 것은 아주 귀한 일이다. 내가 지지 않으면 아무도 질 수 없는 그 십자가는 정말 가치가 있다.

그래서 나는 가을이 되면 조동화 님의 '나 하나 꽃 피어'라는 시를 되새긴다.

> 나 하나 꽃 피어 풀밭이 달라지겠냐고 말하지 말아라. 네가 꽃피고 나도 결국 풀밭이 온통 꽃밭이 되는 것 아니겠는가? 나 하나 물들어 산이 달라지겠냐고도 말하지 말라. 내가 물들고 너도 물들면 결국 온 산이 활활 타오르는 것 아니겠는가?

책임의 문제가 아니다. 스스로 물들면 된다. 이것은 총체적 몰입, 화합의 시작으로 완성이 된다.
문제는 나로부터 시작이 된다.

그리스의 철학자 소크라테스는 자신을 '쇠파리'에 비유했다.

쇠파리는 소의 등에 붙어 편히 쉬고 싶어 하는 소를 지속적으로 괴롭힌다. 소에게 있어 이 쇠파리라는 존재는 여간 성가신 게 아니다. 제대로 잠을 잘 수도 없다. 긴 꼬리로 자신의 등만 끊임없이 찰싹찰싹 칠뿐이다.

왜 이 철학자는 자신을 쇠파리라고 했을까?

소크라테스는 '질문하는 것'을 쇠파리의 기능으로 표현한 것이다. 그래서 소크라테스는 사람들에게 끊임없이 질문했다. 질문은 성찰을 유도하고 자신이 아는 것이 없다는 것을 깨닫게 하는 가장 좋은 방법이기 때문이었다. '진정한 성찰'은 결국 끊임없이 '자신'에게 '질문'하는 것이다.

사람들은 남들에게 질문만 한다. 질문을 통해 생각과 마음의 방향을 되짚어 보고, 방향을 바꾼다는 것이 어렵기 때문에 회피의 방법으로 질문으로 대체하는 것이다. 그동안의 관성과 타성을 깨야 하는 일이기에 보통 어려운 일이 아니다. 가능하다면 피하고 싶다.

다른 사람에게 질문하고 자신에게도 질문할 수 있는 신앙적 인격이 필요하다. 사람들은 질문보다 자기의 답을 먼저 말하며 방어를 한다. 예수님도 항상 질문을 하셨다.

「예수께서 대답하셨습니다. '나도 한 가지 물어보겠다. 대답해 보라.」(마가복음 11장 29절)

예수님이 몰라서 질문하시는 것이 아니다. 질문을 통하여 마음의 소리를 듣고 싶어서가 아니겠는가! 세상에는 자기 답을 말하는 사람보다 질문하는 사람이 더 필요하다. 변명보다는 고백이 필요하기 때문이다. 성경은 이렇게 답을 하신다. 이 말씀이면 충분하다.

「너희 말을 항상 은혜 가운데서 소금으로 맛을 냄과 같이 하라.」(골로새서 4장 6절)

어느 곳에서든지 질문과 은혜로운 말로 소통될 때 진정한 하나님의 뜻을 이룰 수 있다. 그런데 남에게 질문하는 사람보다 자신에게 질문하는 사람이 사랑받음을 상기할 필요가 있다. 그렇다고 말로 시비는 걸지 말라.

가장 큰 문제는 하나님도 질문을 하신다. 성경을 통하여 나에게 질문하신다. 그 성령의 질문에 대하여 어떻게 답을 할 것인가, 우리가 고민해야 할 문제다.

자신에게 끊임없이 질문하라, 쇠파리가 소의 등에 붙어 귀찮게 하듯.

글을 빌린다.

어느 날 회사 일을 마치고 차를 몰고 집으로 돌아가던 중에 집 근처 공원에 잠시 차를 세웠다. 그곳에서 벌어지고 있는 동네 꼬마들의 야구 경기를 구경하기 위해서였다. 1루 쪽 벤치에 앉아 한 아이에게 점수가 어떻게 되느냐고 소리쳐 물었다.

아이는 웃으면서 말했다.

"우리가 14대 0으로 지고 있어요."

내가 말했다.

"그래? 그런데 넌 그다지 절망적이지 않아 보이는구나."

그러자 아이가 깜짝 놀란 표정을 하고 내게 말했다.

"절망적이라고요? 왜 우리가 절망적이어야 하죠? 우린 아직 한 번도 공격하지 않았는데요."

그렇다. 아이들은 아직, 시작하지도 않았다. 1회일뿐이었다.

사람들은 공격도 해보기 전에 실패부터 연상하고 포기한다. 이미 패배를 예측하고, 지금 지고 있음을 인정하고, 아예 질 것을 예상하고, 끝나지 않은 경기에 대하여 패배를 시인하고 만다. 그러나 싸워야 한다. 끝날 때까지 끝난 것이 아니기 때문이다.

왜 사람들은 전능하신 하나님을 믿는다고 하면서 왜 실패를 생각할까? 성경은 그 이유를 이렇게 말한다.

「너희 믿음이 적기 때문이다. 내가 진실로 너희에게 말한다. 너희에게 겨자씨 한 알만한 믿음만 있어도 이 산을 향해 '여기서 저기로 옮겨 가거라' 하면 옮겨 갈 것이요, 너희가 못할 일이 없을 것이다.」(마태복음 17장 20절)

사람들은 겨자씨만 한 믿음을 가진 자에게는 동의하지 않는다. 아무것도 할 수 없다고 말하는 이들에게 쉽게 동의하고 동조할 뿐이다. 결심은 어렵지만 포기는 간단하기 때문이다.

앞에서 언급했듯이 가나안의 열두 명의 스파이 활동 보고에 열 명은 부정적인 의견을 피력했다. 겨우 두 명만 겨자씨가 되었다. 예나 지금이나 겨자씨의 작은 의견에는 동의하지 않는다. 그러나 바로 이것이 실패로 가는 지름길이다. 두 명의 말을 듣지 않아 그들은 40년 광야에서 시간을 보냈다.

믿음의 역사란 처절하기까지 하다. 두 명의 겨자씨의 의견을 들어도 그대로 된다는 것이다. 이렇게 친절하게 알려줘도 사람들은 여전히 실패만을 이야기한다.

우리는 언제까지 겨자씨의 믿음을 외면할 것인가? 당신은 당신의 겨자씨 의견에 귀를 기울일 필요가 있다. 다수가 언제나 진실이지는 않다.
기적은 그 다음의 문제다, 분명 일어남을 의심치 않으므로.

'프레임의 법칙'이 있다.

같은 상황이라도 어떠한 틀을 가지고 어떻게 상황을 해석하느냐에 따라 사람들의 행동이 달라진다는 것이다. 프레임(Frame)이란 '창틀, 뼈대, 테두리'란 뜻인데, 이는 '마음의 창틀, 생각의 틀'을 말한다. 이런 이야기가 있다.

세실과 모리스가 예배를 드리러 가는 중이었다.

"모리스, 자네는 기도 중에 담배를 피워도 된다고 생각하나?"

"글쎄, 잘 모르겠는데. 랍비에게 한번 여쭤보는 게 어떻겠나?"

세실이 랍비에게 물었다.

"선생님, 기도 중에 담배를 피워도 되나요?"

"(정색하며) 형제여, 그건 절대 안 되네, 기도는 하나님과 나누는 엄숙한 대화인데 그럴 순 없지."

세실로부터 랍비의 답을 들은 모리스가 말했다.

"그건 자네가 질문을 잘못했기 때문이야. 내가 가서 다시 여쭤보겠네."

모리스가 랍비에게 물었다.

"선생님, 담배 피우는 중에 기도하면 안 되나요?"

랍비는 온화한 미소를 지으며 대답했다.

"형제여, 기도는 때와 장소가 필요 없다네. 담배를 피우는 중에도 기도는 얼마든지 할 수 있지."

생각의 중심(틀)이 어디 있느냐에 따라, 듣고 싶은 답이 무엇이냐에 따라, 질문도 답도 다를 수 있다는 것이다. 행복도 생각하기 나름이다. 성경에 나오는 장면이다. 하나님이 범죄를 저지른 아담에게 물었다.

「네가 어디 있느냐?」(창세기 3장 9절)

하나님이 창조 이후에 인간에게 처음으로 하는 질문이었다. 그러나 죄를 묻지 않고 장소를 물으셨다. 이 질문은 하나님의 틀과 인간인 아담의 틀이 달라진 것에 관한 질문이다. 틀이 같았다면 아담이 있어야 할 장소가 같았다. 하나님의 틀과 아담의 틀이 달라지지 않았다면 문제가 되지 않는다. 이때부터 하나님과 인간은 거리가 멀어진 것이다.

이와 같은 경우는 사람마다 똑같이 적용이 된다. 그래서 같은 틀을 만드는 것이 중요하다. 이 틀이 틀어져 있으면 무슨 일을 해도, 무슨 생각을 해도, 아무리 좋은 의견을 내도 하나님의 뜻과는 반대의 경우가 된다.

세상을 바꾸려고 하기 전에 내 틀을 먼저 바꾸는 것이 급선무다.
나는 지금 어디에 있는지 스스로 질문해야 한다.

'소포모어 징크스(sophomore jinx)'란 용어가 있다.

Sophomore(소포모어)는 '고교, 혹은 대학 2학년생'이란 뜻이다. 여기에 징크스(Jinx)를 붙인 것이다. 이 용어는 2년 차 선수가 전 해보다 경기력이 급격하게 떨어지는 경우를 가리키는 말이다. '2년차 징크스'로도 불린다.

운동선수의 두 번째 시즌 성적, 밴드나 가수의 두 번째 앨범, 영화의 속편, 드라마의 두 번째 시즌, 전편에 흥행했던 작품들이 속편에서는 실패하거나 신인 때 잘하던 운동선수들이 2년 차에는 기대만큼 활약하지 못했을 때 인용되는 말이다. 기대가 과했던 것일까?

그런데 성경에는 이 소포모어 징크스를 한 방에 날려 버린 사람이 있다. 바로 베드로다. 그는 첫 번째 부르심을 받았다. 그가 바다에서 그물을 던지는 것을 보시고 선택하여 제자로 삼으셨다.

그런데 스승인 예수님의 본질적인 사역에 대해 이해를 하지 못하다가 그만 십자가에 못 박히시는 것을 보고는 어부라는 이전의 직업으로 복귀를 했다. 하지만 삼 년 전 능숙했던 그물질과는 반대로 밤새 작업을 해도 고기 한 마리 잡지 못했다. 베드로의 입장에서는 그랬다. 고기가 많이 잡히는 것도 기적이요, 한 마리도 잡히지 않는 것도 기적이었다. 고기가 잡히지 않는다고 실망할 필요가 없는 것이다.

부활하신 예수님이 두 번째로 베드로를 찾으셨다. 밤새 한마리도 잡지 못했던 베드로는 예수님의 말씀에 순종하자 153마리 고기를 잡을 수 있었다. 왜 굳이 많은 고기를 잡게 하셨을까? 시즌 2의 인생을 예고한 것이 아닐까? 그리고 이에 대해 물으셨다.

"요한의 아들 시몬아, 네가 이 사람들보다 나를 더 사랑하느냐?"

"예, 주여, 제가 주를 사랑하는 것을 주께서 아십니다."

예수님께서 베드로에게 말씀하셨다.

「내 어린 양떼를 먹여라.」(요한복음 21장 5절)

이 말씀 이후로 베대로는 그야말로 시즌2를 시작할 수 있었다. 베드로는 소포모어 징크스를 날려버리고 순종과 순교를 하며 기독교 역사를 바꿔 놓은 인물로 성장했다.

실패했다면, 다시 도전하여 회복하면 된다. 하나님은 실패를 탓하지 않고 성공할 수 있는 꽃길을 만드시는 분이시다.
지금부터 당신의 시즌 2.

의학용어 중에 '의존성 성격장애'라는 말이 있다.

의존성 성격장애란 주변 사람들로부터 보호받고자 하는 욕구가 지나쳐 자신의 의존욕구를 만족시키기 위해 주변 사람들에게 끊임없이 매달리거나 요구하는 현상을 말한다. 또한 반대적인 현상으로 자신의 의존욕구가 거절될까 두려워하면서 다른 사람이 무리한 요구를 해도 순종적으로 대응하는 인격적 장애를 말한다. 이런 사람들은 '낮은 자존감'을 가진 경우가 많다. 그렇게 때문에 스스로 자책하거나 자신을 깎아내리는 경향을 보이는 것은 물론 자기주장을 제대로 펴지 못하는 소극적인 성향의 사람이다.

이런 성격적 장애를 신앙적 문제에 적용해 보면 이런 결과가 나온다. '의존성 신앙장애'가 바로 그것이다. 자신이 할 일은 하지 않고 오로지 하나님께만 의존하고 기도만 하는 이들이 있다. '의존성 신앙장애자'는 자신의 의존 욕구를 만족시키기 위하여 하나님이 필요하다. 그 이상을 생각하지 않는다. 하나님을 경외와 믿음의 대상으로 보기보다는 이용의 대상으로 생각하는 것이다. 이런 말씀이 있다.

「여호와는 나의 목자시니 내게 부족함이 없으리로다.」(시편 23편 1절)

많은 신앙인이 이 말씀을 읽을 때마다 착각을 한다. '내가' 부족함이 없는 것이 아니라 '내게' 부족함이 없다는 말이다. 이것은 엄청난 차이다. 하나님이 계시기 때문에 '내가' 부족함이 없는 상태가 되는 것이 아니다. 내가 현재 부족한 것이 있다고 해도 '하나님은 부족함이 없는 대상'이라는 말이다.

물론 그 말의 뉘앙스는 비슷하지만 온전하게 본질은 아니라고 할 수 있다. 하나님을 나의 필요를 채워주는 분으로만 이해하면 안 된다. 하나님은 존재 자체만으로 부족함이 없는 분이시다. 그분을 인정함으로 '내가' 부족함이 없을 수 있다. 성경의 이 말씀을 기억할 필요가 있다.

「여러분이 성경대로 '네 이웃을 네 몸과 같이 사랑하라'는 최상의 법을 지킨다면 잘 하는 것입니다.」(야고보서 2장 8절).

남을 사랑하기 전에 먼저 '나의 몸'을 사랑해야 한다. 자기를 존중하고, 자존감을 높이고, 당당해질 필요가 있다. 그래야 남도, 하나님도 기꺼이 사랑할 수 있다. 그래서 하나님 앞에 나아갈 때도 담대하게 나갈 수 있다. 의존성 신앙 장애에서 벗어나면 의외로 자유롭다. 그리고 자유롭데 신앙생활을 할 수가 있다.

자유, 참 소중한 말이다.
그러나 나로부터의 자유, 하나님에의 예속!

미국의 신문 뉴욕타임스가 그해 가을 명문대 입학이 확정된 고교생들이 대입 지원 시 제출한 에세이 중에서 '돈과 노동'에 관련된 글 다섯 편을 뽑아 소개했다.

우리의 고3에 해당하는 학생들은 모두 저소득층 자녀로 생계를 위하여 노동과 학업을 다년간 병행했다. 고통스러운 삶의 밑바닥의 경험에서 우러난 통찰이 빛난 글이 대부분이었다.

켈리 쉴라이즈(17·위스콘신주립대 합격)는 배관공인 아버지를 5년간 도운 경험을 이렇게 표현했다.

"우리는 배관이라는 소우주에 혼돈을 일으켰다가 다시 질서를 창조한다. 인생은 오물을 받아들이고 그걸 청소하는 일련의 과정임을 배웠다. 세상은 자기 손을 기꺼이 더럽히는 이들이 만드는 것이다."

애스트리드 리덴(18·컬럼비아대 합격)은 또 이렇게 말했다.

"싱글맘인 엄마는 나를 도서관에 두고 일을 하러 가셨다. 나는 읽고, 반납하고, 다시 읽고의 반복된 생활의 연속에서 살고 있었다. 그러나 나에게 도서관이 세상의 문을 열어줬듯, 나도 언젠가 다른 이를 위한 도서관을 짓고 싶다."

앤디 패트리킨(17·레들랜즈대 합격)은 매사추세츠 주의 휴양지 채텀 시에서 청소한 경험을 이야기했다.

"가난한 이들의 거주지와 백인 부자들이 잠시 놀다 간 곳의 쓰레기는 확연히 달랐다. 쓰레기통은 누군가의 삶과 사회를 보여주는 렌즈와 같았다."

열일곱 살의 아이들이 쓴 글이라고 하기에는 너무나 통찰이 깊은 글이다. 시련은 사람을 단련하게 하고 강하게 만든다는 성경의 말씀에서 조금도 벗어나지 않는다. 나는 그들을 존경하기로 했다. 이런 아이들이 좋은 세상은 만듦을 믿어 의심치 않는다. 성경은 이런 사람들의 경험에 대해 이렇게 말했다

「내가 고난을 받는 것이 내게는 잘된 일입니다. 이는 내가 주의 율례를 배우게 되기 때문입니다.」(시편 119편 71절)

고난이란 원뜻의 첫째는 '자기를 낮춘다'이다. 고난은 자기를 낮추는 훈련의 시간이다. 비참할 만큼 가장 낮은 곳까지 내려가 더 내려갈 곳이 없을 때를 말한다. 그것은 비굴을 말하는 것이 아니다. 겸손에 겸손을 더하는 것이다. 그렇게 함으로 굳게 성장하는 것이다. 이미 성인이 되어 이런 고난을 만나면 더욱 견디기가 어렵다. 상대적인 가치를 알고 있기 때문이다. 차라리 어렸을 때 이런 낮아짐을 경험하게 되면 또 다른 비상의 탈출구가 되지 않을까 싶다. 순수하기에 더욱 그렇다.

지금 나의 삶이 가장 밑바닥이라고 느끼고 있다면 오히려 감사해야 한다. 올라갈 일만 있기 때문이다.
이 학생들의 글을 읽고 내가 부끄러운 까닭은 왜일까?

어느 남자가 양쪽 두 눈에 퍼런 멍이 들어 치료차 병원에 왔다. 의사가 조심스럽게 물었다. "싸움을 하셨나요? 아니면 사고였나요?'

남자는 잦아드는 목소리로 대답했다. "교회에서 다쳤습니다."

의사가 놀란 표정으로 다시 물었다.

"네? 교회에서요? 어쩌다가?"

남자는 겸연쩍은 표정으로 자세하게 설명했다.

"예배시간에 일어나 찬송가를 부르는데 앞에 있는 여자 엉덩이에 치마가 꼈더라고요. 그걸 빼주려고 했는데 여자가 돌아보더니 갑자기 눈을 주먹으로 때리잖아요?"

의사는 도저히 이해가 되지 않아 의아해 하며 다시 물었다.

"그럼 다른 쪽은?"

남자는 아주 몹시 억울하다는 표정으로 이렇게 말했다.

"내가 잘못했다는 생각이 들어서 도로 살짝 넣어 주다가 그만…."

남을 배려하고 호의를 베푸는 방법에는 상당한 예민해야 한다. 그저 자기의 방식으로 행동하는 것은 오해를 유발시킬 수 있는 위험한 일이다. 호의가 마냥 좋은 것은 아니다. 상황에 맞게 주제를 알아야 한다. 성경은 말씀하신다.

「내가 너희에게 새 계명을 준다. 서로 사랑하라. 내가 너희를 사랑한 것같이 너희도 서로 사랑하라.」(요한복음 13장 34절)

문제는 이 사랑함에 있어 중요한 개념으로 두 가지를 명심해야 한다.

① '내가 너희를 사랑한 것 같이'다. 방법론이다. 나의 방법이 아니라 예수님께서 하신 방법이다.
② '서로'라는 단어다. 한쪽에서 원하는 것만으로는 예수님의 말씀을 성취할 수가 없다.

사랑의 행위에는 남자와 여자의 생각이 다르고, 부모와 자녀의 자세와 방법이 다르고, 목사와 성도 간의 방법이, 그리고 요구사항이 각자 다르다. 사랑과 배려는 절대적이지 않다. 매우 상대적이다. 맹목적인 배려는 실례에 다름이 아니다.

이 둘을 만족시키는 방법, 그것이 바로 지혜다. 내 방법대로만 사랑해 놓고 억울해하면 안 된다. 우리가 하나님을 사랑하는 방법도 역시 그렇다. 우리는 내가 원하는 방식으로 일방적으로 하나님을 사랑하는 경우가 많다. 그러나 지나친 배려는 실례가 된다. 아니 하지 못함이 더 나을 수도 있다.

물론 여기서 사랑은 아가페이다. 그러나 방법이 잘못되면 오해의 사태로 인해 말썽이 생길 수 있음을 명심해야 한다.

내가 순수하다고 상대가 그 순수를 그대로 받아들이는 것은 나의 문제가 아니지만 상대에게는 모욕이 될 수도 있다.
배려하는 사랑은 고도의 방정식이다.

산골짜기에서만 살던 처녀가 가사도우미라도 해서 돈을 모으기 위해 상경을 했다.

처음으로 소개받아 간 집에서 해야 할 일은 마침 주인아저씨의 생일파티였다. 손님들이 많이 와서 분주하게 일을 하는 중에 음식이 좀 짰던지 주인아저씨가 자꾸 처녀에게 냉수를 가져다 달라고 했다. 냉수를 몇 번이나 가져다줬는데 또 찾았다. 그러나 이번에는 시간이 지나도 물을 가져오지 않자 처녀를 찾아 직접 주방에 갔다. 처녀는 없었다. 그런데 그 처녀가 화장실 앞에서 난감해하며 빈 컵을 들고 서 있었 모습이 보였다. 주인은 짜증을 내며 말했다.

"아니, 냉수를 가져오라는데 왜 화장실 앞에 서 있는 거야?"

처자는 이렇게 말했다.

"저, 그런데요. 지금 누가 우물에 쭈그리고 앉아 있어요."

산골 처녀는 화장실 양변기에 고인 물이 우물물인 줄 알고 떠다준 것이었다. 주인은 뒷목을 잡았다. 성경은 말씀하신다.

「그러나 내가 주는 물을 마시는 사람은 영원히 목마르지 않을 것이다. 내가 주는 물은 그 사람 안에서 계속 솟아올라 영생에 이르게 하는 샘물이 될 것이다.」(요한복음 4장 14절)

우리는 모두 화장실 변기의 물과 같은 오염된 물을 마시고 있다. 재물, 건강, 명예, 꿈, 직업, 일, 관계, 신앙, 믿음, 삶의 전반에 걸쳐 마셔야 하는 생명수들이 마치 변기에서 떠 올린 그런 물을 말이다. 우리는 정수기에서 방금 받은, 깊은 산속 바위틈에서 나오는 생수 같은 물을 마셔야 할 권리가 있다.

"목마른 자들아 ,다 내게로 오라."

우리는 목마름을 모른다. 오염된 물이라도 일단 마셨기 때문이다. 시간이 지나면 큰 탈이 난다. 이런 말씀이 있다.

「보좌 가운데 계신 어린양이 그들의 목자가 돼 그들을 생명의 샘물로 인도하시고.」(요한계시록 7장 17절)

생수도 좋다. 그러나 말씀의 생수를.

아주 옛날이야기다.

나무꾼이 산으로 나무를 하러 갔다. 마침 좋은 땔감을 발견하여 둘러싸고 있는 칡넝쿨을 치우려고 붙잡아 자르려는데 그게 하필 잠자고 있던 호랑이의 꼬리였다. 깜짝 놀란 나무꾼은 엉겁결에 나무 위로 피신을 했다. 호랑이가 잠에서 깨어 나무를 흔들기 시작했다. 나무꾼은 혼신을 다해 버티었는데도 호랑이의 힘을 이기지 못해 떨어질 수밖에 없었다. 떨어진 곳은 또 하필 호랑이의 등이었다. 이번에는 호랑이가 놀라서 몸을 흔들었고, 나무꾼은 등에서 떨어지지 않으려고 발버둥을 쳐야만 했다. 호랑이는 나무꾼을 떨어뜨리려고 내달려 질주했고, 나무꾼도 떨어지지 않으려고 힘껏 호랑이를 껴안았다. 마침 한 농부가 밭에서 일하다 이 광경을 보고 이렇게 말했다.

"나는 평생 땀 흘려 일해도 사는 게 이 꼴인데 어떤 놈은 팔자가 좋아서 호랑이 등만 타고 다니는구나. 이래서 어디 살만하겠는가?"

사람들은 늘 나만 힘들다고 한다. 다른 사람들은 다 걱정과 근심도 없고, 문제와 고통도 없이 사는 듯이 보인다. 나만 이렇게 힘들다고 아우성이다.

그러나 사실은 그렇지가 않다. 대통령은 대통령대로, 시골 가게 주인은 그 나름대로, 엄마와 아빠도 역시, 사장과 사원은 제각각의 이유로 힘들다. 호랑이도 힘들고, 나무꾼도 힘들고, 농부도 힘들다. 모두가 힘든 세상이다. 성경은 이런 우리에게 이렇게 말씀하신다.

「내가 고통 가운데 처해 있더라도 주께서는 나를 회복시키실 것입니다.」(시편 137편 7절)

'회복시킨다'라는 말은, '하야(חָיָה)'인데, '살다, 재생시키다. 부활하다, 회복하다'라는 뜻이다. 힘들고 어려운 세상, 모두 힘든 사람에게서 힘을 얻으려 하면 서로 피곤해질 수도 있다. 더 짐을 실어주는 역효과가 날 수도 있다. 그래서 주님께, 하나님께 힘을 얻어야 한다. 사람에게는 희망이 없다. 왜, 모두 힘드니까! 그래서 천천히 지켜보는 마음의 자세가 필요하다.

우리가 보기에 행복해 보이는 사람도 과연 정말로 행복하기만 할까?

그들에게도 위로와 관심이 필요할 지도 모를 일이다.
세상사람 모두가 위로 받아야 할 사람들이다.